Axel Schmidt · Klaus Neumann-Braun

Die Welt der Gothics

Erlebniswelten
Band 9

Herausgegeben von
Winfried Gebhardt
Ronald Hitzler
Franz Liebl

Zur programmatischen Idee der Reihe
In allen Gesellschaften (zu allen Zeit und allerorten) werden irgendwelche kulturellen Rahmen-bedingungen des Erlebens vorproduziert und vororganisiert, die den Menschen außergewöhn-liche Erlebnisse bzw. außeralltägliche Erlebnisqualitäten in Aussicht stellen: ritualisierte Erleb-nisprogramme in bedeutungsträchtigen Erlebnisräumen zu sinngeladenen Erlebniszeiten für symbolische Erlebnisgemeinschaften. Der Eintritt in dergestalt zugleich ‚besondere‘ und sozial approbierte Erlebniswelten soll die Relevanzstrukturen der alltäglichen Wirklichkeit – zumindest partiell und in der Regel vorübergehend – aufheben, zur mentalen (Neu-)Orientierung und sozialen (Selbst-)Verortung veranlassen und dergestalt typischerweise mittelbar dazu beitragen, gesellschaftliche Vollzugs- und Verkehrsformen zu erproben oder zu bestätigen.

Erlebniswelten können also sowohl der ‚Zerstreuung‘ dienen als auch ‚Fluchtmöglichkeiten‘ bereitstellen. Sie können aber auch ‚Visionen‘ eröffnen. Und sie können ebenso ‚(Um-)Erzie-hung‘ bezwecken. Ihre empirischen Erscheinungsweisen und Ausdrucksformen sind dement-sprechend vielfältig: Sie reichen von ‚unterhaltsamen‘ Medienformaten über Shopping Malls und Erlebnisparks bis zu Extremsport- und Abenteuerreise-Angeboten, von alternativen und exklusiven Lebensformen wie Kloster- und Geheimgesellschaften über Science Centers, Schüt-zenclubs, Gesangsvereine, Jugendszenen und Hoch-, Avantgarde- und Trivialkultur-Ereignisse bis hin zu ‚Zwangserlebniswelten‘ wie Gefängnisse, Pflegeheime und psychiatrische Anstalten.

Die Reihe ‚Erlebniswelten‘ versammelt – sowohl gegenwartsbezogene als auch historische – materiale Studien, die sich der Beschreibung und Analyse solcher ‚herausgehobener‘ sozialer Konstruktionen widmen.

gebhardt@uni-koblenz.de
ronald@hitzler-soziologie.de
FranzL@udk-berlin.de

Axel Schmidt
Klaus Neumann-Braun

Die Welt der Gothics

Spielräume düster
konnotierter Transzendenz

2. Auflage

VS VERLAG FÜR SOZIALWISSENSCHAFTEN

Bibliografische Information Der Deutschen Nationalbibliothek
Die Deutsche Nationalbibliothek verzeichnet diese Publikation in der
Deutschen Nationalbibliografie; detaillierte bibliografische Daten sind im Internet über
<http://dnb.d-nb.de> abrufbar.

1. Auflage 2004
2. Auflage 2008

Lektorat: Frank Engelhardt

Der VS Verlag für Sozialwissenschaften ist ein Unternehmen von Springer Science+Business Media.
www.vs-verlag.de

Umschlaggestaltung: KünkelLopka Medienentwicklung, Heidelberg
Druck und buchbinderische Verarbeitung: Krips b.v., Meppel
Gedruckt auf säurefreiem und chlorfrei gebleichtem Papier
ISBN 978-3-531-15880-8

Inhaltsverzeichnis

Danksagung

Das vorliegende Buch ist das Ergebnis einer zweijährigen breit angelegten ethnographischen Forschungsarbeit. An der Durchführung und Dokumentation der Studie haben folgende Personen und Institutionen unterstützend mitgewirkt:

Unser Dank gilt zunächst dem Forschungsteam, bestehend aus den Autoren sowie Julia Beck, Judith Platz, Grit Grünewald sowie Andrea Teuscher.

Weiterhin bedanken wir uns bei Eva Schmidt für das Lektorieren, bei Stephanie Niersheimer und Uta Hüttl für die technische Unterstützung bei der Manuskripterstellung sowie bei Frank Engelhardt, Anke Hoffmann, Katrin Schmitt und dem Verlag für Sozialwissenschaften (VS) für seine gute Betreuung.

Ein besonderer Dank gilt den Mitarbeitern Thomas Gilbrich und Gregor Müller aus dem Projekt „Beratung und Hilfe für Menschen mit außergewöhnlichen Erfahrungen" des Vereins Sekten-Info Essen e.V., Beratungsstelle und Informationszentrum, sowie allen Interviewpartnerinnen und -partnern der ,schwarzen Szene' für ihre Kooperation und Auskunftsfreudigkeit.

Schließlich danken wir dem Institut für Grenzgebiete der Psychologie und Psychohygiene e.V. (Freiburg) für seine großzügige finanzielle Unterstützung, ohne die das Projekt nicht hätte durchgeführt werden können.

Landau, September 2004   Axel Schmidt und Klaus Neumann-Braun

Einleitung

Ausgangspunkt der vorliegenden Studie ist das Phänomen des jugendzentristischen Satanismus[1], in dessen Umfeld Problemjugendliche vermutet werden, die sich an satanistischem Gedankengut orientieren. In einschlägigen Survey-Studien erfuhr dieser Problemkomplex nur wenig Behandlung[2], da ein eklatanter Mangel an Wissen über die Konstitution und Funktionsweise von (Jugend-)Szenen herrscht, in denen okkulte und/oder satanistische Orientierungen bzw. Praxen eine Rolle spielen. Ohne ein solches Wissen bleibt allerdings unklar, inwiefern bestimmte Ästhetiken auch bestimmte Wertvorstellungen und v.a. Handlungspraxen implizieren, ob die Szenen hinsichtlich Überzeugungen und Handlungspraxen in sich homogen sind oder ob entscheidende Differenzen existieren, und wenn ja, wie diese sich äußern. Darüber hinaus bleibt ungewiss, wie satanistisches Gedankengut angeeignet wird, d.h. ob mit solchen Ideologien und Ästhetiken bloß kokettiert wird, ob sie umgedeutet oder orthodox ausgelegt werden.[3]

Einflussreichstes Beispiel für die Nähe von jugendkulturellen Szenen zu satanistischen Orientierungen und Gedankengut ist die so genannte ‚schwarze Szene', auch als ‚Gruftie-' oder ‚Gothic-Szene' bezeichnet. Die Szene existiert bereits seit den 1980er Jahren und geriet seither immer wieder in Verdacht, sich auf satanistisches und/oder rechtsradikales Gedankengut zu stützen. Sie hat darüber hinaus eine große, überregionale Verbreitung erfahren und organisiert sich mittels

---

1   Im Unterschied zu geschlosseneren Formen des Satanismus wie Logen oder Orden (vgl. Deutscher Bundestag 1998).

2   Vgl. etwa Deutscher Bundestag 1998.

3   Prominentestes Beispiel, an dem solche Differenzierungen scharf zu Tage treten und sich prototypisch illustrieren lassen, ist der so genannte ‚Ritualmord von Witten' (06.07.2001), im Zuge dessen einem so genannten ‚Satanistenpärchen' im Januar 2002 vor dem Bochumer Landgericht der Prozess gemacht wurde. Dass solche Taten und das Ausschlachten solcher Taten in den einschlägigen (Boulevard-)Medien in der sog. schwarzen oder Gothic-Szene breit aufgenommen, kontrovers diskutiert und kommentiert werden, lässt sich zunächst als Indiz für das Vorhandensein einer diskursiven Kommunikationskultur lesen. *Wie* dies geschieht, lässt weiterhin Rückschlüsse darauf zu, in welcher Weise sich die Szene bzw. einzelne Mitglieder der Szene zu solchen Ereignissen ins Verhältnis setzen. Deutlich wird, dass eine Vielzahl unterschiedlicher Meinungen und Perspektiven bestehen, die zumindest die Vielfältigkeit der Wertvorstellungen innerhalb der Szene zum Ausdruck bringen.

eigener Events, Clubs und Zeitschriften.[4] Dass eine solche Szene eine Brutstätte
satanistischen Gedankenguts darstellt, ist vielfach behauptet worden, nicht zuletzt
deshalb, weil die Gothic-Szene die wohl auffälligste öffentliche Manifestation
satanistisch-okkultistischer Symbolik und Ästhetik i.w.S. darstellt. Ausdrucksform und Projektionsfläche sind gothicspezifische Musik- und Kleidungsstile.

Musik(-erleben) und Körper(-symboliken bzw. -inszenierungen) bilden in
Jugendkulturen eine untrennbare Einheit[5]: Beide fungieren als Transporteur spezifischer Lebensgefühle[6], sind insofern Zeichen- bzw. konventionalisierte Aus-
druckssysteme und damit kultureller Bezugsrahmen. Umgekehrt stehen beide in
engem Zusammenhang mit unmittelbarem Erleben und sind auf diese Weise Medien, in die jeweils individuen- und gruppenspezifische Formen eingezeichnet
werden können. Sie sind in dieser Hinsicht Voraussetzung für die Konstitution
eines konjunktiven Erfahrungsraums[7], der trotz gruppen- und milieuspezifischer
Gebundenheit an einem größeren Sinnzusammenhang partizipiert (‚der Jugendkultur‘, ‚der Szene‘, ‚dem Stil‘). Die Bedeutung szenespezifischer Musik resp.
Ästhetisierung und Inszenierung des Körpers soll deshalb im Folgenden kurz
skizziert werden.

Populäre Musik wies schon immer über ihre rein sinnlich-rezeptiven Qualitäten hinaus: Ihre Fähigkeit, anti-diskursive, den Körper und die Sinne anspre-
chende Rezeption hervorzurufen[8], brachte sie sowohl innerhalb kulturkritischer[9]
als auch -pessimistischer Kreise in Verruf. Stand sie für Erstere im Dienste der
Herrschenden und versorgte die Beherrschten mit ‚leichter Kost‘, um sie gefügig
zu halten, sahen Letztere in ihr die Quelle für Disziplinlosigkeit, Sitten- und
Werteverfall. Dies verschärfte sich noch mit dem Aufkommen der so genannten
Pop- und Rockmusik in den 1950er-Jahren[10]: Populäre Musik war nun ein probates Mittel des Kulturkampfes geworden und schickte sich ihrerseits an, als Kunst

---

4   S. hierzu Kap. 3.1. Dass es sich darüber hinaus um eine internationale Szene handelt, sei an
     dieser Stelle angemerkt (vgl. etwa Muggleton 2000). Dieser Aspekt erfährt in der vorliegenden
     Studie jedoch keine systematische Behandlung.
5   Vgl. klassisch: Willis 1981. Neuere Studien zu Jugendkulturen gehen i.d.R. davon aus, dass ihr
     Untersuchungsgegenstand sich um einen spezifischen Musikstil gruppiert (vgl. etwa Klein
     1999, Hitzler/Pfadenhauer 2001, Weinfeld 2000, Vogelgesang 1999). Die Verwobenheit von
     populärkultureller Musik und Inszenierungspraktiken in Jugendkulturen ist nicht zuletzt an der
     Spezifität der jeweiligen Tanzstile zu rekonstruieren (vgl. Richard/Krüger 1995).
6   Vgl. etwa Baacke 1998, Voullième 1995.
7   Vgl. Mannheim 1980, vgl. Bohnsack 1997a.
8   Zu einer kulturhistorischen Betrachtung dieser idealtypisch zu unterscheidenden Formen der
     Musik vgl. Koch 1996.
9   Paradigmatisch hierfür: Adorno/Horkheimer 1985.
10   Dass es populäre Musik nicht erst seit dem Entstehen der so genannten Pop- oder Rockmusik
     gibt, zeigt Peter Wicke (2001), indem er strukturelle Analogien zwischen populären Formen
     der Musik über die Jahrhunderte hinweg belegt.

– sprich: als Ausdrucksform eigenständiger Dignität trotz oder gerade wegen ihrer Warenform[11] – verstanden zu werden. Traditionelle Unterschiede zwischen trivial- und hochkulturellen (musikalischen) Ausdrucksformen begannen sich zu nivellieren. Gleichzeitig entstanden sozialwissenschaftliche Theorien, die hochkulturelles Abgrenzungsgebaren als Distinktionsverhalten zur Aufrechterhaltung sozialer Hierarchien entlarvten[12]. Pop- und Rockmusik bewegt sich heute, ihrer spezifischen Genese Rechnung tragend, in einem Spannungsfeld von industrieller Produktion und individueller bzw. gruppenspezifischer Aneignung, von ‚objektivem' (kulturindustriellem) und ‚subjektivem' Sinn und von ökonomischer und identitätsbildender bzw. gruppen- und szenekonstituierender Funktion[13]. Die Bedeutung von Popmusik liegt heute in ihrer Fähigkeit, einen polysemen Raum für Sinnangebote zur Verfügung zu stellen, der sowohl individuell[14] als auch gruppenspezifisch[15] ausgefüllt werden kann: „Aus dieser Spannung zwischen Individualität und Gruppenbindung in der Aneignung von Kulturwaren entsteht die besondere Attraktivität von präsentativen Ausdrucksformen wie Musik. Denn im konjunktiven Erfahrungsraum kann sich der Musikkonsument zugleich im gemeinsamen Weltbezug als Mitglied einer Geschmacks- oder Protogemeinschaft, einer jugendlichen Subkultur, eines jugendlichen Lebensstils fühlen und sich in seiner individuellen Autonomie und seinem Selbstausdruck bestärkt sehen" (Mikos 2003, 236). So existiert mittlerweile eine breite Palette von stimmungsunterstützender Partymusik bis hin zu spezifischen Stilen, die ganze Protest- und Gegenkulturen als Ausdrucksformen verwenden. Insbesondere Letztere tendieren dazu, Spezialkulturen auszubilden, zu denen Außenstehende kaum noch Zugang haben. Ihre Durchdringung setzt in hohem Maße ein Verständnis sowohl für die Genese als auch für die Eingebundenheit in eine spezifische Szenekultur voraus. Die Musik der Gothics ist hierfür ein prototypischer Fall. Diesem Themenkomplex wird sich Kapitel 4 des vorliegenden Buches widmen.

Neben der Musik ist es v.a. der Kleidungsstil, welcher die Gothic-Szene – vor allen anderen Jugendszenen – ‚ins Gerede' brachte. Kaum etwas ist augenfälliger als abweichende und umfassende Formen der Ästhetik und Inszenierung des Körpers und kaum etwas ist anfälliger und ausbeutbarer für Missinterpretationen, Fantasien und polyseme Bedeutungsgenerierungen – sowohl für Mitglieder als auch Nicht-Mitglieder der Szene. Wie man im Alltag ‚aussieht', be-

---

11   Die Reflexion und Ironisierung der eigenen Kommodifizierung gehören spätestens seit Entstehung des Pop-Art zum Standardrepertoire der Pop-Kultur.
12   Paradigmatisch: Bourdieu 1982.
13   Vgl. Ferchhoff/Neugebauer 1996.
14   Zur Aneignung von so genannter ‚Mainstream-Musik' durch nicht szenegebundene, jedoch an Jugendkultur im Allgemeinen orientierten Jugendlichen (sog. AJOs) vgl. Schmidt/Neumann-Braun, 2003.
15   Vgl. Vollbrecht 1995.

stimmt wie man sich ‚gibt' und wie man von anderen behandelt wird. Es regt grundlegende, wechselseitige Typisierungen an.[16] Da Handeln in sozialen Situationen unmittelbar an die Präsenz des Körpers gebunden ist, sind es zunächst der Körper und seine kulturellen Überformungen, welche sowohl für ego als auch für alter Identität und Unverwechselbarkeit vermitteln, verbürgen und veranschaulichen[17]. Die angemessene Darstellung des Körpers und die damit einhergehende Ausdruckskontrolle weisen Menschen als vollwertige Gesellschaftsmitglieder aus[18]. In kopräsenter Interaktion erfährt die wechselseitige Respektierung der körperlichen Integrität des anderen (Intimsphäre)[19] eine herausragende Bedeutung. Umgekehrt geben kleinste Missgeschicke und unintentional hervorbrachte ‚Äußerungen' (sog. ‚Ausdrucksinformationen'[20]) Anlass zu Rückschlüssen auf die sich äußernde Person, ihren Charakter, ihre sozialen Zugehörigkeiten und ihre ‚durchschnittlichen' Motive[21]. Ein Aspekt der angemessenen Selbstdarstellung ist die optisch-ästhetische Herrichtung des Körpers (Kleidung, Frisur, Schmuck, Schminke), welche sich im Rahmen konventionalisierter Kleidungscodes[22] (Zeichensysteme) bewegt, die mehr oder weniger auf gesellschaftliche Akzeptanz stoßen[23]. Dem Watzlawickschen Postulat ‚man kann nicht nicht kommunizieren'[24] folgend, lässt sich jeder beobachtbar hervorgebrachte Ausdruck als Mitteilung bzw. Symptom (Anzeichen) für etwas nicht Beobachtbares lesen[25]. Diese „Unumgänglichkeit der Selbstinszenierung" (Hitzler 1997, S. 98) bringt es mit sich, dass die Herrichtung des Körpers per se – ob absichtsvoll oder nicht – als Kommunikation (wenn auch nur als anzeichenhaf-

---

16 In diesem Sinne ist es für Mitglieder der Gothic-Szene eine zentrale Frage, wie sie sich zum Alltag ins Verhältnis setzen, was konkret etwa Fragen wie die nach der Adäquatheit ‚festlicher' Kleidung (als welche die typische Szene-Kleidung empfunden wird) in alltäglichen (Berufs-) Kontexten hervorruft (s. hierzu ausführlich Kap. 3.2.3 und 3.2.4).
17 Schütz/Luckmann (1984) formulieren: „Es ist sein Körper in lebendiger Gegenwart, der mir sein Fühlen, Wollen und Denken ‚unmittelbar' vermittelt. Der Mitmensch verkörpert sich in meiner Gegenwart. Dieser Umstand (...) gibt uns die Berechtigung, von unmittelbaren Erfahrungen eines Mitmenschen in der Wir-Beziehung zu sprechen" (S. 156). Vgl. auch Willems (1998, S. 43 ff.) zu den vielfältigen Funktionen, die dem Körper in sozialen Situationen zukommen.
18 Vgl. dazu grundlegend Goffman 1969 und 1972 sowie Giddens 1995, S. 116 ff.
19 Vgl. Goffman 1971 und 1974.
20 Vgl. Goffman 1981.
21 Vgl. Willems 1997.
22 Kulturhistorisch betrachtet zeigen Kleidungscodes in relativ eindeutiger Weise gesellschaftliche Positionen und Funktionen an (etwa Stände, Klerus, Militär etc.). Diese gesellschaftlich reglementierte und sanktionierte Eindeutigkeit ist heute nicht mehr gegeben.
23 Offizielle Kleidungscodes und konventionelle Semiotisierungen sozialstruktureller Dimensionen (etwa: Geschlecht, Alter, Schicht) erfuhren insbesondere im Zuge der Modernisierung eine zunehmende Aufweichung (vgl. etwa Sontag 1967).
24 Vgl. Watzlawick et al. 1969.
25 Hitzler (1997) bemerkt: „Aber außerdem ist unser Körper eben auch ein unwillkürliches Anzeichenfeld für andere, lange bevor wir ihn als Zeichenrepertoire *verwenden*" (S. 98).

te[26]) zu begreifen ist. Nur: Wie bewusst, intentional, aufwändig und u.U. strategisch die In-Szene-Setzung des eigenen Körpers betrieben wird und inwiefern dazu auf welche konventionalisierten Schemata (Mode[27]) zugegriffen wird, stellt einen entscheidenden Unterschied dar. ,Modische' Herrichtung des Körpers – ob gegenkulturell oder nicht – erfordert die bewusste Auseinandersetzung mit gesellschaftlich konventionalisierten Zeichensystemen sowie die bewusste und mit bestimmten Intentionen verbundene (und sei es nur die, ,modisch', d.h. zeitgemäß, jugendlich etc., auszusehen) Auswahl von Elementen aus diesem Repertoire[28]. Die Herrichtung der eigenen Person als Vertreter eines bestimmten Stils erfordert darüber hinaus einen Aneignungsprozess, der je nach Komplexität und Abseitigkeit des Stils mehr oder weniger aufwändig ist[29]. Diese unterschiedlichen Grade der Intensität und Extension sowie der sozialen Ausrichtung von Stilen legen eine Differenzierung entlang der Dimensionen ,mehr vs. weniger intensiv/extensiv', ,nicht absichtlich vs. absichtlich' sowie ,gesellschaftskonform vs. abweichend/gegen-kulturell' nahe (verstanden als Kontinuum). Subkulturelle Stile können damit als intensive (die Zeichen sind auffällig und u.U. irreversibel (etwa Tattoos))[30] und extensive (sie umfassen nahezu das gesamte Alltagsleben) sowie absichtlich[31] gegenkulturelle Ausdrucksformen verstanden werden. Stil konstituiert hier eine Kultur, eine eigene Welt[32], ist damit mehr als Mode. Insofern lässt sich behaupten, dass die subkulturelle Ästhetisierung und Stilisierung des Körpers Hand in Hand mit einem Lebensgefühl gehen, das dadurch seinen Ausdruck findet. Ausgestaltung des Stils und zentrale Inhalte des Lebensgefühls sind auf diese Weise untrennbar miteinander verwoben. Der Gebrauch subkul-

---

26 Vgl. zu verschiedenen Zeichenarten Schütz/Luckmann 1984, S. 178 ff.
27 Zum Begriff der Mode vgl. Simmel 1983b. Zu seiner Bedeutung in modernen Gesellschaften, insbesondere im Zusammenhang mit jugendkulturellen Ausprägungen vgl. Richard 1998. Zur Mode als Zeichensystem vgl. Barthes 1985.
28 Willems (1997) formuliert: „Der Körper ist Objekt und Ressource der (Selbst-)Gestaltung und (Selbst-)Ästhetisierung. Als Ensemble ästhetischer Zeichen und Bezeichnungen ist er in Grenzen formbar und manipulierbar. Ernährung, Diät, Sport, ,Bodybuilding', Kosmetik, Prothesen und Schönheitschirurgie sind sozusagen technische Optionen, den Körper in eine im Sinne herrschender Werte und Normen theatrale Form zu bringen. Vermutlich ist das Bestreben, den Körper in diesem Sinne zu stilisieren, in der heutigen Gesellschaft historisch einmalig verbreitet" (S. 44).
29 So besteht etwa ein Unterschied zwischen der Aneignung des Punk-Stils und der eines allgemein legeren, sportlichen Stils, welcher zunächst kaum Konsequenzen für das Alltagsleben zeitigt.
30 Eine erste umfassende Bestandsaufnahme jugendkultureller Stilelemente legte Zinnecker 1982 vor. Auch Zinnecker begreift die Emblematiken bereits als Ausdruck von Protest, Gruppenzugehörigkeit und einer „Personality Show" (ebd. S. 269), die tendenziell „unsere Körperpräsentation nach dem Muster der Warenästhetik um[modellieren]" (ebd.). Zur Tätowierung vgl. auch Hahn 1993.
31 Vgl. Hebdige 1998.
32 Vgl. hierzu Douglas 1986.

turspezifischer Zeichen wird zur spezialisierten Praxis und entwickelt eine Tradition, denn der Gebrauch von Symbolen, Emblemen und Ritualen setzt zunehmend spezialisiertes Wissen voraus. Nach Soeffner (1989b) sind insbesondere die zum Teil hoch verschlüsselten, emblematischen Darstellungen „ein expliziter Rückgriff auf die unterschiedliche Verteilung des Wissens innerhalb der Gesellschaft. Mit dem Einsatz emblematischer Darstellungsformen wurde unterschieden zwischen Eingeweihten und Nichteingeweihten, Gebildeten und Ungebildeten, Dazugehörigen und Ausgeschlossenen" (1989b, S. 166). Die Funktion und Wirkung einer solchen Praxis fasst Soeffner (1989b) wie folgt zusammen:

„Dass Menschen sich selbst zu Trägern – Transporteuren – von Emblemen machen, verweist in besonderer Weise auf das bereits zu Beginn erwähnte Phänomen der sozialen Spiegelung: auf die aktiv umgesetzte Intention, für andere in spezifischer Weise im Rahmen eines semantisch und bildhaft ausdifferenzierten Sinnbezirks interpretierbar zu sein. Der Träger von Emblemen ist nicht nur – wie alle anderen – Zeichenbenutzer, sondern er setzt methodisch sich selbst ein als ‚Zeichen für', und zwar für etwas, was über ihn selbst hinaus auf andere(s) verweist, mit dem er verbunden ist: emblematische Selbstdarstellungen verweisen auf eine ‚kollektive Persönlichkeit', an der das emblematisierte Individuum Anteil hat" (ebd. S. 167).

Die einzelnen Bestandteile verweisen auf einen einheitlichen Sinnzusammenhang: „Körper, Körperbemalung und Kleidung werden dabei – je nach Anlass in unterschiedlicher Weise – zu einem ganzheitlichen Verweisungszusammenhang ausgestaltet" (ebd. S. 169). Die mehr oder weniger komplexe Fertigkeit, solche Inszenierung herzustellen, erfüllt die Funktion Mitgliedschaft anzuzeigen: „So ist es kein Wunder, dass die Beherrschung von Techniken der Körpergestaltung, des Färbens von Körper und Kleidung als Bewertungsmaßstab für die Beherrschung von Kultur angesehen wird. Entscheidend dabei sind die Mühe und der Aufwand, durch die die kulturelle Überhöhung und ästhetische Verfeinerung der Körpergestaltung erreicht wird" (ebd. S. 170 ff.). Zentrale Orientierungsrichtungen, die mit der Verwendung bestimmter emblematischer Zeichengruppen verbunden sind, sind nach Soeffner (1989b, S. 174 f.) *bildhafte Überzeugungssignale*, die den Trägern als Anhänger einer bestimmten Ideologie, Glaubensvorstellung oder Weltanschauung ausweisen (z.B. Satanistenkreuz) oder *mit der Körperinszenierung verbundene Zugehörigkeitssignale*, die den Träger als Mitglied einer bestimmten Gruppe oder Gruppierung ausweisen (z.B. Trichterfrisur, schwarze Kleidung etc.). Im Falle subkultureller Stile tritt beides als eine wechselseitig aneinander orientierte Einheit auf: Emblematische (Körper-)Zeichen (als Einheit: Stil) verweisen auf die Weltanschauung und Lebensführung einer spezifischen Gruppierung. Soeffner stellt fest:

„Fast immer stellt der Signalisierende für seine Umgebung eine Charakterkostümie-
rung zusammen, ein zeichenhaft durchgearbeitetes Arrangement aus beanspruchter
Lebensart, ausgestellter Moral und Gesinnung, aus Repräsentanten der Lebensgeschichte, Berufskennzeichen, Familienstand etc. Fast immer versucht er das, was er
für seine ‚Identität‘ hält, dadurch mitzuteilen, dass er sich mit seinen zeichenhaften
Mitteilungen – carte d'identité – identifiziert" (ebd. S. 175).

Subkultureller Stil – ehemals abweichend und schockierend[33] – ist im Zuge der
Kommerzialisierung, Standardisierung und Internationalisierung zu einem medialen, gewissermaßen domestizierten[34] Produkt transformiert worden. Abgelöst
vom milieuspezifischen Kontext[35] fungiert er heute als kulturindustrielles Produkt[36] (sowohl der Konsumgüter-, als auch der Medien- und Musikindustrie) und
lebensstilistische Variante, mithin als präfigurierter Sinnhorizont, an dem sich
Konsumenten wie Produzenten orientieren. Trotz allem oder gerade deswegen
bleibt die Frage der lebensweltlichen Aneignung solcher Stile durch lokale
(Peer-)Gruppen hochvirulent[37]. Nicht von ungefähr widmen sich deshalb eine
Reihe neuerer Studien zur Gothic-Szene vornehmlich dem Komplex der Körperinszenierung und Stilpraxis, z.T. in Verbindung mit musikstilistischen Differenzierungen (s. hierzu Kap. 2). Resultat sind häufig Typologien, die szenespezifische Subklassifikationen via Stil- und Musikdifferenzierungen herausarbei-
ten. So wird immer wieder betont, *die* Gothic-Szene gäbe es nicht oder die Szene
sei so differenziert und ‚bunt‘, dass sie nicht als einheitliches Phänomen erfasst
werden könne. Das ist einerseits sicherlich richtig, andererseits jedoch ist es u.E.
durchaus möglich, konstitutive Gemeinsamkeiten der Gothic-Szene herauszuarbeiten. M.a.W.: Inszenierungs- und Geschmacksspezifika einzelner Subszenen
innerhalb der Gothic-Szene sind in einschlägigen Publikationen dokumentiert, so
dass die vorliegende Studie – an diesem Wissen partizipierend – einen anderen
Weg einschlägt, welcher sich stichwortartig auf die Aspekte ‚*Gemeinsamkeiten
der Szene*‘ sowie ‚*Selbstauskünfte, Reflexionen und Rationalisierungen der Szenemitglieder*‘ bringen lässt. Ausgangspunkt dieses Erkenntnisinteresses sind
Alltagsbeobachtungen bzw. die Reflexion von Interaktionen zwischen Forschern
und Alltagspersonen, in denen sich eines immer wieder zeigt: Das Phänomen
‚Gothic‘ (ähnlich wie Punk) scheint als Stil bekannt; viele ‚Alltagsmenschen‘
verfügen über ein grundlegendes Orientierungswissen, welches Zuordnungs- und

---

33 Vgl. Diederichsen/Hebdige/Marx (1983); Clarke et al. 1979.
34 Die Stilisierung als Minorität, ‚Outlaw‘ oder ‚Underdog‘ ist den 1990er-Jahren, Holert/Terkes-
    sidis (1996) zufolge, bereits zum modischen Mainstream geworden.
35 Vgl. Ferchhoff 1990.
36 Vgl. dazu Richard (1998), die Mode in ihrer Bedeutung als ästhetisch-medialen Komplex
    beschreibt.
37 Vgl. dazu exemplarisch Vogelgesang 1994.

Inferenzprozesse anleitet. So wissen die meisten, was ‚Gothic' ist und wie die
Szenemitglieder als solche zu erkennen sind, d.h. wie sie sich i.d.R. inszenieren.
Vorurteile, Fehleinschätzungen und damit Aufklärungsbedarf besteht dagegen bei
Fragen, die die Motivation, die ‚dahinter liegenden' Gründe, Überzeugungen und
Ideologien betreffen. Als mit dem Phänomen ‚Gothic' befasstes Forschungsteam
ist die häufigste Frage, mit der man konfrontiert wird: ‚Warum machen die das?
Warum ziehen die sich so an? Glauben die an den Teufel? Sind sie todessüchtig,
selbstmordgefährdet, hilfsbedürftig?' u.ä. Dies verweist letztlich auf Fragen, die
auf die Motive und Gründe bezogen sind, sich in einer bestimmten Szene zu bewegen. Aus Unkenntnis werden i.d.R. zwei interpretative Wege eingeschlagen:
Entweder wird Gothic als Mode-Phänomen abgetan oder die Szenemitglieder
werden einer Pathologisierung unterzogen. Ersteres tendiert dazu, die mit Gothic
verbundene Lebenseinstellung zu ignorieren und die in Frage stehende Selbstdarstellung auf einen überzogenen Selbstinszenierungswillen (‚Hauptsache auffallen'; Distinktionsthese) zurückzuführen. Letzteres schließt zwar auf Motive und
Einstellungen, indem ‚Gothic' als eine Ausdrucksform ‚kranker Seelen' gedeutet
wird (Kompensationsthese), lässt sich jedoch nicht auf die Perspektive der Szenemitglieder selbst ein. Solcherlei Verkürzungen sind letztlich nur dadurch zu
vermeiden, dass die Szene erstens in ihren Facetten deskriptiv erfasst und zweitens die typischen szeneninternen Rationalisierungen, welche eine solche Zugehörigkeit zu plausibilisieren vermögen, in Rechnung gestellt werden.

Die vorliegende Studie wählt aus diesem Grund einen methodischen Zwei-
schritt: 1. Die Deskription typischer Szenestrukturen (Gemeinsamkeiten) sowie
2. die Erhebung typischer Reflexionen und Rationalisierungen bezüglich dieser
Gemeinsamkeiten. Vornehmlichstes Erkenntnisinteresse ist die Frage, wie die
Szene, um die es hier geht, *organisiert und strukturiert* ist, durch welche *typischen Handlungspraktiken, Überzeugungen und Stilpraxen* sie geprägt ist und
*wie die Mitglieder der Szene ihre spezifische Form der Vergemeinschaftung re-
flektieren*. Damit ist gleichzeitig auf die zentrale Forschungsstrategie, die die
vorliegende Studie einschlägt, hingewiesen: Weder werden der Szene satanistische Tendenzen im Vorfeld – gewissermaßen als konstitutives Merkmal – zugeschrieben, indem intensiv nach ihnen ‚gefahndet' wird, noch soll die Szene auf
ihr evidentestes Merkmal – die Arten und Weisen ihrer körperlichen Stil- und
Inszenierungspraxen – reduziert werden. Vielmehr wird sich der zu untersuchenden Szene zunächst explorativ und deskriptiv genähert, um sie als holistisches Phänomen in ihrer spezifischen Eigenstrukturiertheit zu portraitieren.
Hierzu werden Notizen eigener *Feldbeobachtungen* (s. Kap. 3.1) sowie v.a.
Selbstauskünfte von Szenemitgliedern und -experten herangezogen (s. Kap. 3.2).
Die Selbstauskünfte dienen zugleich der Bearbeitung der Frage nach typischen
Reflexions- und Rationalisierungsweisen. Zur Konstitution des primären For-

schungsgegenstands – der *Gothic-Szene* nämlich – ist es zunächst notwendig zu umreißen, was es forschungspraktisch bedeutet, eine spezifische Szene zu untersuchen. Zu Beginn muss gefragt werden: Worin findet die Gothic-Szene ihren Ausdruck, ihr beobachtbares Korrelat und wo und wie erhält man Zugang zu einer solchen Szene? Anders als bei einer rein auf Fragebogen oder Interviews basierenden Herangehensweise steht hier zunächst die Frage im Vordergrund, was den Gegenstand handlungspraktisch konstituiert, also wo das im Fokus des Interesses stehende Phänomen beobachtet werden bzw. wo man als ForscherIn daran teilnehmen kann. Beides verweist bereits auf grundlegende Strategien ethnographisch ausgerichteter qualitativer Sozialforschung, nämlich das Interesse an natürlichen Handlungspraxen, die durch Beobachtung und/oder Teilnahme erfasst werden. Den Einstieg in die Forschung soll also eine möglichst formale und unspezifische *Arbeitsdefinition* leisten, die als erste Orientierung dessen, was beobachtet werden soll, fungiert:

Unter 'Gothic' verstehen wir zunächst einen spezifischen jugendkulturellen *Stil* sowie eine sich darum gruppierende jugendkulturelle *Szene*, wobei sich:

- der *Stil* v.a. in spezifischer *Mode* und *Musik* manifestiert;
- die *Szene* durch regelmäßige *Treffen* zu bestimmten *Aktivitäten* an bestimmten *Orten* (Events, Locations) konstituiert;
- der einzelne *Szenegänger* durch eine spezifische *Haltung* (Habitus) als Mitglied der Szene zeigt, welche sich u.a. in typischen Rationalisierungen seiner gewählten Mitgliedschaft manifestiert.

Zu den notwendigen Bedingungen, von einer Szene sprechen zu können, gehören neben regelmäßigen, kopräsenten Interaktionen der Szenemitglieder spezifische Geteiltheiten. Für den vorliegenden Untersuchungsgegenstand nehmen wir solche Geteiltheiten von Handlungsorientierungen, Überzeugungen (Geisteshaltungen), Interaktions-, Inszenierungs- und Stilisierungspraxen an.[38] Zu klären sein wird, worin diese bestehen und wie sich Einzelphänomene und -elemente zu einem kohärenten Bild der Szene verdichten lassen.

Soll die Gothic-Szene also einerseits nicht auf spezifische Ideologien und Praxen (etwa Satanistisches/Okkultistisches[39]) oder auf ein rein alltagsästheti-

---

38 Hitzler/Bucher/Niederbacher (2001) formulieren in ihrer Untersuchung zu Jugendszenen in Deutschland folgende szenekonstitutiven Merkmale: Langfristig erworbenes Wissen/Können, identifizierende Einstellung, wertrational-stilisierender Handlungsmodus und den Lebensstil dominierendes Engagement (auf der Ebene des Szenegängers) sowie die Existenz von Treffpunkten, Events und internen Medien (auf der Ebene der Szenestrukturen).

39 Zahlreiche Studien, die sich mit diesem Thema befassen, beleuchten das Phänomen 'Okkultismus' als isolierte Handlungspraxis und neigen dazu, den Handlungszusammenhang, in dem solche Praxen auftreten, zu vernachlässigen (vgl. etwa Hansel 1996, Hunfeld/Dreger 1993, Mi-

sches bzw. musikstilistisches Phänomen (Mode, Kleidungs- und Musikstil) reduziert und andererseits nicht in Differenz und Vielfalt aufgelöst werden, so muss
gefragt werden, welche typischen Phänomene die Szene in ihren heutigen Ausprägungen eint.

Ziel der vorliegenden Studie ist es deshalb, anhand unterschiedlicher Zugangsmodi und Daten (s. Kap. 1) das Phänomen ‚Gothic' als *Idealtyp* zu rekonstruieren. Das Verfahren der Idealtypenbildung führte Max Weber zur begrifflichen Erfassung und Erklärung komplexer sozialer Phänomene in die empirische
Sozialforschung ein. Er verfolgte damit sowohl empirisch-deskriptive als auch
theoretisch-heuristische Ziele. Im Gegensatz zu einfachen Gattungsbegriffen als
einer Kombination definiter Merkmale, die in der empirischen Wirklichkeit den
einzelnen Phänomenen auch tatsächlich zukommen (auch Realtypen oder empirische Typen genannt[40]), zielt die idealtypische Begriffsbildung darauf ab, „die
Eigenart von Kulturerscheinungen scharf zum Bewusstsein zu bringen" (Weber
1988, S. 202). Im Fokus steht also das historisch Spezifische und nicht die
Merkmalsallgemeinheit von Oberbegriffen für darunter zu subsumierende Ein-
zelfälle. Gewonnen wird ein Idealtypus „durch einseitige Steigerung eines oder
einiger Gesichtspunkte und durch Zusammenschluss einer Fülle von diffus und
diskret, hier mehr, dort weniger, stellenweise gar nicht, vorhandenen Einzeler-
scheinungen, die sich jenen einseitig herausgehobenen Gesichtspunkten fügen,
zu einem in sich einheitlichen Gedankengebilde. In seiner begrifflichen Reinheit
ist dieses Gedankenbild nirgends in der Wirklichkeit empirisch vorfindbar (...)"
(Weber 1988, S. 191).[41] Obwohl der Idealtypus also die empirische Wirklichkeit
nicht in ihrer je individuellen Konstellation exakt abzubilden vermag, ist er dennoch darauf angelegt, die Eigenart eines Phänomens zu veranschaulichen und
verständlich zu machen.[42]

---

nisterium für Kultur, Jugend, Familie und Frauen 1997, Mischo 1991, Müller 1989a, Schmidt
1987, Wiesendanger 1995, Zinser 1993).

40   Vgl. zfs. Kluge 2000, S. 58 ff.

41   Ritsert (1996) fasst die Kompositionsregeln der Idealtypenbildung in den Verfahren der Abstraktion, Pointierung und Idealisierung zusammen (vgl. ebd. S. 41).

42   Weber (1988) verdeutlicht dies am Beispiel des Christentums: „Jene die Menschen einer
Epoche beherrschenden, d.h. diffus in ihnen wirksamen ‚Ideen' selbst können wir, sobald es
sich dabei um irgend kompliziertere Gedankengebilde handelt, mit begrifflicher Schärfe wiederum nur *in Gestalt eines Idealtypus* erfassen, weil sie empirisch ja in den Köpfen einer unbe-
stimmten und wechselnden Vielzahl von Individuen leben und in ihnen die mannigfachsten
Abschattierungen nach Form und Inhalt, Klarheit und Sinn erfahren. (...). Wirft man nun die
Frage auf, was (...) *das* Christentum des Mittelalters (...) gewesen sei, (...), so zeigt sich alsbald,
dass auch hier in jedem einzelnen Fall ein von uns geschaffenes Gedankenbild verwendet wird.
Es ist eine Verbindung von Glaubenssätzen, Kirchenrechts- und sittlichen Normen, Maximen
der Lebensführung und zahllosen Einzelzusammenhängen, die *wir* zu einer ‚Idee' verbinden:
eine Synthese, zu der wir ohne die Verwendung idealtypischer Begriffe gar nicht wider-
spruchslos zu gelangen vermöchten" (ebd. S. 197).

Bei dem Versuch, das Phänomen ‚Gothic-Szene' idealtypisch zu erfassen, sollen zunächst zwei für das soziale Gebilde ‚Szene' konstitutive Aspekte unterschieden werden:

a) Organisationsstrukturen und Vergemeinschaftungsmuster
Hitzler/Bucher/Niederbacher (2001, S. 211 f.) verstehen Szenen als *Interaktionsgeflechte* oder *interaktive Netzwerke*. Im Gegensatz zum Publikum jugendkultureller Angebote, das sich „durch den gleichzeitigen Konsum eines Erlebnisangebotes" (ebd. S. 212) konstituiert, kann von Szenen erst dann die Rede sein, wenn es unter den Mitgliedern zu regelmäßigen Face-to-Face-Kontakten kommt. Insofern bilden Szenen Organisationsstrukturen und Muster der Vergemeinschaftung aus, die sich hinsichtlich der Dimensionen Treffpunkte, Events und Medien beschreiben lassen (vgl. ebd. S. 220).

b) Geteilte Überzeugungen, Handlungsorientierungen und Stilpraxen
Geteiltheiten des Denkens, Handelns und Ausdrucks kulminieren in der idealtypisch gedachten Figur des Szenegängers. Den Begriff des *typischen Szenegängers* verwenden wir in Anlehnung an Hitzler/Bucher/Niederbacher (2001) und referieren damit auf Personen, „die die Szene samt den je typischen Aktivitäten, Einstellungen, Motive und Lebensstile maßgeblich repräsentieren" (ebd. S. 213).[43] Gefragt wird also nach typischen Habitusformationen in der Szene, wie sie sich in *Inszenierungs- bzw. stilistischen Praxen (Körper, Musik), Handlungsmustern (Interaktionspraxis)* und *Denkweisen, Orientierungen sowie Überzeugungen* ausdrücken.[44] Habitusformationen in Szenen werden dabei weitestgehend als *Stilpraxen* verstanden[45], weil sich in ihnen absichtsvoll her- und dargestellte Handlungsorientierungen und -praxen sowie Überzeugungen und Wertvorstellungen mit (alltags-)ästhetischen Inszenierungen verbinden. Diese Engführung ist entscheidend, da unter Habitus üblicherweise „subjektiv bindende und zugleich freisetzende Verhaltensdispositionen, die sich vor allem und ‚lernschicksalhaft' in primären Sozialisationsprozessen entwickeln und als

---

43   Dass ein solcher ‚Szenegänger' in der Realität nicht existiert, trotzdem aber ‚Realität' darüber beansprucht, dass er in den Szenebeschreibungen von Szenemitgliedern gewissermaßen als Identifikationsfixpunkt bzw. als zentrales Konstrukt einer abstrahierten Szenedarstellung fungiert, zeigt, wie entscheidend die ‚Existenz' eines solchen Idealtyps auch für den Zusammenhalt einer Szene selbst ist: „Ohne diesen Personaltypus [den Szenegänger – Anm. d. Verf.] ist eine Szene schlichtweg undenkbar" (Hitzler/Bucher/Niederbacher 2001, S. 214).

44   Vgl. auch Helsper (1992), der für seine Untersuchung der Grufti-Kultur einen ähnlichen Ausgangspunkt formuliert: „Hier soll zusammenfassend das Lebensgefühl der schwarzen Szene herausgearbeitet werden, als kultureller Habitus der Schwarzen, der es, jenseits aller Differenzierungen und Besonderungen (...) möglich macht, von einer Jugendkultur der Schwarzen und Gruftis zu sprechen" (271).

45   Vgl. auch Vollbrecht 1995, S. 29 ff.

,zweite Natur' der Akteure tendenziell unbewusst (spontan, intuitiv, selbstverständlich) fungieren" (Willems 1997, S. 32), verstanden werden. Mit Blick auf
Szenen als Stilgemeinschaften wird der Habitusbegriff jedoch verengt und unterstellt, dass es sich hierbei um Prozesse der Selbststilisierung handelt, für welche die Szenemitglieder diskursiv verfügbare Rationalisierungen zur Hand haben.[46] Hitzler/Bucher/Niederbacher (2001, S. 229) führen Prozesse der Ästhetisierung als eine unter fünf Entwicklungstrends in Szenen auf. Die ästhetische
Überhöhung von Handlungspraxis und Ausdruck ist dabei Voraussetzung für
Stilisierungshandlungen, welche wiederum eine notwendige Bedingung für die
wechselseitige Identifikation der Szenemitgliedschaft darstellen. Kern und vor-
nehmlicher Zugangsmodus zu kollektiven szenetypischen Habitusformationen
sind typische Stilpraxen, u.a. auch deshalb, weil sie als beobachtbares Korrelat,
gewissermaßen als Indikator für ,dahinter Liegendes' fungieren.

Ganz wesentlich für die vorliegende Untersuchung ist der Begriff des *Stils*
bzw. der *Stilisierung(shandlung)*. Wir verstehen darunter in Anlehnung an
Soeffner (1992b) grundlegend Folgendes: Interaktionstheoretisch bedeutet Stil
zunächst die beobachtbare Selbstpräsentation von Personen oder Gruppen. „Stil
als eine spezifische Präsentation kennzeichnet und manifestiert die Zugehörigkeit
eines Individuums nicht nur zu einer Gruppe oder Gemeinschaft, sondern auch
zu einem Habitus und einer Lebensform, denen sich diese Gruppen oder Gemeinschaften verpflichtet fühlen" (ebd. S. 78). Stil ist dabei Teil eines umfassenden Systems von Zeichen und Symbolen für soziale Orientierungen, genauso wie
er umgekehrt Ausdruck und Ergebnis eben solcher Orientierungen ist. Ein bestimmter Stil zeigt deswegen nicht nur an, wer ,wer ist', sondern insbesondere
wer ,wer sein will'. Stil ist demzufolge zuallererst eine Beobachtungsleistung
und -kategorie, also ein Oberflächenphänomen: „Stil [wird] produziert, um beobachtet zu werden" (ebd. S. 78). Stilisierung kann nun „begriffen werden als
Bündelung beobachtbarer Handlungen, die ausgeführt werden, um eine einheitlich abgestimmte Präsentation zu erzielen" (ebd. S. 78). Da das alltägliche Leben
sich jedoch per se in typisierten Handlungen und Wahrnehmungen vollzieht,
wäre es unsinnig, jede zeichenhafte oder typisierende Präsentation von Handlungen und/oder Haltungen Stil zu nennen. Stil enthält immer eine ästhetische
Komponente, „eine ästhetische Überhöhung des Alltäglichen" (ebd. S. 79). Stil
ist das Ergebnis gezielter Handlungen und besteht in dem Resultat einer homogenen Figuration, d.h. „der Stil (...) bindet alle wahrnehmbaren Details seines

---

46   Vgl. auch Bohnsack (1997b), der von einem Spannungsverhältnis zwischen intendierten Aus-
     drucksstilen einerseits und habitualisierten Stilelementen andererseits spricht (ebd. S. 7 f.), wobei
     die entscheidenden kritischen Merkmale sich in den Bereichen ,Tiefe vs. Oberfläche', ,bewusst
     vs. unbewusst' bzw. ,intendiert vs. unintendiert' sowie ,konjunktiver vs. kommunikativer Erfah-
     rungsraum' (vgl. Bohnsack 1997a, S. 194 ff.) bewegen.

jeweiligen Trägers zu einer darstellbaren Sinnfigur zusammen" (ebd. S. 80). Für den Einzelnen bedeutet das umgekehrt, „fähig zu sein, bewusst für andere und auch für das eigene Selbstbild eine einheitliche Interpretation anzubieten und zu inszenieren" (ebd. S. 79). Kurz: „ ‚Stil' (...) ist gleichzeitig zu verstehen als eine für ein Publikum inszenierte Interpretationsanleitung: als Präsentation von etwas und als Ausdruck für etwas, das – sonst auch alltäglichen – Handlungen oder Gegenständen einen ästhetisierenden, außeralltäglichen Akzent verleiht" (ebd. S. 80). Jede stilisierte Aktion und jedes stilisierte Detail verkörpert sowohl aktuell-konkrete Zwecke in der jeweiligen Interaktionssituation als auch eine das Hier und Jetzt transzendierende „ ‚höhere' Sinneinheit: den Stil" (ebd. S. 80).

Dass Stile nicht einfach habituell gelebt werden können, sondern aktiv hergestellt bzw. kultiviert werden müssen, betont Hitzler (1994): „Erst wenn das, was *ist*, weil es (warum auch immer) sein *muss*, überhöht wird zu etwas, was (auch) sein *soll*, entsteht ‚Stil'. (...). Stil erwächst aus der *Absicht* (und der Möglichkeit), etwas (sozusagen ‚material Gegebenes') ästhetisch, d.h. nach Kriterien des ‚Gefallens', zu gestalten, zu strukturieren" (ebd. S. 80).[47] Dass (Lebens-)Stile in diesem Sinn als neue Ordnungsprinzipien fungieren[48], arbeitet Schulze (1995) heraus. Demnach entsteht Stil durch die gleichzeitigen Prinzipien ‚Wiederholung' und ‚Schematisierung': „Als Stil sei nun die Gesamtheit der Wiederholungstendenzen in den alltagsästhetischen Episoden eines Menschen definiert" (ebd. S. 103). Stil erfüllt die Funktion, spezifische Formen des Erlebens zu sichern sowie Unsicherheiten abzubauen und persönliche Identifizierbarkeit (sowohl in der Fremd- als auch in der Selbstwahrnehmung) zu unterstützen. Stil als beobachtbares Phänomen ist allerdings mehr als ein Sammelsurium persönlicher Vorlieben – es lässt sich eine allgemeine Gestalt erkennen und weist eine typische Konfiguration auf. „Der Handelnde selbst erlebt seinen Stil als Konkretisierung von Identität, während er den anderen, den Beobachtern, als Anhaltspunkt alltagssoziologischer Typisierungen dient" (ebd. S. 104). Stil als komplexe Konfiguration von Zeichen arbeitet auf mehreren Bedeutungsebenen. Schulze unterscheidet: Genuss, Distinktion und Lebensphilosophie (ebd. S. 104 ff.). Liegt die Betonung im Zusammenhang mit der Funktion von (Lebens-)Stil i.d.R. auf Ab-

---

47 Auch Bohnsack räumt im Rekurs auf Mannheim (1980) dem Stilphänomen einen besonderen Status ein: „Dort, wo habitualisierte Stile zum immanenten Sinngehalt einer Kommunikation in ein Spannungsfeld geraten und diesem Ausdruck verliehen wird, sprechen wir vom ‚intendierten Ausdruckssinn'. (...). Der intendierte Ausdruckssinn unterscheidet sich vom Dokumentsinn durch die kommunikative Absicht, vom immanenten Sinngehalt dadurch, dass die kommunikative Absicht nicht explizit oder thematisch, sondern gestalterisch, metaphorisch oder ‚stilistisch' zum Ausdruck gebracht wird" (Bohnsack 1997a, 206). Die Interpretation intendierten Ausdruckssinns setzt die Unterstellung von Motiven voraus, im Gegensatz zu habitualisierten Stilen, die sich dokumentarisch erfassen lassen.
48 Zur Lebensstilforschung vgl. Hörning/Michailow 1990, Müller 1992, Mörth/Fröhlich 1994.

grenzungsprozessen, so hebt Bohnsack (1997a) darüber hinaus statt der desin-
tegrativen (Distinktion) die integrative/gemein-schaftsstiftende Qualität von
Stilpraxen hervor (ebd. 206 ff.).

Zusammenfassend lässt sich festhalten, dass Stil als etwas absichtsvoll Hergestelltes begriffen werden muss, weshalb sich im Stil(-gebaren) ein mehr oder
weniger ,bewusst gewählter und aktiv hergestellter Habitus' offenbart, in dem
sich szenetypische Inszenierungspraxen, Handlungsmuster und Aktivitäten sowie
zentrale Orientierungen, Weltanschauungen Überzeugungen und Rationalisierungen der zu untersuchenden Szene verdichten. Im Gegensatz zur Aneignung solcher Stile durch konkrete lokale Peer-Gruppen auf der Suche nach „habituellen
Gemeinsamkeiten"[49] geht es in der vorliegenden Studie um die „Stilvorlage"[50]
bzw. um die typischen Züge ihres „intendierten Ausdruckssinns". Die *Rekonstruktion eines „kollektiven Szene-Habitus"*[51] ist damit eines der Kernanliegen der
vorliegenden Untersuchung (neben der Rekonstruktion zentraler Organisations-
und Vergemeinschaftungsmuster). Soeffner formuliert dies – in seiner Untersuchung über das Punkphänomen – wie folgt: „Ich beschränke mich daher auf die
Charakterisierung einiger zentraler Elemente des Punk-Stils: mit dem Ziel die
Rohform des ,Idealtypus' (im Sinne M. Webers) und dessen, was ich die ,Sinnfi-
gur' des Phänomens ,Punk' nenne, herauszuarbeiten" (1992b, S. 83).

Die Rekonstruktion des Gothic-Stils anhand von Selbstauskünften und Feldbeobachtungen erfolgt in Kapitel 3. Die ,schwarze Musik' als zentrales Stilele-
ment und Ausdrucksmittel der Szene erfährt in Kapitel 4 eine ausführliche Behandlung. Zuvor widmet sich jedoch Kapitel 1 der methodischen Anlage der
Studie und Kapitel 2 dem Stand der Forschung. Im fünften und letzten Kapitel
erfährt das Phänomen Gothic eine abschließende Bestimmung, indem es mit
Blick auf religionssoziologische und modernisierungstheoretische Fragen rein-
terpretiert wird.

Die Recherche zur vorliegenden Studie wurde im Jahr 2001 abgeschlossen.
Nach unserem Dafürhalten können die Ergebnisse auch weiterhin Aktualität
beanspruchen, da derzeit keine wesentlichen Veränderungen der Szene zu erkennen sind.

---

49   Vgl. Bohnsack 1997a, S. 198, Ders. 1997b, S. 6 f.
50   Dies referiert auf die Unterscheidung zwischen persönlichen Stilen und kollektiven Lebensstilen.
     In der vorliegenden Studie geht es ausschließlich um *kollektive Lebensstile*, worunter Hitzler
     (1994) „thematisch übergreifende, (mehr oder minder) integrative, gemeinsamen Kriterien fol-
     gende Überformungen (und Überhöhungen) des Lebensvollzugs überhaupt" (ebd. S. 79) versteht.
51   Im Gegensatz zur Rekonstruktion eines individuellen, persönlichen Habitus setzt die vorlie-
     gende Studie an der Bestimmung eines *kollektiven Habitus* an. Gefragt wird somit nach *geteil-
     ten* bzw. *typischen* Überzeugungen und Orientierungsmuster in der Gothic-Szene (vgl. auch
     Bohnsack 1993, S. 45 f.; 1997a, S. 205 f.).

1 Anlage der Studie

1.1 Szeneethnographie als zentraler methodischer Zugangsmodus

Um die oben aufgeworfenen Fragen nach den Organisations- und Vergemeinschaftungsstrukturen der Szene sowie dem kollektiven Szenehabitus bzw. der ‚Sinnfigur' des Phänomens ‚Gothic' zu beantworten, stützt sich die vorliegende Studie auf einen i.w.S. szeneethnographischen Ansatz, dessen Wurzeln bei den jugendsubkulturellen Arbeiten der so genannten Cultural Studies[52] liegen und der zum heutigen Zeitpunkt eine große Verbreitung in den Sozialwissenschaften erfahren hat[53]. Als grundlegend für diese Herangehensweise seien die folgenden zentralen Aspekte genannt:

1.1.1 Orientierung an den Grundprinzipien qualitativer Sozialforschung

Sozialwissenschaftliche Gegenstandsbereiche sind sinnstrukturiert[54], d.h. ihre Konstitution erfolgt durch handelnde Subjekte, die in Interaktionsprozessen Sinn(-zusammenhänge) herstellen. Demzufolge gilt (Fremd-)Verstehen[55] bzw. die Rekonstruktion solcher Sinnkonstitutionsprozesse[56] als grundlegendes Erkenntnisprinzip. Ausgangspunkt ist damit die Fallrekonstruktion[57], die auf Texte

---

52 Vgl. Clarke et al. 1979, Hebdige 1979 und 1998, Willis 1981 u. 1991, zfs. Brake 1981, Hepp 1999, Winter 2000.
53 Beispielhaft seien hier die Studien von Bohnsack et al. 1995, Eckert/Reis/Wetzstein 2000, Hitzler/Bucher/Niederbacher 2001 und Vogelgesang 1998 angeführt.
54 Vgl. dazu grundlegend Habermas 1982.
55 „Fremdverstehen können wir jenen Vorgang nennen, bei dem wir einer Erfahrung den Sinn verleihen, dass sie sich auf ein Ereignis in der Welt bezieht, dem alter ego bereits einen Sinn verliehen hat" (Soeffner 2000b, S. 165).
56 Vgl. exemplarisch Bohnsack 1993.
57 Soeffner (1989a) formuliert hierzu paradigmatisch: „Sozialwissenschaftliche Auslegung ist jeweils exemplarische Arbeit am Fall (ebd. S. 61). Vgl. auch Lamnek (1995, Bd. 2, S. 4 ff.). Dass es beim Einzelfall nicht bleiben muss, dieser vielmehr als Ausgangspunkt dient, Allgemeineres formulieren zu können, hebt Schröer (1997) hervor: „Es geht (…) also stets um die rationale Rekonstruktion des Typischen, das ja nur im Besonderen zum Ausdruck kommt und sich nur im Einzelfall zeigt (…)" (ebd. S. 113).). Vgl. auch den Sammelband hrsg. von Klaus

in Form von empirischem Datenmaterial[58] rekurriert und auf deren Grundlage eine idiographische[59] Erfassung des Gegenstandes sowie die Bildung von Typen[60] angestrebt wird. Je nach Erklärungsanspruch des jeweiligen Ansatzes stehen entweder das Nachvollziehen subjektiv gemeinten Sinns (Erklärung durch Verstehen von Handlungsmotiven in einem je spezifisch-kulturellen Kontext[61]) oder die Rekonstruktion einer Fallgesetzlichkeit (Erklären durch den Rekurs auf ‚objektive' Sinnstrukturen[62]) im Vordergrund.[63]

1.1.2 Ethnographie als leitende Forschungsstrategie[64]

Ethnographische Ansätze setzen sich zum Ziel, Daten vor dem Hintergrund kultureller Strukturen zu interpretieren bzw. anhand von Daten kulturelle Strukturen zu rekonstruieren. Kultur wird dabei begriffen als „historisch überliefertes System von Bedeutungen, die in symbolischer Form auftreten, ein System überkommener Vorstellungen, die sich in symbolischen Formen ausdrücken, ein System, mit dessen Hilfe die Menschen ihr Wissen vom Leben und ihre Einstellungen zum Leben mitteilen, erhalten und weiterentwickeln" (Geertz 1983, S.

Kraimer (2000), der grundlagentheoretische und exemplarische Beiträge zu fallspezifischem Sinnverstehen in den Sozialwissenschaften vereint.

58   Vgl. Flick 1995, S. 40 f.

59   Grundsätzlich setzt eine qualitative Forschungshaltung einer nomothetischen eine idiographische Vorgehensweise entgegen. Qualitative Sozialforschung ist insofern idiographisch, als dass sie versucht, „soziale Erscheinungen in ihrem Kontext, in ihrer Komplexität und in ihrer Individualität zu erfassen, zu beschreiben und zu verstehen" (Lamnek 1995, Bd. 1, S. 223).

60   Typenbildung kann hinsichtlich verschiedenster Gegenstände, unter unterschiedlichsten Perspektiven und auf allen Abstraktionsniveaus erfolgen (vgl. Kluge 1999). „Ziel der Analyse ist die verdichtende Rekonstruktion eines objektivierten Typus sozialen Handelns aus seinen konkreten fallspezifischen Ausprägungen heraus" (Soeffner 2000b, S. 172).

61   Die Grundlagen einer verstehenden Soziologie finden sich bei Max Weber (1980): „ ‚Erklären' bedeutet also für eine mit dem Sinn des Handelns befasste Wissenschaft soviel wie: Erfassung des *Sinnzusammenhangs*, in den, seinem subjektiv gemeinten Sinn nach, ein aktuell verständliches Handeln hineingehört" (ebd. S. 4). Eine solch verstehende Konzeption der sozialwissenschaftlichen Forschung findet prominent ihren Ausdruck in wissenssoziologischen bzw. sozialwissenschaftlich-hermeneutischen (vgl. Soeffner 1989a, Schröer 1994, zfs. 1997, Hitzler/Honer 1997, Hitzler/Reichertz/Schröer 1999) und lebensweltthermeneutischen Ansätzen (vgl. exemplarisch Honer 1994, 1995 und 2000).

62   Vgl. etwa die Konzeption einer ‚objektiven Hermeneutik' durch Ulrich Oevermann (grundlegend: Oevermann et al. 1979, zfs. vgl. Garz 1994, Wernet 2000, kritisch: Reichertz 1988).

63   Vgl. zfs. Lüders/Reichertz 1986.

64   Umfassende Einführungen und ausführliche Beschreibungen einzelner Phasen in der Feldforschung finden sich bei Atkinson/Hammersley 1994, Burgess 1984, Girtler 2001, Hammersley/Atkinson 1983, Kallmeyer 1995, Lueger 2000, zfs. s. Lüders 2000, speziell zum Feldzugang s. Jorgensen 1989 und Wolff 2000.

46). Handlungs- und kulturtheoretische Ansätze sind darauf angelegt, sich solchen „Konstruktionen ersten Grades" (Schütz 1972) in einer verstehenden Haltung zu nähern. Eine solche Haltung lässt sich im Programm einer „Befremdung der eigenen Kultur", wie es von Hirschhauer/Amann (1997) formuliert wurde, erkennen. Die folgenden zentralen Aspekte werden dabei hervorgehoben:

- *Erkenntnisstil und -interesse oder Entdecken ‚fremder' Lebenswelten in der eigenen Gesellschaft:*
„Die erkenntnisleitende Idee des Entdeckens lässt sich jedoch noch weiter eingrenzen: Die Ethnographie erschließt nicht einfach ein spezifisches Forschungsgebiet, etwa ‚kuriose' Subkulturen. Die in der Ethnographie liegende Affinität zum Kuriosen ist nicht einfach eine Eigenschaft bevorzugter Gegenstände, sondern das Potential, alle möglichen Gegenstände ‚kurios', also zum Objekt einer ebenso empirischen wie theoretischen Neugier zu machen. Dafür setzt die Ethnographie auf einen ‚weichen' Methoden-, aber ‚harten' Empiriebegriff. Dessen Prämisse ist die Unbekanntheit gerade auch jener Welten, die wir selbst bewohnen" (ebd. S. 9). Dies gelingt ihr prinzipiell durch die methodische Befremdung von allzu Vertrautem[65] oder durch Exploration von ‚fremdartigen' Spezialbereichen. „In diesen beiden Hinsichten (…) übernimmt die soziologische Ethnographie die ethnologische Prämisse, dass kulturelle Phänomene erst noch zu entdecken sind" (ebd. S. 13).

- *Kultursoziologisches Verständnis von sozialer Ordnung und ‚Methoden':*
Die Alltagswelt wird als eine geordnete und methodisch hervorgebrachte, soziale Praxis begriffen. Die Untersuchungsgegenstände unterliegen einer eigenlogischen Struktur, die es zu rekonstruieren gilt. Das in der Ethnographie zentrale Postulat der *Gegenstandsangemessenheit* der Methoden bedeutet deshalb zunächst, „dass der Methodenzwang primär vom Gegenstand und nicht von der Disziplin ausgehen muss" (ebd. S. 19). Diesem Verständnis von Sozialforschung wird dann entsprochen, wenn sich die Methodenauswahl und die Analyse der Daten an den Selbst(re)produktionsmechanismen der jeweiligen Gegenstände orientieren.

- *Konstitution eines spezifischen Gegenstandsbereiches:*
„Theoretisch geht es um die Hervorhebung eines Phänomenbereichs gelebter und praktischer Sozialität, dessen ‚Individuen' (Situationen, Szenen, Milieus) gewissermaßen zwischen den Personen der *Bio*graphieforschung (mit ihrer erlebten Sozialität) und den (nationalen) Bevölkerungen der *Demo*graphie anzusiedeln

---

65 Vgl. auch Zimmermann/Pollner 1976.

sind" (ebd. S. 11). Im Blickpunkt der Ethnographien stehen somit immer konkrete soziale Gebilde oder Einheiten und deren Strukturen und Prozesse (eben das in der Ethnographie zu beforschende ‚Feld').

- Gegenstandskonstitution und Datenqualität:
Ausgehend von der Prämisse, dass Gesellschaft durch wechselseitig aneinander orientiertem, sinnhaftem Handeln der Individuen (Interaktion) hervorgebracht wird (Gegenstand), richtet sich der Fokus des Interesses auf gelebte soziale Praxis, d.h. auf real beobachtbare Interaktions- und Sinnkonstitutionsprozesse. Den Implikationen eines solchen, naturalistischen Empiriebegriffes[66] folgend, erhält man valide Aussagen über gelebte Praxis nur dadurch, dass entweder die zu untersuchende Praxis in ihrer alltäglichen Prozesshaftigkeit durch den beobachtenden Forscher oder durch zu interviewende Experten der betreffenden Praxis beschrieben und/oder dokumentiert werden. Die Möglichkeit, die gelebte Praxis in der Forschung überhaupt abbilden zu können, leisten ethnographische Methoden. Die Dokumentation alltäglicher Praktiken stellt damit nicht nur eine unabdingbare Voraussetzung für weiterführende Erklärungen dar, sondern beansprucht als ‚Wie-Erklärung' bereits eigenständigen Erklärungsanspruch.[67] Einsichten in die spezifische Eigenstrukturiertheit einer sozialen Praxis können klassische Fragenbogenuntersuchungen mit Zufallsstichproben nur unzureichend gewährleisten. Hierfür sprechen mehrere Gründe:

• Die Stichprobenauswahl und die Konzipierung eines Fragebogens gestalten sich insbesondere bei schwer zugänglichen bzw. ‚fremden' Forschungsgegenständen problematisch, besonders dann, wenn das Erkenntnisinteresse

---

66   Hieran knüpft sich eine Forschungshaltung und ein Forschungsansatz, der anstelle von alltagsfernen und mittels standardisierter Erhebungsinstrumenten gewonnenen Daten die zu untersuchende soziale Wirklichkeit und die dort faktisch ablaufenden Prozesse unmittelbar beobachtet und/oder dokumentiert. Eine konsequente Umsetzung eines solch naturalistischen Forschungsverständnisses findet sich in den Arbeiten der amerikanischen Konversationsanalyse (vgl. Sacks 1992, zfs. Bergmann 2000b, Eberle 1997). Die Konsequenzen und Chancen eines derartigen Empirieverständnisses beleuchtet Bergmann (1985) sehr eindrücklich.
67   Dies wurde insbes. im Rahmen der so genannten Ethnomethodologie betont, deren Gründer, Harold Garfinkel, innerhalb der Soziologie ein konstitutionsanalytisches Programm propagierte: Soziale Wirklichkeit – so die Kritik – wird in gegenstandsunangemessene Kategorien transformiert, auf deren Basis eine Erklärung angestrebt wird, statt zunächst zu klären, wie sich ein soziales Phänomen in den situativen Praktiken der Handelnden konstituiert (vgl. Garfinkel 1967, zfs. Heritage 1984, Bergmann 2000a). Eine solche Forderung impliziert, ‚Wie-Erklärungen' einen eigenständigen Status einzuräumen, denn: Erst die deskriptive Erfassung der Konstitution (Rekonstruktion) eines sozialen Phänomens oder einer sozialen Praxis vermag Aufschluss darüber zu geben, ‚mit was man es eigentlich zu tun hat' und ist in der Folge Ausgangspunkt für die empirische Substantiierung und (Re)Konzeptualisierung soziologischer Konzepte (vgl. hierzu den programmatischen Beitrag von Aaron Cicourel 1970).

auf die Durchdringung einer sozialen Praxis gerichtet ist: Mangelndes Wissen über den Forschungsgegenstand und seine Konstitution in der Praxis führen dazu, irrelevante Fragen zu stellen bzw. Personen zu befragen, die zum fokussierten Thema nichts Relevantes beitragen können.

- Hiermit hängt zusammen, dass die Relevanzen der Teilnehmer keine Berücksichtigung in der Forschung erfahren und infolgedessen ihre Praxis gar nicht oder nur unzureichend verstanden und rekonstruiert werden kann. Es besteht die Gefahr, Daten zu produzieren, die nicht oder nur unzureichend interpretierbar sind, da der Forscher ohne ethnographisches Hintergrundwissen nicht abschätzen kann, welchen Status er den Aussagen der Befragten einzuräumen hat. Hinzu kommt, dass gerade im Rahmen subkultureller Forschungen mit Widerstand der Untersuchten zu rechnen ist, was eine Fülle von Erhebungs- und Auswertungsproblemen mit sich bringt.

- Um Realität datenförmig abzubilden, arbeiten standardisierte Verfahren mit Operationalisierungen, in die intuitive Interpretationen und damit ein implizites Vorverständnis des Gegenstandes einfließen.[68] Die Standardisierung der Erhebung soll dabei die Reliabilität, Validität und intersubjektive Überprüfbarkeit der Daten und der darauf fußenden Auswertung sicherstellen. Interpretative Ansätze betonen demgegenüber, dass zwischen den sozialwissenschaftlichen Beobachter und die zu beobachtende soziale Realität sinnhafte Konstruktionen der alltagsweltlich Handelnden treten. Daten lassen sich demzufolge nicht durch ‚reine' Beobachtung oder Messung[69] generieren, sondern immer nur auf der Basis von Fremdverstehen[70], d.h. der Zugang zur Realität gestaltet sich von vornherein immer schon interpretativ bzw. verstehend.[71] Statt einer statistischen Generalisierbarkeit der Aussagen

---

68 Allgemein wird unter Operationalisierung die Umsetzung theoretischer Konstrukte in konkrete Messoperationen verstanden (vgl. Benninghaus 1991, S. 10 ff., Diekmann 1995, S. 181 ff., Prim/Tilmann 1973, Kap. 5.). Zur Problematisierung des Verfahrens der Operationalisierung in den Sozialwissenschaften vgl. Cicourel 1970, Lamnek 1995, Bd. 1, Kap. 4.3., Girtler 2001, S. 43 ff.

69 Verstanden als die Zuordnung von Zahlen oder Kategorien zu Beobachtungen (Objekte, Ereignisse) nach bestimmten Regeln (vgl. Diekmann 1995, S. 244 ff.).

70 Vgl. grundlegend Schütze 1973.

71 Habermas formuliert – unter Rekurs auf die Theorie des symbolischen Interaktionismus – folgendes Postulat hinsichtlich der Interpretation sozialen Handelns: „Sobald indessen beobachtete Verhaltensweisen in Relation zu Erwartungen interpretiert werden müssen, sind die Bedingungen des Handelns nicht mehr unabhängig von der Interpretation des Handelnden selber gegeben. Zwischen Stimulus und Verhaltensreaktion schieben sich Deutungsschemata, die als solche ermittelt werden müssen, weil sie die Auffassung der Welt ebenso wie die Bedürfnisse präformieren. Das ist in der Soziologie wohlbekannt, seitdem W. I. Thomas diesen Sachverhalt noch einmal klar herausgearbeitet hat: ‚If men define situations as real, they are real in their consequences'" (Habermas 1982, S. 218). Die Art und Weise, wie Menschen ‚ihre' Welt deuten und infolgedessen ihr Handeln ausrichten, ist im Rahmen einer sich als interpretativ verstehenden Sozialforschung somit weder ausklammerbar noch von vornherein als Wissen

wird auf ökologische Validität und Gegenstandsangemessenheit der Forschungsergebnisse Wert gelegt. Das bedeutet, eine maximale Annäherung
der Untersuchungssituation an den Alltag der Untersuchten anzustreben, um
auf diese Weise angemessenere Beobachtungen (Daten) zu generieren. Die
auf diese Weise erreichte, größere Gegenstandsangemessenheit qualitativer
Daten[72] lässt sich prinzipiell auf eine Konzeptualisierung des Forschungs-
prozesses als Kommunikationsprozess zwischen Forscher/Forscherin und
Forschungssubjekten zurückführen: Beobachtungsdaten, die meist die Form
sprachlicher Äußerungen annehmen (z.b. im Interview), werden nicht durch
Einsatz eines Messinstrumentes (z.b. eines Fragebogens), sondern durch
mehr oder weniger unstrukturierte (bzw. nicht standardisierte) Kommunika-
tionsprozesse (z.b. teilnehmende Beobachtung) gewonnen, so dass sprachliche Äußerungen der Untersuchungspersonen in ihrer gewohnten Sprache
sowie in ihrem ‚natürlichen', d.h. ihrem gewohnten sozialen (und – möglicherweise sogar – kommunikativen) Kontext erfasst werden. Kurz: Fremdverstehen als notwendige sozialwissenschaftliche Zugangsmodalität zur sozialen Realität lässt sich je adäquater und methodisch kontrollierter
betreiben, je natürlicher sich die Kontexte der Datenerhebung gestalten.

- Hinzu kommt, dass standardisiert gewonnene Daten nicht in der Lage sind
  soziale Prozesse abzubilden, so dass sich bestimmte Fragestellungen auf der
  Basis standardisiert erhobener Daten schlichtweg nicht bearbeiten lassen.
  Die Rekonstruktion gelebter Teil-Kulturen (hier: der Gothic-Szene) ist auf
  natürliche (Beobachtungs-)Daten angewiesen. Demzufolge „[muss] dem
  Verhalten Beachtung geschenkt werden, eine recht gründliche sogar, weil es
  nämlich der Ablauf des Verhaltens ist – oder genauer gesagt, der Ablauf des
  sozialen Handelns –, in dessen Rahmen kulturelle Formen ihren Ausdruck
  finden. Sie finden ihn natürlich auch in verschiedenen Artefakten und Be-
  wusstseinszuständen; aber diese beziehen ihre Bedeutung von der Rolle
  (…), die sie in einer fortgesetzten Lebensform spielen. (…). Was immer
  Symbolsysteme ‚im Rahmen ihrer eigenen Bedingungen' sein mögen, wo
  immer sie bestehen, empirisch werden wir ihrer erst habhaft, wenn wir Ereignisse untersuchen" (Geertz 1983, S. 25 f.).

- Gelebte Praxis, die sich vornehmlich in unmittelbarer Interaktion ausdrückt,
  vollzieht sich in einer Sphäre impliziten Wissens und entzieht sich daher re-

---

konzeptualisierbar, das sowieso jedem kompetenten Gesellschaftsmitglied intuitiv zur Verfügung steht. „Also nur, wenn wir *nicht* davon ausgehen, dass alles, was uns nicht auf Anhieb
außerordentlich befremdlich erscheint, damit auch schon unzweifelhaft zu unserer eigenen
Kultur gehört, dass ‚wir' ohnehin dieselbe Sprache sprechen und die nämlichen, womöglich
massenmedial vorproduzierten, Gedanken denken, nur wenn wir davon *nicht* ausgehen, wird
ethnographisches Arbeiten *in der Soziologie* sinnvoll" (Honer 1994, S. 102).

72   Vgl. Lamnek 1995, Bd. 1.

aktiv-standardisierten Erhebungsmethoden. Willems (2000) weist darauf hin, dass sich „aus dem ‚Unbewusstsein' derartigen Verhaltens die Begrenztheit von Methoden [ergibt], die auf Explikationen und Selbstbeschreibungen der untersuchten Akteure setzen. Noch limitierter sind (...) Laborexperimente, weil sie genau das eliminieren, was es als erstes zu untersuchen gilt, die ‚soziale Natur' der (Interaktions-)Praxis (ebd. S. 43).

- Feldforschung als Datenerhebung:
Der Datengewinn erfolgt immer zeitlich gestreckt und im Zuge dieses z.T. lang andauernden Erhebungsprozesses wird variantenreiches und qualitativ umfangreiches sowie heterogenes Datenmaterial erhoben (vgl. Hirschauer/Amann 1997, S. 16). Es entsteht ein Datenkorpus, in dem sich die verschiedenen Daten und Dokumente wechselseitig kontrollieren und interpretieren. Je nach momentanen Interpretationsfokus fungieren die jeweils restlichen Daten als Interpretationskontext.[73] Dies wird gewährleistet durch kontinuierlichen Kontakt mit dem Feld und durch das sukzessive Vertrauter-Werden mit dem betreffenden Untersuchungsgegenstand. Kurz: Die Forschung zeichnet sich grundsätzlich durch „ihre *Einbettung* in den Kontext einer andauernden teilnehmenden Beobachtung" (ebd. S. 16) aus. Dabei spielen sowohl die Einpassung ins Forschungsfeld als auch die methodische Befremdung des Untersuchungsgegenstandes eine tragende Rolle: „Der partiellen Enkulturation stehen dafür schon während der Datengewinnung Distanzierungsschritte gegenüber, die das Erfahrung-Machen *methodisieren*" (ebd. S. 27). Dies wird prinzipiell durch eine reflexiv-distanzierte Grundhaltung zur gelebten Praxis, durch die Etablierung einer für das Feld akzeptablen Beobachterrolle sowie durch die alternierenden Phasen des Datengewinns im Feld und der Dateninterpretation, -analyse und -reflexion in der eigenen Berufswelt erreicht. Neue Erfahrungen und Einsichten steuern den Forschungsprozess, indem sie als neue Perspektive im Feld eingesetzt werden können (s.u.). Ziel ist es nicht, eine zufriedenstellende Vertrautheit bzw. ein hinreichendes Verständnis mit dem Feld und seinen Phänomenen zu erzielen, sondern auf der Basis solch neuer Erfahrungen modifizierte Forschungsfragen und -strategien zu entwickeln.

- Datenauswertung:
Die Auswertung erfolgt prinzipiell verstehend und subjektiv gemeinten Sinn nachvollziehend, jedoch mit dem Ziel, die methodische Hervorbringung sozialer Praxis zu rekonstruieren (s.u.).

---

73   Zur Technik der Triangulation vgl. Flick 2000.

- *Verschränkung theoretischer und empirischer Arbeitsprozesse:*
Obwohl Ethnographien prinzipiell induktiv arbeiten, d.h. von den Alltagsphä-
nomenen bzw. dem dort erzeugten Material ausgehen, können bestimmte Theorien als Ausgangspunkt fungiert haben, jedoch nicht als Objekt der Überprüfung
(i.S.v. hypothesentestend), sondern als Grundlage des Erkenntnisinteresses und
der Fragestellung. Theorien spielen die Rolle von Denkmitteln, die sich im Feld,
in der Empirie bewähren müssen. Soziologische Konzepte erweisen sich so in
der Forschungspraxis als mehr oder weniger produktiv oder erklärungskräftig.
Ethnographien tragen auf diese Weise einerseits dazu bei, totalisierende und
verdinglichende Begriffe (etwa Rolle, Ethnie etc.) interaktionistisch aufzulösen
und damit empirisch zu substantiieren. Andererseits ist es möglich, von Einzel-
beobachtungen und -fällen über systematische Fallkontrastierungen zu empirie-
verwurzelten Konzepten höherer Ordnung zu gelangen.

1.1.3 Grounded Theory als Forschungsrahmen[74]

Die von Glaser/Strauss (1967) formulierte, so genannte Grounded Theory ist
mittlerweile Grundlage einer Reihe von heterogensten Forschungsansätzen und -
vorhaben. Häufig wird das umfassende Konzept der Grounded Theory als Pool
dazu benutzt, ein bestimmtes Forschungsdesign zu legitimieren, spezielle Prinzipien und Grundhaltung der Forschung näher zu bestimmen oder aber einzelne
Strategien und Techniken der Datenerhebung, -weiterverarbeitung, -verknüpf-
ung und -auswertung zu adaptieren.[75] Eine solche Art und Weise der Verwendung der Grounded Theory liegt nicht nur nahe, sondern wird von ihren Gründern
explizit befürwortet.[76] Die vorliegende Studie orientierte sich v.a. an folgenden,
den Forschungsprozess als Ganzes strukturierenden Prinzipien: Die Forschung
gestaltet sich als offener[77] und zirkulärer[78] Prozess. Grundlegendstes Prinzip in
diesem Prozess ist das des Theoretical Samplings, d.h., dass sich die Gewinnung
von Daten nicht auf den Beginn der Untersuchung beschränkt, sondern im Verlauf der Forschung immer wieder erneut vollzogen wird, wobei sich die Ausrichtung der (Neu-)Erhebungen nach den bisherigen Erkenntnissen zu richten hat.
Als Konsequenz ergibt sich ein kontinuierlicher Zuwachs einer äußerst heterogenen Menge an Material (Datenvielfalt), zu deren Auswertung die unterschied-

---

74 Vgl. Strauss 1994, zfs. vgl. Böhm 2000, Hildenbrand 2000, Titscher et al. 1998.
75 Vgl. exemplarisch Schröer 1997.
76 Vgl. Strauss 1994.
77 Vgl. Bohnsack 1993, S. 19 ff., Flick 1995, S. 14 u. 57, Hoffmann-Riem 1980, S. 346, Lamnek
    1995, Bd. 1, S. 22 u. 232, Strauss 1994, S. 14.
78 Vgl. Flick 1995, Kap. 4. sowie insbes. Strauss 1994.

lichsten Analysestrategien eingesetzt werden können. Prinzip der Auswertung ist eine sukzessiv an den Daten orientierte Hypothesengenerierung (statt Hypothesenprüfung ex ante), die schließlich zu theoretisch gehaltvollen, datenfundierten Annahmen führen soll.[79]

1.1.4 Szene als eigenständiger Untersuchungsgegenstand

Im Zentrum der Untersuchung stehen – im Gegensatz zu früheren Arbeiten, die sich mit der ‚schwarzen Szene' beschäftigten und dazu neigten, diese auf das Phänomen des Okkultismus oder Satanismus zu verkürzen – *nicht* Personen, ihre Biographien oder ihre Szenesozialisation, sondern für die Szene *typische Habitusformationen* und *Vergemeinschaftungsmuster*.[80] Methodisch bedeutet dies, auf individualpsychologisch-diachrone Fragestellungen und Deutungen[81] zu verzichten und statt dessen eine synchrone Rekonstruktion der Typikalität der heutigen Szenewirklichkeit anzustreben.[82] Dies besagt, den Blick der Forschung auf szenekonstitutive Prozesse und Rationalisierungen zu richten und damit Phänomene in den Blick zu nehmen, die *über* einzelnen Personen und auch *über* konkreten Peer-Gruppen[83] angesiedelt sind. Uns interessieren hier also nicht die spezifischen Differenzen zwischen einzelnen, in die Szene involvierten Personen oder zwischen einzelnen, lokal gebundenen Peer-Gruppen, sondern typische Ausprägungen auf dem Aggregationsniveau von Szenen (s.u.). Kurz: Nicht das, was die Szene intern different macht, sondern das, was sie eint, gilt im vorliegenden Fall als forschungsleitend. Idiosynkratische Besonderheiten bleiben ausgespart, Differenzen innerhalb der Szene werden nur insofern beachtet, als dass sie strukturprägenden Charakter für die gesamte Szene beanspruchen können.

---

79   Vgl. zfs. Flick 1995, 56 ff.
80   Gegenstand der Untersuchung – um eine nützliche Typologie von Lamnek (1995, Bd. 2, S. 32f.) aufzugreifen – ist also ein spezifischer Fall, und zwar die Binnenstruktur eines sozialen Aggregats. Insofern kann die vorliegende Untersuchung als Einzelfallstudie begriffen werden und das heißt forschungspraktisch, dass versucht wird, „möglichst alle für das Untersuchungsobjekt relevanten Dimensionen in die Analyse einzubeziehen" (ebd. S. 5).
81   Exemplarisch sei hier die Studie von Helsper 1992 sowie Bär 1993 angeführt.
82   Vgl. Soeffner (1992b), der eine Untersuchung über den Stil der Punks auf folgendes Erkenntnisinteresse beschränkt wissen möchte: „Die Interpretation eines bestimmten Stils [ist] nicht darauf aus, eine Antwort auf die Frage zu geben, ‚warum ein bestimmter Stil historisch hervorgebracht wurde'. Statt dessen halte ich es für sinnvoll, folgende Frage zu stellen und nach Antworten zu suchen: ‚Was repräsentiert und bedeutet ein bestimmter beobachtbarer Stil?'" (ebd. S. 82).
83   Das Problem *rein* ethnographischen Vorgehens birgt – ähnlich wie bei Milieuuntersuchungen – „die Gefahr, die Peer-Group deskriptivisch für das eigentliche Phänomen zu nehmen – statt als Epiphänomen für Milieuzusammenhänge, welche durch die Gruppe lediglich repräsentiert werden" (Bohnsack 1997b, S. 5).

1.1.5 Szene: Konstitutionselemente und Operationalisierung

Szenen wurden oben bereits als Interaktionsgeflechte sowie Orte geteilter Orientierungen und Stile eingeführt. Methodisch gewendet muss ihnen dadurch der Status fremder Teilkulturen innerhalb der eigenen pluralisierten Gesellschaft eingeräumt werden.[84] Als eigenständige Untersuchungsgegenstände im Sinne fremder Lebenswelten bedürfen sie damit einer ethnographischen Beschreibung und Rekonstruktion.[85] Da Szenen bereits in früheren Untersuchungen im Fokus qualitativ und ethnographisch ausgerichteter Forschungen standen, soll an dieser Stelle detaillierter darauf eingegangen werden, auf welcher Ebene sozialer Aggregation sich Szenen bewegen und welche konstitutiven Merkmale ihnen zugeschrieben werden können.[86]

Der Jugendforscher Paul Willis (1991) bezeichnet die Resultate jugendlicher Vergemeinschaftung in Jugendsubkulturen als „Proto-Gemeinschaften". Er trägt damit als einer der Ersten den gewandelten Bedingungen sozialer Vergemeinschaftung in jugendlichen (Sub-)Kulturen Rechnung. Unter Proto-Gemeinschaften, denen wir auch die hier zu untersuchende Gothic-Szene zurechnen, versteht Willis (1991) Folgendes: „‚Hergestellte Botschaften' und elementare Ästhetiken, die unter den Bedingungen der jüngsten Modernisierungsprozesse funktionieren, liefern die Grundlage für neu entstehende oder potentielle Kommunikationsgemeinschaften – nennen wie sie ‚Proto-Gemeinschaften' (...)" (1991, S. 174). Organische, d.h. an einen Ort und an ein Milieu gebundene, gewachsene Kommunikation, bricht zusammen. Statt dessen entstehen so genannte Proto-Gemeinschaften, die sich vornehmlich durch das gleichzeitige Vorhandensein *serieller und organischer Strukturen* auszeichnen. Unter *seriellen Gemeinschaften* versteht Willis „(...) soziale Gruppen, die nicht durch direkte Kommunikation, sondern durch gemeinsame Stile, Moden, Interessen, Gefühle, Positionen und Leidenschaften verbunden sind – an denen sie bisweilen simultan durch die Kommunikationsmedien ‚über den Äther' teilhaben" (ebd. S. 175). Diese seriellen Gemeinschaften tragen dennoch *organische Züge*, da direkte Kommunikation im Rahmen der lokalen Peer-Group-Vergemeinschaftung stattfindet bspw. während des Konsums szenespezifischer Medienangebote (etwa über bestimmte mediale Produkte reden u.ä.).

---

84 Aufgrund der Fremdheit des Forschungsgegenstandes kamen gerade in der Subkulturforschung traditionellerweise ethnographische Methoden zum Einsatz (vgl. Girtler 1991).

85 Vgl. Honer 1994 und 1995.

86 Entscheidend ist diese formale Vorstrukturierung des Gegenstandsbereiches v.a. deshalb, weil sich hieran sowohl die Konstruktion des Leitfadens als auch des Kategorienschemas für die Interviewauswertung anlehnt (s. dazu ausführlich Kapitel 1.4).

In Anlehnung an die Jugend(sub)kultur-Konzepte der Cultural Studies im Allgemeinen und den Überlegungen von Paul Willis zu Proto-Gemeinschaften im Besonderen formulieren Hitzler/Bucher/Niederbacher (2001) ihr Konzept der *Szene als kollektives Sinnsystem und Form posttraditionaler Gemeinschaft.* Dies bedeutet, Szenen als neuartige Vergemeinschaftungsformen zu begreifen, die nicht mit herkömmlichen Verbindlichkeitsansprüchen (Rekurs auf Traditionen, ähnliche soziale Lagen u.ä.) einhergehen, sondern sich via habitueller, intellektueller, affektueller und v.a. ästhetischer Geteiltheiten konstituieren. Szenen werden dementsprechend wie folgt definiert:

> „Szenen, auf der Basis jugendlichen Sprachgebrauchs und unter Berücksichtigung einschlägiger theoretischer Literatur (…) idealtypisierend definiert, sollen heißen: *Thematisch fokussierte kulturelle Netzwerke von Personen, die bestimmte materiale und/oder mentale Formen der kollektiven Selbststilisierung teilen und die Gemeinsamkeiten an typischen Orten und zu typischen Zeiten interaktiv stabilisieren und weiterentwickeln"* (ebd. S. 20).

Nach Hitzler/Bucher/Niederbacher (2001) kommen Szenen folgende Eigenschaften zu (S. 20 ff.):

- *Gesinnungsgemeinschaften*: Zusammenschluss Gleichgesinnter (Interessen, Neigungen, Projekte, Leidenschaften) in so genannten Single-Issue-Gruppierungen.
- *Thematisch fokussierte soziale Netzwerke:* Vorfindlichkeit eines mehr oder minder präzise bestimmten zentralen thematischen Rahmens (z.B. Musikstil, Sportart bis hin zu Konsum-Stil-Paketen), auf den die Aktivitäten (Praxis) der Szenegänger ausgerichtet sind und auf den sich Gemeinsamkeiten von Einstellungen, Präferenzen und Handlungsweisen (Überbau, Ideologie) beziehen.
- *Kommunikative und interaktive Teilzeit-Gesellungsformen*: Da es sich bei Szenen i.d.R. nicht um auferlegte Lebensformen, sondern um frei gewählte handelt, ist ihre Existenz an eine ständige kommunikative Vergewisserung und ständige kommunikative Erzeugung gemeinsamer Interessen gebunden, wobei über die Selbststilisierung mittels szenetypischer Zeichen und Rituale Zugehörigkeit angezeigt und die Szene mitkonstituiert wird. So sind Szenen Netzwerke von Personen, die ihre Gemeinsamkeiten fortwährend auf der Basis geteilter materialer und/oder mentaler Formen kollektiver (Selbst-)Stilisierungen kommunikativ stabilisieren (was sie von Gemeinschaften, die auf sozialräumlichen und/oder lebenslagen-spezifischen Grundlagen beruhen, unterscheidet). Deutungsmusterangebote haben dabei unterschiedliche existentielle Reichweiten.

- *Dienen der sozialen Verortung:* Szenen sind Inszenierungsphänomene, da sie sich für Mitglieder und Außenstehende nur insofern manifestieren, als dass sie sichtbar sind. Partizipation an einer Szene bedeutet zuallererst interaktive Präsenz, wodurch gleichzeitig eine Abgrenzung zum Publikum hergestellt wird. Trotzdem benötigen Szenen ein Publikum und sind auf Außenwahrnehmung angelegt. Erst die Möglichkeit Mit- bzw. Nicht-Mitglieder anhand typischer (Szene-)Zeichen zu unterscheiden, schafft die Möglichkeit von einer Szene zu sprechen.

- *Haben ihre je eigene Kultur:* Zum Eintritt in die Szene reicht i.d.R. zunächst ein Interesse am sozial approbierten Wissen aus. Volle Teilhabe wird durch Aneignung und kompetente Anwendung szenetypischen Kultur-Know-Hows erreicht. Dieses Wissen wird auch durchaus in ‚einsamen' Situationen angeeignet, d.h. nicht im Szeneleben mit anderen.

- *Sind labile Gebilde:* Szenen verfügen kaum über eigene Sanktionsinstanzen und -mechanismen, die Ein- und Austritte regulieren und kontrollieren. Szenenmitgliedschaften sind also jederzeit kündbar, kommen auf der Basis freiwilliger Selbstbindungen zustande und beruhen auf dem Interesse am jeweils fokussierten Thema, der Orientierung an den jeweils approbierten Kommunikationsformen und auf bloß teilzeitlichen und themenspezifischen Normierungspotenzialen. Dementsprechend ist das Wir-Gefühl solcher Szenen in zweierlei Hinsicht labil: Erstens werden Wir-Gefühle ausschließlich durch die wechselseitige Inszenierung von Zugehörigkeit durch szenespezifische Zeichen (re-)produziert. Eine zuverlässigere Basis von Mitgliedschaft (etwa Beruf, Herkunft, Bildung etc.) wird i.d.R. nicht in Betracht gezogen bzw. spielt eine untergeordnete Rolle. Da sich Szenen zweitens durch ein Teilzeitengagement auszeichnen, wird das Wir-Gefühl hinsichtlich einer betreffenden Szenen in den Zwischenzeiten nur latent vorhanden sein (Sequenzialisierung des szenetypischen Wir-Gefühls in eine Abfolge von Latenzen und Aktualitäten).

- *Haben typische Treffpunkte:* Wegen des reduzierten Wir-Gefühls sind Szenetreffpunkte zentral. Dort reproduziert sich die Kultur der Szene und das Zugehörigkeitsgefühl des einzelnen Mitglieds. Bekanntheit und Wissen über die einzelnen Szenetreffpunkte variieren von regelmäßigem Besuch über sporadischen Kontakt bis hin zu bloß typischem Wissen.

- *Sind Netzwerke von Gruppen:* Gruppierungen werden zu Teilen von Szenen, indem sie sich zu anderen Gruppierungen hin öffnen und sich selbst nicht bloß als lokale Gruppe, sondern auch als Bestandteil eines übergreifenden Kontinuums, eben einer Szene, begreifen. Szenen werden also als Gebilde gedacht, deren grundlegende Konstruktionseinheiten Gruppen sind. Interaktion zwischen den Mitgliedern findet dabei vornehmlich in den je-

weiligen lokalen Gruppen statt. Trotzdem konstituiert gerade die Kommunikation zwischen den Gruppen die Szene.

- *Sind vororganisierte Erfahrungsräume:* Als strukturell unverzichtbares
  Element des Szene-Lebens muss das Event gelten. Hierunter sind vororganisierte Veranstaltung zu verstehen, bei denen unterschiedliche Unterhal-
  tungsangebote nach szeneästhetischen Kriterien kompiliert und synthetisiert
  werden. Die zunehmende Eventisierung der Szenekultur ist ein Indiz dafür,
  dass ein fließender Übergang von Eigenregie zur Kommerzialisierung bei
  der Organisation von Szenekultur herrscht.
- *Strukturieren sich um Organisationseliten:* Gruppen innerhalb von Szenen
  bilden sich nicht bloß lokal, sondern auch auf der Basis von durch überregional operierende Organisationseliten zur Verfügung gestellte Leistungen
  (bspw. Events). I.d.R. bilden sich relativ unabhängige, überregionale Eliten-
  Netzwerke, die als Szenemotor fungieren.
- *Sind dynamisch:* Freizeitkulturelle Angebote müssen erlebenswerte Ereignisse darstellen. Eine bedeutsame Ambivalenz entsteht dadurch, dass eine
  qualitative Erlebnis-Intensivierung (besonderes Erlebnis auf der Basis von
  Exklusivität) häufig eine quantitative Erlebnis-Extensivierung nach sich
  zieht (viele können teilnehmen, die Erlebnisqualität verflacht jedoch).
- Liegen quer zu bisherigen Gesellungsformen und großen gesellschaftlichen
  Institutionen.

Anhand solcher szenekonstitutiver Merkmale entwerfen die Autoren ein Kategorienschema, das sie die „‚kartographische' Operationalisierung des Szene-
konzepts" nennen. Sie betonen, dass „eine derartige Szene-‚Kartographie' die
Festlegung von Kriterien voraus[setzt], entlang derer Szenen beschrieben werden
sollen. Dabei muss sich die Auswahl der Kriterien an die ‚Architektur' der Szenen anlehnen" (ebd. S. 31).
Szenen lassen sich demzufolge anhand folgender Beschreibungsdimensio-
nen erfassen:

- Erlebniselemente als Konstitutionsbedingungen von Szenen: Thematischer
  Fokus, Einstellungen/Motive, Lebensstil, Treffpunkte/Events, Kleidung/Mu-
  sik, Medien
- Strukturdaten: Geschichtlicher Hintergrund, objektive Daten (Größe, so-
  zialstatistische Daten, Entwicklungstrends), Szenedifferenzierungen, Geschlechterrollen, Szeneüberschneidungen, inhärente, biographie-relevante
  Chancen und Risiken.

Die vorliegende Studie wird sich hinsichtlich des Entwurfs eines Interview-Leitfadens sowie eines Kategorienschemas[87] zur Auswertung an diesen Überlegungen zur formalen Struktur von Szenen als neuer Form sozialer Aggregation orientieren (s.u.).

1.2 Forschungslogischer Aufbau der Studie

Ausgehend von diesen allgemeinen Prämissen lässt sich das *Forschungsdesign* der vorliegenden Studie in einer ersten Annäherung wie folgt umreißen:

1. Baustein: offene Fragestellung (vgl. Flick 1995, S. 63 ff.)
Die im Rahmen qualitativer Forschungsansätze immer wieder erhobene Forderung der Offenheit der Fragestellung ist nicht dahingehend zu verstehen, dass auf eine Festlegung und Formulierung von Fragestellungen und Erkenntnisinteressen verzichtet wird. Vielmehr wird die Vorab-Formulierung konkreter Hypothesen problematisiert: „Entscheidend ist, dass der Forscher eine klare Vorstellung über seine Fragestellung entwickelt und dabei noch offen bleibt für neue und im besten Fall überraschende Erkenntnisse" (ebd. S. 63). Die Konkretisierung der Fragestellung übernimmt dabei zunächst die Aufgabe, eine Entscheidungsgrundlage für die Auswahl adäquater Untersuchungsmethoden zu schaffen (s.o.). Darüber hinaus ist damit „eine Reduktion der Vielfalt und damit Strukturierung des untersuchten Feldes verbunden" (ebd. S. 65), was schließlich in eine „Eingrenzung des als wesentlich erachteten Ausschnitts eines mehr oder minder komplexen Forschungsfeldes" (ebd.) führt. Flick (1995) verdeutlicht dies am Forschungsgegenstand der Beratung (ebd. S. 65 f.). In unserem Fall bedeutet die Konkretisierung der Fragestellung (gefragt werden soll nach Interaktions- und Vergemeinschaftungsmuster in der Szene sowie nach szenetypischen Überzeugungen und Stilpraxen) einerseits eine Reduzierung des Forschungsfeldes auf den Gegenstand der ‚Szene' sowie andererseits ein Ausklammern möglicher anderer Untersuchungsgegenstände (etwa individualbiographische ‚Karrieren', Entstehung und Entwicklung der Szene aus diachroner Perspektive etc.). In der vorliegenden Studie führte das anfängliche Erkenntnisinteresse (jugendzentristischer Satanismus) in Verbindung mit allgemeinen Forschungsfragen (Wo und wie ist dieses Phänomen in der heutigen Gesellschaft zu finden? Ist es ein zentrales Motiv in der so genannten Gothic-Szene?) zu konkreteren Fragestellungen und Forschungsaspekten sowie schließlich zur Konstitution eines Forschungsgegenstandes (Szene).

---

87   S. hierzu Kap. 1.3.

2. Baustein: Gegenstandskonstitution

Ist der Gegenstand im Zuge einer Konkretisierung der Fragestellung näher bestimmt, geht es darum, die Eigenstrukturiertheit des in Frage stehenden Gegenstandes zu beleuchten, um schließlich zu gegenstandsangemessenen Methoden zu gelangen. Zentraler Gegenstand im vorliegenden Fall sind jugendkulturelle Szenen. Diese bestehen einerseits aus Interaktionen zwischen Szenemitgliedern im Rahmen szenetypischer Events und Locations. Dies lässt sich als die
Ebene der Praxis bezeichnen. Gefragt wird, wie Szenemitglieder typischerweise
handeln und wie die Szene ‚gelebt' und angeeignet wird. Andererseits ist Szenen
ein spezifischer Wissensvorrat eigen, der sich in so unterschiedlichen Phänomenen wie Handlungsorientierungen, Überzeugungen, Interaktionsregeln,
Sprache und Stilpraxen manifestiert. Dies wird als die Ebene des geteilten Wissens (Theorie/Ideologie) gefasst. Gefragt wird, welche Bewertungsmaßstäbe für
das Handeln in der Szene gelten, welche Überzeugungen und Werte in der Szene
weitergetragen werden und welche Symbole und körperlichen Erschei-
nungsbilder (Kleidung, Accessoires, Styling) als szenetypisch gelten.

3. Baustein: Methodenauswahl

Die Zweiseitigkeit von Szenen (Interaktion/Wissensvorrat) verlangt eine zwei-
gleisige Herangehensweise. Daten, die im registrierenden Modus[88] gewonnen
werden, bilden die Prozesshaftigkeit von Realität ab. Die tatsächlich abgelaufe-
nen Interaktionen und Gespräche werden entweder technisch fixiert (Au-
dio/Video) oder Handlungsabläufe, etwa das ‚Treiben' auf einem Festival, werden beobachtet und notiert (Feldberichte/teilnehmende Beobachtung). Anhand
solcher Daten lassen sich v.a. Aussagen hinsichtlich der Interaktionspraxis einer
zu untersuchenden Gemeinschaft treffen. Daten im rekonstruktiven Modus dagegen repräsentieren die Selbstauskünfte von Szenemitgliedern. Dritte berichten
aus ihrer Erinnerung, wie ein bestimmtes Ereignis ablief oder Szenemitglieder
geben Auskunft über ihre Erfahrungen und Ansichten (Interviews mit Szene-
Experten oder ‚normalen' Szenegänger). Darüber hinaus können Selbstauskünfte
als Quelle für subjektive Theorien und typische Denkmuster fungieren. Anhand
solcher Daten sind v.a. Aussagen hinsichtlich zentraler Handlungsorientierungen
und Überzeugungen, die für die Szene prägend sind, möglich. Daten im medial
vermittelten Modus (Szenedokumente wie etwa Zeitschriften, Flyer, Prospekte,
Kataloge, Internetseiten und -foren, Radiosendungen etc.) stellen Medienproduk-
te dar. Sie entstehen im Rahmen spezifischer, medialer Produktionsbedingungen.
Medienkommunikation ist insofern spezifischer als Alltagskommunikation, als
dass sie spezielle, kommunikative Strategien verfolgt (wie etwa Werbung) und

---

88   Vgl. dazu Bergmann 1985.

damit den Eigengesetzlichkeiten medienproduzierender Institutionen (etwa einer Zeitungsredaktion) unterliegt. Auf der Basis solcher Daten lassen sich v.a. Aussagen über Selbstdarstellungsprozesse bzw. das kollektive Selbstverständnis einer Szene treffen.

Die verschiedenen Zugangsmodi, Datenqualitäten und Aussagerichtungen sind im folgenden Schaubild noch einmal verdeutlicht:

Daten- qualität	*registrierender Modus:* teilnehmende Beo- bachtung	*rekonstruktiver* Modus: Interviews	*medial vermittelter* Modus: Szenematerialien (etwa Zeitschriften)
Aussage- richtung	Ausdeutung natürli- cher Praxen hin- sichtlich Musterhaf- tigkeiten und Regeln der Ver- gemeinschaftung; kulturhistorische Ausdeutung von Erscheinungsbildern (z.B. Kleidung, Styling)	Interpretation von Selbstauskünften hinsichtlich typischer Szene- strukturen (Exper- ten) oder subjekti- ver Aneignungsfor- men(Szenegänger)	- kulturhistorische Ausdeutung einzelner Artefakte (z.B. Mer- chandising-Produkte) - Indikator für das Symbolrepertoire einer Szene - Beschreibung und Ausdeutung der Selbstdarstellungsfor- men einer Szene (nach außen)

Schaubild 1

4. Baustein: Erste Feldexplorationen
Forschung im phänomenologischen Sinne bedeutet, danach zu fragen, ‚was wirk- lich vor sich geht', und bedeutet infolgedessen, zu Beginn der Forschung auf apriorische, methodische und theoretische Kanalisierungen weitestgehend zu verzichten. Hieran knüpft sich die forschungspraktische Frage, wie man an die im Zentrum des Interesses stehende Lebenspraxis herankommt, wie man mög- lichst valide Daten über die Konstitution des zu untersuchenden Phänomens erhält. Am Anfang jeder Feldforschung steht damit die Problematik des Zugangs zum beforschten Feld, der gerade im Rahmen subkultureller Forschungen beson- dere Probleme mit sich bringt: Wird man von den Teilnehmern akzeptiert, aus- gegrenzt, abgelehnt oder schlichtweg nicht ernst genommen? Ist es möglich, mit Mitgliedern der untersuchten Kultur ins Gespräch zu kommen? Sind sie bereit,

Interviews zu geben? Erhält man auch zu teil- oder nicht-öffentlichen Sphären Zugang? Wird man in Hintergründe, womöglich Geheimwissen eingeweiht?
All das sind Fragen, an denen deutlich wird, dass der Feldzugang die erste und entscheidende Hürde im Rahmen ethnographischer Untersuchungen darstellt. Wird dem Forscher/der Forscherin der Zugang verweigert, wird das Forschungsanliegen von den Mitgliedern der zu untersuchenden (Teil-)Kultur boykottiert, erhält man keine valide Daten und die Forschung ist zum Scheitern verurteilt. Der erste forschungspraktische Schritt besteht demzufolge in einer ersten Kontaktierung des Untersuchungsfeldes und beinhaltet zunächst den Versuch, kooperative Kontaktpersonen und Informanten zu rekrutieren sowie eine Vertrauensbasis im Feld aufzubauen. Anfängliche Feldkontakte bedeuten gleichzeitig ein unsystematisches Sammeln, Festhalten und tentatives Auswerten aller relevant erscheinenden Eindrücke. Hierzu zählen bspw. erste Festival-, Konzert- und Clubbesuche, erste Gespräche mit Szenegängern und Sympathisanten, erste Interviews mit Szeneexperten, Sammlung und grobe Sichtung einschlägiger Szenematerialien (insbes. Zeitschriften, Ankündigungen für Events, Konzerte und Clubveranstaltungen, Musik, Flyer), Sammlung und Sichtung der Berichterstattung über die Szene in der lokalen Presse sowie diverser Internetseiten und -foren.

5. Baustein: Theoretical Sampling
Nach den ersten Datenerhebungen und -analysen können Fragestellungen und Untersuchungsgegenstand neu bzw. gegenstandsangemessener kalibriert werden. Erste Erkenntnisse und darauf fußende Modifikationen betreffen v.a. die Extension des Forschungsgegenstandes. Dies sei im Folgenden kurz skizziert: Erste Datenerhebungen und Auswertungen zeigten, dass sich die Gothic-Szene nach der Art eines Kern-Peripherie-Modells aufbaut, d.h. bestimmte Phänomene erwiesen sich als typisch, andere dagegen als eher randständig für die Szene. Auf dieser Grundlage wurde eine erste Bestimmung des Szene-Kerns durch ein Ausschlussverfahren vorgenommen: *Sowohl rechtsradikal-nationalistische als auch satanistische Tendenzen i.e.S. (in Form von Gedankengut bzw. typischen Szenegängern) ließen sich auf der Basis erster Beobachtungen, Gespräche und Interviews mit Experten als randständig, d.h. für die Szene untypisch bzw. nicht zentral, klassifizieren.* Auf der Basis dieser Erkenntnisse erfolgte eine erneute Datenerhebung, die sich an der Modifikation der Fragestellung bzw. dem Neu-Zuschnitt des Gegenstandes orientierte. Dieser Prozess wurde mehrfach durchlaufen, bis hinsichtlich zentraler Kategorien der Fragestellung eine materiale Sättigung erreicht werden konnte.[89]

---

[89] Vgl. Strauss 1994. Eine kondensierte Beschreibung einer solcher Vorgehensweise findet sich bei Schröer (1997, S. 119 ff.).

1.3 Erhebungs- und Auswertungsmethodiken

Die spezielleren Methoden, die zur Erhebung und Auswertung der unterschiedlichen Daten (Interviews, Feldberichte, Fotos, Szenedokumente) herangezogen
werden und auf die die vorliegende Studie zurückgreift bzw. an denen sie sich
vornehmlich orientiert, sollen nun in ihrer Grundkonzeption kurz dargestellt
werden.

1.3.1 Leitfaden- und halbstandardisierte Interviews

Im Gegensatz zu erzählgenerierenden Interviews[90], die sich i.d.R. auf individuelle Lebensumstände und -biographien kaprizieren, beschreiten halbstandardi-
sierte Befragungen einen Mittelweg: Die Interviews sind zwar einerseits offen,
d.h. sie folgen keiner festgelegten Fragereihenfolge und operieren nicht mit vor-
formulierten, festen Fragekatalogen, andererseits jedoch fokussieren sie ein bestimmtes Thema, was durch die Orientierung an einem Leitfaden erreicht wird.[91]
Auf diese Weise erfolgt die prinzipielle Relevanzstrukturierung zwar durch die
ForscherInnen (motiviert durch die Fragestellung), die je eigenen Relevanzen
innerhalb des vorgegebenen Themas jedoch nehmen idealiter die Befragten vor.
Kommunikationstypologisch orientiert sich die Interviewdurchführung demzufolge eher am Idealtypus des Gesprächs als an dem der Befragung. Eine strenge
Abfolge von Frage und Antwort wird eher vermieden und der/die InterviewerIn
verwendet auch aktive Äußerungsformate (wie etwa Konfrontationsfragen,
argumentative Repliken etc.)[92]. Diese Art des Interviews ist ein Versuch, das
rigide Beteiligungsrollengefüge, wie es einer Befragung eigen ist (Frager/Be-
fragter) zugunsten eines gleichberechtigteren Rollenmodells aufzubrechen. In der
vorliegenden Studie stehen dabei v.a. subjektive Theorien der Befragten im Vordergrund, d.h., „dass der Interviewpartner über einen komplexen Wissensbestand

---

90   Prominentestes Beispiel ist das von Fritz Schütze entwickelte narrative Interview (vgl. zfs.
     Flick 1995, S. 116. ff.). Zu einem zusammenfassenden Überblick über verschiedene etablierte
     Interviewmethoden s. Lamnek 1995, Bd. 2, S. 35 ff., Flick 1995, S. 94 ff., Friebertshäuser
     1997, Hopf 2000.

91   Zum Leitfaden- bzw. halbstandardisierten Interview vgl. Flick 1995, S. 99 ff., Schmidt 1997
     und 2000. Einen umfassenden Problemaufriss zur Entstehung und Entwicklung qualitativer In-
     terviews im Spannungsfeld von Themenfokussierung und dem Versuch, die Relevanzen der
     Untersuchten zu berücksichtigen, gibt Witzel (1982).

92   Im Zusammenhang mit der Kritik an passiven Formen der Gesprächsführung in Interviews gibt
     Witzel (1982) zu bedenken: „Unserer Meinung nach sind aber gerade Verständnisfragen, Zu-
     rückspiegeln von Diskrepanzen und Widersprüchen (...) neben der Bitte um weitere Explizie-
     rungen in einem Gespräch notwendig, wo ständig (...) Interpretationsprobleme aufgrund der
     Indexikalität der Sprache existieren" (ebd. S. 50).

zum Thema der Untersuchung verfügt. Dieser Wissensstand erhält explizit-verfügbare Annahmen, die der Interviewpartner spontan auf offene Fragen äu-ßern kann, und implizite Annahmen, für deren Artikulation er durch methodische Hilfen unterstützt werden sollte, weshalb hier verschiedene Typen von Fragen verwendet werden" (Flick 1995, S. 99 f.).

1.3.2 Experteninterviews

Da die Interviews mit den Szeneexperten das Herzstück der vorliegenden Unter-suchung bilden, soll im Folgenden das *Verfahren des Experteninterviews nach Meuser/Nagel* ausführlicher dargestellt werden. Zunächst erfolgt eine Erörterung des Konzepts, anschließend eine Skizze der Vorschläge zur Auswertung, wobei abweichende Strategien und Verfahrensweisen der vorliegenden Studie in Kapi-tel 1.4.1. ausgeführt und begründet werden.

- Expertenbegriff und Status von Expertenwissen
„Das Experteninterview eignet sich zur Rekonstruktion komplexer Wissensbe-stände" (Meuser/Nagel 1997, S. 481). Dabei bildet „nicht die Gesamtperson den Gegenstand der Analyse, d.h. die Personen mit ihren Orientierungen und Ein-stellungen im Kontext des individuellen oder kollektiven Lebenszusammenhangs (...)". (ebd. 1991, S. 442). Die Autoren favorisieren eine methodologisch-pragmatische Bestimmung des Expertenbegriffs, d.h. „eine Person wird zum Experten gemacht, weil wir wie auch immer begründet annehmen, dass sie über ein Wissen verfügt, das sie zwar nicht alleine besitzt, das aber doch nicht jeder-mann bzw. jederfrau in dem interessierenden Handlungsfeld zugänglich ist. Auf diesen Wissensvorsprung zielt das Experteninterview. Die methodologische Bestimmung des Experteninterviews verbindet sich so mit der wissenssoziologi-schen Perspektive und verweist auf die Unterscheidung von Experte, Spezialist und Laie" (ebd. 1997, S. 484). Kurz: „Als Expertin kommt in Betracht, wer sich durch eine ‚institutionalisierte Kompetenz zur Konstruktion von Wirklichkeit' auszeichnet" (ebd. 1997, S. 484), so dass eben nicht jede Person zum Experten erklärt werden kann (etwa Experten des eigenen Lebens, des je spezifischen Alltags etc.). Ihren Ausgangspunkt nimmt diese Unterscheidung, so die Autoren, bei Schütz, der drei Idealtypen von Wissen differenziert, nämlich den des „Ex-perten", den des „Mannes auf der Straße" und den des „gut informierten Bür-gers". Als Unterscheidungskriterium nennt Schütz das Ausmaß, in dem die je-weiligen, idealtypisch gedachten Figuren bereit sind, Dinge als selbstver-

ständlich, als fraglos gegeben hinzunehmen.[93] Typisch für den Experten ist demnach, sich in einem spezifischen System von Relevanzen zu bewegen, das ihm
durch sein besonderes Tätigkeitsfeld als Problem vorgegeben ist und sich auf ein
streng abgegrenztes Gebiet beschränkt.

Darüber hinaus schlagen die Autoren vor, den Status des Expertenwissens
auf implizites Wissen auszuweiten, also auf „Wissen im Sinne von funktionsbe-
reichspezifischen Regeln, die das beobachtbare Handeln erzeugen, ohne dass sie
von den Akteuren explizit gemacht werden können" (ebd. 1997, S. 486). Für den
hier im Vordergrund stehenden Zusammenhang ist folgende Umschreibung, die
Meuser/Nagel (1991) geben, von Belang: „Als Experte wird angesprochen, (…)
wer über einen privilegierten Zugang zu Informationen über Personengruppen
und Entscheidungsprozesse verfügt" (ebd. S. 443). Entscheidend ist des Weiteren, dass es nicht um die Individuen, ihre Biographien oder persönlichen Lebenseinstellungen o.ä. geht, sondern um einen überindividuellen Forschungsgegenstand. Meuser/Nagel (1991) formulieren das wie folgt: „Anders als bei der
Einzelfallanalyse geht es hier nicht darum, den Text als individuell-besonderen
Ausdruck seiner allgemeinen Struktur zu behandeln. Das Ziel ist vielmehr, im
Vergleich mit den anderen ExpertInnentexten das Überindividuell-Gemeinsame
herauszuarbeiten, Aussagen über Repräsentatives, über gemeinsam geteilte Wis-
sensbestände, Relevanzstrukturen, Wirklichkeitskonstruktionen, Interpretationen
und Deutungsmuster zu treffen. Es sind die Texte des Aggregats ‚ExpertInnen',
die wir als Ganzes zum Objekt der Interpretation machen; auf der Suche nach der
Typik des Objekts behandeln wir die einzelne Expertin von vornherein als Repräsentantin ihrer ‚Zunft'" (ebd. S. 452). Aussagen über das Objekt der Forschung
werden aus diesem Grund systematisch miteinander verglichen: „(...) es ist das
Vorgehen des thematischen Vergleichs, mit dem wir Gemeinsamkeiten und Unterschiede feststellen. Diese dokumentieren wir nicht durch Fallbeispiele, sondern durch typische Äußerungen" (Meuser/ Nagel 1991, S. 452). Im Rahmen des
Interesses an Kontextwissen – und das gilt für den vorliegenden Forschungszu-
sammenhang – hat die Untersuchung keinen hypothesentestenden Charakter,
sondern „das Ziel ist die Gewinnung empirischen Wissens und nicht die theoretische Erklärung und Generalisierung der empirischen ‚Tatsachen'. Es bleibt beim
‚dichten Beschreiben'" (ebd. 1991, S. 455).

- Datenerhebung und Gesprächsführung
Experteninterviews sind leitfadengestützte, offene Interviews. Auf jegliche thematische Vorstrukturierung zu verzichten – wie beim narrativem Interview –
wäre unangebracht, da auf diese Weise das Wissen der Experten nicht voll aus-

---

93   Vgl. Schütz 1972.

zuschöpfen wäre und man darüber hinaus Gefahr liefe, als Gesprächspartner nicht ernst genommen zu werden. Ratsam ist es daher, sich im Vorfeld über zentrale Regeln, Zusammenhänge und Relevanzen des Untersuchungsgebietes zu informieren. Die Auswahl der Experten geschieht auf der Basis des über das Feld zusammengetragenen Wissens. Der Interviewleitfaden enthält „Themen, die anzusprechen sind, nicht aber detaillierte und ausformulierte Fragen" (ebd. 1997, S. 487). Damit das Wissen der Experten und deren Relevanzen möglichst umfassend in das Interview einfließen können, sollen unerwartete Themendimensionierungen und -modifizierungen der Experten nicht verhindert werden, was eine offene und flexible Handhabung des Leitfadens erfordert.

- Datenauswertung
Die Auswertung „orientiert sich (…) an thematischen Einheiten, an inhaltlich zusammengehörigen, über die Texte verstreuten Passagen – nicht an der Sequenzialität von Äußerungen je Interview" (ebd. 1997, S. 488). D.h., „die Äußerungen der ExpertInnen werden von Anfang an im Kontext ihrer institutionell-organisatorischen Handlungsbedingungen verortet, sie erhalten von hierher ihre Bedeutung und nicht von daher, an welcher Stelle des Interviews sie fallen. Es ist der gemeinsam geteilte institutionell-organisatorische Kontext der ExpertInnen, der die Vergleichbarkeit der Interviewtexte weitgehend sichert; darüber hinaus wird Vergleichbarkeit gewährleistet durch die leitfadenorientierte Interviewführung" (ebd. 1997, S. 488). Folgende Auswertungsschritte schlagen die Autoren vor: Zunächst werden Transkriptionen von relevanten Passagen der auf Tonband fixierten Interviews angefertigt, wobei aufwändige Notationen ebenso überflüssig sind, wie inhaltliche Vollständigkeit der Transkriptionen, d.h. „die Transkription der gesamten Tonaufnahme [ist] nicht der Normalfall" (ebd. 1991, S. 455). Die nächsten Auswertungsschritte bestehen in der Bildung von Paraphrasen, im Kodieren und Bilden von Überschriften sowie im Verfahren des thematischen Vergleichs: Zunächst wird textgetreu, der Reihenfolge im einzelnen Interview entsprechend und in eigenen Worten kondensiert wiedergegeben, was von den ExpertInnen gesagt wurde: „Die Sequenzierung des Textes nach thematischen Einheiten erfolgt hier gleichsam mühelos in der Manier des Alltagsverstandes. Man verfolgt den Text in der Absicht, die Gesprächsinhalte der Reihe nach wiederzugeben" (ebd. 1991, S. 456). Das Kernproblem der Paraphrase ist die intersubjektiv nachvollziehbare Reduktion von Komplexität. Anschließend werden die einzelnen Paraphrasen mit textnahen Überschriften (Kodes) versehen und dann sukzessive zu größeren thematischen Blöcken mit Hauptüberschriften zusammengefasst. Schließlich werden dann thematisch ähnliche Passagen verglichen. Im nächsten Schritt, der soziologischen Konzeptualisierung, stellt man theorierelevante Bezüge her: „Erst jetzt erfolgt eine Ab-

lösung von den Texten und auch von der Terminologie der Interviewten" (ebd. 1991, S. 462). Das jeweils Besondere des ExpertInnenwissens wird in theoretischen Kategorien verdichtet, mithin „in soziologische übersetzt, um einen Anschluss der Interpretation an allgemeinere disziplinäre Diskussionen zu ermöglichen. Ziel ist eine Systematisierung von Relevanzen, Typisierungen, Verallgemeinerungen, Deutungsmustern" (ebd. 1991, S. 462). Die Abstraktionsebene, auf der man sich mit der Bildung soziologischer Konzepte an der materialen Basis bewegt, ist die der empirischen Generalisierung, d.h. man testet die Reichweite soziologischer Konzepte an den typisierten Aussagen der Experten.[94] Die theoretische Generalisierung stellt den letzten Schritt dar, in dem versucht wird, Sinnzusammenhänge, die in den Interviews rekonstruiert werden, nun zu Typologien und Theorien zu verknüpfen, indem auf bereichs- und disziplinspezifische Konzepte und Theoreme Bezug genommen wird.

1.3.3 Hermeneutische Interpretation

Gemäß des interpretativen Paradigmas[95] hat Sprache und Kommunikation indexikalischen Charakter[96]. Aufgrund der immer nur praktisch hinreichenden Explizitheit sprachlicher Äußerungen bestehen im Rahmen unterschiedlicher alltagsweltlicher Kontexte verschiedene Common-Sense-Bedeutungen und Interpretationsmöglichkeiten, so dass der durch die Untersuchten produzierte Text (hier: Interviews) eine eigene, nicht eindeutig an der Oberflächenstruktur ablesbare Sinnstruktur besitzt, die es zu rekonstruieren gilt. Innerhalb qualitativer Forschungsansätze wird eine Subsumption unter a priori entworfene Kategorien und damit eine vorschnelle Bedeutungsfestschreibung der produzierten Texte vermieden.[97] Stattdessen versucht man, den Wortlaut und die ursprüngliche Sinnstrukturiertheit des Textes möglichst lange zu erhalten und diesen vor dem Hintergrund kontextuellen und/oder ethnographischen Wissens hinsichtlich seiner manifesten und latenten Bedeutungsgehalte auszulegen, um zu plausiblen Lesarten zu gelangen. Auf diese Weise werden materialgestützte Hypothesen entwi-

---

94   Vgl. ebd. 1991, S. 463.
95   Vgl. programmatisch Wilson (1973), zusammenfassend und erweiternd vgl. Giddens 1984, Schröer 1994.
96   Indexikalität impliziert spezifische Sinnkonstitutionsmuster alltäglicher Kommunikation, so u.a. die immer nur hinreichende Genauigkeit (so genannte etc.-Regel), die implizite Einbettung in einen größeren Sinnzusammenhang (so genannte dokumentarische Methode der Sinngebung resp. Interpretation) oder die retrospektiv-prospektive Sinnorientierung (so genannte let-it-pass-Regel) (vgl. Garfinkel/Sacks 1976, zfs. Heritage 1984, Patzelt 1987).
97   Eine der ersten und umfassendsten Kritiken an der Fiktion, auf der Basis von bedeutungsstrukturiertem Material exakte Messungen vorzunehmen, stammt von Aaron Cicourel (1970).

ckelt, die Antworten auf die forschungsleitende Fragestellung zu geben vermögen. Im Laufe der Interpretationsarbeit entstehen unterschiedlichste Hypothesen, die fortwährend am Material kontrolliert und damit verworfen, modifiziert und dimensioniert werden. Auf diese Weise lassen sich Deutungsmuster, Alltagstheorien, Orientierungen, Wertvorstellungen etc. einer Person, eines Handlungsfeldes oder eines sozialen Aggregats „dicht beschreiben".[98] Ein wesentlicher Arbeitsschritt in der Generierung dichter Beschreibungen ist der Versuch, das Datenmaterial sukzessive zu kondensieren, ohne gleichwohl „abgehobene" Deutungen zu produzieren. Bude (2000) betont in diesem Zusammenhang: „Der entscheidende Schritt der Interpretation besteht in der Konstruktion einer Kategorie, die die konkrete Fülle eines Falles repräsentiert" (ebd. S. 557).

1.3.4 Teilnehmende Beobachtung

Teilnehmende Beobachtung versucht, durch die längerfristige Teilnahme an einer Alltagspraxis bzw. durch die Beobachtung ihrer alltäglichen Vollzüge relevante Informationen über das Handeln von Menschen und ihrer Lebenswelten zu Tage zu fördern.[99] Zwei Aspekte spielen dabei eine herausragende Rolle: Erstens der Umstand, dass der/die ForscherIn am Leben der Menschen in ‚Face-to-Face-Beziehungen' teilnimmt, wobei seine/ihre Rolle sowohl Unvoreingenommenheit als auch persönliche Beteiligung beinhaltet; zweitens die Unterscheidung und methodische Kontrolle verschiedener Aufgaben und Schwierigkeiten während des Feldforschungsprozesses. Hierzu gehören: „die Phase der Problemdefinition, der Kontaktaufnahme, des Feldeinstiegs, der Etablierung einer Feldrolle und ihre Aufrecherhaltung, des Erhebens und Protokollierens von Daten, des Ausstiegs aus dem Feld und schließlich der Auswertung, der theoretischen Verarbeitung und Veröffentlichung der Ergebnisse" (Lüders 2000, S. 386 f.). Kennzeichnend ist zudem die sukzessive Fokussierung des Beobachtungsprozesses im Zuge des fortschreitenden Erkenntnisgewinns[100] sowie der nicht-kanonisierte bzw.

---

98 Vgl. Geertz 1983.
99 Der Terminus ‚teilnehmende Beobachtung' kann einerseits im weiteren Sinne als „eine Feldstrategie, die gleichzeitig Dokumentenanalyse, Interviews mit Interviewpartnern und Informanten, direkte Teilnahme und Beobachtung sowie Introspektion kombiniert" (Denzin 1989, S. 157 f.) begriffen werden. Insofern fällt er mit dem Terminus ‚Ethnographie' in eins (vgl. Lüders 2000, 389 ff.). Andererseits meint er „im engeren Sinne (...) eine Methodik, die in der persönlichen Anwesenheit des Forschers bei Interaktionsereignissen und deren Dokumentation im Form von Feldnotizen besteht" (Deppermann/Spranz-Fogasy 2001, S. 1008).
100 Spradley (1980, S. 34) bspw. unterscheidet drei Phasen: 1. Mit der deskriptiven Beobachtung verschafft man sich einen Überblick über das Forschungsfeld 2. Die fokussierte Beobachtung bedeutet eine Engführung im Sinne der Fragestellung 3. Mit der selektiven Beobachtung sucht man explizit nach Belegen und Variationen für die in Phase 2 gefundenen Phänomene.

-standardisierte Charakter ethnographischen Forschens, der sich darin ausdrückt, dass „alle methodologischen Ansätze und Konzepte nicht als solche Gültigkeit beanspruchen konnten, sondern sich erst in der Forschungspraxis und im Horizont konkreter Fragestellungen zu bewähren hatten" (Lüders 2000, S. 387). Da Studien, die auf teilnehmender Beobachtung beruhten, interessante Forschungsergebnisse zeitigten, begann man mit „einer gewissen Vagheit in methodologischen Fragen zu leben" (ebd. S. 388) und teilnehmende Beobachtung insgesamt „in einem weiter gefassten Sinn als eine *flexible, methodenplurale kontextbezogene Strategie* zu verstehen" (ebd. S. 389). Grundprinzip ist die längere Teilnahme: der/die ForscherIn muss bereit sein, sein/ihr methodisches Vorgehen den Verhältnissen des Feldes anzupassen, d.h. eine flexible Forschungsstrategie zu verfolgen. Zentrales und konstitutives Moment teilnehmenden Beobachtens ist das ethnographische Schreiben und Protokollieren. Im Gegensatz zu alltagsfernen und reaktiven Methoden der Datengewinnung ist das Ziel der teilnehmenden Beobachtung, eine umfassende und profunde Kenntnis des Untersuchungsfeldes und seiner Eigenstrukturiertheit zu erreichen: „Durch die teilnehmende Beobachtung verschafft sich der Forscher einen Überblick über Kommunikationsanlässe, -ereignisse und -probleme im Feld, sie ermöglicht ihm, die Relevanz und Repräsentativität einzelner Ereignisse abzuschätzen sowie die Auswahl und Elizitierung von relevanten Daten (z.B. Schlüsselsituationen) vorzunehmen" (Deppermann/Spranz-Fogasy 2001, S. 1009). Nach Spradley (1980, S. 78) können soziale Situationen in der teilnehmenden Beobachtung hinsichtlich folgender Dimensionen beschrieben werden: Zunächst kann gefragt werden, wo die Beobachtung stattfindet und eine Beschreibung des physikalischen Orts sowie der Gegenstände an diesem Ort und ihre Involviertheit in das Geschehen vorgenommen werden. Weiterhin von Relevanz ist, wer an der Beobachtungssituation beteilig ist (Akteure), welche Einzelhandlungen ausgeführt werden, welche (Sprech-)Handlungen wie aufeinander bezogen sind (Aktivitäten) und wie sich die Aktivitäten zu einem Ereignis verknüpfen. Des Weiteren lassen sich soziale Ereignisse hinsichtlich des zeitlichen Rahmens und des Ablaufs beschreiben. Schließlich kann gefragt werden, welche Absichten und Zwecke jeweils verfolgt werden und welche Emotionen empfunden und ausgedrückt werden.

1.3.5 *Fotos und Bilddokumente im Forschungsprozess*

Um sich über den Status bzw. die Datenqualität von Fotografien klar zu werden, muss zunächst zwischen ‚Fotos aus dem Feld' und ‚Fotos des Feldes' unterschieden werden. Während Fotografien, die von den Beforschten in einem lebensweltlichen Zusammenhang getätigt wurden, als Dokumente der Selbstdarstellung und des Selbstverständnisses der jeweiligen sozialen Einheit begriffen werden müssen[101], kommt den von den ForscherInnen angefertigten Fotografien ein anderer Stellenwert zu: Sie sollen das Feld oder bestimmte Aspekte (etwa Räumlichkeiten, besondere Handlungen, Körperinszenierungen etc.) repräsentieren[102] bzw. zentrale Phänomene und Artefakte des Untersuchungsfeldes als visuelles Datum zugänglich machen (etwa ein bestimmtes Schmuckstück, einen besonderen Stil, eine Bühnenkulisse etc.), die ansonsten nur in sprachlichen Beschreibungen zugänglich wären. Obwohl beide Typen von Fotografien bestimmte Aspekte des Feldes zu repräsentieren vermögen, impliziert der jeweilige Herstellungsprozess bzw. das unterschiedliche Zustandekommen der Fotos eine prinzipielle Differenz hinsichtlich der Aussagen, die auf Basis der jeweiligen Fotos getroffen werden können. Quer dazu liegt die Frage, welchen Einfluss der Akt des Fotografierens bzw. die Fotokamera als Instrument der Datenerhebung auf die natürlichen Umstände des Feldes ausübt. Idealtypisch lassen sich Fotografien, die die natürliche Praxis relativ ungestört dokumentieren, von solchen Fotografien unterscheiden, auf denen eine aufgrund des Aktes des Fotografierens arrangierte Szenerie dokumentiert ist. Dies korrespondiert mit der im Alltag üblichen Unterscheidung von ‚Schnappschüssen' und ‚gestellten Fotos' (vgl. Flick 1995, S. 170). Dieser Zusammenhang lässt sich wie folgt veranschaulichen:

---

101 Bsp.: Familienfotos.

102 Das Repräsentationsverhältnis von Bildern zur abgebildeten Wirklichkeit ist viel diskutiert worden (vgl. zfs. Harper 2000, S. 403 ff., Hickethier 1996, S. 42 ff.), v.a. sind naive Repräsentationsvorstellungen (Bilder bilden die Wirklichkeit objektiv ab) kritisiert worden. Nichtsdestotrotz unterscheiden sich Bilder von sprachlichen Dokumenten dadurch, dass sie in einem ikonischen und/oder ikonographischen Verhältnis (vgl. Eco 1972, S. 246 ff.) zur Wirklichkeit stehen. Hickethier (1996) umschreibt den daraus resultierenden Effekt wie folgt: „Durch die vom Apparat neu geschaffene Beziehung des Bildes zum Abgebildeten entstand eine Macht im Anschaulichen, die jenseits von Sprache und sprachlicher Darstellung durch das Zeigen einen Eindruck von unmittelbarer Direktheit, von Realität selbst erzeugte" (ebd. S. 44).

Grad der Natürlichkeit / Herstellungsprozess	‚Schnappschuss'	‚Gestellte Fotos'
‚Fotos im Feld' (Fotografien entstehen durch die Beforschten selbst)	Herstellungsintention/ Selektion: Dokumentation von Spontaneität, zentrale Szenen; Aussagerichtung: natürliche Praxis/ Selektionsmuster/ Dokumentationsstil als Inszenierungsform	Herstellungsintention/ Selektion: Arrangement, Ästhetik; Aussagerichtung: Inszenierungsformen, Selbstverständnis und Muster der Außendarstellung
‚Fotos des Feldes' (Fotografien entstehen durch die ForscherInnen)	Dokumentation natürlicher Praxis	Produktion visueller Daten handlungsunabhängiger Aspekte (Kleidung, Schmuck etc.); Dokumentation typischer Inszenierungsmuster

Schaubild 2

Prinzipiell „wird visuelles Material zur ergänzenden Dokumentation der analysierten Kultur und Handlungsweisen herangezogen und mit den Darstellungen und Interpretationen in Textform kontrastiert, um die einbezogenen Perspektiven auf den Gegenstand zu erweitern" (Flick 1995, S. 169). Ein Foto zeichnet sich dabei durch den Vorteil aus, dass es „eine schier unglaubliche Menge von Informationen [akkumuliert]" (Harper 2000, S. 403). Welche Informationen im Falle von forscherinduzierten Fotos jeweils bildlich festgehalten werden sollen, ist fragestellungsabhängig. Grundsätzlich unterscheiden lassen sich:

- *Interaktionspraxen* (alle Arten von Handlungen und Handlungsverkettungen)
- *materielle Kultur* (räumliche Umgebungen, örtliche Arrangement, einzelne Artefakte).

Während die Betrachtung von Interaktionspraxen eng an die hermeneutische Deutung fremden Handlungssinns gebunden ist und darüber hinaus im Falle von Fotografien der verbale Aspekt ausgeblendet bleibt, beschränkt sich eine solche

Verwendung i.d.R. auf die Illustration zentraler Handlungsroutinen und Rituale des Untersuchungsfeldes.[103] Dagegen lassen sich Dokumentationen der materiellen Kultur[104] prinzipiell kulturgeschichtlich und/oder semiotisch/bildhermeneutisch ausdeuten.

1.3.6 Artefaktenanalyse und kulturgeschichtliche Ausdeutung

Neben forschungsinduzierten Daten (s.o.) produziert das Feld eigene Daten in Form kultureller Objektivationen.[105] Solche Objektivationen können als geronnene Kulturleistungen hinsichtlich ihrer Genese, ihrer Funktion und ihres symbolischen Gehalts betrachtet werden. So kann etwa ein Schmuckstück oder ein Flyer darauf hin befragt werden, wie es als Einzelstück bzw. als Gattung zustande gekommen ist[106], welche allgemeinen und spezifischen Funktionen es in einer Kultur oder Gemeinschaft erfüllt[107] und welche symbolischen Sinngehalte es kommuniziert. Insbesondere in der Nach-Moderne kann davon gesprochen werden, dass „fast jedes Artefakt über seine materielle Funktion hinaus eine Zeichenfunktion besitzt" (Hansen 1995, S. 47), so dass die kulturgeschichtliche Betrachtung im Kern die symbolische Ausdeutung einzelner (typischer) Artefakte bzw. deren Kombination zu gewachsenen Zeichensystemen[108] beinhaltet. Handelt es sich bei solchen Artefakten darüber hinaus um bildliche und/oder bild-textliche Darstellungen, die auf einem Trägermedium fixiert sind und deren vornehmlichster Zweck in der visuellen Kommunikation besteht (etwa Flug-

---

103 Denkbar wäre etwa die Dokumentation von Tanzstilen oder Bühnenperformances, obwohl deren serieller Charakter eher den Einsatz von Videoaufnahmen nahe legen würde.

104 Etwa Kleidungsstile, Schmuck/Accessoires, Bühnenkulissen/sonstiger Dekor etc.

105 Vgl. Berger/Luckmann 1980, S. 36 ff., Schütz/Luckmann 1979, S, 317 ff.

106 Die genetische Betrachtung des Einzelstücks erfolgt eher aus synchroner bzw. zeitnaher Perspektive und fragt – etwa im Falle eines bestimmten Flyers – nach den Bedingungen seiner Produktionen, nach den ‚Machern' und deren Intentionen, nach der Art und Weise seiner Distribution und Rezeption etc. Rückt man allerdings die Gattung als solche in den Fokus der Betrachtung (also bspw. nicht ein konkretes Schmuckstück sondern Schmuck als solches), so greift man i.d.R. auf kulturgeschichtliche Analysen zurück, die einen wesentlich weiteren Zeithorizont aufspannen und das Phänomen in einen historischen Entwicklungsprozess einzuordnen versuchen. So wird beispielsweise die Genesis von Geschirr und Besteck im Zuge eines gesamtgesellschaftlichen Zivilisationsprozesses verständlich (vgl. Elias 1976).

107 Funktionale Bestimmungen beschränken sich auf die synchrone Einordnung kultureller Artefakte in aktuelle gesellschaftliche Austauschprozesse und versuchen deren individual- und/oder sozialpsychologische Funktion zu bestimmen (vgl. etwa Simmel 1983c).

108 Im Gegensatz zu geplanten und bewusst sowie institutionalisiert gelernten Zeichen (etwa Verkehrszeichen) sind gewachsene Zeichen und Zeichensysteme ungeplant und ohne absichtsvolle Bemühungen entstanden; sie werden unbewusst sowie uninstitutionalisiert gelernt und ihre Bedeutung ist hoch polysem (vgl. Hansen 1995, S. 41 ff.).

blatt/Flyer[109], Plakat[110], Zeitschrift[111], Heft/Fanzine[112]), so kann – ergänzend und vertiefend – auf bildhermeneutische Auswertungsverfahren zurückgegriffen werden.

1.3.7 Bildhermeneutik

Die Bildhermeneutik i.e.S. gelangt zur Anwendung, insofern eine Bildkomposition[113] den Untersuchungsgegenstand bildet. Hiervon kann dann gesprochen werden, wenn einem visuellen Artefakt ein Herstellungsprozess, eine Herstellungsintention und damit eine Bildbotschaft zugeschrieben werden kann. Insofern besitzen bildliche Darstellungen einen rekonstruierbaren, intersubjektiven Bedeutungsgehalt. Die bildhermeneutische Analyse lässt sich nicht auf Rezeptionswirkungen oder Produzentenintentionen ein, sondern nur auf den symbolischen Gehalt der Bildbotschaft.[114] Müller-Doohm (1997) schlägt folgende Analyseheuristik vor (vgl. ebd. S. 98 ff.):

- *Drei-Phasen-Modell der Bild-Text-Analyse:*
  - *Deskription*: Paraphrasierung der Text-Bild-Botschaften im Einzelnen, womit systematisch alle Ebenen der Bild- und Textelemente, auch die des Stils, der Grammatik und der Rhetorik erfasst werden.
  - *Bedeutungsanalyse*: In akribischer Rekonstruktionsarbeit wird der symbolische Gehalt der Text-Bild-Materialien erfasst. Sie sollte in die Tiefe von Text- und Bildbedeutungen eindringen und auf diese Weise eine genauere Rekonstruktion der Bild-Text-Wahrnehmung liefern.
  - *Kultursoziologische Interpretation*: Auf dieser Ebene wird versucht, zu theoriegeleiteten Deutungen zu gelangen.

---

109 Vgl. Faulstich 1995a, Androutsopoulos 2000.
110 Vgl. Dorn 1995.
111 Vgl. Faulstich 1995b, Barthes 1985.
112 Vgl. Strobel 1995.
113 Im weitesten Sinne handelt sich dabei um das „kulturelle Phänomen der Wirklichkeitsrepräsentation" schlechthin (Müller-Doohm 1997, S. 86), also um alle visuellen Darstellungsformen (das schließt Theater, Film und Fernsehen aber auch Zeitschriften, Plakate, Websites und Artefakte der bildenden Kunst ein). Im vorliegenden Zusammenhang kann das Erkenntnisinteresse – wie das auch Müller-Doohm (1997) tut – auf eine spezielle Textsorte beschränkt werden, nämlich auf die der im Rahmen von professionellen Inszenierungen massenmedial verbreiteten Visualisierungen (vgl. ebd. S. 89).
114 Ziel der kultursoziologischen Bildanalyse, so Müller-Doohm (1997), ist es, „der Frage nach[zu-gehen], welche semantischen Gehalte, welche sinnhaften Deutungsangebote die symbolisch materialisierten Visualisierungen beinhalten" (ebd. S. 86).

- Verhältnis von Bild- und Textbotschaft
- Die *Bildbotschaft* weist eine zweigliedrige Struktur auf, d.h. sie ist einerseits rein perzeptiver (Ausdrucksgestalt des Bildes) und andererseits kodiert-symbolischer Natur. Letztere Meta- oder Konnotationssprache des Bildes strukturiert und steuert die Bildbedeutung insgesamt.
- Auch die *Textbotschaft* ist zweigliedrig, wobei sich die erste Ebene auf das sprachliche Denotat, die zweite Ebene auf das sprachliche Konnotat bezieht.
- Das *Verhältnis beider Botschaften* kann nun nicht prinzipiell, sondern muss am Einzelfall bestimmt werden. Grundsätzlich jedoch stehen beide in einem engen Abhängigkeitsverhältnis, wobei sie in unterschiedlichen Relationen zueinander stehen können (etwa komplementär, kommentierend, einschränkend, konträr, verstärkend etc.).

Zur systematischen Erfassung der Bild-Text-Komponenten und Relationen wird ein *Analyseleitfaden* vorgeschlagen, welcher die Komponenten Bildelemente, bildräumliche Komponenten, bildästhetische Elemente, Textelemente, Bild-Textverhältnis sowie Bildtotalitätseindruck umfasst (vgl. ebd. S. 105 f.).

1.4 Gesamtanlage und Durchführung der Studie

Die Einführung obiger method(olog)ischer Basiskonzepte dient v.a. dazu, den forschungstheoretischen Standort der vorliegenden Studie zu verdeutlichen, und im Weiteren bei der konkreten Darstellung der Untersuchung auf oben skizzierte Konzepte zurückgreifen zu können. Deutlich dürfte geworden sein, dass die vorliegende Studie eine Kombination verschiedener qualitativer Grundprinzipien und Instrumente darstellt.

Die Grundhaltung lässt sich als ethnographisch kennzeichnen und der Forschungsprozess gestaltet sich nach den Grundprinzipien der Grounded Theory. Die Experten sollen zunächst Auskunft über typische Szenestrukturen und -haltungen geben bzw. sonstige fragestellungsrelevante Aspekte beleuchten. Die Interviews mit den Szenegängern dienen darüber hinaus dazu, individuelle Szenehaltungen zu rekonstruieren und diese mit den Aussagen der Experten zu vergleichen. Die Auswertung der Interviews unterliegt einer Vorordnung nach formalen, aus szenekonzeptuellen Überlegungen abgeleiteten Kategorien (Zuordnung von Textstellen zu Themen[115]), woran sich eine hermeneutische Analyse der ausgewählten Passagen anschließt. Die Feldberichte sollen Aufschluss geben über typische Interaktions- und Inszenierungspraxen, Gestaltung und Ablauf

---

115 Witzel (1982) bezeichnet ein solches Zuordnungsverfahren als die Identifikation „thematischer Felder" (vgl. ebd. S. 110).

szenekonstitutiver Örtlichkeiten und Events sowie Selbstdarstellungsformen und Selbstbilder der Szene. Die Auswertung dieser Materialien erfolgt weitestgehend deskriptiv und dient v.a. der Kontrolle der aus den Interviewanalysen gewonnenen Aussagen. Die Gesamtanlage der Studie ist in folgendem Schaubild noch einmal zusammenfassend dargestellt:

Fragestellung **SZENETYPIK** (Organisationsstrukturen und Vergemeinschaftungsmuster; geteilte Überzeugungen, Handlungsorientierungen und Stilpraxen; kollektive Habitusformationen)			Methodische Umsetzung: **SZENEETHNOGRAPHIE** Forschungsansatz: qualitativ/ethnographisch Forschungsdesign: Grounded Theory
Datenvielfalt Erstellung und Auswertung eines Korpus von Szenedokumentationen			
Datengewinn/-erhebung	*Datenauswertung*		*Status der Daten*
Interviews Rahmung: Experten- vs. Szenegängerinterviews Art: Leitfadeninterviews	- Auswertung anhand eines Kategorienschemas/Bildung thematischer Blöcke - Hermeneutische Ausdeutung einzelner Passagen hinsichtlich der jew. fokal gesetzten Kategorie		- Selbstbilder der Szene/Grundlage für ein Szeneportrait im Sinne der Ausgangsfrage - Herstellung von Bezügen zu zentralen, für das Thema einschlägigen soziologischen Konzepten (etwa Religion oder Identitätskonstruktionen)
Teilnehmende Beobachtung/Feldberichte	Ethnographische Deskription/ Analyse Kulturgeschichtliche Ausdeutung		Registrierende Daten: Aussagen über faktische Handlungsabläufe, Stil- und Inszenierungspraxen Kontrastierung/Kontext für die Interviewinterpretationen
Externe Dokumentationen (Berichterstattung über die Szene in Presse und Populärwissenschaft)	Inhalts- und Sprachanalyse		Außenperspektive/Fremdbilder

Schaubild 3: Anlage der Studie im Überblick

Abschließend wird im Einzelnen dargestellt, in welcher Weise die oben angeführten methodischen Zugänge in der vorliegenden Studie zusammengestellt und
dem Forschungsvorhaben angepasst werden. Die Darstellung orientiert sich
dabei an den verschiedenen Datenarten.

1.4.1 Die Interviews

Die vorliegende Untersuchung stützt sich hauptsächlich auf Interviewdaten, und
zwar auf solche mit ‚normalen' SzenegängerInnen und solche mit ExpertInnen
der Szene. Als methodisches Instrumentarium wird in beiden Fällen auf leitfadenorientierte, d.h. teilstandardisierte Interviews zurückgegriffen. Der Leitfaden
für die Experteninterviews ist so konzipiert, dass dezidiert nach allgemeinen, die
Szene insgesamt betreffenden Einschätzungen gefragt wird. In den Interviews
mit ‚normalen' SzenegängerInnen steht die Art und Weise der individuellen
Involviertheit in die Szene im Vordergrund. Beide Interviewformen folgen zunächst einer ähnlichen Auswertungsstrategie (s.u.), wobei sie sich v.a. hinsichtlich der Reichweite und des Status der zu gewinnenden Aussagen unterscheiden
(s.u.).
  Kernstück der vorliegenden Studie sind die ausführlichen Expertenterviews,
die Aufschluss über alle aufgeworfenen Fragen geben sollen (also insbes. typische Habitusformationen und Rationalisierungen der Szenegänger sowie Strukturen und Vergemeinschaftungsmuster der Szene). Die Aussagen der Experten
werden jedoch mit Daten anderer Herkunft und Qualität kontrastiert, womit eine
wechselseitig aneinander orientierte Evaluation der jeweiligen Datenarten angestrebt wird. Insgesamt wird auf diese Weise versucht, ein konsistentes Bild der
Szene zu zeichnen und insbesondere auf Widersprüche und Brüche in den Daten
zu achten. Die Experteninterviews beanspruchen einen besonderen Status: Die
Aussagen werden nicht als Repräsentationen einer objektiven Szenewirklichkeit
missverstanden[116], sondern als reflektierte und typische Muster der in der Szene
existierenden Reflexionen und Rationalisierungen. Szene-Experten reproduzieren eher als normale Szenegänger zentrale Überzeugungen und Ideologien, die in
der Szene vorherrschen. Experteninterviews sind auf diese Weise geeignet, einen
‚Short Cut' zu zentralen Denk- und Handlungsmustern einer Szene herzustellen.
Wir behandeln unsere Befragten damit in gewisser Weise als ‚Experten für szenetypische Überzeugungen' im Rahmen einer spezialisierten Teilkultur, weil sie
nicht ‚nur' in dieser leben, sondern professionell mit deren Konstitution, ideolo-

---

116 Hierzu bräuchte man registrierende Daten (vgl. Bergmann 1985, Neumann-Braun/Deppermann
     1998).

gischer Füllung und Legimitation beschäftigt sind.[117] Bei der Durchführung des interviewbasierten Untersuchungsteils spielen folgende Aspekte und Überlegungen eine tragende Rolle:

- *Akquisition/Auswahl der InterviewpartnerInnen*: Die InterviewpartnerInnen standen nicht von vornherein fest, sondern ‚ergaben' sich vielmehr im Laufe der Untersuchung in der Art eines Schneeballsystems. Wer für die Szene wann und in welcher Region eine zentrale Rolle inne hatte oder hat, ließ sich erst im Zuge der anfänglichen Gespräche mit Szenegängern und szeneaffinen Personen ermitteln. Es zeigte sich, dass insbesondere langjährige Szenemitglieder und solche, die sich im Laufe der Jahre darauf verlegt hatten, die Szene und ihr Gedankengut nach außen zu vertreten und zu repräsentieren, ein großes Interesse an unserer Studie zeigten und sich infolgedessen als äußerst auskunftsfreudig erwiesen. Es war vornehmlich diese „Organisationselite"[118], die uns erste Einblicke in die Struktur der Szene gewährte und uns weitere wertvolle Kontakte verschaffte. Mit zunehmend fortgeschrittenem Wissensstand war es uns möglich einzuschätzen, welchen Personen aus welchen Gründen in der Szene eine herausragende Position zukam und dementsprechend eine Auswahl nach dem Prinzip der maximalen Kontrastierung vorzunehmen. Wir achteten v.a. darauf, dass die ausgewählten Personen verschiedene Funktionen innerhalb der Szene begleiteten und für unterschiedliche (ideologische) Positionen in der Szene standen. Ein weiteres Auswahlkriterium stellten soziodemografische Variablen (Geschlecht, Wohnort/Region und Alter) dar, um eine möglichst große Breite an Aussagen zu erlangen, aber auch, um fragestellungsspezifische Aussagen treffen zu können (v.a. um auf Unterschiede zwischen Ost und West sowie gestern und heute eingehen zu können).

- *Durchführung der Interviews:* Das Setting der Interviews versuchten wir alltagsnah zu halten. Alle Interviews fanden am Wohnort der betreffenden Personen, wenn möglich, im eigenen Zuhause statt (bei den ExpertInnen) bzw. auf den

---

117   In diesem Sinne extrapolieren wir das von Meuser/Nagel (1991) vorgeschlagene Konzept des ExpertInneninterviews über Handlungsabläufe hinaus auf Überzeugungen (Geisteshaltungen) und Interaktionspraxen innerhalb einer spezifischen Teilkultur. Gerechtfertigt scheint uns dies durch den Umstand, dass die von uns befragten ExpertInnen sich mit ebensolchen Fragen (semi-)professionell ständig konfrontiert sehen (vgl. auch Hitzler/Bucher/Niederbacher 2001, S. 212 ff.), die Szeneeliten (unterschieden in Organisations-, Reflexions- und Repräsentationseliten) als sich i.d.R. aus Szenegängern rekrutierende Phänomene begreifen. „Die Verdichtung typischer Szenekultur findet im Szenekern statt. Dort tummelt sich die Figur des Szenegängers, der je nach individueller Situation mehr oder weniger in die Szene-Elite eingebunden ist" (ebd. S. 214)). Trifft beides zusammen (in die Szeneelite eingebundener Szenegänger) so kann u.E. von einem Experten in Bezug auf die betreffende Szene gesprochen werden.
118   Vgl. Hitzler/Bucher/Niederbacher 2001, S. 213 f.

jeweiligen Festivals/Events (bei den SzenegängerInnen). Die Interviewumstände
werden jeweils protokolliert, um besondere Gestaltungen (gerade im eigenen
Zuhause) festzuhalten und um Eigenheiten in die Analyse der Interviews einfließen lassen zu können.[119] Die Anzahl der InterviewerInnen richtet sich nach Ex-
pertengrad und beträgt entweder zwei (bei Personen, die es gewohnt sind, in der
Öffentlichkeit zu stehen/zu reden) oder ein(e) InterviewerIn (bei Szenegängern
ohne Expertenstatus). Bei der Rahmung der Experteninterviews wird darauf
geachtet, die Interviewten explizit als ExpertInnen in Bezug auf die Gothic-
Szene anzusprechen, ihnen also in der Kommunikationssituation das Gefühl zu
geben, im Besitz relevanter Informationen zu sein. Die Behandlung der SzenegängerInnen setzt stattdessen an deren persönlichen Erfahrungen in der Szene an.
Den Einstieg in die konkrete Interviewsituation suchen wir klassischerweise über
einen Narrationsstimulus.[120] Dies hat kommunikationsstrategische Hintergründe:
Da wir ein offenes Gespräch mit den Interviewten suchen, fungiert dieser Einstieg als ‚Kennenlernphase' und dient der Vertrauensbildung. Die Gesprächsführung in den jeweiligen Interviews lässt sich durch eine flexible Handhabung des
Leitfadens charakterisieren (s.o.). Mit zunehmendem Eindringen in die Szene
und umfangreicherem Wissen über sie wird klar, dass von *der* Gothic-Szene nur
teilweise gesprochen werden kann. Gerade auch unsere InterviewparterInnen
betonen immer wieder die Unterschiede regionaler und diachroner Natur. Wir
versuchen aus diesem Grund, in den Experteninterviews auf diese Unterschiede
einzugehen, indem wir die jeweiligen Personen – je nach Alter und Herkunft –
nach Spezifika der Szene im Osten resp. Westen bzw. der Szene heute resp.
damals fragen.

- *Auswertung der Interviews:* Im Gegensatz zu den Vorschlägen von Meu-
ser/Nagel (1991 und 1997) zur Auswertung von ExpertInneninterviews werden
an Stelle von Paraphrasen so genannte Inventare angefertigt. Diese dienen zwar
ebenfalls einer ersten Verdichtung und Zusammenfassung des Textmaterials,
allerdings nicht mit dem Ziel, inhaltlich Relevantes wortgetreu und vollständig
wiederzugeben, sondern zu indexieren, um auf das *originäre Textmaterial* the-
menbezogen zurückgreifen zu können. Die Sequenzstruktur der Einzelinterviews
wird somit zugunsten einer thematischen Ordnung des Materials aufgebrochen:
Die inhaltliche Ausrichtung der einzelnen Passagen, wie sie in den Inventaren
festgehalten wurde, dient als Grundlage der Zuordnung einer Passage zu thematischen Einheiten, wobei Mehrfachzuordnungen natürlich möglich sind. Folgende Kategorien werden dabei veranschlagt:

---

119 Postulat der Reflexivität (vgl. Flick 1995, S. 15).
120 Vgl. Hermanns 1991, Schütze 1983; zur Problematik des Umgangs mit Erzählpassagen in
     Leitfadeninterviews vgl. Mishler 1986.

Kategorienschema zur Interviewauswertung [121]

1. **Szeneeintritt**
2. *Überzeugungen*: evaluativer/normativer Aspekt (Wertvorstellungen, Ideologien, Deutungsmuster, Einstellungen, Lebensgefühl);
3. *Alltagsästhetische Praxen*: expressiver Aspekt (Stil, Outfit, Körper (-inszenierung, -gefühl), Musik;
4. *Interaktionspraxen und Vergemeinschaftungsmuster:* Gesellungs-/Hanlungsaspekte (Gruppenstrukturen, Geschlechterrollen, Organisation der Szene (Events, Treffpunkte, Vergemeinschaftung), Alltagspraxis);
5. *Distinktion:* kognitiver Aspekt (Selbstdefinition, Szeneüberschneidungen (Okkultismus, Satanismus, Rechtradikalismus), Distinktion (Inter- und Intraszenedifferenzierungen, Offenheit/Geschlossenheit der Szene nach außen, Binnenstruktur), Subszenen und -stile, Authentizität);
6. *Religion/Glaubensinhalte.*

Innerhalb der jeweiligen thematischen Einheiten sind die einzelnen Passagen mit textnahen Überschriften (Teilnehmer-Kodes) versehen, mit denen der Inhalt der jeweiligen Passage kondensiert und auf die jeweilige Auswertungseinheit bezogen zum Ausdruck gebracht wird. Die thematische Ordnung des Textmaterials kommt dabei aus zweierlei Gründen einem subsumptionslogischen Vorgehen *nicht* gleich:

- Die Fragen im Leitfaden und das Kategorienschema bzw. die thematischen Einheiten sind nicht als theoretischer Vorgriff oder als hypothesengeleitete Vorstrukturierung der Relevanzstrukturen des Forschungsfeldes zu verstehen, sondern als Resultate erster Feldexplorationen sowie geleisteter empirisch-ethnographischer Arbeiten in (Jugend-)Szenen[122]. Insofern bleiben die Kategorien auf einem formal-analytischen und begriffsexplikatorisch-abstraktem Niveau, d.h. Elemente, die als Grundbausteine und -ingredienzien sozialer Aggregate im Allgemeinen (etwa geteilte Wertvorstellungen, ähnliche Handlungsmuster und Habitusformationen etc.) sowie Szenen im

---

121 Diese Dimensionierung korrespondiert auch mit dem Vorschlag von Schulze-Krüdener/Vogelgesang (2001) zur ethnographischen Beschreibung von Jugendkulturen: „Ihre (der Jugendkulturen – Anm. d. Verf.) ethnographische Beschreibung und kulturanalytische Interpretation orientiert sich dabei an folgenden Merkmalskategorien, die ganz generell den Untersuchungsrahmen kultureller Praxisformen Jugendlicher abstecken: 1) das expressive Verhalten (z.B. Freizeitaktivitäten, Konsummuster), 2) das interaktive Verhalten (z.B. Geselligkeitsformen), 3) das evaluative Verhalten (z.B. Wertorientierungen und Deutungsmuster) und 4) das kognitive Verhalten (z.B. Ich- und Gruppenidentität)" (S. 41).

122 Vgl. insbes. Hitzler/Bucher/Niederbacher 2001 sowie Eckert/Reis/Wetzstein 2000.

Besonderen (etwa gemeinsame Treffpunkte, ähnlicher Stil, geteilte Musikvorlieben etc.) gelten, finden Eingang in die Kategorienbildung und finden
sich dementsprechend auch in den Fragen im Leitfaden sowie in den Kategorien zur Auswertung wieder.

- Ferner bleibt der Originalwortlaut der Interviewaussagen – im Gegensatz zu
inhaltsanalytischen Verfahren, innerhalb derer der Originaltext sehr früh
‚ersetzt' wird[123] – bis zum Schluss erhalten. Die Ausdeutung des Textmaterials vollzieht sich nicht an Paraphrasen oder vom Forscher/von der
Forscherin hergestellten Textkondensaten, sondern immer noch am originä-
ren Interviewtext. Insofern kann von einer hermeneutischen Interpretation
der Äußerungen gesprochen werden. Durch die thematische Vorstrukturierung des Materials wird es möglich, die Aussagen der ExpertInnen hinsichtlich der interessierenden Themenkomplexe zu vergleichen, um zu ge-
neralisierteren Aussagen zu gelangen. Dieser Vergleich erfolgt in Form einer hermeneutischen Ausdeutung der einzelnen Interviewpassagen in Bezug
auf das jeweils fokal gesetzte Thema (etwa: Überzeugungen, alltagsästhetische Praxen etc.). Auf dieser Ebene ist es möglich, ein Szeneportrait
aus Expertensicht zu skizzieren. Ziel ist, die verschiedenen Aussagen der
ExpertInnen zu einem Thema in zentralen theoretischen Kategorien zu verdichten, um sie dann in einem letzten Schritt auf disziplinenspezifische
Konzepte und Theoreme innerhalb der jeweiligen thematischen Bereiche zu
beziehen.[124]

Die Interviews mit den ‚normalen' SzenegängerInnen dienen zunächst dazu, die
Aussagen der ExpertInnen zu evaluieren, gewissermaßen mit Kontrastmaterial
zu konfrontieren. Im Vordergrund steht dabei die Frage nach Widersprüchen und
Brüchen zwischen den Aussagen der ExpertInnen und den ‚normalen' SzenegängerInnen. Da den Aussagen der ExpertInnen durch die Forschungsrahmung
ein objektiverer Wirklichkeitsstatus eingeräumt wird[125], lassen sich die Aussagen
der SzenegängerInnen als stichprobenartige Prüfsteine lesen. Für die Auswertung
bedeutet dies, dass anhand der SzenegängerInnen-Interviews versucht wird,
individuelle Ausprägungen und subjektive Sichtweisen zu rekonstruieren.

---

123   Vgl. etwa Mayring 1983, Früh 1998.
124   Im vorliegenden Fall wären das vornehmlich Konzepte aus der Kultur- und Religionssoziolo-
      gie, also etwa das Konzept von ‚Diesseitsreligionen' (vgl. Honer/Kurt/Reichertz 1999) oder
      von ‚unsichtbarer Religion' (Luckmann 1991) hinsichtlich des Themenkomplexes ‚Wertvor-
      stellungen' oder Konzepte wie ‚Stilbricolage/Sinnbasteln' (Hitzler 1994; Hitzler/Honer 1994)
      und ‚Ästhetisierung des Alltags/Erlebnisorientierung' (Schulze 1995) hinsichtlich des The-
      menkomplexes ‚alltagsästhetische Praxen'.
125   Was bei allen nicht erzählgenerierenden Interviews, insbes. aber bei ExpertInneninterviews
      generell der Fall ist.

1.4.2 Die Feldberichte

Da sich die Gothic-Szene vornehmlich auf der Basis von Events und Locations[126] als Szene konstituiert, besteht die hauptsächliche Aufgabe der Feldberichte darin, sich über relevante Interaktionspraxen in der Szeneöffentlichkeit einen Überblick zu verschaffen. Dabei werden keine kontinuierlichen, sondern sporadische Feldbesuche durchgeführt[127], die sich an der Relevanz der Örtlichkeiten für die Konstitution der Szene orientieren (s. Kap. 3.1).

---

126 Vgl. Hitzler/Bucher/Niederbacher 2001, S. 217 f.
127 Vgl. Eckert/Reis/Wetzstein 2000, die für diese Praxis den Ausdruck ‚Datenreisen' geprägt haben.

2 Stand der Forschung

Ab Mitte der 80er Jahre ist innerhalb medialer Berichterstattungen eine Flut von Berichten über okkulte Praktiken unter Jugendlichen zu registrieren[128], die das zu dieser Zeit aufkommende Interesse Jugendlicher an der Beschäftigung mit okkultistischen Praktiken und Lehren widerspiegelt. Wie in kaum einem anderen Bereich der Berichterstattung über Jugendphänomene und -kulturen fand hier eine *Verkennung und Verzerrung des jugendlichen Alltagshandelns* statt. Die eindeutige Dominanz von schrecklichen und blutrünstigen Bildern des so genannten ‚Jugendokkultismus' entwarf eine sensationsgerechte Erzeugung von Klischees, gleichgültig, ob sie mit der Alltagsrealität der betreffenden Jugendlichen übereinstimmten oder nicht. Mit Medienszenarien wie „Wiederkehr des Teufels" oder „Geht die Jugend zum Teufel?" warnten sie vor der Gefahr der okkultbesessenen Jugendlichen und vor der Gefährdung der Jugend durch Okkultismus und Satanismus. Hierbei wurde auch immer wieder die ‚schwarze Szene' (damals eher Dark-Wave- oder Gruftie-Szene) in den Blickpunkt genommen, da sie durch ihre Ästhetik und Symbolik eine offensichtliche und öffentliche Manifestation des Satanistisch-Okkultistischen darstellte.

Die Dominanz dieses Phänomens und die damit verbundene Angst und Hysterie in der Öffentlichkeit bewirkte eine verstärkte akademische Auseinandersetzung ab Mitte der 1980er Jahre. Hierbei lassen sich drei Formen des Zugangs unterscheiden: Zunächst entstand eine Flut so genannter Okkultismusratgeber[129] mit Informationen rund um das Thema Satanismus und Okkultismus für Eltern, Pädagogen und betroffene Jugendliche. Dann wurden eine Vielzahl quantitativ-empirischer Studien[130] zum Thema Jugendliche und Okkultismus

---

128 Vgl. Helsper 1992, S. 5 f.
129 Vgl. exemplarisch für Okkultratgeber Hunfeld/Dreger 1993, Rausch/Türk 1991, Bischofberger/Finger/Müller/Schmid 1992, Boge-Erli 1999, Wiesendanger 1995, Haack/Haack 1997 und Rausch 1998. Die Verbindung von Nationalsozialismus – was immer wieder Thema war und ist – und Okkultismus wird bei Freund (1995) dargelegt. Eine Darstellung des Satanismus findet sich bei Dvorak (2000). Bei von Lucadou (1995) findet sich eine populärwissenschaftliche Aus-einandersetzung mit der Psychokinese. Eine Auseinandersetzung mit dem Magie-Begriff im Bereich Theologie, Religionswissenschaft und Psychoanalyse auf einer wissenschafts- und sozialgeschichtlichen Basis findet sich bei Heimbrock/Streib (1994).
130 Vgl. Müller 1989a, Mischo 1991, Jugendwerk der Deutschen Shell 1992, Bär 1993, Bucher 1994, Zinser 1993, Hansel 1995 und 1996, Ministerium für Kultur, Jugend, Familie & Frauen

durchgeführt und veröffentlicht. Schließlich wurden qualitativ orientierte Studien[131] auf Basis von Einzelfalluntersuchungen und Intensivinterviews mit betroffenen Jugendlichen durchgeführt.

Die Beschäftigung mit der schwarzen Szene fand hierbei – wenn überhaupt – im Zusammenhang mit dem Phänomen des Satanismus bzw. Okkultismus statt und wurde diesem bei- bzw. untergeordnet. Somit wurde die schwarze Szene Mitte bis Ende der 80er Jahre nicht als eine eigenständige Jugendkultur behandelt, sondern galt als der Inbegriff bzw. Ausdruck und als Manifestation von okkultistischen, satanistischen Neigungen und Irrwegen in der Adoleszenz, denen eine gesellschaftlich abweichende und damit ‚gefährliche' Tendenz unterstellt wurde.

Obwohl bereits Helsper (1992) die Eigenständigkeit der schwarzen Szene als jugendkulturelles Phänomen betont, fokussiert seine qualitative Untersuchung noch sehr stark individualpsychologische Erklärungen für die vermeintlich abweichenden Biographien der satanistischen Jugendlichen bzw. – ausgeweitet betrachtet – der Mitglieder der schwarzen Szene.

Erst Mitte der 1990er Jahre ist der Fokuswechsel vollständig vollzogen und die schwarze Szene wird in vollem Umfang als eine jugendkulturelle Gemeinschaftsform begriffen. Analog zu den Untersuchungen über andere Jugendkulturen wird nun auch das Phänomen ‚Gothic' als ein spezifischer, jugendkultureller Stil mit einer sich darum gruppierenden musikorientierten, jugendkulturellen Szene angesehen. Da für eine Jugendszene der Stil, der sich in spezifischen For-

---

1997. Bei den Forschungen handelt es sich ausschließlich um Untersuchungen über den Zusammenhang von Okkultismus und Jugendlichen. Bei der Befragung der Jugendlichen wurde der Fokus vor allem auf die Bedeutung des Okkultismus für Jugendliche, die Beweggründe der Hinwendung zu solchen Praktiken und die Erfahrungen mit ihnen gelegt. Eine kurze Zusammenfassung der quantitativen Studien bietet die Katholische Sozialethische Arbeitsstelle (1/2000). Da es sich bei diesen Studien ausnahmslos um empirische Untersuchungen eines allgemeinen Jugendphänomens und nicht um die ‚schwarze Szene' im Einzelnen handelt, werden die Forschungsergebnisse hier nicht weiter aufgeführt.

131 Vgl. Müller 1989b, Helsper 1992. Während Müller das Leben und Wirken des Satanisten T. – ein in der Presse umfangreich berichteter Fall eines jugendlichen Satanisten – thematisiert, untersucht Helsper als erster Autor das Phänomen auf Grundlage von mehreren Intensivinterviews mit sozialwissenschaftlich-hermeneutischen Methoden und beschäftigt sich hierbei auch ausführlich mit der ‚schwarzen Szene'. Streib (1995, 1996) hingegen beschäftigt sich in seiner qualitativen Analyse anhand eines Fallbeispiels ausschließlich mit dem Zusammenhang zwischen Okkultfaszination, Lebensgeschichte und Religiosität. Er begreift das magische Handeln als aufschlussreichen Teil einer adoleszenten Suchbewegung mit „eigener Logik" und mit dem Ziel der erlebnisorientierten Transzendierung der Alltagswelt. Dabei entwickelt er religionsphilosophische und theologische Kriterien, die die ritual- und symboltheoretische Aufarbeitung der Okkultfaszination ermöglichen und nennt konkrete Formen der Entzauberung. Für die vorliegende Forschungsarbeit ist innerhalb der Auseinandersetzung vor allem die Arbeit von Helsper (1992) interessant.

men von Mode und Musik manifestiert, sowie die regelmäßigen Treffen und Aktivitäten an szenespezifischen Orten und die spezifische Haltung (Habitus) des einzelnen Szenegängers konstitutiv sind, richtete sich der Fokus der Untersuchungen auf diese Aspekte. Somit gilt Gothic heute als eine Lebensstilvariante neben anderen, die in der Forschung auf der Basis von Szeneethnographien und qualitativen Studien durch verstehenden Nachvollzug und einer Rekonstruktion der Mitgliederperspektive untersucht wird[132].

In der folgenden Darstellung der bisher einschlägigen Forschungsresultate wird deshalb zwischen der qualitativen Erhebung von Helsper in den späten 1980er Jahren (Kap. 2.1) und der aktuelleren Literatur (Mitte 1990er Jahre bis heute; Kap. 2.2) unterschieden. Während sich die neuere Literatur mit den konstitutiven Aspekten szenetypischer Vergemeinschaftungsformen im Allgemeinen sowie zentralen Themen der schwarzen Szene im Besonderen (Lebensgefühl, Wertvorstellungen, Ästhetik, Handlungs- und Stilpraktiken, Religion, Tod und Okkultismus) auseinandersetzt, fokussiert Helsper – wie oben erwähnt – noch stärker den Zusammenhang zwischen ‚Gothic-Sein' und den satanistischen Okkultpraktiken der Szenemitglieder (Kap. 2.1.1).

2.1 „Die Symbolik des Todes und des Bösen in der Jugendkultur" – die Studie von Werner Helsper (1992)[133]

2.1.1 Satanistische Okkultpraktiken von Jugendlichen

In drei Fallstudien wird der Zusammenhang zwischen Okkultfaszination, satanistischen Okkultpraktiken und Lebensgeschichte innerhalb satanistischer Jugendkarrieren herausgearbeitet. Helsper (1992) rekonstruiert dabei die Art und Weise des Bezugs auf Satan und des Ausübens satanistischer Praktiken. Bezugspunkt bleibt hierbei die biographische Entwicklung der Einzelpersonen und die daraus resultierende zentrale Frage nach dem Zusammenhang von Lebensgeschichte und Satanskult. Die drei Fallgeschichten zeigen ein breites Spektrum der Bezugnahmen auf Satan, das von einem weitreichenden Engagement über eine starke Faszination gegenüber dem Okkulten bis zu einer eher passiven Position reicht. Trotz dieser Bandbreite stellt der Autor hinsichtlich der drei Fallbei-

---

132 Vgl. exemplarisch Richard 1995, Richard 1997, Farin 1999, Schmidt/Janalik 2000, Schmidt/ Janalik 2001, Farin 2001, Hitzler/Bucher/Niederbacher 2001. Die Studie von Matzke/Seelinger (2000) lässt im Gegensatz zu den anderen Büchern unkommentiert die Protagonisten der Szene aus szeneinterner Sicht in Artikeln selbst zu Wort kommen.

133 Die Zahlenangaben in Klammern verweisen auf die betreffenden Seiten in der Studie von Helsper (1992).

spiele übergreifende Gemeinsamkeiten fest. Diese bestehen darin, dass entscheidende Erlebnisse und Konstellationen in den Lebensgeschichten der Untersuchten konvergieren. In allen drei Fällen lassen sich traumatisierende Diskontinuitä-
ten – d.h. vor allem problematische und zerrüttete Beziehungen zu bedeutsamen
anderen (v.a. Eltern) sowie der daraus resultierende Verlust von Sicherheit und
Vertrauen – feststellen. Die damit einhergehende, dauerhafte Ambivalenz gegenüber zentralen, emotionalen Bezugspersonen lässt mangelndes Vertrauen, Gefühle von Ausgestoßen- bzw. Verlassenwerden sowie Fremdbestimmung des eigenen Lebens (basierend auf rigider und brutaler Kontrolle und Sanktionierung) zu
konstanten Teilen der jugendlichen Identität werden. Gerade die nahen Bezugspersonen erscheinen als unberechenbare, gefährliche und böse ‚andere'. Die
magischen Rituale können deshalb als Versuche verstanden werden, dieses Böse
zu bannen, das Bedrohliche zu entmachten resp. es unter die eigene Kontrolle zu
zwingen. Solche Lebensgeschichten produzieren nicht zwangsläufig okkultistische und/oder satanistische Karrieren, aber okkultistische Rituale erscheinen als
eine mögliche Form der Bewältigung solcher Lebenserfahrungen.

Als weitere Gemeinsamkeit aller drei von Helsper untersuchten Fälle gelten
die sozialen Milieus, in welchen die Jugendlichen aufwachsen. Alle tragen entweder stark traditionalistische oder entmodernisierende Züge. Sie sind von engen
und rigiden moralischen Prinzipien bestimmt, die in starkem Kontrast zum modernen und kulturell offeneren Umfeld stehen. Satanistische Tendenzen werden
durch die Diskrepanz zwischen modernen und traditionalistischen Milieus forciert. Okkult-Karrieren Jugendlicher werden also nicht als „Resultat eines Sinn-
defizits, eines religiösen Orientierungsvakuums und -verlustes" dargestellt,
„sondern sie werden im Gegenteil durch ein Zuviel an religiösem Sinn hervorgerufen" (S. 209). Der jugendliche Widerstand nimmt „gegen die Kontrollfor-
men und Entmächtigungserfahrungen, gegen die religiöse Überwucherung des
Lebens, die religiös präformierte Protestform einer Negation des Guten in Gestalt der Identifikation mit dem religiös codierten Bösen" (S. 209) an.

Zusammenfassend lässt sich sagen, dass der Satanismus als Reaktion auf
die Unmöglichkeit, Vertrauensbeziehungen zu ‚bedeutsamen anderen' in der
Kindheit und Jugend aufzubauen sowie die daraus erwachsenden Ohnmachtser-
fahrungen begriffen werden kann und damit als mehr oder weniger funktionale
Lösung, mittels magischer Rituale und Beschwörungen „das Böse" zu bannen,
verstanden wird. Zum anderen wird die jeweilige Intensität, mit der okkulte
Beschwörungspraktiken betrieben werden, „an die Stärke der sozialisatorischen
Relevanz des religiösen Codes gebunden" (S. 208).

2.1.2 Die schwarze Szene

Anhand von Portraits und Interviews der Mitglieder der schwarzen Szene fragt Helsper zunächst nach Zusammenhängen zwischen satanistisch-okkulten Praktiken und der Gruftie-Szene sowie nach der Bedeutung, die diesen okkulten Symboliken und Todesmetaphern möglicherweise zukommt. Im Hintergrund steht die Hypothese, dass es sich bei der Szene um „eine komplexe Form der individuellen und kollektiven Bewältigung von Trauer, Melancholie, Depression, sozialem und individuellem Tod" (S. 213) handelt.

Die Wege der Jugendlichen in die schwarze Szene sind zwar einerseits sehr individuell, weisen andererseits jedoch deutliche Gemeinsamkeiten auf. Eine besteht im Vorhandensein eines mehr oder weniger starken, letztlich aber verallgemeinerbaren „schwarzen Lebensgefühls, einer Traurigkeit und Melancholie vor dem Hintergrund ihrer Familienbiographien, verstärkt oder aktualisiert durch adoleszente Krisen, schulische Probleme, den Verlust nahestehender Menschen oder das Ende erster Liebesbeziehungen" (S. 238). Als eine weitere Gemeinsamkeit nennt Helsper den durchgängig eher engen, abgeschlossenen, keineswegs kulturell modernisierten, oft ländlich-dörflichen oder auch religiös kontrollierten Lebensraum der Jugendlichen. Die Grufties sind von daher „gerade nicht als ‚postmoderne Jugendkultur' zu verstehen, als Kultur von Jugendlichen, die aus kulturell hochmodernisierten Familien-, Erziehungs- und Lebensverhältnissen stammen" (S. 239). Die Gruftie-Kultur bietet eine Möglichkeit der Auseinandersetzung mit Religion, einen Ausdruck von Religionskritik und eine Befreiung aus der religiösen Umklammerung eines abgeschlossenen Lebensraums. Sie bearbeitet die Brüche, Begrenzungen und Widersprüche von tendenziell gegen- oder entmodernisierten Milieus inmitten einer hochmodernisierten kulturellen und sozialen Realität. „Es ist von daher eine Jugendkultur, die sich ‚postmoderner' Stilprinzipien bedient, um den lebensgeschichtlichen Widerspruch zwischen kulturell-familialer Enge und einer umfassenden Modernisierung der umgebenden Kultur zu bearbeiten" (S. 239). Als dritte Gemeinsamkeit für den schwarzen Szeneeintritt nennt Helsper die Erfahrung des Isoliert-Seins und der Einsamkeit: „Die schwarze Szene ist somit auch als Zusammenschluss ‚einsamer Kinder' zu begreifen, als eine Gemeinschaft der Einsamen" (S. 239).

Welche dieser unterstellten Erfahrungen jeweils biographisch bei den Einzelnen im Vordergrund stehen – z.B. familiäre Belastungen, Ausbruch aus der religiösen Kontrolle usw. – ist von Fall zu Fall anders gewichtet und entscheidet letztlich über die subjektive Bedeutung, die der schwarzen Szene für den Einzelnen zukommt.

Obwohl der diachron-individualpsychologischen Perspektive (Wege in die Szene, Szeneeintritt) innerhalb der Studie ein hoher Stellenwert beigemessen

wird, nimmt Helsper die Szene auch unter einer synchron-kollektivitätsorien-
tierten Fragestellung in den Blick, sprich: Er fragt nach verschiedenen Strömungen, nach Werten sowie nach inneren und äußeren Abgrenzungen innerhalb der
schwarzen Szene.

Als einen wesentlichen Moment ‚schwarzer' Distinktion arbeitet Helsper die
auffälligen *Bemühungen um Individualität* heraus: Grufties wehren sich gegen
jede Art der Verallgemeinerung, insbesondere gegen solche, die die Szene betreffen. Die Szene ist vielfältig, besteht aus einer Palette von Gruppierungen und
‚Abstufungen' und ist eine Gruppe von Individualisten – so Helsper zufolge der
Tenor in der Gruftie-Szene. In solchen „Diffusionsbemühungen" spiegeln sich die
Werte der Szene. Helsper arbeitet zwei idealtypische Personen-Stereotype heraus,
die als Abgrenzungsfolie dienen: Den so genannten ‚Mode-Gruftie', der als Mit-
läufer und Nachahmer gilt, sowie den so genannten ‚Extrem-Gruftie', der sich
durch die Verabsolutierung des ‚schwarzen' (Lebens-)Stils (etwa extreme und
‚medienwirksame' Formen, wie z.B. das Ausüben ‚harter' okkulter Praktiken)
selbst zum Klischee stilisiert. Beide Typen stellen Extrempole (reine Adaption vs.
auf Profilierung angelegte Überzeichnung des Gruftie-Stils) innerhalb eines Kontinuums dar, in dem sich das ‚normale Gruftie-Sein' bewegt. Gemeinsam ist beiden Typen, dass sich in ihrer Ablehnung ein zentraler Wert der Szene offenbart,
nämlich die Bedeutsamkeit individueller Meinungen und Einstellungen ‚hinter'
den Äußerlichkeiten. Insbesondere die Distanzierung vom so genannten ‚Extrem-
Gruftie' und den damit verbundenen effekthascherischen Praktiken (etwa Grab-
schändung) erlangt Helsper zufolge in der Szene den Status eines Gruppentabus:
„Das, was in der sozialen Typisierung der Gruftis von außen als das wesentliche
Merkmal ihrer Kultur erscheint, ihre Grabrituale, ihre nekrophilen Aktivitäten und
ihre Ausstattung mit Friedhofsgegenständen, wird in der Innenperspektive der
Szene in einer Verkehrung eher zum Gruppentabu. Wer der äußeren, vor allem
medialen Typisierung durch eine gruppenöffentliche extreme Selbstinszenierung
entspricht, wird eher gemieden und zum Außenseiter" (S. 243). Gleichzeitig verweist eine solche Tabuisierung – so Helsper – auf einen zweiten, entthematisier-
ten Hintergrund: Diese gruppeninterne Barriere ermöglicht es, die gruppentypi-
sche Faszination gegenüber dem Tod zu kanalisieren und auf diese Weise die
Gefahr einer Omnipräsenz der Todesthematik zu begrenzen.

Umgekehrt verweisen diese internen Abgrenzungsbewegungen auf zentrale
Werte der Szene und damit auf Abgrenzungen gegenüber der Restgesellschaft:
Die Betonung von Individualität, Anders-Sein und einer prinzipiellen Differenz
gegenüber ‚normalen' Gesellschaftsmitgliedern. Die szene-üblichen Bezeichnungen für die typisierten anderen (die Konsumgeilen, die Karrieregeilen, die
Dorfjugendlichen, die Oberflächlichen, die Normalos) verweisen dabei gleichzeitig auf die sozialkritische Haltung der Szene.

Die interne Differenzierung und Abgrenzung ist dabei genauso wichtig wie die Abgrenzung nach außen. Der einzelne Gruftie wehrt sich i.d.R. gegen die Zuweisung einer Gruppenidentität. Stets ist die Diskrepanz zwischen Anders-Sein-Wollen und der Umsetzung dieses Wunsches durch eine präfigurierte Kulturvorlage zu bearbeiten, wobei die Bewegung in der Gruftie-Kultur prinzipiell zum Individuellen tendiert, „also die Priorität individueller Unterscheidung gegenüber kollektiver Identifizierung, was sich darin ausdrückt, dass Individualität zum zentralsten Aspekt des jugendlichen Selbstentwurfes bei den Schwarzen wird" (S. 246).

Als weiterer, zentraler Wert wird in den Interviews durchweg *Gewaltlosigkeit und Friedfertigkeit* als ethisches Prinzip betont. Helsper schließt daraus, dass die Kultur ‚der Schwarzen' keine imaginäre, symbolische Umkehr der gesellschaftlichen Macht- und Mittellosigkeit (wie das etwa für andere – i.d.R. maskuline – Subkulturen gilt) ist, „sondern eine eher passive, in sich gekehrte und selbstbezogene Form der symbolischen Artikulation des Realen. D.h., die soziale und biographische Realität dieser Jugendlichen wird in ihrem Stil gerade nicht imaginär verkehrt, sondern das Imaginäre der Szene, der Stil, die entworfenen Bilder, Mythen und Selbststilisierungen, stehen im Dienst einer symbolischen Artikulation des Realen: der Ohnmacht, des Verlustes, der Trennung, der Trauer, der Isolation und des Todes" (S. 246).

Eine wesentliche Gemeinsamkeit der Szenmitglieder besteht Helsper zufolge in der Sehnsucht nach Austausch und Beziehungen (mit Gleichaltrigen), um die Traumata und die Isolationserfahrungen der Herkunftsfamilie jugendkulturell, d.h. in der Gemeinschaft der Gleichgesinnten, zu bearbeiten.

Aufgrund dieser Gemeinsamkeiten kommt Helsper zu dem Schluss, dass die schwarze Szene „keine nach außen gerichtete, aktiv-expressive oder aggressiv-aktionistische Jugendkultur" (S. 248) ist. „Die Jugendlichen kreisen vielmehr um sich selbst, denken über sich und ihre Geschichten nach, durchaus auch über ‚große Themen', ohne aber aktiv politisch zu handeln oder ihre Kritik lautstark zu artikulieren. Vielmehr bilden sie eine reflexiv-selbstbezogene, eine hoch subjektivierte Kultur, mit einer stark passiv-resignativen und pessimistischen Komponente" (S. 248).

Ein weiterer Schwerpunkt der Helsperschen Studie besteht in der Beschäftigung mit dem *schwarzen Stil*. Als auffälligstes Merkmal gilt Helsper „das Fehlen jeglicher Farbigkeit und die eindeutige Dominanz von Schwarz" (S. 248). Diese Nicht-Farbigkeit hat, kulturell betrachtet, tradierte Bedeutungen. Schwarz ist die Farbe herausgehobener, festtäglicher Anlässe und verweist dabei gleichzeitig auch auf die hohe gesellschaftliche Stellung ihrer Träger. Somit erhält die Farbe Schwarz die Bedeutung sozialer Distanzierung und Absetzung. Schwarz fungiert außerdem „als Farbe der Trauer, der Vergänglichkeit und des Todes" (S. 250) und verweist letztlich in abstrakter Art und Weise auf religiöse Kontexte und Sinnzusammenhänge.[134]

Auf die schwarze Szene bezogen, ist die Farbe Schwarz der „Ausdruck eines Lebensgefühls, Ausdruck von Traurigkeit, Symbolisierung einer negativen und pessimistischen Lebenshaltung" (S. 250). Wesentlich ist der Bedeutungsaspekt der Trauer, wobei die besonderen Anlässen vorbehaltene Trauerfarbe als normale Kleidung veralltäglicht wird: „Die Symbolisierung von Trauer, Tod und Vergänglichkeit (...) wird als Stil generalisiert" (S. 250). Außerdem verweist – so Helsper – die Farbe Schwarz auf eine Distanz zum Normalen: „Diese Absetzung von der ‚Happy-Oberflächlichkeit' bringt auch eine Art jugendkulturelles ‚Elite'-Bewusstsein gegenüber der Oberflächlichkeit, dem vordergründigen ‚Happy'-Leben, der sozialen Verdrängung von Trauer, Tod und Apokalypse der Anderen zum Ausdruck" (S. 251).

Diese Bedeutungsaspekte kehren auch in anderen Elementen des Gruftie-Stils wieder. So ist der *Tanz*, der als kulturell tradierte Ausdruckform zunächst eine aktiv-expressive, lebensfrohe Form der Artikulation ist, in der Szene ein „Anti-Tanz". Denn der Gruftie-typische Tanzstil muss in seiner Eintönigkeit und Introvertiertheit eher als eine Ausdrucksform der Selbstbezogenheit, Isolation und Kontaktlosigkeit, also als „Trauer-Tanz" (S. 251), angesehen werden.

Auch die *Musik*, die düster, traurig und melancholisch klingt, bringt das Lebensgefühl zum Ausdruck und unterscheidet sich grundlegend von den Spielarten der Mainstream-Musik. Viel Wert wird dabei auf die Aussagen und Botschaften (Songtexte) der Musik gelegt: ‚Schwarze Musik' muss zum Nachdenken anregen, ‚Richtiges' und ‚Echtes' enthalten, also „,wahrhaftiger' Ausdruck ihres Erlebens und Empfindens" (S. 253) sein. Erst dann wird sie als authentisch und relevant empfunden: „Es ist vielmehr so, dass der depressiven und düsteren Musik eine fast ‚therapeutisch' zu nennende Bedeutung zukommt. Denn die Jugendlichen bekämpfen ihre Melancholie (...) gerade mit der düsteren Musik der schwarzen Kultur. Dies bietet ihnen eine Artikulations- und Verständigungsmöglichkeit (...) für ihr Lebensgefühl und ihre subjektive Realität, auf die sie ansonsten ‚ausdruckslos' zurückgeworfen wären" (S. 256).

Von ähnlicher Relevanz wie die Farbe Schwarz sind Helsper zufolge auch die in der Szene verwendeten *Symboliken*, die sich im Stil, vor allem in der Kleidung, manifestieren. Sie stammen aus verschiedenen Kulturen und beziehen sich zumeist auf religiöse oder magische Traditionen. „So könnte vermutet werden,

---

134 Eine allgemeine Zusammenfassung der kulturellen Bedeutungen der Farbe Schwarz in der europäischen Kultur findet sich bei Soeffner (1992): „Es sind: soziale Distanz, Kontrastierung und Entgegensetzung; Frömmigkeit, Religiosität, Weltabgewandtheit, Meditation, Entsagung; Protest und Kampf. Alle diese Haltungen weisen strukturell das Merkmal des Abgesondert- und/oder des Herausgehobenseins auf" (Soeffner zit. n. Helsper 1992, S. 250).

dass die Jugendlichen der schwarzen Szene eine Art kirchenferne und -kritische Religiosität leben, die sie in ihren Symboliken und der schwarzen Kleidung zum Ausdruck bringen und damit eine entinstitutionalisierte jugendkulturelle ‚religiöse Gemeinde' bilden" (S. 258). Diese Auslegung wäre aber – so Helsper – eine unzulässige Verallgemeinerung, denn in der Verwendung des christlichen Kreuzes als Anti-Kreuz (als zentrales Zeichen der Szene und als religiöses Symbol par excellence) zeigt sich, dass eine Abgrenzung von etablierten religiösen Symbolen ebenso wie deren ‚Entheiligung' auf den christlichen Kode als Negativfolie verwiesen bleibt. Außerdem bezieht man sich nicht auf die ‚utopische' Bedeutungsnuance des Kreuzes (Hoffnung, Neuanfang, Erlösung), sondern auf seine Symbolisierung von Tod, Leid und Vergänglichkeit. Somit wird „das Kreuz als Todessymbol" (S. 261) in Verbindung mit der Lebensgeschichte der Jugendlichen zum Symbol für Leiden und Schmerz. Weitere Symboliken, die die Szene verwendet, bewegen sich ebenfalls im Referenzbereich von Tod und Vergänglichkeit (Fledermaus, Vampir) bzw. verweisen direkt auf die Endlichkeit des Lebens (Totenköpfe, Skelette).

Auch die *Orte und bevorzugten Treffpunkte* erachtet Helsper als zentrales Merkmal ‚schwarzer Kultur'. Meistens handelt es sich um außeralltägliche Orte, die mit dem besonderen Lebensgefühl der Szene korrespondieren (sollen). Bevorzugte Orte der schwarzen Szene wie alte Gemäuer und Ruinen interpretiert Helsper als Manifestationen einer ‚Gegenwelt', die hinsichtlich Stimmung und Atmosphäre in krassem Gegensatz zu Hervorbringungen einer hochmodernen und industrialisierten Welt stehen. Die zerfallenen Ruinen werden nicht – wie z.B. restaurierte alte Bauwerke – zu modernen Repräsentationszwecken benutzt und somit hochmodern vereinnahmt. Die schwarze Szene fühlt sich deshalb zu nicht auf diese Weise vereinnahmten Gebäuden, also zu ‚an sich' existierenden, alten und verfallenen Bauwerken – als Prototyp gilt die Ruine – hingezogen. Am Rande der modernen Gesellschaft „[repräsentiert] die Ruine Geschichte in ihrer Trauergestalt" (S. 265), sie ‚spricht' von alten, vergangenen Zeiten und ist durch die Zeit gezeichnet. „Die Ruine nimmt somit in den verschiedenen Erscheinungsformen des Gebäudes strukturell jenen Platz ein, den in den Erscheinungsformen des menschlichen Körpers das Skelett oder der zerstörte Körper einnimmt, dem auf der Ebene der Symbole – zumindest in unserem Kulturkreis – das Kreuz nahe kommt" (S. 265). Auch der Friedhof verweist – ähnlich wie die Ruine – auf eine Zwischenwelt, in der ein Macht-Vakuum herrscht, da er „vom Alltag, den Strukturen des hochmodernisierten Lebens ausgenommen scheint" (S. 267). Seine besondere Atmosphäre erhält der Friedhof jedoch erst durch die Gesellschaft, die ihm eine herausgehobene, eingeschränkte Nutzung im Sinne eines heiligen Ortes zuweist. Hieraus ergibt sich erst die Möglichkeit der Nutzung durch die Jugendlichen der schwarzen Szene: So werden Friedhöfe alltäglich, ohne besonderen Anlass, genutzt und damit entheiligt. „Ihre ‚Entheiligung' des Ortes dient aber gerade einer Veralltäglichung ‚heiliger', dunkler und herausgehobener Erfahrung" (S. 267). Der Friedhof wird wie ein Park genutzt und lässt die Suche nach symbolischer Todesnähe und -erfahrung zu. Der Friedhof als Aufenthaltsort korrespondiert mit der äußerlichen Erscheinung der Grufties als lebende Tote.

Zusammenfassend betrachtet, kommt Helsper bei seiner Untersuchung des schwarzen Stils zu dem Schluss, dass eine ausgeprägte Homologie des Stils (Selbstinszenierung, Symboliken, Aktivitäten etc.) zu beobachten ist. So lässt sich der Stil insgesamt als Ausdruck von Todesnähe interpretieren, der jedoch der Tatsache gegenüber steht, dass diese Jugendlichen den Großteil ihrer Zeit in fremdbestimmten, hochmodernisierten Strukturen verbringen und ‚normale' Alltagsaktivitäten ausüben, „kurz: Sie bewältigen täglich Anforderungen des hochmodernisierten Alltags, sind also gerade keine ‚Nacht'- und ‚Zwischenwesen', sondern stilisieren sich zu solchen" (S. 270).

Vor diesem Hintergrund nähert sich Helsper dem Lebensgefühl der schwarzen Szene, das er „als kulturellen Habitus der Schwarzen, der es, jenseits aller Differenzierungen und Besonderungen (...) möglich macht, von einer Jugendkultur der Schwarzen und Gruftis zu sprechen" (S. 271), begreift. Hierbei wird die subjektive Traurigkeit als ‚Gothic-Feeling' an eine historisch-epochale Strömung (Gotik, Romantik) angeschlossen und auf diese Weise verobjektiviert. Es drückt sich darin ein Gefühl zur ‚ganzen Welt' aus, da das Kleinste und Subjektivste – nämlich das Individuum – mit dem Größten und Objektivsten – einer geschichtlichen Epoche bzw. dem ‚Gang der Welt' – zusammengeführt wird. Außerdem ist es Ausdruck einer Fremdheitserfahrung gegenüber der modernen Welt, zeugt von einem „Selbstbild, nicht in dieses Leben zu passen" (S. 273). Schließlich verlagert sich das subjektive Gefühl der Traurigkeit dadurch auf die Welt als Ganzes: „Es ist nicht nur das eigene Schicksal, das traurig macht, (...) sondern der Zustand der Welt selbst ist ‚ziemlich traurig'" (S. 273). Dieses Aufeinanderbeziehen ‚kleinster' und ‚größter' Aspekte des Lebens (d.h., dass eigene Leben auf den ‚Weltenlauf' zu beziehen) manifestiert sich unter anderem in den Vorstellungen von Endzeit, Apokalypse und Genozid und „so scheint ihr höchst subjektives Schicksal nur die Dublette des Menschheitsschicksals insgesamt zu sein" (S. 274).

Helsper sieht in der Haltung der schwarzen Szene dem *Selbstmord* gegenüber einen Widerspruch: Es findet eine Annäherung bei gleichzeitiger Distanzierung statt. Der vollzogene Selbstmord nimmt dabei einen ambivalenten Status ein: „Einerseits erscheint er an manchen Stellen als konsequenter Ausdruck eines Lebensgefühls, andererseits wird er kritisch eingeschätzt und zumindest für die eigene Person abgelehnt" (S. 279). Subjektiv gilt der Selbstmord in der Szene als Flucht, Ausweichen, Aufgabe und Schwäche. Diese Tatsache verweist gleichzeitig auch auf den paradoxen Selbstentwurf der Szene: Stärke zeigen durch Schwäche, durch Ertragen, Dulden und Erleiden. „Allerdings verbirgt sich gerade in diesem empfindsamen, gefühlsbetonten, leidenden und ‚schwachen' Selbst eine besondere Form der Stärke: Die bedrohlichen, angstauslösenden Gefühle (…) sollen nicht abgewehrt oder vermieden, sondern zugelassen und ausgelebt werden. (…) Ein zentraler Wert der Szene ist somit nicht der vollzogene Suizid (…), sondern die Auseinandersetzung und Konfrontation mit Leid, Verlust und Tod" (S. 280).

Demgemäss zieht Helsper das Fazit, dass in der Szene Metaphern des Todes zwar allgegenwärtig sind, aber eine „Festlegung der Grufti-Kultur auf die Todesfaszination und -nähe [wäre] eine unzulässige Vereinseitigung und eine Auflösung der Widersprüchlichkeit, die für die Szene konstitutiv ist" (S. 283). Die schwarze Szene treibt ihre Mitglieder nicht in den Tod oder legt ihnen Suizid nahe, sie stellt vielmehr eine kollektive Form der Beschäftigung und Auseinandersetzung mit dem Tod dar: „In diesem Sinne ist die schwarze Jugendkultur tatsächlich eine Kultur der Todes- und Trauermetaphern, aber gerade keine ‚Selbstmord-Kultur', sondern – im Gegenteil – eine kulturelle Form der symbolischen Bewältigung von Todes- und Suizidgedanken" (S. 285).

Gerade vor dem Hintergrund der starken Auseinandersetzung mit dem Tod als einer traditionellen Aufgabe und Funktion der Religion sowie der Allgegenwärtigkeit religiöser Symbolik stellt Helsper die Frage, ob die schwarze Szene als (neue) Jugendreligion angesehen werden kann. Dies eher verneinend, kommt er zu dem Schluss, dass „die Verwendung der christlichen Symboliken (…) vor allem die Bedeutung einer Kirchen- und Religionskritik" (S. 286) besitzt, die zwar eine kritische Auseinandersetzung mit institutionalisierten Formen von Religion zulässt, jedoch nichts hervorbringt, was als eigenständige Form von Religion bezeichnet werden könnte. Dies manifestiert sich vor allem darin, dass kein verbindlicher, einheitlicher Glaube (etwa an einen Gott oder einen religiös formulierten Lebenssinn) existiert. Vielmehr ist die Szene von *explizit atheistischen Haltungen* geprägt. Religion im engeren bzw. inhaltlichen Sinne wird negiert. Stattdessen findet eine breitere Beschäftigung mit Lebenssinnthemen – etwa philosophischer Art – statt. Die ‚Religion' der Grufties kann somit eher als eine „Beschäftigung mit Religiösem" (S. 288) charakterisiert werden, was einem Zusammenbasteln einer eigenen Religion, „Religionsbricolage", „Privatreligion" (S. 288) aus verschiedenen Versatzstücken gleichkommt. Die Beschäftigung mit magischen und okkulten Traditionen sowie spirituellen, übersinnlichen Phänomenen steht im Widerspruch sowohl zur hochmodernen Welt als auch zur etablierten Kirchenreligion. Entscheidend bleibt die kritische Distanz auch zu okkulten Phänomenen und im Zuge dessen die Betonung und Aufrechterhaltung individueller Autonomie angesichts ‚fremder Mächte'.

Die Facetten einer ‚schwarzen Religiosität' bestehen nach Helsper in einer
Religions- und Kirchenkritik, in einer Adaption und Modifikation christlicher
Glaubensinhalte und in einer Beschäftigung mit magischen und okkulten Traditionen bzw. anderen Religionen. „Wesentlich aber für die religiösen und okkulten
Haltungen im schwarzen Spektrum ist, dass sie nicht ‚fertig' übernommen werden, sondern dass die Jugendlichen in Auseinandersetzung mit unterschiedlichen
okkulten, religiösen und philosophisch-weltanschaulichen Traditionen ihre ‚eigene Religion' oder ihre ‚eigene Weltanschauung' zusammenstellen, im Sinne einer
okkult-religiös-philosophischen Bricolage" (S. 295). Somit kann „letztlich nicht
von einer ‚okkulten' Grufti-Religion gesprochen werden" (S. 295), da die An-
schauungen der Szene zu heterogen und zum Teil gegensätzlich sind.

2.2 Aktuelle Literatur – die schwarze Szene heute

In der aktuellen Literatur und in aktuellen Untersuchungen wird das Phänomen
‚Gothic' weitestgehend als eine Jugendszene verstanden, was eine Fokussierung
synchroner Aspekte jugendkultureller Vergemeinschaftungsformen mit sich
bringt. Im Wesentlichen geschieht dies hinsichtlich der folgenden Kategorien:
Entstehung, Entwicklung und Geschichte der Szene (Kap. 2.2.1), Rekurs auf
epochale Entwicklungen, insbesondere die Romantik (Kap. 2.2.2), Wertvorstellungen und Lebensgefühl (Kap. 2.2.3), Auseinandersetzung mit dem Tod (Kap.
2.2.4), Religion und Glaubensinhalte (Kap. 2.2.5), ästhetische Praktiken und
Stile (Kap. 2.2.6) sowie Szeneüberschneidungen (Kap. 2.2.7.).

2.2.1 Entstehung, Entwicklung und Geschichte der Szene

Die Subkultur der Grufties hat – wie der Punk – seine Wurzeln in Großbritannien. Dort entwickelt sich Ende der 70er und Anfang der 80er Jahre die Szene
aus der Punkszene heraus und wird anfangs im Independent-Bereich auch
‚Gothic Punk', ‚Dark Wave' oder ‚Doom' genannt (vgl. Richard 1995, S. 112).
Anfänge eines eigenständigen Grufti-Stils werden auf Nuancierungsprozesse
bestimmter Elemente des Punks zurückgeführt. Vor allem der Sänger Robert
Smith von der Band ‚The Cure' prägte mit seinem unverwechselbaren Aussehen
die entstehende Dark-Wave-Szene. Seine androgyne Erscheinung – das weißge-
schminkte Gesicht, schwarz umrandete Augen, rotgeschminkte Lippen, hochtoupierte schwarze Haare und schwarze Kleidung – wird für die Szene stilbildend
(vgl. Zimmermann 2000, S. 19). „Robert Smith, seine visuelle Präsentation, die
düstere Atmosphäre seiner frühen Songs, sein auch in Interviews und diversen
Ausrastern hervorbrechender Weltschmerz, symbolisiert bis heute den idealtypi-

schen Gruftie schlechthin" (Farin 2001, S. 157). Die Band ‚Christian Death‘ brachte Anfang der 80er Jahre einen inhaltlich radikaleren, provokativeren und antichristlichen Aspekt in die Szene, der vor allem Ältere und Ex-Punks zum Gruftie-Kult führte. Die Punk-Prinzessin Siouxsie – sie war die Frontfrau der Band ‚Banshees‘ (engl. Todesfeen) – „gab mit ihrer Musik und ihren Texten nicht nur dem Punk und New Wave jener Tage eine deutlich morbidere, introvertiertere Richtung, sie popularisierte auch die Beschäftigung mit okkulten Symbolen und entsprechenden Themen" (ebd. S. 158). Mitte der 1980er Jahre etablieren sich die Grufties endgültig als subkulturelle Szene mit eindeutigen Stilmerkmalen und einer eigenen Musikrichtung. In den Medien werden ihnen im Zuge der Esoterik- und New-Age-Welle satanistisch-okkultistische Praktiken zugeschrieben. „Sie stilisieren die Grufties zum leicht erkennbaren Zentrum satanistischer Bedrohung, was vor allem deshalb geschieht, um davon abzulenken, dass okkulte Praktiken seit Mitte der 1980er Jahre bei vielen der sogenannten normalen Jugendlichen zum Alltag zählen" (Richard 1995, S. 112). Insbesondere in den 1990er Jahren bilden sich dann neue musikalische Substile heraus, die sich „durch die Verwendung klassischer, sakraler oder auch elektronischer Klänge und Stilmittel von den bisherigen Strömungen – Dark-Punk, Wave und Gothic-Rock – unterschieden" (Hitzler/Bucher/Niederbacher 2001, S. 59) (zur ‚schwarzen Musik‘ s. Kap. 4).

Erst mit dem Fall der Mauer wird deutlich, dass in der DDR ebenfalls starke subkulturelle Strömungen existierten. Die Grufties gehörten dort – neben den Skinheads, Heavy Metals und Punks – Ende der 80er Jahre zu den bestimmenden Gruppen (vgl. Stock/Mühlberg 1990, S. 9). Baacke (1998) geht sogar davon aus, dass sie „besonders in der DDR ihre deutsche Blütezeit gehabt" (S. 86) haben.

2.2.2 Rekurs auf die Epoche der ‚Romantik‘

Der Begriff ‚Gruftie‘ ist vom Motiv der ‚Gruft‘, das insbesondere in den Gothic Novels der Romantik gehäuft auftritt, abgeleitet. Die Grufties benennen die Gothic Novels der Romantik auch selbst als Bezugspunkt, was sich an ihrer englischen Bezeichnung ‚Gothic Punk‘ ablesen lässt. Die benutzten Bilder, Symbole und das Lebensgefühl der Grufties entstammen ganz eindeutig der Literaturepoche der Romantik und sind als kompletter Bildzeichensatz übernommen. „Die Gothics sind eine retrospektive Jugendkultur, sie schätzen ihre Symbolik und Geisteshaltung als mittelalterlich ein. Sie verstehen die historische Epoche des Mittelalters als eine Phase menschlicher Traurigkeit, in der die Beschäftigung mit Gott und die Selbstbezogenheit mit dem eigenen Schicksal verknüpft war. Im Mittelalter galt der einzelne Mensch als nichtig im Angesicht der

Größe Gottes. Ein selbstreflexives Individuum ist zu dieser Zeit noch nicht erdacht, so dass die mittelalterliche Gotik nicht die Art von Gotik sein kann, auf die sich die Grufties beziehen. Sie gehen, ohne explizit darauf zu verweisen, vom Mittelalter- und Gotikbild der literarischen Romantik aus, das sie fast unverändert übernehmen" (Richard 1995, S. 129). Mit den Grufties werden nahezu alle romantischen Bilder und Vorstellungen wiederbelebt. „Weltschmerz, Trauer, Einsamkeit und die Erfahrung des Leidens als wesentlichem Zug des romantischen Lebensgefühls werden auf der Basis des individuellen Lebensgefühls von dieser Subkultur aufgegriffen" (Richard 1995, S. 133).

2.2.3 Wertvorstellungen und Lebensgefühl

In der Literatur wird die Jugendkultur der Grufties immer wieder als eine Subkultur der Trauer und Melancholie beschrieben, die auf subjektiv erlebten und kollektiv geteilten Enttäuschungen aller Mitglieder basiert und zur Verarbeitung der resignativen und pessimistischen Lebenseinstellungen führt (vgl. Richard 1995, S. 113f). In die schwarze Szene gelangt man demnach, wenn ein bestimmtes Lebensgefühl artikuliert werden soll: das Erleben von Einsamkeit und Isolation, fehlende Zuwendung und Kommunikation, der Mangel an Freunden, Schul- und Identitätsprobleme. „Das Gefühl von Sinnlosigkeit, Ausdruck von Depressionen und persönlicher Malaise verbindet sich mit allgemeiner Zukunftsangst" (Baacke 1998, S. 86f). Für die Grufties bietet der Stil ein Forum, in dem die Zweifel am Sinn des Lebens in introvertierter Weise bewältigt werden können. Eine beliebte Aktivität vieler Gothics ist daher auch, sich ihrer Melancholie hinzugeben, die eigenen Probleme zu verinnerlichen. „Die Gruppe wird fernab von Eltern und Schule, die keinen Halt mehr bieten, für die einzelnen Mitglieder zu einer sozialisatorischen Reproduktionsinstanz" (Richard 1995, S. 113). Gedanklich beschäftigen sie sich mit Themen wie dem Tod anderer Menschen, dem Schicksal der Menschheit, mit Vorstellungen von Apokalypse, Endzeit und Umweltzerstörung, die von der Gesellschaft oft verdrängt werden. „Das individuelle Leiden an diesem Wahnsinn wird von den Grufties mit Phantasie und Konsequenz in der Expressivität des eigenen Erscheinungsbildes zur Sprache gebracht. Es ist die – freilich nur symbolische – Kampfansage gegen die eingeschliffenen Verdrängungsmechanismen ‚der anderen'" (Stock/Mühlberg 1990, S. 51). ‚Gothic-Sein' bedeutet, „über die Welt nachzudenken, sich auf die Sinnsuche zu begeben, sich selbst zu verwirklichen und seinen eigenen Stil zu finden" (Hitzler/Bucher/Niederbacher 2001, S. 61). So besteht ein nicht unerheblicher Teil des Alltags eines Grufties in kontemplativ-selbstbezogenen Aktivitäten wie Träumen, schlichtem Dasitzen oder Spazieren gehen bzw. darin,

die Stimmung an Orten zu genießen, die eine melancholisch-romantische Atmosphäre verströmen.

Als weitere wesentliche Aktivitäten der schwarzen Szene benennt die ein-
schlägige Literatur auch Zusammenkünfte auf speziellen Szenepartys sowie
Besuche von Konzerten und Festivals. „In all diesen Aktivitäten sind – mit je
unterschiedlicher Gewichtung – die Themen Musikstil und Outfit, Mythologie,
Religiosität, Sinnfindung und Selbstverwirklichung präsent" (Hitzler/Bucher/
Niederbacher 2001, S. 62).

2.2.4 Die Auseinandersetzung mit dem Tod

Die intensive Beschäftigung mit dem Sinn des Lebens führt unweigerlich zur
Frage nach dem Ursprung und dem Ende des Lebens. Der Tod durchzieht als
roter Faden die gesamte schwarze Szene. Der Glaube an Reinkarnation ist in der
Gothic-Szene weit verbreitet. „Wenn Gothics sich so intensiv mit dem Tod beschäftigen, steht dahinter nicht nur die Faszination für alles Extreme, im besonderen extreme psychische Situationen, sondern auch das Ziel, den Tod wieder
wie zu vorchristlichen Zeiten zu entdämonisieren, als unweigerlich eintretenden
Alltagsfall zu akzeptieren" (Farin 2001, S. 162). Die Beschäftigung mit dem Tod
entwickelt sich dabei nicht aus „eigener Todessehnsucht, sondern führt zur To-
desakzeptanz" (Farin 2001, S. 162). Der Gruftie-Stil ist somit eine Reaktion auf
die sich verstärkende soziale Abwehr des Todes in der Moderne (vgl. Farin
1999, S. 10f; Matzke/Seelinger 2000, S. 10). „Die Gothics sind eine der hervor-
stechendsten Subkulturen, weil sie mit ihren leichenblassen Gesichtern in einer
Zeit der Sonnenstudios, in der ein brauner Teint den Inbegriff von Jugend und
Gesundheit darstellt, gegen die Verdrängung von Alter und Tod arbeiten. Sie
sind die reale Erinnerung an den Tod, ein lebendiges und naturalistisches me-
mento mori, das die altersbedingte Metamorphose des Körpers vorwegnimmt.
Der Zustand des zukünftigen Todes wird imitiert und auf einer verbalen und
ästhetischen Ebene reflektiert" (Richard 1995, S. 135f.).

Die Intensität der Beschäftigung mit dem Tod zieht auch eine Beschäftigung mit dem Selbstmord nach sich. Der Suizidgedanke ist vertraut und nach-
vollziehbar. Suizid wird aber nicht als Lösung der Probleme der eigenen Existenz akzeptiert, sondern als Flucht und eingestandenes Scheitern an Gefühlen
von Verlust, Tod und Trauer ausgelegt. Damit hat der Selbstmord eine Faszination, die auf imaginativ-symbolischer Ebene verarbeitet wird. Wie auch schon bei
Helsper wird in der einschlägigen Literatur betont, dass die Grufties keine Subkultur des Todes sind, die ihre Mitglieder in den Suizid treibt (wie in den Medien
des öfteren behauptet), sondern im Gegenteil, „ein Versuch, sich mit der eigenen

Einsamkeit und Todesnähe kritisch und zusammen mit anderen auseinander zu setzen" (Richard, 1995, S. 114).

Praktiken wie Grabschändungen, illegale Exhumierungen, Opferrituale und Nekrophilie gehören *nicht* zum Alltag der Szene, sondern werden aufgrund ihrer Nähe zum Tod tabuisiert (vgl. Helsper 1992). Berichte über solche Aktivitäten üben in der Szene gleichwohl eine gewisse Faszination aus.

2.2.5 Glaubensinhalte

Ein weiterer, in der Literatur immer wieder betonter, wichtiger Bestandteil der Gothic-Szene ist die Auseinandersetzung mit Religion. Die Gothics verstehen die spielerische Kombination von christlichen, magischen und Symbolen alter Kulturen als eine Form von Religionskritik. Die verwendeten religiösen Symboliken nehmen dabei häufig die Gestalt einer diffusen Revision des Christentums und seiner Bräuche an. Unter anderem wird versucht, sich an christlichen Werten in säkularisierter Form (z.B. Gewaltlosigkeit) zu orientieren. Der vornehmliche Glaubensinhalt ist nicht (wie oft in den Medien behauptet) der Glaube an den Satan oder einen Gott, sondern an den Tod als eine übergeordnete Macht, der sich kein Mensch entziehen kann, wodurch eine Nähe zu atheistischen Vorstellungen entsteht. Viele Gothics kreieren eine Art Privatreligion, indem sie „kulturell tradierte Religionen und die Religion anderer Ethnien als Rohstoff verarbeiten" (Richard 1995, S. 115).

Der Satan stellt für die Gothics nur eine Schablone bzw. Metapher dar und fungiert insofern eher als provokantes Symbol. ‚Satanismus‘ bzw. ‚satanistische Praktiken‘ (d.h. Teufelsanbeterei im klassischen Sinne) sind kein typisches Merkmal der Szene. Die praktizierten Rituale haben mit denen der Satanisten (blutrünstige Opferrituale, Ausgraben von Leichen, sexuelle Gewalt) nichts gemein. Die gängigsten Rituale sind schlichte Meditationsübungen (auf den Boden setzen, Augen schließen, tief einatmen, in sich blicken etc.) oder magische Rituale: „Als Opfergabe brechen manche ein Stück ihres Brotes oder Kuchens ab oder vergießen einen Schluck ihres Rotweins, sprechen dabei geheimnisvolle Macht-Worte und wünschen sich als Gegengabe Gesundheit, Glück, Liebe und Schutz vor bösen Geistern" (Farin 1999, S. 15).

Magische und okkulte Praktiken sind in der Szene verbreitet. Sie ermöglichen eine Alltagstranszendenz, d.h. die Chance, sich mit einer anderen Zeit, einer anderen Zivilisation oder einer höheren Macht verbunden zu fühlen. Die Beschäftigung mit Magie drückt dabei eine „Unzufriedenheit mit der Institution Kirche und der insgesamt durchrationalisierten modernen Zivilisation" aus (Richard 1997, S. 131).

Die okkulten Praktiken werden zumeist mit einer größeren kritischen Distanz erprobt als von nicht Szenezugehörigen. Auch werden nicht die Mächte des Bösen angerufen oder schwarze Messen in ihrer Extremform gefeiert (diese werden von der Mehrzahl der Gothics abgelehnt). Vielmehr wird das Magische und Übersinnliche zur Quelle der Selbsterfahrung. Diese reflexive Auseinandersetzung mit religiösen und okkulten Traditionen mündet in der Regel nicht in eine okkulte Sonderreligion (vgl. Richard 1997, S. 131).

2.2.6 *Ästhetische Praktiken und Stile*

Als wichtigstes Merkmal der schwarzen Szene gilt die Homologie und Distinktivität des Szenestils. Eingeschlossen ist das gesamte Lebensumfeld wie das eigene Zimmer/ die eigene Wohnung, der Kleidungsstil, die Frisur, die Musik, der Tanzstil sowie spezifische Orte und Treffpunkte. Fixpunkt der Orientierung stilistischer Praktiken sind – wie bei anderen Jugend(sub)kulturen auch – die speziellen Musikstile (vgl. Richard 1995, S. 116). Die Straße und Öffentlichkeit sind für die Stilpräsentation nicht existenziell, d.h. die Gruftie-Szene ist – im Gegensatz zu anderen Jugendkulturen – kein ‚Street Style'. Sie treffen sich lieber „privat oder an ruhigen Orten, wo sie nicht von Polizei und Bürgern gestört werden" (Richard 1995, S.115).

Bei der Kleidung handelt es sich nicht um ein „Confrontation Dress" (Richard 1995, S. 117), das darauf angelegt ist, andere zu provozieren. Dass der Stil den ‚Normalbürger' trotzdem schockiert, ist eher als ein Nebeneffekt anzusehen, denn eine Auseinandersetzung mit Außenstehenden wird in der Regel nicht angestrebt. Tendenziell bevorzugt man die Abgeschiedenheit oder besteht sogar darauf, in Ruhe gelassen zu werden. Die Farbe Schwarz ist die dominierende Farbe der Grufties: Sie durchzieht den gesamten Stil von der eigenen Aufmachung (Kleidung, Frisur etc.) über die diversen Accessoires bis hin zur Wohnungsgestaltung.

Von ihrer Entstehung bis heute hat sich die schwarze Szene in eine Palette von Gruppierungen bzw. Subszenen ausdifferenziert, was höchst unterschiedliche Abstufungen hinsichtlich Stil, innerer Kohäsion, Eigenständigkeit und Nähe zum idealtypischen Gruftie-Stil hervorbringt. Solche intraszenischen Differenzierungen manifestieren sich auf der Stilebene insbesondere in Kleidungs- und Musikvorlieben (vgl. Jerrentrup 2000, S. 29f.). Schmidt/Janalik (2000, S. 54f.) unterscheiden die folgenden fünf Sub-Stile: Der *Wave-Stil* zeichnet sich durch spitze Schuhe, viele Schnallen, Nietengürtel, sehr weite Hosen, ‚Fledermausärmel' und stark hochtoupierte Haare aus; beim *Gothic-Stil* werden weite wallende Kleidung (wie z.B. Kutten und Talare), sehr viel Schmuck, Hexenschuhe und toupiertes, zerzaustes, langes Haar, das oftmals an den Schläfen ausrasiert ist, getragen; der *Romantic-Stil* beinhaltet verspielte Kleider aus Barock und Roko- ko, altertümlichen Schmuck, Hüte, Rüschen- und Piratenhemden, Leggings und lange Haare; unter *Normal-Stil* werden schwarze Lederhosen, Jeans, enge oder Combat-Hosen, T-Shirts (oft mit Bandnamen), Doc Martens oder Springerstiefel und kurz geschorene Haare verstanden; Anhänger des *S/M-Stils* bevorzugen Materialien, wie Lack, Leder, Latex, tragen Strapse, Mieder, hautenge Kleidung und hohe Stiefel oder Plateauschuhe.

Da die Szene sehr viel Wert auf die Inszenierung ästhetischer Präferenzen legt, gibt man sich bei der Gestaltung des eigenen Aussehens sehr viel Mühe. „Anfertigen, Auswählen, Kombinieren und Zur-Schau-Stellen von Kleidung, Frisur und Accessoires machen einen großen Teil der Szeneaktivität aus" (Hitz- ler/Bucher/Niederbacher 2001, S. 60).

Wichtiger Bestandteil des Stils sind neben Kleidung und Frisur die Schmuckmotive und Symbole, die im Wesentlichen aus drei miteinander eng verknüpften, thematischen Bereichen stammen: Tod und Vergänglichkeit des Körpers, christliche und andere Religionen sowie Magie (vgl. Richard 1995, S. 122). Die Zitation okkulter und religiöser Symbolik und ihre subversive Ver- wendung ist als Mittel zu verstehen, mit dessen Hilfe Grenzen zur Gesellschaft gezogen werden. „Inwieweit diese Grenzziehung aber nur Inszenierung ist, nur emblematisches Spiel und ironische Maskerade oder doch auf tieferliegende Sinndimensionen verweist, ist schwer entscheidbar" (Vogelgesang 1999, S. 277).

Eine große Bedeutung in der Szene kommt der Musik zu. Dies drückt sich „nicht nur in einem stimmungsvollen Hörerlebnis, sondern auch in einem aus- geprägten, szenetypischen Musikwissen" (Vogelgesang 1994, S. 480f) aus. Die einzelnen Musikgruppen mit ihren spezifischen Stildifferenzen fungieren als ästhetische Vorlage und Ausdrucksrahmen für den Einzelnen und forcieren da- mit eine Kollektivierung subszenenspezifischer Unterscheidungsmerkmale. „Dies bedeutet, dass durch die Spezialisierung in den (und durch die) unter- schiedlichen Gruftie-Gruppen die Musik zu einem Ausdrucksmittel wird, das sowohl die individuelle Kompetenz als auch die Gruppenzugehörigkeit symbo- lisiert" (ebd. S. 481).

Bevorzugte Treffpunkte und Interaktionsräume der Szene sind mystisch-ro- mantische, teilweise durch die Gesellschaft aus dem ‚normalen' Leben ausge- grenzte oder ‚aufgegebene' Stätten (wie z.B. Ruinen oder Friedhöfe), die eine besondere Atmosphäre entfalten (gewissermaßen Orte mit ‚Gruftcharakter'), eine Aura von Verfall und Einsamkeit schaffen (vgl. Schmidt/Janalik 2000, S. 23). „Der morbide Charme eines von hohen Mauern und alten Bäumen umsäumten Gottesackers mit seinen von Efeu und Ginster überwucherten Gräbern, seinen Stelen und Statuen, seinen kleinen Kapellen und Grüften, ist trefflich geeignet,

das Gemüt zu beruhigen, die Phantasie zu beflügeln und über die Vergänglich-
keit allen Seins zu sinnieren" (Dittmann 2001, S. 135). Der nächtliche Ausflug
auf den Friedhof ist dabei für die meisten Grufties eher ein außeralltägliches
Abenteuer und Ausdruck einer tiefen Sehnsucht nach der Ewigkeit des Todes.
„In einer Welt, die kaum noch Extremerfahrungen zu bieten hat, in der das große
Abenteuer schon längst im vorprogrammierten Einerlei von Schule, Lehre, Beruf
und Familie abhanden gekommen ist und nur noch in den bunten Bildern der
Medien fortexistiert, wird der Friedhof zum Spielplatz, um den Nervenkitzel des
Grusels am eigenen Leibe und in der Gruppe zu genießen" (Stock/Mühlberg
1990, S. 51). Dem Flair solcher mystischen Orte sind häufig die Zimmer nach-
empfunden, z.B. durch kleine Nischen, Schreine und Altäre, auf denen bestimmte Accessoires arrangiert werden. Das Zimmer soll die finstere, todesnahe Atmosphäre des Friedhofs nachstellen und eine schutzspendende Höhle vor einer
bedrohlichen Außenwelt sein. Die ‚Gruftiewelt' lässt sich auffassen „als Welt
des Rückzugs bzw. der Verweigerung. Charakteristisch für Grufties ist nämlich,
dass sie nicht wie andere Jugendkulturen (...) den Brennpunkt des modernen
Lebens, die Straße, als Aufenthaltsort und Bühne zur Selbstdarstellung bevorzugen, sondern Orte der Stille, Einsamkeit und Besinnung, wo sie – ihren Rück-
zugsintentionen entsprechend – ungestört und unter ihresgleichen sind. Es sind
Räume, die eine Atmosphäre von Tod, Trauer, Leid, Frieden und Vergänglichkeit ausstrahlen" (Schmidt/Janalik 2000, S. 16).

Der Tanzstil der Grufties wird in der einschlägigen Literatur als passiver
Anti-Tanz beschrieben. Er ist minimalistisch, monoton und als Rückzug ins
eigene Innere inszeniert (vgl. Schmidt/Janalik 2000, S. 39). „Der Gruftie-Tanz
ist die meditative Konzentration der Energien auf das eigene Innere, das die
Umgebung ignoriert. Der autistische Tanz der Grufties, er erinnert an Bewegungen Frankensteins, wird von Spöttern auch ‚Nord-Süd-Kurs' genannt. Er besteht
in monotonem Hin- und Hergehen auf einer imaginären Linie, ohne Rücksicht
auf den Takt der Musik. Dazwischen erfolgt ein gebücktes Taumeln, selten auch
ein Schütteln des ganzen Körpers" (Richard 1995, S. 116f.). Der Tanzstil korrespondiert mit dem Lebensgefühl der ‚Gruftie-Kultur': Sie bilden „eine eher reflexiv-selbstbezogene und innenorientierte Kultur" (Vogelgesang 1996, S. 356).

2.2.7 Szeneüberschneidungen

Zur Punkszene hat die schwarze Szene – obwohl sie ursprünglich aus dieser
hervorging – kein sehr enges Verhältnis mehr. Am ehesten zeigt sich dies noch
an der Kleidung: Hier ist der stilistische Einfluss der Punks unübersehbar (vgl.
Hitzler/Bucher/Niederbacher 2001, S. 69). Beiden Jugendkulturen wird jedoch

ein ähnliches Verhältnis zur ‚Normalgesellschaft' und damit eine vergleichbare Motivation zugeschrieben, nämlich eine Haltung des Protests bzw. der Opposition. „Punks und Grufties inszenieren und zelebrieren den Widerspruch, sie verkörpern einen alternativen Lebensstil, der als Affront gegen jedwede Form bürgerlicher Existenz und Tradition eingesetzt wird" (Vogelgesang 1996, S. 356). Während die Punks allerdings ihren Protest expressiv und laut nach außen tragen und öffentliche Plätze als Provokationsmilieu nutzen, agieren die Grufties eher im Stillen. „Sie bleiben lieber unter sich und meiden das öffentliche Spektakel. Im Verborgenen leben sie ihren Weltschmerz aus, wohingegen die Punks den großen Auftritt suchen, um ihre No-future-Haltung publikumswirksam zur Schau zu stellen" (ebd. S. 356).

Ein Zusammenhang zwischen der schwarzen Szene und dem Satanismus wird in der einschlägigen Literatur durchweg negiert. Obgleich sowohl religiöse Fragen und okkulte Praktiken wie auch okkulte und satanistische Symbole auf Interesse in der Szene stoßen, wird den praktizierenden Satanisten nur „ein kärgliches Randgruppen-Dasein" (Farin 2001, S. 167) – wie in anderen gesellschaftlichen Gruppierungen auch – eingeräumt. Denn „anders als zum Beispiel im Black Metal gehört Satanismus nicht zum stilbildenden bzw. imageprägenden Kern der ‚Kultur & Mode'; die neosatanistische Szene ist zum Teil mit gewaltaktiven Neonazis verknüpft, die jedoch von 99 Prozent der Gothics grundsätzlich abgelehnt werden. Ein Teil der Satanisten begeht Taten, die von Gothics absolut verabscheut werden, etwa die Verwüstung von Grabstätten oder das Besprühen von Gruften, Ruinen, Bäumen mit ‚satanistischen' Symbolen" (ebd. S. 167f.).

Ebenso werden Affinitäten zum Rechtsradikalismus in einen Randbereich der Szene verwiesen. In Verbindung gebracht werden solche Tendenzen mit der Stilrichtung des ‚Neo-Folks', die überwiegend als eher randständig begriffen wird. Von der Mehrheit der Grufties wird eine solche Verbindung auch abgelehnt und ist umgekehrt auch nicht als szeneinterne Hervorbringung zu verstehen. Vielmehr scheint eher die rechte Szene aktiv eine Annäherung zu suchen, da sie gewisse inhaltliche Überschneidungen als Berührungspunkte (etwa die Verwendung keltischer Symbole, das Interesse für (deutsche) Geschichte und Heldensagen etc.) missinterpretieren. „Doch ihre Schwärmerei für kleine, feste Gemeinschaften und germanische Göttergestalten macht die Jugendlichen anfällig für Nazisymbole: Braune Rattenfänger erkennen in der harmlosen Gothic-Szene zunehmend eine ideale Plattform für ihre Ideologie" (Weisfeld 2001, S. 48). Inzwischen hat sich eine Initiative „Grufties gegen Rechts" aus Musikern, DJs und Fans gebildet, die aktiv rechte Tendenzen in der Szene aufspüren und öffentlich machen wollen (vgl. ebd. S. 51).

2.3 Einordnung der Studien in die vorliegende Untersuchung

Ein Vergleich der besprochenen, einschlägigen Literatur zum Phänomen ‚Gothic' mit den Resultaten unserer eigenen Studien zeigt einige Übereinstimmungen, aber auch Differenzen:

In Helspers Untersuchungen (s. Kap. 2.1) überwiegen insgesamt die Deutungen der schwarzen Kultur als Kompensation subjektiver und lebensgeschichtlich erworbener Defizite. Die Erfahrungen sozialer Deprivation – so scheint es – sind Voraussetzung, um Gruftie zu werden (Stichworte aus Helper Studie, die auf eine solche Sicht verweisen, wären beispielsweise ‚therapeutische Musik', ‚Objektivierung der eigenen Traurigkeit', ‚Bearbeitung rigider religiöser Erziehung' etc.). Gerade die Überbetonung der Problem- und Krisenkompensation als Motiv des Szeneeintritts – und die damit einhergehende defizitäre und zum Teil pathologisierende Rahmung – konnte bei unseren Studien *nicht* bestätigt werden (vgl. insbes. Kap. 3.2.1). Vielmehr stellten wir fest, dass eine ‚Parallellösung' angestrebt wird, nämlich Alltag und Szeneleben in Einklang zu bringen. Die Szene fungiert hierbei als eine Art Überhöhung, Entgrenzung und Transzendierung des eigenen Daseins (vgl. Kap. 3.2.3). Unsere Ergebnisse laufen somit eher darauf hinaus, Gothic als eine gleichberechtigte Lebensstilvariante zu begreifen, deren Entstehungsbedingungen weniger auf individualpsychologische und -biographische Problemkonstellationen (Defizitmodell) zurückzuführen sind, als vielmehr auf ‚objektive' und mehr oder weniger kollektive, gesellschaftliche Strukturen, welche im Lebensstil der Gothics eine stilistisch überhöhte und habitualisierte Behandlung erfahren.

Zu fragen wäre folglich eher: Für welche gesellschaftlichen und damit kollektiven Problemkonstellationen stellt die Gothic-Szene eine ‚Lösung' dar? Unserer Ansicht nach ist der Habitus der Schwarzen – idealtypisch gedacht – in dieser Perspektive eine typifizierte Form der Reaktion auf Modernisierungsdilemmata (also weniger eine Reaktion auf traumatische Erfahrungen in der Kindheit und Jugend). Diese Erfahrungen sind keine Einzelschicksale, sondern *generationsspezifisch* und somit Grundlage einer Ähnlichkeit der Lebenslagen und Umgangsformen mit diesen spezifischen Lebenslagen. Gothic – so soll im Folgenden deutlich gemacht werden – stellt hierbei *eine Variante (post-)moderner Lebensbewältigung* dar. Wie sie sich im Einzelnen gestaltet, welche Vor- und Nachteile sie (subjektiv) zeitigt, auf welche Probleme sie mit welchen Antworten reagiert, bleibt zu zeigen.

In den Interviews mit Mitgliedern der Gothic-Szene zeigt sich auch eher die Tendenz, die Suche (statt die feste Verortung) in den Vordergrund zu stellen und die konkreten Inhalte und Implikationen für die eigene Lebensführung – gerade auch im Abgleich mit der Gemeinschaft – möglichst offen und flexibel zu halten.

Es besteht auch keine Illusion darüber, dass feste Gewissheiten über den Rekurs auf vormoderne Weltdeutungen nicht zu erreichen sind. Angesichts der Pluralität der Lebensstile in der Moderne ist den Mitgliedern der Szene nicht nur bewusst, dass der Bezug auf vormoderne Weltauffassungen und -deutungen ein reflexiver bleiben muss, vielmehr bewegen sie sich freiwillig in diesen Ambivalenzen, d.h. innerhalb von Paradoxien durch die Gleichzeitigkeit von spiri-tuell-kultischer Schließung einerseits und postmoderner Offenheit und Beliebigkeit anderseits.

Auch die (Über-)Betonung von Todesnähe, Traurigkeit und Zukunftsangst, Pessimismus und Lebensfeindlichkeit – wie sie in der gesamten Literatur darge-stellt wird – scheint sich v.a. im Zuge des Älter-Werdens der Szene bzw. seiner Mitglieder zu relativieren. In unseren Untersuchungen zeigt sich in den Darstel-lungen von älteren Szeneexperten, dass sich die Szene gewissermaßen ent-pubertiert hat bzw. zunehmend entdramatisierter und gesetzter agiert: Man hat Arrangements mit dem Alltag und der normalen Gesellschaft gefunden, zieht selbst Kinder groß, übt einen Beruf aus etc. (vgl. Kap. 3.2.3). Was wohl auch zu der Beobachtung führt, dass der Beschäftigung bzw. der Möglichkeit einer Be-schäftigung mit dem Tod zwar eine zentrale Stellung zukommt, von Todesnähe oder Suizidneigung jedoch keine Rede sein kann (vgl. Kap. 3.2.6).

Helspers Auffassung, dass die Szene aufgrund allzu heterogener Glaubens-vorstellungen nicht als Religion bezeichnet werden kann (1992, S. 295), kann inhaltlich (da sie nicht kanonisiert ist) von uns bestätigt werden, wobei man auf einer strukturellen Ebene widersprechen muss. In unserer Untersuchung wird die These vertreten, dass gerade diese Form der inhaltlichen Offenheit und Nicht-Kanonisiertheit im Verein mit ästhetisch-stilistischer Überformung und Verdies-seitigung eine (post-)moderne (Weiter-)Entwicklung kollektiv verpflichtender Religion (die bereits durch den Protestantismus eine ‚Individualisierung' erfah-ren hat) ist bzw. sein kann (s. hierzu Kap. 3.2.6 und Kap. 5).

Die Homologie des Szenestils, die das gesamte Lebensumfeld – Kleidung, Frisur, Musik, Tanzstil, Orte – umfasst, nimmt auch in unserer Untersuchung eine prominente Stellung ein (vgl. Kap. 3.2.2). Neben dem homogenen und sti-listisch geschlossenen Auftreten der Szene nach außen existiert gleichzeitig in-nerhalb der Szene eine starke Stildiversifizierung und -hybridisierung. Fraglich bleibt jedoch, wie diese Vielfältigkeit und Ausdehnung der verschiedenen Sub-stile als Ausdruck von Individualität und Authentizität mit den Bedürfnissen nach einem einheitlichen Gothic-Stil in Einklang gebracht wird.

Die bei Helsper angesprochene Funktionalität von satanistischem Gedan-kengut und satanistischen Praktiken für die Aufrechterhaltung defizitärer per-sönlicher Identität bzw. für die Bewältigung traumatischer Lebenserfahrungen bestätigt sich nur in unseren Gesprächen mit professionellen Therapeuten von bekennenden und ausstiegewilligen Satanisten (s. Kap. 3.1.3). Für die Gothic-

Szene jedoch – so bedeuteten sowohl Szenekenner und -experten als auch besagte Therapeuten – gelte dies nicht. Gothic und Satanismus – so die einhellige Meinung der Experten – haben bis auf einige äußerliche Merkmale nichts gemeinsam.

3 Die Szene heute

Der vorliegende Teil versteht sich als Dokumentation der ethnographischen Arbeit und als materiale Basis der Studie. Das vornehmlichste Ziel dieses Kapitels besteht darin, Leitlinien der Szenekonstitution hinsichtlich der in Abschnitt 1.4.1 entworfenen zentralen Kategorien (Kategorien 1 bis 6 entsprechen den folgenden Kapiteln 3.2.1 bis 3.2.6) am empirischen Material zu entwickeln. In den jeweiligen, kapiteleigenen Zusammenfassungen sollen diese Leitlinien einer kumulativen Verdichtung zugeführt werden (gegenstandsbegründete Theoriebildung), um sie schließlich auf religionssoziologische und modernisierungstheoretische Fragen und Theoriefragmente zu beziehen (s. Kap. 5). Kern des Kapitels sind die ausführlichen Interpretationen der selegierten Interviewpassagen[135] (Kap. 3.2.1 bis 3.2.6), die durch die Berichte aus dem Feld eingeleitet werden (Kap. 3.1). Beide Teile ergänzen sich dahingehend, dass ersterer einen Blick auf die Szene aus der Perspektive des externen Beobachters gewährleistet, während letzterer die Szene aus der Perspektive ihrer Mitglieder thematisiert.

3.1 Feldberichte

Im Erhebungszeitraum (April 2000 bis Juni 2001) wurden verschiedene Veranstaltungen der schwarzen Szene besucht. Fokussiert wurde die Praxis der Freizeitgestaltung und dies aus zwei Gründen: Erstens konstituieren sich Jugendkulturen und -szenen im Wesentlichen über freizeitkulturelle Aktivitäten und zweitens weisen die Szeneexperten das Szeneleben, verbunden mit Club- und Eventbesuchen, als den Kernbereich der schwarzen Jugendkultur aus. Im Mittelpunkt der Feldzugänge stehen einerseits Besuche von szenetypischen Clubs und andererseits die Teilnahme an periodisch stattfindenden Großevents und Festivals. Bei beiden Veranstaltungstypen wurden jeweils unterschiedliche Orte zu unterschiedlichen Zeiten aufgesucht. Die dort angestellten Beobachtungen werden im Folgenden je nach beobachtetem Ort dargestellt.

---

135 Zur methodischen Verortung, insbes. zum Verfahren der Materialselektion, der hermeneutischen Interpretation und Verdichtung der Ergebnisse s. Kap. 1.

3.1.1 Clubs und Partys

Im oben genannten Erhebungszeitraum wurden in regelmäßigen Abständen vier Clubs bzw. Partys im Rhein-Main-Gebiet besucht: die ‚Levitation-Party' im Club ‚Das Rind' in Rüsselsheim, die ‚Dark-Awakening-Party' im Kulturzentrum (‚KUZ') in Mainz, die ‚Sinister-Zone-Party' im Club ‚Nachtleben' in Frankfurt und die ‚Sounds-of-the-Crypt-Party' im Kommunikationszentrum (‚KOZ') an der Frankfurter J. W. Goethe-Universität.

Während es sich bei ‚Rind', ‚KUZ' und ‚Nachtleben' um kommerzielle Clubs handelt, die in regelmäßigen Abständen (im ‚Rind' an jedem ersten Freitag im Monat, im ‚KUZ' an jedem dritten Samstag und im ‚Nachtleben' jeden Freitag) einen schwarzen Abend (Party) veranstalten, ist die Veranstaltung ‚Sounds of the Crypt' eine private Initiative eines DJs der Szene, der dafür die Räumlichkeiten der Frankfurter Universität in unregelmäßigen Abständen (ca. alle 2-3 Monate) anmietet und keine kommerziellen Interessen verfolgt (nach seinen Angaben decken die Einnahmen gerade die entstehenden Kosten). Allen Veranstaltungen ist somit gemein, dass die Räumlichkeiten nicht ausschließlich für schwarze Partys zur Verfügung stehen, sondern auch für andere Veranstaltungen genutzt werden. Diese Mischnutzung der Clubs bedeutet für die schwarzen Partys, dass sie einerseits zunächst in einer neutralen Umgebung (kommerzieller Club) stattfinden, was andererseits dazu führt, dass die jeweiligen Clubs sich in ihrer Gestaltung/Dekoration mehr oder weniger an einen solchen schwarzen Abend anpassen. Unterschiede bestehen hinsichtlich Größe und Professionalität. Im ‚KUZ' finden zahlenmäßig die größten Veranstaltungen statt (ca. 300 Gothics an einem Abend), während im ‚Rind' und ‚Nachtleben' ca. 150-200 Gothics pro Abend zusammen kommen. Das ‚KOZ' stellt mit 100-150 Besuchern die kleinste Veranstaltung dar.

3.1.1.1 Die Veranstaltungsorte

‚Levitation'-Party im ‚Rind' in Rüsselsheim
Die Musik- und Kulturkneipe ‚Das Rind' gilt in Rüsselsheim (Kleinstadt im Rhein-Main-Gebiet) als der bekannteste Club. Die Räumlichkeiten bestehen aus einer Kneipe im vorderen Teil und einem Veranstaltungsraum im hinteren Teil des Gebäudes. Beide Örtlichkeiten sind voneinander abgetrennt. Für die Party im Veranstaltungsraum werden 5,- DM Eintritt genommen. Die Kneipe dagegen ist unabhängig von der Party und damit kostenfrei zugänglich. Während der Veranstaltungen kann die Kneipe besucht werden, so dass häufig ein reger Betrieb zwischen Kneipe und Veranstaltung herrscht. Diese räumliche Struktur impliziert, dass die Gothics an einem solchen Abend nicht unter sich bleiben.

Wände und Decken des Veranstaltungsraums sind gemäß dem Club-Logo, einer schwarz-weißen Kuh, in der Art eines Kuhfells schwarz-weiß bemalt. Auf der linken Seite des Raumes befindet sich eine Bühne, auf der mehrere Tische mit Stühlen und Kerzen stehen, auf der rechten Seite ist eine kleine Bar angebracht und in der Mitte des Raumes befindet sich die Tanzfläche, um die Stehtische mit Barhockern aufgestellt sind. An den schwarz-weiß bemalten Wänden hängen zwei große Frauentorsos, die leicht angestrahlt sind, und zwei große Bilder mit roten Figuren. Das DJ-Pult ist über der Bar auf einer Art Empore untergebracht. Eine Nebelmaschine produziert ständig weißen Rauch. Die Beleuchtung des Ortes ist eher dunkel und düster.

Auf den Dark-Wave-/Gothic-Partys (‚Levitation') sind durchschnittlich 150 Leute anwesend. Die Altersspanne rangiert von 16 Jahren bis Mitte 30. Die jüngeren Besucher sind hauptsächlich Frauen, bei den älteren ist das Zahlenverhältnis der Geschlechter ausgeglichen. Die anwesenden Leute scheinen alle langjährige Mitglieder der Szene zu sein: Sie besuchen die Veranstaltung regelmäßig, sind passend gekleidet und kennen sich untereinander offenbar gut.

,Dark Awakening' im ,KUZ' in Mainz

Das Kulturzentrum in Mainz ist eine Disco bzw. ein Veranstaltungsort, der aus zwei Räumen bzw. Tanzflächen und einem Raum mit Sitzgelegenheiten besteht. Um den gesamten Veranstaltungsort besuchen zu können, müssen eingangs einmalig 8 DM bezahlt werden. In dem größten Raum findet die ‚Dark-Wave-Party' statt, während in dem kleineren Raum – wie auch bei anderen Veranstaltungen – aktuelle Chartmusik, Partyklassiker und/oder Independent/Alternative gespielt werden. Der dritte Raum ist mit Bistrostühlen und -tischen ausgestattet. Alle Räume besitzen eine eigene Bar. Der Raum für die Dark-Wave-Party ist mit einer großen Tanzfläche ausgestattet, an deren Ende auf einem Podest der DJ sein Pult hat. Auf der linken Seite neben dem Eingang befindet sich die Bar, auf der rechten Seite sind verschiedene Verkaufstände aufgebaut. Hier werden CDs mit Musik aus der Szene, Bücher (hauptsächlich Szenebeschreibungen, aber auch okkulte oder ‚mittelalterliche' Lektüren; es gibt außerdem Gruftie-Reiseführer, die spezielle Sehenswürdigkeiten beschreiben und Bücher zur Musik bzw. Bands der Szene) und Szeneaccessoires (Silberschmuck, T-Shirts, Plastikratten, Totenköpfe, schwarze Kleidung) verkauft. Bei der Beleuchtung werden bunte Lichter eingesetzt – es ist nicht ganz so düster wie im ‚Rind'. Der starke Nebel- und Stroboskopeinsatz lässt dennoch eine düstere Atmosphäre aufkommen. Bei den Veranstaltungen sind durchschnittlich 250 Besucher anwesend. Die Altersspanne reicht von 16 bis Mitte 30. Das Geschlechterverhältnis ist ausgeglichen. Einen großen Teil des Publikums bilden Szenemitglieder, wobei auch einige Personen äußerlich nicht eindeutig der Szene zugeordnet werden können.

,Sinister Zone' im ,Nachtleben' in Frankfurt
Das Nachtleben ist eine Disco in Frankfurt am Main. Sie besteht aus zwei
Stockwerken. In der Eingangsebene (Parterre) befinden sich eine Bar und ein
Café und im Untergeschoss befindet sich der eigentliche Club mit Tanzfläche.
Über eine Treppe im Café gelangt man in das Untergeschoss. Beide Bereiche
müssen jedoch als nahezu vollständig getrennt begriffen werden, da im Café
normaler Barbetrieb stattfindet (d.h. es wird Mainstream-Musik gespielt; gemischtes Publikum ist anwesend), in dem sich nur vereinzelt auch die Grufties
bewegen. Erst an der Treppe wird der Eintritt von 6 DM verlangt. Der Keller-
raum ist ausschließlich für die schwarze Party reserviert. Zentral im Raum liegt
hierbei die Tanzfläche, an deren linker Seite sich das DJ-Pult befindet und an
deren rechter Seite sich die Bar erstreckt. Dem Eingang gegenüber steht eine
Bühne, die auch als Tanzfläche benutzt wird. Der ganze Raum ist in Schwarz
gehalten. Lichteffekte werden nur vereinzelt eingesetzt. Außer den flackernden
Kerzenleuchtern auf der Bar ist kaum Dekoration vorhanden. In der hinteren
rechten Ecke stehen hohe, runde Bartische. Dahinter ist eine beaufsichtigte Garderobe untergebracht. Die Partys im Nachtleben besuchen durchschnittlich 150
Leute im Alter von 16 bis Mitte 30. Der Anteil an Frauen und Männern ist ausgewogen. Fast alle Anwesenden kommen aus der Szene und nur ganz vereinzelt
sind – oberflächlich betrachtet (sie sind nicht szenetypisch angezogen) – Nicht-
Szenemitglieder anzutreffen.

,Sounds of the Crypt' im ,KOZ' in Frankfurt
Das Kommunikationszentrum (KOZ) ist eine Einrichtung direkt am Campus der
Frankfurter Universität. Es besteht aus einem Café (in dem vereinzelt auch Veranstaltungen wie z.B. Lesungen stattfinden) und einem Partykeller. Die Veranstaltung ,Sounds of the Crypt' findet im Partykeller statt. Sie wird von zwei
privaten Veranstaltern organisiert, die auch als DJs dort aufgelegen. Die Veranstaltung findet alle 2 bis 3 Monate statt. Die beiden Veranstalter tragen das volle
finanzielle Risiko. Inzwischen ist die Veranstaltung so etabliert, dass sie durchschnittlich mit 120-150 Leuten rechnen können. Der Eintritt für den Abend beträgt 5 DM. Für Anreisende, die mehr als 100 km zurückgelegt haben, ist der
Eintritt frei. Der Partykeller liegt im Untergeschoss des KOZ. Er ist ca. 40 m²
groß. An einem Ende befindet sich die Bar, die gleichzeitig auch als DJ-Pult
fungiert. Der Raum ist schlecht ausgeleuchtet und deshalb sehr dunkel. Ein roter,
musterwerfender Laserstrahl ist vorhanden. Entlang der Wände stehen Bänke
und rund um die vier Säulen im Raum sind Stehtische platziert. Die Einrichtung
ist in Schwarz gehalten und viele Wände sind mit schwarzen Tüchern abgehängt.
Überall stehen rote Friedhofskerzen. Ansonsten ist keine Dekoration vorhanden.
Der gesamte Raum wird als Tanzfläche genutzt. An den Abenden sind durch-

schnittlich 120 Leute anwesend. Die Altersspanne reicht von 16 bis Mitte 30, wobei überwiegend Szenemitglieder Anfang 20 kommen. Das Geschlechterverhältnis ist ausgeglichen. Auch auf diesen Partys finden sich nur sehr vereinzelt Nicht-Szenegänger (erkennbar an der Kleidung).

3.1.1.2 Fokussierte Beobachtungen

Kleidung
Die Grufties auf den Veranstaltungen sind durchweg schwarz angezogen und sehr blass geschminkt. Es fällt auf, dass die Frauen stärker kostümiert und geschminkt sind (meist um die Augen) als die Männer. Die Frauen tragen fast ausschließlich Röcke und lange Haare und sind entweder ‚mittelalterlich' (d.h. lange Röcke, geschnürte Korsagen, weite Blusen), ‚punkig' (d.h. an den Seiten abrasierte Haare und die oberen Haare zum Zopf gebunden, Gesichtspiercings, Silberschmuck und schlabberig-weite Kleidung) oder sehr ‚fetischartig' (d.h. in Lack und Leder, geometrische Frisuren) angezogen (vgl. hierzu auch Schmidt/ Janalik 2000). Die Männer tragen meist schwarze Hosen und schwarze Hemden und sind vereinzelt auch punkig gestylt. Der ‚Vampirlook' (Rüschenblusen, eleganter Stehrock) ist bei Frauen und Männern kaum anzutreffen. Viele der Anwesenden sind tätowiert und gepierct.

Bei den ‚Dark-Awakening-Partys' in Mainz fallen drei Männer mit Zylindern und eine Frau mit hochrot gefärbten Haaren auf. Da das Publikum bei dieser Veranstaltung am gemischtesten ist, fallen die exzentrisch gekleideten Gothics hier umso mehr auf. Die Nicht-Szenemitglieder haben sich farblich an den Stil der Grufties angepasst und tragen meist schwarze Hosen und Oberteile, sowohl die Männer als auch die Frauen.

Auf der ‚Sinister-Zone-Party' im ‚Nachtleben' sind fast keine in Lack und Leder gekleideten Frauen anwesend. Es werden in der Mehrzahl wallende Gewänder getragen. Im Vergleich zu den anderen Veranstaltungsorten wirkt das Publikum hier stilistisch weniger extrem. Viele Gothics erwecken den Eindruck, dass sie außerhalb des Szenelebens ein ganz ‚normales' Alltagsleben führen und sich nur für den Abend für die in der Szene verbrachte Freizeit in ‚schwarze Schale werfen'. Auffällig ist auch, dass einige Personen eine Brille tragen, was bei den anderen Veranstaltungen nur sehr selten der Fall ist – auch ein Indiz für eine nivelliertere Stilpraxis.

Bei den ‚Sounds-of-the-Crypt-Veranstaltungen' in Frankfurt sind ebenfalls keine Frauen in Lack und Leder anzutreffen. Die Männer tragen vorwiegend eine schwarze Hose und ein schwarzes Hemd und haben schwarz gefärbte Haare. Auffallend viele Männer tragen außerdem einen schwarzen Mantel.

Musik und Tanzstil

Die Musik, die auf den Veranstaltungen gespielt wird, ist durchgehend atmosphärisch düster. Ihre Bandbreite reicht jedoch von melancholisch, ‚mittelalterlich' angehauchter Musik (Dudelsack und Choräle) über düsteren Synthie-Pop
und härteren Gothic-Rock bis hin zu technoiden Industrial- und EBM-Stücken.
Die meisten Stücke sind mit einem harten Rhythmus unterlegt wobei der Gesang
mystisch-stimmungsvoll klingt. Die männlichen Stimmen sind sehr tief und
düster, die weiblichen hingegen elfenartig hoch.

Sowohl im ‚KUZ' als auch im ‚Nachtleben' scheint die Musik eine kom-
merziellere Ausrichtung zu haben. Bei beiden Veranstaltungen sind auch keine
harten EBM-Titel zu hören.

Der Veranstalter des ‚Sounds-of-the-Crypt' betont, dass bei seiner Veranstaltung kein Industrial aufgelegt wird, sondern verstärkt die Musikrichtung
Gothic vertreten ist. Es wird auch nur vereinzelt EBM aufgelegt. Mit ein Grund,
diese Veranstaltung ins Leben zu rufen, war, sich von der Musik in den gängigen
schwarzen Clubs zu unterscheiden, da diese laut Veranstalter vielen nicht zusage.

Die Tanzfläche ist immer voll – es wird viel getanzt. Die verschiedenen
Musikrichtungen bzw. -stile animieren unterschiedliche Leute bzw. Gruppierungen zum Tanzen. Dies deckt sich weitgehend mit den Subszenen und ihren Musikstilrichtungen, d.h. die mittelalterlich gekleideten Männer und Frauen tanzen
auf die mittelalterliche Musik; bei der harten, technoiden Musik tanzen vorwiegend die Männer, die martialisch gekleidet sind. Auffällig ist, dass vorwiegend
alleine getanzt wird. Die Tanzenden wirken in sich gekehrt, da sie sich häufig
mit geschlossenen Augen, zeitlupenartig langsam und monoton, meist mit
schlurfenden Schritten bewegen[136]. Zur technoiden Musik wird rhythmischer und
härter getanzt, aber auch hier bleiben die Augen der Tanzenden meist geschlossen und sie wirken in sich gekehrt.

3.1.1.3 Allgemeine Beobachtungen

Veranstaltungsübergreifend betrachtet, wird wenig Alkohol konsumiert. Bier
wird selten getrunken. Als alkoholisches Getränk ist Rotwein sehr beliebt. Die
Atmosphäre und der Umgang der Besucher miteinander wirkt höflich und nett.
Die meisten Leute scheinen sich untereinander zu kennen. Interaktionen finden
vornehmlich innerhalb der einzelnen, lokalen Cliquen statt. Die Stimmung bleibt
auch zu fortgeschrittener Zeit entspannt. Aggressionen und offensiv-über-
griffiges Verhalten sind nicht zu beobachten. So sind weder Spannungen zwi-

---

136 Der Tanzstil der Gothics ist häufig beschrieben und gedeutet worden (vgl. dazu Kap. 2.2.6).

schen Männern oder einzelnen, womöglich rivalisierenden Gruppierungen, noch zwischen den Geschlechtern zu spüren: keine ‚dummen Anmachen', keine ‚Aufreiß-Stimmung'. Außerdem wird wenig gelacht; die Bewegungen sind eher kontrolliert. Es herrscht keine ‚ausgelassene Partystimmung'.

Die Geschlechterrollen wirken sehr stereotyp: Frauen sind extrem weiblich gekleidet und geschminkt, sie tanzen auf melancholische und sentimentale Lieder, in denen hoher, z.T. glockenklarer Frauengesang dominiert. Im Gegensatz dazu legen die Männer weniger Wert auf ihr Aussehen, tanzen eher auf technoide oder härtere Rock-Stücke, die sich durch sehr tiefe, z.T. nur noch als Geräusche wahrnehmbare, männliche Stimmen auszeichnen.

Die Abende scheinen immer ähnlich abzulaufen. Man trifft sich mit seinen Freunden – die Besucher kommen häufig aus dem gesamten Rhein-Main-Gebiet – unterhält sich viel und tanzt in regelmäßigen Abständen zur Musik.

Auf den Veranstaltungen herrscht eine intensive ‚Flyer-Kultur': Andere Veranstaltungen, Konzerte und Events werden beworben. Die Flyer werden entweder persönlich verteilt oder sind ausgelegt. In der schwarzen Szene scheinen die meisten Veranstaltungen auf diese Weise publik gemacht zu werden (weitere wichtige Verbreitungswege sind das Internet und Mund-zu-Mund-Propaganda).

Unser Erstkontakt mit einem Szenemitglied ereignete sich im Rahmen der Veranstaltung im ‚Nachtleben'. Dort trafen wir den späteren Interviewpartner Jan, der diese Veranstaltung regelmäßig besucht und sich dort mit überregionalen Bekannten trifft. Wie er später berichtet, treffen er und seine Freunde sich zunächst im Café, um den Abend zusammen bei einem Milchkaffee und Gesprächen zu beginnen. Später geht man dann gemeinsam zur schwarzen Veranstaltung in den Keller. Bei einem Gespräch zwischen Jan und einer seiner Bekannten, dem wir beiwohnten, unterhielten sie sich über die Kommerzialisierung der Szene. Sie berichteten sich gegenseitig von ihren Beobachtungen, etwa, dass inzwischen in den U-Bahn-Stationen auf großen Werbeleinwänden Reklame für die Veranstaltung im ‚Nachtleben' gemacht wird. Das Plakat ist sehr bunt im Layout. Jan findet diese Kommerzialisierung „Scheiße", da dadurch zu viele ‚Normalos' zur Veranstaltung gelockt werden. Die Normalo-Besucher stoßen bei Jan und seiner Bekannten auf Ablehnung. Beide finden, dass diese die Atmosphäre zerstören und mit der Szene nichts zu tun haben: Sie kommen ‚just for fun'. Jan grenzt sich sehr stark von den ‚Normalos' ab. Schon während des Telefonats, das zu diesem ersten Zusammentreffen führte, reagierte er entsetzt, als ihm mitgeteilt wurde, dass einer der Ethnographen eine Baseballmütze als Erkennungszeichen tragen würde: Er fragte, ob man sich nicht etwas anpassen könnte, wenn man dort auftaucht. Am Abend selbst wurde dieser Eindruck noch dadurch verstärkt, dass mit dem eigenen Anderssein kokettiert wurde: Jan selbst genoss es, aufzufallen und von den anderen normalen Besuchern im Café be-

guckt zu werden. Gegenüber der Interviewerin betonte er mehrmals seine bedeu-
tende Stellung in der Szene, indem er wiederholt darauf hinwies, dass er nahezu
alle hier kenne. Sein Anderssein hob er darüber hinaus durch tiefsinnig anmutende Gesprächsthemen hervor, etwa indem er mit einem der Feldforscher über
die Rolle des Todes im Nationalsozialismus sprach.

Bei der Veranstaltung im ‚KOZ' stellten wir den Erstkontakt zum späteren
Interviewpartner Thorsten her. Er ist einer der Initiatoren und DJs der Veranstaltung. Er berichtete, dass er über einen Freund und über die Musik in die Szene
gekommen sei. Er meint zwar, dass er schon immer einen leichten Hang zum
Morbiden und Düsteren hatte, aber erst in der Pubertät die Szene wirklich kennen lernte. Was er aber nicht verstehen könne, wovon er sich auch explizit ab-
grenze, sind die übertrieben melancholischen und traurigen Gesichter, die er v.a.
bei den jungen Grufties beobachte. Seiner Meinung nach denken diese jungen
Grufties, man müsse solche Gesichter aufsetzen, um wirklich zur Szene zu gehören. Er selbst lehnt dieses „traurige Gehabe" ab und möchte an einem solchen
Abend lieber Spaß haben. Deshalb sind auf seinen Flyern für die Veranstaltung
auch ganz bewusst keine Gräber, Kreuze, Särge etc. aufgedruckt, sondern morbide Comicfiguren.

Zum Zeitpunkt des Interviews hatte Thorsten E-Mail-Kontakt zu einer New
Yorkerin, die in der US-amerikanischen, schwarzen Szene aktiv war und die er
gerne bald besuchen wollte, um dort vielleicht die Möglichkeit zu bekommen, im
Club ‚Limelight' aufzulegen. Er berichtete, dass, wenn man in ausländischen
Szenen durchblicken lasse, aus Deutschland zu kommen, man meistens sehr
„bewundert" werde, da Deutschland inzwischen als das „Urland" der schwarzen
Szene gelte. Die Musik der Szene ist vorwiegend deutsch bzw. in Deutschland
produziert und die meisten Szenemitglieder sind in Deutschland zu finden.

3.1.2 Festivals und Events

Während des Erhebungszeitraums wurde an vier großen Kern-Events der Szene
teilgenommen. Das bekannteste ist hierbei das mehrtägige ‚Wave-Gotik-Treffen'
(‚WGT'), das alljährlich an Pfingsten in Leipzig stattfindet. Ein weiteres wichtiges Festival ist das ‚Mera Luna' in Hildesheim. Das mehrtägige Open-Air-
Konzert findet im Sommer statt. Beide Festivals wurden sowohl 2000 als auch
2001 besucht.

3.1.2.1 ‚Wave-Gotik-Treffen' in Leipzig 2000 und 2001

Das ‚WGT' existiert seit zehn Jahren und ist sowohl deutschlandweit als auch international bekannt. Mittlerweile kommen zwischen 20.000 und 25.000 Besucher aus ganz Deutschland und Europa nach Leipzig; wir trafen Holländer, Italiener, Engländer, Österreicher, Spanier, Belgier, Franzosen, Schweizer, Schweden, Polen und Dänen. Das Festival entstand aus einer Privatinitiative heraus und wurde bis ins Jahr 2000 von Michael Brunner, einem der beiden Initiatoren, organisiert. Nach finanziellen Schwierigkeiten wird es seit 2001 von einer professionellen Eventagentur gemanagt. Das Festival findet an verschiedenen Veranstaltungsorten statt, die über die Stadt Leipzig verteilt sind und die man mit öffentlichen Verkehrsmitteln gut erreichen kann. Wegen der unterschiedlichen Veranstaltungsorte sind nie alle Besucher an einem Ort anzutreffen, vielmehr verteilen sie sich über die ganze Stadt. Mittelpunkt und Basis des gesamten Festivals ist das alte Messegelände der Stadt Leipzig, ‚Agrar'. Dort befindet sich auch der Zeltplatz. Der Eintritt betrug im Jahre 2000 120 DM (im Vorverkauf 89 DM) und 2001 98 DM für jeweils insgesamt vier Tage.

a) Veranstaltungsorte des Festivals:

Agrar-Gelände
Das alte Leipziger Messegelände ‚Agrar' befindet sich etwas außerhalb von Leipzig. Auf dem Messegelände sind beim ‚WGT' 2000 zu finden: Drei große Verkaufshallen, eine große Veranstaltungshalle, Verkaufszelte und -stände auf den Rasenflächen und zwei große, für die Veranstaltung abgegrenzte Zeltplätze zum Übernachten.

In den Verkaufshallen bieten kommerzielle Anbieter ihre Waren an. Verkauft werden Kleidung (für alle Subszenen), CDs, Bilder, Fotos, Bücher, Schmuck, Zimmerdekorationen und Accessoires. Außerdem sind Bodypiercing-Stände vorhanden und alle wichtigen Zeitschriften (Zillo, Orkus, Sonic Seducer, Gothic) mit einem eigenen Stand vertreten. An zwei Ständen werden CDs und Bücher rechtsradikaler Prägung bzw. Literatur über deutsches Heldentum, Leni Riefenstahl und den deutschen Siegfried verkauft. Nur ein Stand in den gesamten Messehallen verkauft Bücher mit satanistischen Inhalten.

In der großen Industriehalle spielen Bands auf einer weitläufigen Bühne. Diese Konzerte sind gut besucht und es wird viel getanzt. Auf dem Gelände stehen Essens- und Getränkestände. Viele der Gothics sitzen auf den Rasenflächen um die Hallen, trinken, essen und unterhalten sich. Auf den abgegrenzten Zeltplätzen ist ein Meer von kleinen Kuppelzelten zu finden, in denen die Festivalteilnehmer übernachten. An vielen Zelten sind diverse Fahnen gehisst. Einige Grufties halten sich vor ihren Zelten auf und veranstalten dort kleine Privat-Partys. In den Gebäuden sind die Sanitäranlagen untergebracht, die – wie man immer wieder hört – für die Anzahl der Festivalteilnehmer nicht ausreichen.

Beim ‚WGT' 2001 ist eine andere Aufteilung des Agrar-Geländes zu beobachten. Es gibt nur noch eine Halle mit Verkaufsständen und eine Halle, in der die Bands auftreten. Wie im Jahr zuvor sind in der Verkaufshalle nur kommerzielle Anbieter mit einer ähnlichen Produktpalette anzutreffen. Auffällig ist, dass auch einige Stände mit Merchandisingprodukten des ‚WGT's (Metwein, Regenschirme, T-Shirts, Becher, Patchouly) zu finden sind.

Die Zeltplätze sind diesmal offiziell mit Gitterzäunen von den Hallen abgetrennt. Die Eingänge zu den Zeltplätzen werden – im Gegensatz zum Jahr 2000 – kontrolliert. Nur noch Besucher, die einen Zeltplatzpass erworben haben, dürfen auf die Zeltplätze.

Halle 16

Die Halle 16 befindet sich etwas außerhalb von Leipzig auf einem neuen Messegelände und ist von außen betrachtet ein großes Gebäude mit klassizistischen Säulen und einem großen säulengesäumten Eingang. Im Inneren befindet sich eine runde Säulenhalle, in deren Mitte eine Getränkebar und Verkaufstände mit CDs und T-Shirts platziert sind. Vom mittig gelegenen Rundbau führt ein Gang in eine kleinere Halle, in der DJs Industrial Musik auflegen und ein anderer in eine riesige Fabrikhalle, in der Konzerte mit Industrial- und EBM-Bands stattfinden. Die Bühne befindet sich am Kopfende der Halle, während rechts und links entlang der Seiten Getränke- und Verkaufstände (einzelne Plattenlabels verkaufen dort ihre CDs) aufgebaut sind.

Moritzbastei/Schillerpark

Die Moritzbastei ist ein altes Gemäuer in Innenstadtnähe. Das Steingewölbe der Bastei ist normalerweise ein Veranstaltungsort für Konzerte, Discos und Filme aller Couleur. Um die Bastei herum erstreckt sich eine Parkanlage, der Schillerpark. Beide Orte werden im Rahmen des ‚WGT' als Veranstaltungsorte der mittelalterlichen Subszene benutzt, was sie zu einem atmosphärischen und beliebten Anlaufpunkt während des Festivals macht.

Im Schillerpark findet ein mittelalterlicher Markt mit ca. 30 Zeltständen statt. Sowohl kommerzielle als auch private Anbieter verkaufen dort ihre Ware (die Standgebühr beträgt 2001 88 DM pro Tag). An den Ständen werden Getränke (Wasser, Cola, Wein, Metwein und in einem Teezelt Tee) und Essen (Fladenbrote, Gemüsepfanne, Wurst, Pfannkuchen), aber auch szenetypische Produkte angeboten. An diesen Ständen finden sich Schmuck, altertümliche

Kleidung, Räucherstäbchen, Lampenöl, Steine, Glocken und Lederwaren. Außerdem stellen ein Schmied, eine Wahrsagerin (Handlesen und Horoskopdeutung) ihre Fertigkeiten unter Beweis; eine Parfümdestillerie, eine Töpferei und eine Fischerei bieten ihre Waren feil.

Auf der die Stände umgebenden Wiese herrscht eine entspannte Atmosphäre: Dort sitzen die Festivalteilnehmer in Gruppen zusammen, essen, trinken, unterhalten sich oder ruhen sich aus. Auf einer Bühne treten Feuerspucker, Jongleure und Trommler auf.

In der Moritzbastei selbst haben kommerzielle Anbieter ihre Stände aufgebaut. Hier werden Schmuck, Kleidung (hauptsächlich lange mittelalterliche Gewänder), Kunsthandwerk, Totenköpfe, Düfte, Töpferware, Steine und Lederwaren verkauft. Auch hier treten Dudelsackspieler, Trommler und Jongleure auf. Die Musiker ziehen hierbei als Spielmannszüge durch die Bastei und spielen traditionelle, mittelalterliche Musik.

Parkbühne/Clara-Zetkin-Park

Die Parkbühne befindet sich im ‚Clara-Zetkin-Park'. Hier finden das ganze Festival über Konzerte von Bands aus der Szene statt. Die Bühne ist ein altes, kleines Amphitheater, das sich mitten in der Grünanlage befindet. Auch hier werden CDs und T-Shirts verkauft. Die Stände befinden sich am Rand des Theaters.

Völkerschlachtdenkmal

Vor dem historischen Völkerschlachtdenkmal ist eine große Bühne für Konzerte aufgebaut. Das Gelände ist weiträumig abgesperrt und an den Eingängen wird streng kontrolliert (z.B. sind Fotoapparate nur mit einer Presseakkreditierung erlaubt). Auf dem Gelände sind Essens- und Getränkestände, aber keine Verkaufsstände zu finden. An dem besuchten Abend (‚WGT' 2001) waren im Lineup einige sehr populäre Live-Acts angekündigt: so u.a. ‚Witt', ‚Les Tamboreux de Bronx' und ‚Laibach'.

Werk II

Das ‚Werk II' ist ein altes Fabrikgelände mitten in der Stadt, das als alternatives Kulturzentrum und Veranstaltungsort dient. Es besteht aus zwei Hallen, einer Kneipe, einem kleinen Kino und einem Innenhof. Bei den ‚WGT'-Veranstaltungen wird im Innenhof gegrillt und in den beiden Hallen finden Konzerte statt. An dem besuchten Abend wurde in der kleinen Halle EBM gespielt, während in der großen Halle eine ‚Label-Nacht' stattfand, bei der schwedische Künstler Musik von Neofolk bis Industrial spielten. In der Kneipe war normaler Betrieb: Es wurde Chartmusik gespielt, das Personal und einige der Gäste gehörten offensichtlich nicht der Gothic-Szene an.

b) Festivalteilnehmer und Kleidung

Die Besucher der einzelnen Veranstaltungsorte unterscheiden sich hinsichtlich ihres Stils (Aussehen und Kleidung), was darauf zurückzuführen ist, dass sich die spezifischen Subszenen ‚ihre' Veranstaltungen bzw. Konzerte bewusst heraussuchen. Allein bei den großen Veranstaltungen und auf dem zentralen Agrar-Gelände ist die gesamte Szene gemischt anzutreffen. Die Besucher sind durchgehend schwarz gekleidet.

Auf dem Agrar-Gelände können alle Subszenen – so u.a. Stile wie Mittelalter, Lack und Leder, Gothic, EBM, Industrial, Punk – beobachtet werden. Die überwiegende Mehrzahl der Festivalbesucher ist auffällig sorgsam gekleidet und geschminkt.

In der Moritzbastei/Schillerpark sind vor allem Gothics mit sehr langen, mittelalterlichen Gewändern anzutreffen. Viele Frauen tragen viktorianische Kleider mit geschnürten Korsagen, langen, weiten Röcken und passendem Sonnenschirm. Die Männer tragen vereinzelt Röcke bzw. Kilts. Vereinzelt sind auch Grufties im Punk- und Gothic-Stil (vgl. Schmidt/Janalik 2000) anzutreffen. Die Altersspanne reicht von sehr jungen Grufties (ca. 14 Jahre) bis zu Mitte 30-Jährigen. Das Geschlechterverhältnis ist paritätisch.

An der Parkbühne im ‚Clara-Zetkin-Park' sind vor allem die Gothic-, Punk- und Mittelalterszene anzutreffen. Das Publikum ist im Durchschnitt Mitte 20.

An den Veranstaltungsorten, an denen eher EBM- und Industrialmusik gespielt wird (Halle 16, Werk II), finden sich sehr wenige Grufties mit wallenden Gewändern oder verspielten Kleidern. Hier wird vorwiegend Lack und Leder bei den Frauen und bei den Männern ‚combat trousers' im Army-Stil getragen. Die Kleidung ist hier entweder schwarz oder dunkelgrün und fast alle Männer – und auch viele Frauen – haben kurz geschorene Haare. Die Männer tragen meist T-Shirts mit Bandaufdrucken. Auffallend ist, dass weniger verspielte Kleidung und wenig Schmuck und Accessoires getragen werden. Außerdem scheinen diese Veranstaltungen auch viele ‚normale', sich in der Peripherie der Gothic-Szene bewegende Leute anzusprechen (deutlich wird dies an der insgesamt nivellierten Stilpraxis: Die Aufmachung ist zwar dunkel, aber insgesamt wenig auffällig und gothic-typisch). Das Publikum setzt sich hauptsächlich aus Männern zusammen (nur ein Drittel sind Frauen) und ist durchschnittlich zwischen 25 und 35 Jahren alt.

Am Völkerschlachtdenkmal ist das Szenepublikum wiederum sehr gemischt, auch sind einige ‚normale' Leute anwesend, die zum Teil in ‚bunter' Kleidung herumlaufen. Das Publikum ist deutlich älter; einige haben ihre Kinder dabei. Nur bei dieser Veranstaltung sind drei Personen zu beobachten, die offensichtlich der rechten Szene zuzuordnen sind. Sie tragen Wehrmachtsmäntel mit Hakenkreuz-Buttons am Revers. Sie wirken in der Masse aber eher isoliert.

Von den EBM- und Industrialveranstaltungen abgesehen, haben viele Männer ein androgynes Auftreten, da sie oft geschminkt sind und Röcke tragen.

Allgemein fällt beim ‚WGT' 2001 auf, dass ausgesprochen viele junge Leute (14 bis 20 Jahre) anzutreffen und viele Personen pärchenweise auf dem Festival unterwegs sind. Im Vergleich zum Vorjahr gibt es weniger Grufties im Punk-Stil. Dafür trifft man vereinzelt Frauen in schneeweißen Kleidern an. Ein weiterer Trend scheinen Handschellen und Ketten zu sein. Einige Pärchen laufen aneinander gekettet über das Gelände, was auch als Zeichen für den so genannten S/M-Stil gilt.

c) Allgemeine Beobachtungen

Die Veranstalter des ‚WGT' 2000 machten während des Festivals bankrott. Am dritten Tag der Veranstaltung wurden alle Veranstaltungen bzw. Veranstaltungsorte – bis auf das Agrar-Gelände und die Halle 16 – geschlossen. Am Agrar-Gelände wurde morgens der Strom abgestellt und die Sicherheitsbeamten zogen sich zurück, da sie nicht mehr bezahlt werden konnten. Diese Nachrichten drangen am Morgen des dritten Tages zu den Festivalbesuchern durch. Verschiedene Bands – darunter Topacts wie ‚Phillip Boa' – waren zu diesem Zeitpunkt bereits abgereist, hatten ihren Auftritt abgesagt bzw. waren zum angekündigten Termin nicht mehr erschienen, da ihre Gage nicht bezahlt werden konnte oder weil sie, wie z.B. ‚Christian Death', die Flugtickets nicht bezahlt bekommen hatten. Niemand wusste, wie das Festival weitergehen sollte. Die Stadt Leipzig stellte daraufhin spontan finanzielle Mittel zur Verfügung und schickte aus Sicherheitsgründen Polizisten auf das Agrar-Gelände.

Es wurde im Laufe des Tages klar, dass ein Notprogramm zustande kommt. Ein Krisenstab trommelte die Bands zusammen, die unentgeltlich noch auftreten wollten. Dieses neue Line-up spielte dann auf dem Agrar-Gelände. In der ‚Halle 16' übernahmen die verschiedenen Plattenlabels die Finanzierung, so dass dort das normale Musikprogramm stattfinden konnte. Diese Maßnahmen retteten den dritten Tag des Festivals. Der vierte Tag, Montag, entfiel komplett.

Obwohl dieser Zwischenfall das gesamte Festival stark beeinträchtigte und die Besucher im Vorfeld viel Geld für das Festival ausgegeben hatten, blieb die Atmosphäre erstaunlich ruhig und entspannt: Kaum ein Besucher forderte sein Geld zurück, ganz zu schweigen von etwaiger ‚Meuterei' oder Aufständen der Fans, wie sie im Rahmen von Massenveranstaltungen nicht unüblich sind. Alles blieb ausgenommen friedlich und auch an dem massiven Polizeiaufgebot schien sich keiner zu stören. Vielmehr versuchte man, das Beste aus der Situation zu machen und brachte sogar Verständnis für die Situation der Veranstalter und Bands auf. Dieser friedliche Umgang mit der Situation ist angesichts der Umstände bemerkenswert und unterstreicht den friedfertigen Charakter der Szene.

Bemerkenswert war darüber hinaus, dass auf dem gesamten Festival kaum Sponsoring zu finden war, wie es bei Festivals dieser Größenordnung sonst üblich ist. Ganz vereinzelt hingen Werbungsbanner für Getränke an den Veranstaltungsorten.

Auch bei dem ,WGT' 2001, das von einer professionellen Eventagentur organisiert war, waren nur vereinzelt Sponsoren anzutreffen. Dafür gab es aber Merchandising-Produkte, die beim ,WGT' 2000 noch nicht anzutreffen waren. Auch wurde ein passendes Kinoprogramm zum Festival in einem großen Multiplex-Kino in Leipzig angeboten. Beides spricht für eine Kommerzialisierung der Veranstaltung – nicht zuletzt hervorgerufen durch die professionelle Organisation durch eine Eventagentur.

Es fiel außerdem auf, dass 2001 alles straffer und besser organisiert war. Die Öffnungs- und Konzertzeiten wurden eingehalten. Es gab einen Faltplan zur Orientierung und eine Veranstaltungsübersicht. Vieles wurde dadurch aber auch kostenintensiver. Die Eintrittskarten verteuerten sich im Vorverkauf von 89 DM auf 98 DM und das Programmheft kostete 15 DM statt wie noch im Vorjahr 5 DM.

Beim ,WGT' 2001 waren keine umstrittenen ,rechten' Bands im Programm zu finden. Zusätzlich waren die Sicherheitskräfte angewiesen, keine Leute auf das Gelände zu lassen, die rechte Symbole tragen.

Immer wieder stellten wir während der Festivals fest, dass sich – gemessen am distanzierten und teilweise unfreundlichen oder gar furchteinflößenden Aussehen und Auftreten der Besucher – die Kontaktaufnahme unproblematisch gestaltete. Die angesprochenen Personen zeigten sich offen, auskunftsfreudig und gesprächig. Sie ließen sich auch bereitwillig fotografieren. Teilweise posierten sie regelrecht für die Fotos.

Die meisten ,WGT'-Besucher orientieren sich anhand des Programmheftes und wählten sich ihre Veranstaltungen gezielt aus, meistens in Kleingruppen. Die Veranstaltungsorte sind mit öffentlichen Verkehrsmittel zu erreichen, so dass eine Hauptaktivität darin besteht, zwischen den einzelnen Veranstaltungsorten hin- und herzupendeln. Ein wichtiger Bestandteil des Festivals ist der Verkauf bzw. das Kaufen von Szeneaccessoires. Die Verkaufshallen sind gut besucht. Zwischen den einzelnen Programmpunkten, die während eines Tages besucht werden, sitzt man aber auch häufig zusammen und unterhält sich. Es fällt auf, dass nicht nur das Rahmen-Programm wichtig ist, sondern auch das überregionale Zusammentreffen der schwarzen Szene insgesamt gesucht und genossen wird.

Die unterschiedlichen Veranstaltungsorte schienen sorgfältig ausgewählt und passten zu den einzelnen Subszenen (z.B. die Mittelalterszene in der ‚Moritzbastei' oder die EBM- und Industrialszene in dem martialisch anmutenden Bau der ‚Halle 16'). Auch die kommerziellen Anbieter, die an den Veranstaltungsorten anzutreffen waren, passten mit ihren Waren zu den Orten (z.b. wurden auf dem mittelalterlichen Markt keine CDs verkauft). Die Veranstaltungsorte waren für Festivalverhältnisse durchgängig sehr sauber. Diese Beobachtungen machen deutlich, wie viel Wert auf das Äußere bzw. eine stimmige Ästhetik gelegt wird und wie wenig solche außeralltäglichen Massenveranstaltungen dazu genutzt werden, ‚über die Stränge zu schlagen' (was bei Partys und Festivals anderer Gruppierungen durchaus üblich ist).

3.1.2.2 ‚Mera-Luna-Festival' in Hildesheim 2000 und 2001

Das ‚Mera-Luna-Festival' wird seit Jahren von einer kommerziellen Konzertagentur geleitet und ist ein großes, zweitägiges Open-Air-Festival. Es richtet sich nicht ausschließlich an ein Publikum aus der schwarzen Szene, sondern wird auch von szeneaffinen Gruppen besucht. Zu diesem Festival kommen ca. 10.000 Besucher aus ganz Deutschland. Der Eintritt für einen Tag beträgt 2000/2001 59 DM. Die Veranstaltung wird von ‚Becks Bier' und dem Tabakwarenhersteller ‚DRUM' gesponsert.

a) Veranstaltungsort

Das Festival findet auf den Start- und Landebahnen des Flugplatzes außerhalb von Hildesheim statt. Auf großen Wiesen um das Gelände herum kann gezeltet werden. Die Festivalbesucher bringen meist kleine Kuppelzelte mit und schlafen auf den dafür vorgesehenen und abgesperrten Wiesen. Bei den Zeltplätzen befinden sich Sanitäranlagen und Essensstände (Döner, vegetarische Küche, Backwaren, Kaffee, Getränke). Auf dem Gelände steht außerdem ein großes Chill-Out-Zelt mit roten Sofas zum Ausruhen.

Der Konzertplatz liegt direkt neben dem Zeltplatz. Erst hier am Eingang werden die Besucher von Sicherheitskräften kontrolliert und abgetastet. Auf dem Konzertplatz ist am Kopfende die große Hauptbühne aufgebaut. Auf der rechten Seite schließt sich eine große Halle – der Hangar des Flugplatzes – an, in der sich auch eine Bühne sowie diverse Essens- und Getränkestände befinden. Auch hier treten Bands auf. Auf der Hauptbühne und im Hangar finden abwechselnd Konzerte statt. Der Zeitplan auf beiden Bühnen wird exakt eingehalten, so dass auch während der Umbaupausen immer auf der jeweils anderen Bühne Programm stattfindet. Zwischen Hauptbühne und Hangar ist ein so genannter ‚Duschtunnel‘ aufgebaut, in dem man sich während der Veranstaltung abkühlen kann. Am Rande des Konzertplatzes sind Verkaufsstände von kommerziellen Anbietern aufgebaut. An den Ständen werden Getränke (Wasser, Cola, Bier, Cocktails und Metwein), Essen (Fladenbrot, Gemüsepfanne, Wurst, Crepes, Döner), Schmuck (Runen, Kreuze, Amulette, Ringe etc.), Kleidung (T-Shirts, Gewänder, Lederkleidung), CDs, riesige Tücher (mit Kreuz- oder Drachensymbolen), Totenköpfe und Bücher verkauft. Verschiedene Bodypiercing- und Tattoostände und ein Verkaufsstand der Zeitschrift ‚Zillo‘ vervollständigen das Bild.

b) Festivalteilnehmer und Kleidung

Auch auf dem ‚Mera-Luna-Festival’ wird vornehmlich Schwarz getragen. Die Mehrheit der Teilnehmer lehnt sich an Rock- und Punkstile an. Häufig sieht man schwarze Hosen (‚combat trousers‘ in Schwarz oder Dunkelgrün), T-Shirts (darunter viele T-Shirts mit Bandaufdrucken) und Springerstiefel. Die Haare werden lang mit abrasierten Seiten, einfach nur lang oder kurz geschoren getragen. Auch viele Frauen sind mit Hosen bekleidet und haben kurze Haare.

Einige Teilnehmer sind auch in Lack und Leder gekleidet. Frauen haben häufiger kurze Lack- und Lederröcke an und tragen dazu hohe Stiefel sowie tief dekolletierte Oberteile. Oft sind sie auffällig geschminkt.

Nur vereinzelt sind Personen in mittelalterlichen oder viktorianischen Gewändern anzutreffen; meist sind es Frauen. Die Männer dagegen sind öfter in Schotten-Röcken (Kilts) zu sehen.

Insgesamt betrachtet kleidet sich die große Masse eher schlicht und weniger auffällig (Hose und T-Shirt) bzw. entsprechend dem typischen Gothic-Stil. Die Aufmachung ist insgesamt wenig verspielt (sehr wenig Schmuck und Accessoires, kaum Schminke). Allerdings sind viele Piercings und Tattoos zu finden (zur fotografischen Dokumentation vgl. Neumann-Braun/Richard/Schmidt 2003).

Die Altersspanne reicht von Teenagern bis zu 40-Jährigen, die z.T. mit der ganzen Familie das Festival besuchen.

c) Allgemeine Beobachtungen

Die Konzerte sind allesamt gut besucht. Dabei stehen die Teilnehmer auffällig gesittet vor der Bühne, ohne viel zu tanzen oder zu rempeln. Die Atmosphäre ist entspannt. Es entsteht kein großes Gedränge, obwohl es eng ist und viele Leute sich auf dem Konzertplatz aufhalten. Wenn man nicht vor der Bühne steht, sitzt man auf den Wiesen, hört der Musik zu und unterhält sich mit anderen Besuchern. Dabei wird viel Bier konsumiert (der Alkoholkonsum ist bei diesem Festival höher als wir das sonst in der Szene beobachten konnten). Einige Besucher sind sehr betrunken. Nach den Konzerten verläuft sich die Masse schnell. Viele fahren gleich mit ihren Autos weg bzw. gehen zu ihren Zelten oder halten sich gemeinsam an den Bierständen auf.

Das Festival wirkt insgesamt gut organisiert. Der Zeitplan wird exakt eingehalten. Es herrscht ein ruhiges und friedliches Miteinander und eine entspannte Atmosphäre – sowohl während der Konzerte, als auch hinterher.

Zusammenfassend lassen sich folgende situations- bzw. veranstaltungsübergreifende Besonderheiten festhalten:

- Die Szene legt sowohl bei den Clubs als auch bei den Großevents viel Wert auf eine szenetypische und kongruente Ästhetik, die eine szenespezifische Atmosphäre hervorruft. Dazu gehört auch ein sorgfältiges Styling der eigenen Person mit szenespezifischer Kleidung, Frisur und Accessoires.
- Ein wichtiger Aspekt bei Veranstaltungen jeglicher Art ist das Zusammentreffen der Szenemitglieder auf überregionaler Ebene.
- Bemerkenswert ist das absolut friedliche Miteinander (selbst bei Absage einer Veranstaltung) und die Toleranz anderen (Fremden, Nicht-Szenemitgliedern, anderen Subszenen-Angehörigen) gegenüber. Es findet keinerlei aggressives Verhalten statt.

3.1.3 Gothic und Satanismus: ein Interview mit Experten des Sekteninformationszentrums Essen e.V.

Im modernen Satanismus[137] vermischen sich Einflüsse nihilistischer und anarchistischer Ideologien mit okkulten, magischen und fernöstlich-esoterischen Tendenzen sowie Elementen von Blasphemie, Sexismus, Hedonismus und Perversion. Dabei handelt es sich weder um eine kanonisierte, weltanschauliche Lehre noch um eine homogen operierende, zentralistische Organisation. Vielmehr scheint sich diese Strömung durch einzelne, hierarchisch aufgebaute ‚Orden' (wie z.B. ‚O.T.O.', ‚Church of Satan', ‚Fraternitas Saturni' oder ‚Ordo

---

137 Für einen ausführlichen Überblick zu Begriff und Geschichte des modernen Satanismus vgl. Christiansen 2000, Ruppert 1998, Türk 1997, Christiansen 1996, Grandt/Grandt 1996, Introvigne/Türk 1995, Dvorak 1994, Schmidt 1992, Haack/Haack 1989, Wenisch 1988.

Saturni'), „locker strukturierter informeller Gruppen und Cliquen sowie Einzel-
gänger, die sich für ihren individuellen Lebensbedarf satanistischer Ideologien
und Accessoires – vom unverdauten Crowley-Zitat bis zum umgedrehten Kreuz
oder dem Sarg auf der Bude – bedienen" (Ruppert 1998, S. 1), zu organisieren.
Gesellschaftliches Aufsehen erregen Satanisten bzw. satanistische Gruppierungen meist durch provokatives Proklamieren von Gewalt und elitäres Gedankengut, „wenn auch meist nur verbal, sowie [durch] spektakuläre, sensationsträchtige Kriminalfälle im satanistischen Umfeld" (ebd. S. 1).

Gerade im Fall solcher spektakulärer und sensationsträchtiger Ereignisse
(vgl. Einleitung) wird durch die Medien, allen voran die Boulevardpresse, eine
vorschnelle Verbindung zur schwarzen Szene hergestellt, die teilweise so weit
geht, solche Ereignisse als Hervorbringungen der Gothic-Szene zu begreifen. Dies
resultiert hauptsächlich aus der Tatsache, dass die Szene – oberflächlich betrachtet
– auf stilistischer (schwarze Kleidung, Verwendung satanistischer Symbole wie
Teufel, Totenschädel, Pentagramme, umgedrehte Kreuze, altarartige Dekoratio-
nen), handlungspraktischer (Interesse an okkultistischen, magischen Praktiken)
und ideologischer (Interesse an transzendenten, z.T. antichristlichen Sinngehalten)
Ebene Ähnlichkeiten zu satanistischen Kreisen aufzuweisen scheint.

Diese Ähnlichkeiten finden jedoch keine Entsprechung auf der Ebene der
Vergemeinschaftung und Szeneorganisation. Das Verhältnis zum Satanismus
begreifen die interviewten Szeeexperten als ein durch intellektuelle Distanz und
Objektivität geprägtes; Satanismus stellt für die Szene kein prominentes Glau-
bens- und Deutungssystem dar. Handlungspraktisch und szeneorganisatorisch
besteht eine scharfe Trennung zwischen Gothic-Szene und satanistischen Kreisen
(vgl. Kap. 3.2.5).

Diese Auffassung wird durch szeneexterne Experten bestätigt: Im Rahmen
des Forschungsprojektes haben wir eine Sektenberatungsstelle besucht, bei welcher zwei Diplompsychologen in einem Projekt zur ‚Beratung und Hilfe für
Menschen mit außergewöhnlichen Erfahrungen' beschäftigt sind. Ziel des Pro-
jekts ist die psychologische Beratung von Personen, die durch Anwendung okkulter oder spiritistischer Praktiken i.w.S. Erfahrungen übersinnlicher Art gemacht zu haben glauben, deren Folgen nun die Bewältigung ihres Alltags
beeinträchtigen. In vielen Gesprächen stellten sie fest, dass Jugendliche, die sich
als Satanisten bezeichnen, keinerlei Wissen über die Szene oder ihre Praktiken
besitzen. Sie benutzen die Begrifflichkeit eher aus Provokation gegenüber ihren
Eltern bzw. suchen eine griffige Selbstdefinition.

Nur drei Klienten aus diesem Projekt können der satanistischen Szene zugeordnet werden. Diese Fälle und die während der Therapie gewonnenen Einblicke
in Teile der satanistischen Szene, sind Gegenstand der vorliegenden Betrachtung.
Die interviewten Diplompsychologen berichten weitgehend über Erfahrungen

aus der Praxis und können im Verlauf des Interviews die Tatsache einer Nicht-
Vergleichbarkeit von schwarzer Jugendkultur mit satanistischen Szenen vor
allem dadurch plausibel machen, dass sie – im Gegensatz zu den interviewten
Szenegängern (Kap. 3.2.5) – durch ihr Klientel partielle Einblicke in Strukturen
und Abläufe satanistischer Kreise erhalten[138]. Die folgenden Ausführungen versuchen, die Aussagen der Interviewten über die Behandlung ihrer als ‚satanistische Opfer' klassifizierten Patienten zusammenzufassen.

In allen drei Fällen liegen schwere Traumatisierungen in Kindheit und Jugend durch Vernachlässigung, Liebesentzug, Gewaltanwendung, Missbrauch
und das Fehlen konstanter Bezugspersonen vor. Die daraus resultierende, defizitäre Persönlichkeitsentwicklung, einhergehend mit Ohnmachterlebnissen und
vermindertem Selbstwertgefühl erfährt durch die Hinwendung zu okkul-
tem/satanistischem Gedankengut eine Kompensation. Kompensatorische Funktion kommt solchem Gedankengut und den damit verbundenen Praktiken prinzipiell deshalb zu, weil sie als eine aus der realen Welt ausgelagerte Form der
Wiederbemächtigung (vs. Ohnmacht) begriffen werden können („dann dient das
Verbünden mit den dunklen Mächten dazu, selbst Macht über dieses Gefühl von
Kontrollverlust zu erlangen"[139]). Satanismus kann vor diesem Hintergrund als
eine Bewältigungsstrategie begriffen werden, „aus Ohmacht Macht und aus
Machtlosigkeit Kontrolle zu machen". Im Vordergrund stehen zunächst nicht
satanistische Gesetze, Weltdeutungen oder Ideologien, sondern praktische Fragen der Lebensführung und -bewältigung. Durch die Teilnahme an (Gruppen-)
Ritualen wird die Bewältigung entpersonifiziert, in gewissem Sinne institutionalisiert und habitualisiert. Rituale schaffen Distanz durch die kollektive Herstellung transzendent-symbolischer Bezüge und Sicherheit durch die Eingebundenheit in einen gemeinschaftlich getragenen Sinnzusammenhang. Inhaltlich
vermögen sie durch ihren extrem abweichenden und lebensverachtenden Charakter Gefühle der Macht, der Omnipotenz, des Fatalismus und Nihilismus ob
der Sinnlosigkeit des irdischen Daseins und nicht zuletzt der Überlegenheit zu
evozieren und aufrechtzuerhalten. In diesem Sinne sind solche Rituale als funktionale Problemlösungen zu begreifen, da sie die existenzbedrohenden Erfahrungen des Alltags durch Verlagerung, Umwertung und symbolische Machtan-
eignung entschärfen.

---

138 Dass diese professionellen Helfer die einzigen Personen innerhalb unserer Forschungsarbeit
waren, die u.E. fundierte Auskünfte über satanistische Kreise geben konnten, zeigt zumindest,
dass praktizierter Satanismus wohl nicht über expressive Stilpraktiken an die Öffentlichkeit getragen wird und somit typischen Praktiken der Gothic-Szene diametral entgegenläuft.
139 Passagen in doppelten Anführungszeichen sind Originalzitate aus den Interviews mit den
Sektenberatern.

Erfahrungen im Alltag, die als übersinnlich gedeutet werden, wie z.B. Besessenheit (Enthusiasmus), Beeinflussung, Prophetie (Ekstase) oder psychokinetische bzw. telepathische Erlebnisse fungieren als Indizien bzw. Belege der aus dem besonderen Lebenszusammenhang erwachsenen Weltdeutungsmuster. Dies erzeugt einen Circulus vitiosus – von den Interviewten als „Unausweichlichkeit" bezeichnet –, da die betroffenen Personen sich in ihrem Gefühl, es gäbe ein ‚Mehr' im Leben, das sie für sich nutzbar machen könnten, selbst bestätigen.

Die Konsequenzen dieser problematischen Lebensbewältigungsstrategien beschreiben die interviewten Therapeuten als innerpsychische Verrohung, als dramatische Abwendung von basalen gesellschaftlichen Wertstandards wie etwa der Unantastbarkeit der Menschenwürde, dem Recht des Einzelnen auf körperliche und seelische Integrität sowie als Überhöhung und Selbstverherrlichung der eigenen Person sowie der Gemeinschaft. Dies drückt sich konkret in der Verachtung anderer Menschen und in extremen Formen von Gewalt anderen und sich selbst gegenüber aus.

Die übertriebene Aufwertung der eigenen satanistischen Szene resp. die Abwertung der ‚Normalgesellschaft' („die schon mal gar nichts mehr wert ist") verlängert sich auf die Bewertung der schwarzen Szene, die als schwach und unaufrichtig empfunden wird („Viele Satanisten sagen auch, die Grufties sind Weicheier, Schlaffies, mit denen kann man eh nichts anfangen (...) die tun ja nur so, aber wir sind richtig"). Somit besteht nicht nur vonseiten der Gothics eine klare Abgrenzung gegenüber satanistischen Kreisen, sondern auch umgekehrt wird eine eindeutige Grenze gezogen.

Die bei Helsper (1992, S. 208) vertretene These, dass satanistisch orientierte Jugendliche aus Elternhäusern mit rigidem religiösen Hintergrund stammen und ihr Verhalten deshalb als eine Reaktion auf diese Zumutungen und damit als eine Umwertung christlicher Werte und Glaubensinhalte begriffen werden muss, können die Psychologen aus ihren Erfahrungen heraus *nicht* bestätigen. Obwohl die Klienten also weder eine streng religiöse Sozialisation durchlaufen haben noch aus ländlichen Gegenden stammen, konvergieren die Einschätzungen dennoch dahingehend – gewissermaßen auf einem abstrakteren Erklärungsniveau –, dass an satanistischem Gedankengut orientierte bzw. satanistische Rituale praktizierende Jugendliche und junge Erwachsene traumatische Kindheitserfahrungen zu bewältigen versuchen. In diesen Erfahrungen spielen Erlebnisse von Ohnmacht, Kontrollverlust und Bevormundung eine wichtige Rolle. Der Satanismus stellt für diese Jugendlichen ein ‚attraktives Angebot' dar, sich gegen die Wiederholung solcher Ereignisse zu wappnen, sich zur Wehr zu setzen, Macht über ihr Leben und ihre Umwelt zu erlangen (wenn auch nur symbolisch) und sich anderen überlegen zu fühlen.

Im Extremfall jedoch – so berichteten die Interviewten – bricht diese ohnehin fragile Konstruktion zusammen, sodass der Alltag kaum mehr bewältigt werden kann. Es entspinnt sich ein Teufelskreis aus zeitintensivem (häufig nächtlichem) rituellem Praktizieren, gesellschaftlicher Isolation und Desintegration (etwa auch Verlust des Arbeitsplatzes) und zunehmender Verstiegenheit in die gemeinschaftlich gelebten Weltdeutungsmuster. Unsere Interviewpartner konnten über Anhänger des Satanismus gesicherte Auskunft erteilen, wohingegen sie bezüglich der ‚Hintermänner' bzw. Organisationseliten nur Spekulationen äußern konnten: Ähnlich wie die Experten der Gothic-Szene vermuten sie, dass sich die Szene in hierarchisch strukturierten Logen organisiert, die von Personen getragen werden, die im Alltag ein unauffälliges Leben führen und äußerlich nicht zu erkennen sind.

Wie schon die Szenegänger betonen auch die szeneexternen Experten, dass keine Verbindung zwischen praktizierenden Satanisten und der Gothic-Szene existiere. Die Vorstellung, dass der typische Eintritt in die satanistische Szene über die schwarze Szene erfolgt, wiesen die Interviewten zurück („Eintrittsdroge Gruftie, diese These ist falsch"). Die einzige Gemeinsamkeit, so die Interviewten, die zwischen den beiden Gruppierungen existiere, sei eine stilistische: die Affinität zur Farbe Schwarz und das Interesse an diversen Symboliken und Schriften.

Zusammenfassend lässt sich festhalten, dass die enge und systematische Aufeinanderbezogenheit von Traumatisierung und Lebensbewältigung in Form satanistischer Ideologien und Praktiken für die Gothic-Szene keine Relevanz beanspruchen kann und infolgedessen *keine Verbindungen zwischen diesen beiden Szenen zu vermuten ist.* Dies zeigen u.a. auch die radikalen Diskrepanzen in den Wertvorstellungen der Gothics (vgl. Kap. 3.2.2) auf der einen und den Satanisten (s.o.) auf der anderen Seite.

3.2 Interviewanalysen

3.2.1 Szeneeintritt

In diesem Kapitel steht die Frage im Mittelpunkt, wie die SzeneexpertInnen Kontakt zur schwarzen Szene bekamen und warum sie sich dieser schließlich angeschlossen haben. Gleichzeitig liefern diese biographischen Erfahrungen und Erlebnisse Anhaltspunkte für die Beantwortung der Frage, was die Gothic-Szene für Jugendliche so attraktiv macht. Die Interviewten beschreiben einerseits ihren eigenen Einstieg in die Szene, schildern ihren ersten Kontakt mit der Szene und was ihr Interesse geweckt hat. Andererseits bedienen sie sich einer allgemeineren Darstellungsform, bei der darüber reflektiert wird, welche Anreize die Gothic-Szene jungen Leuten bietet.

Folgende Schwerpunkte kristallisierten sich während der Analyse relevanter Passagen heraus: a) Musik, b) Lebensgefühl, c) Lebensbewältigung und d) Distinktion gegenüber der ‚Normalgesellschaft'.

a) Musik

Interview Angela, Passage 2: MUSIK UND NEUGIER

Frage: Erst mal würd mich interessieren, wie du überhaupt in die Szene kamst, was der Anlass war?

„Also bei mir jetzt persönlich? Was heißt Anlass, es gab keinen Anlass, sondern ich bin durch die Musik in diese Szene reingekommen, das war so, also natürlich auch die Neugier, von diesen schwarzgekleideten Menschen, was machen die da eigentlich, und da war ich auch, wie alt war ich denn da, 14, 15, und da gab's halt so Bands wie Cure und da war noch ein bisschen mehr diese Punk-Szene, also war noch ein bisschen mehr so Ende 80er, Anfang 90er, und über die Musik bin ich auf die Szene gekommen, einfach das ist eigentlich schon alles."

Frage: Und bist du dann zu diesen Veranstaltungen immer hingegangen und bist da so reingestiegen?

„Ja genau, es fing vor allem an mit Konzerten, 'ne Zeitlang gab's ja auch viel mehr so Bands, bei mir war's vor allen Dingen eher Punk und mehr so Rockbands, und dann ging das langsam so in dieses Dark Wave, Gothic-Mäßige dann über, und teilweise auch EBM, was ich heute höre. Und auch wenn ich 'ne Zeitlang aus dieser Szene wieder aussteige, also ich hab auch schon mal ein Jahr mit dieser Szene gar nichts zu tun gehabt, komm ich immer wieder über die Musik da zurück, das liegt einfach daran, dass ich die Musik sehr gerne mag, also bzw. immer wieder Teile von dieser Dark-Wave-Gotik-Musik mir gefällt, dann geh ich auch wieder auf ein Konzert und lande dann wieder in dieser Szene oder ich geh mal wieder in 'ne Disco und ich mag auch die Atmosphäre da mittlerweile, so komm ich immer wieder zurück."

Für Angela spielte die Musik die entscheidende Rolle, um Ende der 1980er bzw. Anfang der 1990er Jahre in die Szene einzusteigen (*ich bin durch die Musik in diese Szene reingekommen*). Vor allem Besuche bei szenespezifischen Konzerten weckten ihr Interesse an der Szene, wobei sie zunächst Rock- und Punkkonzerte bevorzugte, bevor sie Geschmack an gothicspezifischer Musik fand (*bei mir war's vor allen Dingen eher Punk und mehr so Rockbands, und dann ging das langsam so in dieses Dark Wave, Gothic-Mäßige dann über, und teilweise auch EBM, was ich heute höre*). Interessant ist auch die Tatsache, dass die Musik – auch wenn sie für einige Zeit aus der Szene aussteigt – sie immer wieder wie ein Magnet in die Szene zurückzieht (*ich hab auch schon mal ein Jahr mit dieser Szene gar nichts zu tun gehabt, komm ich immer wieder über die Musik da zurück, das liegt einfach daran, dass ich die Musik sehr gerne mag*). Als weiteres Motiv wird *Neugier* auf die Gothics genannt.

Interview Angela, Passage 18: EINSTIEGSMERKMAL IST DIE MUSIK

Frage: Aber kannst du sagen, was für eine Rolle die Musik spielt in der Szene?

„Wie meinst du das?"

Frage: Für die Leute dann in der Szene, ist es Begleiterscheinung oder ist es das Maßgebliche für die Szene, dass sie in der Szene sind, also du hast ja am Anfang erzählt, dass du über die Musik in die Szene gekommen bist, ist das allgemein so?

„Das ist bestimmt bei vielen so, also ich glaube, dass schon mehr Leute über die Musik als über die Kleidung oder über das Lebensgefühl, wie diese Szene sich halt gibt. Ich glaub schon, dass das so das Hauptmerkmal ist, also das Einstiegsmerkmal ist die Musik, du kommst über die Musik da rein, und die hält dich vielleicht auch, mich bringt sie auch immer wieder zurück in diese Szene. Später ist es dann aber nicht unbedingt ausschlaggebend."

In dieser Passage erfährt die biographische Erzählung, über die Musik in die Szene gekommen zu sein, eine Verallgemeinerung. Der Musik wird eine stärkere Funktion zugestanden, den Einstieg in die Szene zu finden als anderen alltagsästhetischen Praktiken wie *Kleidung* oder Überzeugungen wie das spezifische *Lebensgefühl*, das die Szene ausstrahlt (*ich glaub schon, dass das so das Hauptmerkmal ist, also das Einstiegsmerkmal ist die Musik, du kommst über die Musik da rein*).

Interview Robin, Passage 1: DAS IST DER WAHNSINN

Frage: Wie bist Du in die Szene gekommen?

„Dann lief wohl mal Rock aus'm Alabama. Das kam ja damals immer auf'm Bayrischen Rundfunk, was natürlich ja keiner gekriegt hat, aber es ist ja von der ARD samstags wiederholt worden. Und da lief Cure. Hab ich aber nicht gesehen. Nächsten Tag kam T.S., mein damaliger Freund und einer der wichtigsten schwarzen Leute hier im Süden zu mir, hast du das gestern gesehen, die Wiederholung heut früh. Ich war doch noch in der Schule und. Das musst du dir angucken, ein Typ mit solchen Haaren und geschminkt und The Cure. Ich hab des noch nie gehört, weiß ich nicht, was is'n das? Das ist der Wahnsinn, das ist es und so. Und dann hab ich mir das angeguckt und dann war es vorbei. Lovecats war das erste Lied, was ich richtig in voller Länge gesehen habe. Und dann war's vorbei. Dann habe ich mich geschminkt. Den Lippenstift von Mutti, Robert Smith halt. Und dann ging das richtig los.“

Schlüsselereignis für den Eintritt in die schwarze Szene bildet hier die Konfrontation mit der Musik von ‚The Cure'. Erstes Vorbild für den eigenen ‚Look' war Robert Smith, der Sänger von ‚The Cure'. Sein Erscheinungsbild zeichnete sich durch schwarze, zerzauste und toupierte Haare, ein blass gepudertes Gesicht, mit schwarzem Kajalstift umrandete Augen und rot geschminkte und verlaufene Lippen aus. Wie hier beschrieben, konnte man das zu DDR-Zeiten eigentlich verbotene Westfernsehen auch im Osten empfangen und sich Musiksendungen wie ‚Rock aus dem Alabama' anschauen. ‚The Cure' waren nicht nur in der Gruftie-Szene bekannt, vielmehr wurden ihre Songs in den 1980er Jahren und bis Mitte der 1990er in Discos und im Radio gespielt. Auch in der Jugendzeitschrift ‚Bravo', die man auf dem Schwarzmarkt in der DDR erstehen konnte, wurde über ‚The Cure' berichtet. So konnte man auch ohne profunde Kenntnisse der schwarzen Musik bzw. der Zugehörigkeit zur Szene mit dieser Band in Berührung kommen. Deren düstere und melancholische Gitarrenmusik und das Image von Sänger Robert Smith bildeten eine Schnittstelle zur schwarzen Szene, die das Interesse vieler junger Menschen auf die Gothic-Szene lenkte. Deswegen erfolgte der Einstieg in die Gothic-Szene oftmals über das Interesse an dieser Band um Robert Smith. Interessant in dieser Interviewpassage ist vor allem, dass nur ein einziges Musik-Video so begeistern konnte (*das ist der Wahnsinn, das ist es und so. Und dann hab ich mir das angeguckt und dann war es vorbei. Lovecats war das erste Lied, was ich richtig in voller Länge gesehen habe. Und dann war's vorbei*), dass man Robert Smith zum Idol erklärte und sich fortan in ästhetischer Hinsicht an ihm orientierte (*dann habe ich mich geschminkt. Den Lippen-stift von Mutti, Robert Smith halt. Und dann ging das richtig los*).

Interview Manfred, Passage 1: ÜBER MUSIK

Frage: Wie bist Du in die Szene gekommen?

„Angefangen hat es vielleicht mit – Moment, jetzt muss ich nachrechnen – 1988 – da war ich 15. Ja, so um die Zeit, das geht so Stück für Stück, genau kann man sich da nicht mehr erinnern, als man angefangen hat zu gucken in seiner Gegend rum, was da so für Leute sind, wer sich wo trifft. Und über Musik vielleicht am ehesten, über die Bands, die man da gehört hat, da kam man dann in Kontakt mit Leuten, die da ähnlich unterwegs waren. Das war damals noch so keine spezifi-sche Gruft-Szene, sondern die war noch viel mehr durcheinander. Da waren eben Punks dabei, da waren manchmal sogar Skinheads dabei, das mischte sich dann alles und irgendwann wurden es eben ein paar mehr. Als richtig Gruftie habe ich mich selber nicht gefühlt, kann ich auch nicht sagen, dass ich das ge-wesen bin oder bin, ich hab da 'nen starken Bezug dazu und bewege mich in der Szene, aber ich würde nicht sagen: ich bin ein Gruft. Ich höre diese Musik und ich trage auch manchmal die Klamotten und teile viele Inhalte, die dabei 'ne Rolle spielen unter solchen Leuten; aber natürlich längst nicht alles. Und da-mals ist man halt in irgendwelche Diskotheken gegangen und hat sich in Parks getroffen und sich dann unterhalten. Über Gott und die Welt und alles mögliche, was man glaubt, was man nicht glaubt, was man für Musik hört usw., so fing das an."

Hier wird in einer sozialisatorischen Perspektive festgestellt, dass der Szeneein-tritt durch die Suche nach einer Peer-Group motiviert gewesen ist (*als man an-gefangen hat zu gucken in seiner Gegend rum, was da so für Leute sind, wer sich wo trifft*). Warum man sich dann gerade der Gothic-Szene anschließt, wird, wie in anderen Passagen auch, wieder an der Musik festgemacht, über die sich dann der Kontakt zu Szenemitgliedern ergab (*und über Musik vielleicht am ehesten, über die Bands, die man da gehört hat, da kam man dann in Kontakt mit Leuten, die da ähnlich unterwegs waren*). Auffallend ist in dieser Passage, dass der In-terviewte eine gewisse Distanz zwischen sich und der schwarzen Szene sieht (*als richtig Gruftie habe ich mich selber nicht gefühlt, kann ich auch nicht sagen, dass ich das gewesen bin oder bin, ich hab da 'nen starken Bezug dazu und be-wege mich in der Szene, aber ich würde nicht sagen: ich bin ein Gruft*), obwohl er viele Überzeugungen, alltagsästhetische Praktiken sowie die Interaktionspraktiken der Szene, wenn auch nicht vollständig, teilt (*ich höre diese Musik und ich trage auch manchmal die Klamotten und teile viele Inhalte, die dabei 'ne Rolle spielen unter solchen Leuten; aber natürlich längst nicht alles*).

Interview Manfred, Passage 5: UND DANN GING DAS LOS

Frage: In Leipzig fand sich eine größere Anzahl von Leuten dann irgendwann zusammen?

„Es hat sich schon viel verändert. Ich habe dann nach der Wende 'ne Zeitlang wenig damit zu tun gehabt, bin auch aus Leipzig weggegangen, nach München drei Jahre und habe dann am Ende der drei Jahre dort in München wieder angefangen, solche Musik zu hören. Da kam dann eigentlich der richtige Einstieg, sag' ich mal. Da kam man ja auch wesentlich eher an diese Musik ran, die man ja vorher nur sehr begrenzt hören konnte oder überhaupt bekommen haben auf irgendwelchen Kassetten vor der Wende. Und dadurch, dass der Zugang leichter war, dass man 'ne Zeitung gekriegt hat, die erste war glaube ich, die sich mit solcher Musik beschäftigt hat, die Zillo. Die haben, glaube ich, 90, 91 angefangen, und dann war natürlich der Zugang viel leichter. Dann war das gleich wieder wie so 'ne kleine Welt, ein kleines Universum, was sich da aufgebaut hat, wenn man das wollte. Und da kam der Einstieg dann richtig. Und da gab es auch einen Club in München, ‚Pulverturm‘ hieß der, den gibt's, glaube ich, sogar heute noch, der freitags und samstags solche Musik gespielt hat, war natürlich ganz anders als ich das kannte aus unserer Zeit her. Dann gab's noch mal ein Schlüsselerlebnis: In München Neufahrn, das ist so ein Vorort, da gab's so einen Club, der hieß ‚Far Out‘ und in dem waren wir früher mal gewesen, ganz am Anfang meiner Münchner Zeit, und da hatten sie ganz normale Sachen gespielt, und plötzlich, ein paar Jahre später waren wir wieder dort drin, und da lief plötzlich ganz fremde Musik, die ich überhaupt nicht kannte. Da bin ich dann auf diese Musik gestoßen, das war plötzlich 'n schwarzer Abend dort geworden. Und ich hatte aber, bevor ich da rein gegangen bin, gar keine Ahnung. Ich fand aber die Musik natürlich Klasse. Und da ging's los. Und da hab ich gefragt: Was ist das, was ist das, wie heißt denn die Band? Und dann wusste man das so ein bisschen, und dann hat man entdeckt, dass es da 'ne Zeitung gibt, und dann ging das los. "

In dieser Passage wird zunächst beschrieben, dass der Befragte drei Jahre lang keinen Kontakt zur Szene hatte. Dann wird ein *Schlüsselerlebnis* angeführt, das sein Interesse an der Gothic-Szene erneut weckte, der Besuch eines Clubs in

München, in dem Manfred unerwartet wieder mit szenespezifischer Musik in Berührung kommt und wiederum sehr begeistert ist. Motiv für den Wiedereinstieg in die Szene ist also auch hier die Musik.

Interview Jutta, Passage 1: ÜBER DIE MUSIK REINGEKOMMEN

Frage: Wie kamst Du in die Szene?

„Gott, mit Jahreszahlen, da wird's jetzt echt schwierig, da muss ich ganz kurz zurückrechnen, Abi hab ich 94 gemacht, und ab der, man kann sagen 9., 10. Klasse, also das müsste dann so 90/89 gewesen sein, 90 wahrscheinlich eher. Ja, es war halt so, also ich komm aus Zweibrücken, das ist eine mittlere Kleinstadt in der Nähe von Saarbrücken und die ist traditionell in Heavy-Metal-Hand diese Stadt, das ist einfach so, also da gibt's unheimlich viele Heavy-Metal-Kneipen und Bands und Cliquen, die halt heavy-mäßig unterwegs sind und so, und waren das so, als ich halt Teeny war, waren das so die ersten Leute, mit denen ich auch viel zu tun hatte und auch diese Musik halt gehört hab, also hauptsächlich Heavy Metal. Das wurde mir aber auf die Dauer dann ein bisschen langweilig, und ich hab dann ein paar andere Leute kennen gelernt, die mir Bands, also wenn das die Frage ist, ich bin da über die Musik reingekommen, die haben mir dann die Model Army und Sisters gezeigt, und damit war für mich so 'ne musikalische Richtung gegeben, wo ich dachte, oh da will ich mehr wissen. Und dann gab's bei mir auf der Schule eben ein Gruftie-Mädchen und die fand ich eh immer sehr interessant und sehr nett, und mit der hab ich mich dann auch angefreundet, und dann kam das einfach, also wie sich das dann halt entwickelt, über die dann wieder andre Leute kennen gelernt, mit der Musik mehr in Berührung gekommen, und dann halt auch geguckt, gut ich war noch recht jung, durfte noch nicht so viel weggehen oder so, aber es gab so einen Club in Saarbrücken, Heaven hieß der, hat leider jetzt wirklich tatsächlich zugemacht, hat sich aber sehr lang gehalten, die waren glaub ich 15 Jahre lang hatten die offen, und da konnte man hingehen freitags dann auch diese Musik, und man hat die Leute getroffen, na ja und dann bist du halt irgendwie in der Szene drinnen. Und es hat mir halt auch Spaß gemacht, also es war einfach einfach 'ne ganz and're Sache, was Außergewöhnliches, man ist schon damit aufgefallen auch irgendwo, gerade in so 'ner Kleinstadt, ja als dann, also meiner Mutter war das gar nicht so recht, ja, dass was die Nachbarn da auch sagen könnten oder als das erste Mal Leute aus der Szene bei mir zu Besuch waren, oh, oh, oh, da gab's Diskussionen, also das war."

Frage: Hast du dich denn auch selbst so angezogen?

„Ja, also ich fand halt den Stil sehr interessant, es war halt völlig anders als was ich bis dahin kannte, ich kannte natürlich Gruftie-Outfits so aus den Medien und so, wie man's halt so kennt oder auch wie die Künstler angezogen waren und so, aber ich fand das schon spannend, plötzlich irgendwie in schwarzen Klamotten rumzulaufen und da auch ein bisschen besondere Sachen zu machen als andere Leute, die einfach nur, keine Ahnung, zu Benetton gegangen sind und sich ihre Klamotten gekauft haben oder so, also es war schon so ein Abgrenzen auf jeden Fall. Da was Eigenes draus zu machen, und Schwarz fand ich total super, obwohl ich am Anfang keine schwarzen Haare hatte, also ich hatte rote Haare zu der Zeit, irgendwie asymmetrisch geschnitten, wie das damals irgendwie so in war, also da hab ich noch nicht, frisurmäßig war ich jetzt kein Punk oder so was, da war ich eher normal."

Bei Jutta hat auch zunächst die Musik das Interesse an der Szene geweckt. Über eine Freundin, die bereits Szenemitglied war, hat sie auch andere Szenemitglieder kennen gelernt, was ihr dann den eigentlichen Schritt in die Szene ermöglichte. Im weiteren Verlauf kommt es zu einer Wechselwirkung: Mit dem Kennenlernen anderer Szeneanhänger lernt sie neue Musik kennen und kommt darüber wiederum mit anderen Gothics in Kontakt und wächst so immer mehr in die Szene hinein. Durch das exotische und oftmals provokante Äußere der Gothics fällt man auf, was Jutta Vergnügen bereitet hat. Damit grenzt man sich von den anderen Gesellschaftsmitgliedern ab, die hier hinsichtlich der Kleidung als langweilig und einheitlich dargestellt werden (*andere Leute, die einfach nur keine Ahnung zu Benetton gegangen sind und sich ihre Klamotten gekauft haben*). Die Gothic-Szene wird dagegen als *spannend* beschrieben, hier werden *besondere Sachen* gemacht und ein eigener Stil kreiert (*da was Eigenes draus zu machen*).

b) Lebensgefühl

Interview Thorsten, Passage 8: DAS IST MEIN DING

Frage: Kann man irgendwie so grundsätzlich sagen, was so die Motivation der Leute ist in der Szene, in die Szene reinzugehen?

„Also eine generelle Richtung würde ich da nicht festmachen. Das sind zu viel unterschiedliche Dinge. Wie gesagt, im Unbekannten bewegt oder im nicht so öffentlichen Bereich, das heißt, die Leute brauchen irgendeinen Initiator, der sie

da reinbringt, sei es die Musik oder sei es der erste Kontakt über irgendwelche Zeitungen oder Berichte in Zeitungen oder durch Freunde, ich glaub, das ist so was, was das auslösen kann. Das ist zu unterschiedlich, was die Leute überhaupt erst mal in die Szene reinbringt. Was sie dann motiviert, ich sag ja, wenn man erst mal einen Geschmack daran gefunden hat und wirklich sagt, das ist mein Ding, aus welchen Gründen auch immer, ich fühle mich einfach wohl da drin, dann braucht es dann keinen Antrieb mehr, weil dann verschmilzt das mit dem eigenen Leben so ein bissi ineinander über. Dann gehört das einfach dazu. Also ich kann mir heute auch nicht vorstellen, wie es ohne wäre."

Da die Szene nicht öffentlich zugänglich ist – es handelt sich um eine Subkultur (*im Unbekannten bewegt oder im nicht so öffentlichen Bereich*) – braucht man etwas/jemanden, das/der den ersten Kontakt zur Szene ermöglicht. Das können die Musik, Zeitungen oder Freunde sein, wobei der Interviewte sich nicht festlegen möchte. Wird man dann tatsächlich Szenemitglied (*wenn man erst mal einen Geschmack daran gefunden hat und wirklich sagt, das ist mein Ding, aus welchen Gründen auch immer, ich fühle mich einfach wohl da drin*), führt das i.d.R. zu einer weitgehenden Identifikation mit der Szene, so dass diese zum festen Bestandteil des eigenen Lebens wird (*dann verschmilzt das mit dem eigenen Leben so ein bissi ineinander über. Dann gehört das einfach dazu*). Damit wird die Ganzheitlichkeit der Szene betont, ein gemeinsames Lebensgefühl, das eben auch die Motivation sein kann, Szenemitglied zu werden.

Interview Robin, Passage 18: HILFSRELIGION KAM DANN VIEL SPÄTER

Frage: Ist das Unterhalten nicht auch ein Grund, in die Szene zu gehen?

„Am Anfang war es zu 90 Prozent die Musik. Für mich auf jeden Fall, für andere wahrscheinlich weniger Prozent. Aber eher dann dieses düstere, mystische Gefühl verbunden halt mit Friedhöfen, alten Gemäuern, wo man sich zurückzieht und dasitzt und einfach labert, aber nicht großartig intellektuell, sondern einfach nur 'ne gute Zeit hat. Da konnte man sich auch über Weiber unterhalten, oder was weiß ich, aber es war einfach nur das Feeling irgendwie, dort rumzuziehen und die Stimmung oder die Situation zu genießen. Diese Hilfsreligion kam dann alles viel später, so in den 90ern."

Als Motivation zum Szeneeintritt weist Robin der Musik eine zentrale Rolle zu (*am Anfang war es zu 90 Prozent die Musik. Für mich auf jeden Fall*), wobei er zwischen sich und anderen differenziert. Bei anderen Szenegängern – so vermutet er – kommt einem weiteren Motiv eine große Bedeutung zu, nämlich dem bestimmten Lebensgefühl, das die Szene vermittelt. Dieses Lebensgefühl wird hier mit düster und mystisch charakterisiert. Das passive Genießen der besonderen Atmosphäre der Szene übt auf die Mitglieder bzw. Neueinsteiger einen besonderen Reiz aus (*dieses düstere, mystische Gefühl (...) es war einfach nur das Feeling irgendwie, (...) die Stimmung oder die Situation zu genießen*). Gleiches gilt für die atmosphärisch aufgeladenen Orte wie Friedhöfe und alte Gemäuer, die von der Szene als Treffpunkte bevorzugt werden. Dort entflieht man dem Alltag (*wo man sich zurückzieht*) und führt Gespräche (*einfach labert*). Bei den Gesprächen stehen weniger intellektuelle Themen (*aber nicht großartig intellektuell*) im Vordergrund, sondern das gemeinsame Beisammensein und Spaß haben, so dass *man einfach nur 'ne gute Zeit hat*. Als Beispiel für ein konkretes Thema wird das ‚andere Geschlecht' (*über Weiber unterhalten*) genannt – ein klassisches Thema in jugendlichen Peer-Groups. Das impliziert, dass auch die schwarze Szene gerade für die jüngeren Szenemitglieder peer-group-typische Funktionen erfüllt.

Interview Jan, Passage 2: UM HIMMELS WILLEN, SO BIN ICH AUCH

Frage: Ja, erst mal erzählst du einfach mal, wie du in die Szene kamst, wie lang du schon drin bist, was so das Erlebnis war oder wie kamst du da rein?

„Es ist ja überraschend für mich selbst. Versetz dich in meine Lage, aus heutiger Sicht ein normaler Bunter, mit Lächeln gesagt, und zufällig war ich in Leipzig zu Pfingsten, wie die Jahre zuvor, ich war verabredet in der Nähe des Konnowitzer Kreuzes und war zu zeitig dort. Und ich wusste, dass es da dieses Treffen von diesen komischen Grufties sei, davon hatte ich schon gehört oder gelesen, 'ne merkwürdige Sache, und genau dort und weil ich noch Zeit hatte, bin ich dort hingegangen und dort hab ich sie gesehen und war sehr erschrocken, auch irgendwie bestürzt, ich stand auf der einen Gehwegseite und Hunderte dieser Leute auf der anderen. Und ich hab die gesehen und genau angeschaut und vieles ist mir plötzlich klar geworden, was meine eigenen Vorlieben betrifft oder Vorstellungen, auch so romantische Neigungen, das habe ich dort gesehen. Und die Bestürzung deshalb aus diesem Gedanken heraus, das sind diese Grufties, um Himmels willen, so bin ich auch. Mir ist im Augenblick eingefallen, dass die Musik, die ich gerne höre, das ist die, die die auch hören, weil, das hatte ich schon gemerkt, ach da laufen so Konzerte und die und die Gruppe spielt und alles, auch bis hin zu scheinbar unbedeutende Details, dass mir z. B. rote Haare sehr gefallen, und auch alles, was die ganze Ausstrahlung betrifft und Kleidung,

auch das Miteinander, hat mich alles plötzlich angesprochen und alles zugleich, da kam so ein Aha-Erlebnis raus, so bin ich auch."

Frage: Wann war das?

„Pfingsten vor eineinhalb Jahren."

Frage: Und seitdem?

„Seitdem bin ich dorthin unterwegs."

Frage: Und wie bist du dann in die Szene reingekommen? Bist du dann an diesem Wochenende, Pfingsten, verstärkt auf diese Veranstaltung?

„Ich bin dort gewesen, aber ich hatte keine Karte und nichts, kannte auch niemanden, war auch in der Hinsicht noch ein bisschen ratlos, ich hab da fotografiert zwei Tage lang an der Moritz-Bastei, wo sehr viele unterwegs waren, ich fürchte die Bilder habe ich nicht hier, ich kann nachher mal suchen und hab dort schwarz-weiß sehr viele Bilder gemacht und mir auch so Vorstellungen angeeignet, eben sehr viel beobachtet und mitgekriegt, mich mit ein paar Leuten unterhalten, ich bin an demselben Wochenende zu der Freundin gegangen, die mir dann diesen Mantel machte, hab sie um diesen Mantel gebeten, das war ein längerfristiges Projekt, das mein ich, ich hab mich von diesem Augenblick an in Bewegung gesetzt, um dort hinzufinden. Ich war anfangs ein bisschen ratlos, weil ich niemanden kannte. Ich hatte nur diese Vision, diese Vorstellung und diese Gewissheit, dort gehör ich hin, da find ich, was ich suche. Also so äußerliche Dinge, du siehst hier ein paar Bilder von mir, das sind eher die, die ich übrig hatte, so schwarz-weiß Bilder, die sind auch, ich würde sagen, von so einer schwarz-romantischen Neigung getragen. Ich bin über zehn Jahre in Leipzig unterwegs gewesen, hab solche alten Häuser und alte Straßen fotografiert und Gaslaternen und Pflaster oder solche doch etwas tristen oder düsteren Straßenansichten, die aber ein gewisses Flair haben, so den Charme des Verfalls etwas, und das schien mir auch dort reinzupassen. Und diese ganzen Hoffnungen, die ich auch dort hatte, als ich aufgrund dieser Begegnung, die haben sich tatsächlich auch erfüllt nach und nach. Als ich dann anfing, solche Leute kennen zu lernen und auch zu den Konzerten und Partys hinging, habe ich tatsächlich gefunden, wonach ich suchte und bin sehr froh geworden auf die Weise."

Jan beschreibt seine zufällige Begegnung mit Mitgliedern der schwarzen Szene während des Wave-Gotik-Treffens in Leipzig als *Aha-Erlebnis*. Der Interviewte, zu dem Zeitpunkt *ein normaler Bunter*, sieht sich mit einer großen Anzahl von Gothics auf der anderen Straßenseite konfrontiert. Trotz dieses Gegensatzes – ein ‚Bunter' versus Hunderte von ‚Schwarzen' – wird ihm seine eigene, latente ‚Gruftie-Identität' unmittelbar bewusst (*um Himmels willen, so bin ich auch*), so dass er über diese Erkenntnis erschrocken und bestürzt ist (*dort hab ich sie gesehen und war sehr erschrocken, auch irgendwie bestürzt*). Hier stellt sich die Argumentationsfigur ein, dass man latent schon seit längerer Zeit Gemeinsamkeiten mit der schwarzen Szene hat, diese aber erst aufgrund eines Schlüsselerlebnisses manifest werden. Gemeinsamkeiten werden hier hinsichtlich der Kategorien ‚Überzeugungen' und ‚alltagsästhetische und Interaktionspraktiken' festgestellt.

Aufgrund des Schlüsselerlebnisses beginnt der Interviewte, aktiv Anschluss an die Szene zu suchen (*ich hab mich von diesem Augenblick an in Bewegung gesetzt, um dort hinzufinden*). Kurz problematisiert wird hier die Tatsache, zunächst kein anderes Szenemitglied gekannt zu haben (*kannte auch niemanden, war auch in der Hinsicht noch ein bisschen ratlos*). Dies stellt in der Passage auch einen ungewöhnlichen Aspekt dar. Die meisten anderen interviewten Experten kamen über Freunde bzw. Bekannte in die Szene. Jan dagegen bewegte sich zunächst allein in der Szene, fotografierte, beobachtete usw. (*ich hab da fotografiert zwei Tage lang an der Moritz-Bastei (...) sehr viel beobachtet und mitgekriegt, mich mit ein paar Leuten unterhalten*). Auch äußerlich passte er sich der Szene an und ließ sich einen Mantel schneidern (*ich bin an demselben Wochenende zu der Freundin gegangen, die mir dann diesen Mantel machte, hab sie um diesen Mantel gebeten, das war ein längerfristiges Projekt*).

Die Thematisierung seines Hobbys, nämlich Schwarz-Weiß-Fotografien von alten Gebäuden und Straßenzügen anzufertigen, auf denen er eine Atmosphäre *des Verfalls* einfängt, erfüllt hier die Funktion, abermals zu legitimieren, dass er schon immer ein Zugehörigkeitsgefühl zur schwarzen Szene verspürt hatte, was er als *schwarz-romantische Neigung* umschreibt. Dies wird unterstrichen durch die Vorstellung, nach langen Irrwegen endlich zu Hause angekommen zu sein bzw. endlich gefunden zu haben, wonach man so lange gesucht hat (*ich hatte nur diese Vision, diese Vorstellung und diese Gewissheit, dort gehör ich hin, da find ich was ich suche (...) habe ich tatsächlich gefunden, wonach ich suchte und bin sehr froh geworden auf die Weise*).

Interview Jan, Passage 3: SEHNSUCHT NOCH MAL ZUR MORITZ-BASTEI HINGEZOGEN

Frage: Wie bist du in die Szene gekommen vor eineinhalb Jahren und was waren denn so deine ersten Eindrücke oder persönlichen Erfahrungen dann, als du so in der Szene drin warst, du hast angefangen zu erzählen, du bist so mehr, du hast erst mal so geguckt und bist dann irgendwie reingerutscht, wie bist du denn dann weiter reingekommen?

„Zu den ersten Eindrücken gehören sicher noch die Beobachtungen dort zu dem Pfingsten an der Moritz-Bastei, das Erste was mir noch auffiel war, wie verschiedenartig diese Schwarzen eigentlich zusammengesetzt sind. Man sah dort Leute, die ich mit heutigen Worten der Fetisch-Ecke zuordnen würde und dann aber auch wieder Barockdamen und ein Herr mit Zylinder und Gehrock und ein Stock in der Hand und dann auch wieder Leute, die eigentlich wirklich aussahen wie Punks, und das war das erste, was mir auffiel, dass das sehr heterogen ist, aber alles offenbar irgendwie was miteinander zu tun hatte. Und ein zweites Erlebnis, was ich dort hatte, war in tiefer Nacht, ich war an dem Abend verabredet mit Freunden in 'nem Pub, wo Livemusik war und ging bis um zwei und wo wir uns verabschiedet haben und mich hat so 'ne gewisse Sehnsucht noch mal zur Moritz-Bastei hingezogen, obwohl ich mir sicher war, dort ist nichts mehr nachts um zwei, was soll dort noch sein, kam ich so gegen halbdrei dort an und es war ganz leer alles, ich hörte aber von unten her so ein Wummern, da geht eine Treppe, die steigt ziemlich tief hinab, Moritz-Bastei ist unterirdisch.
Und dort geriet ich in so 'ne Party hinein, es gab keinen Einlasser mehr, der mich hätte abweisen können, ich hatte kein Bändchen, ich hatte auch schwarze Klamotten an, natürlich, hab gleich das, was ich sowieso an schwarzen Klamotten hatte, dann auch angezogen, sonst hätte ich mich wahrscheinlich dort gar nicht reingetraut, und dort war ich sehr beeindruckt, ich nannte das eine seltsame unterirdische Tanzveranstaltung, zum einen sah ich dort die Schwarzen wieder und gewissermaßen konzentriert auf einen Raum, es war recht dunkel, es war nebelerfüllt, ein huschendes weißes und rotes Licht und eine wüste dumpfe böse Musik, die ich noch nie gehört hatte, weil das, was ich kannte, so was wie Deine Lakaien oder Wolfsheim, auch Ultravox oder Depeche Mode oder Cure, das war nicht mit dem zu vergleichen, was dort in dieser Party in diesem Augenblick lief. Das ist eigentlich 'ne recht normale Musik für schwarze Partys, passte auch sehr gut dort, aber ich fand das sehr beeindruckend, das ganze Miteinander, es wirkte alles wie aus einem Guss, diese schwarzen Silhouetten, das Licht, der Nebel, diese Musik, das steinerne Gewölbe dort und natürlich auch eine Reihe von wieder so betörend schönen Gruftie-Bräuten, es kam mir alles ein

bisschen unwirklich vor, ich sah dort einen seinen Rotwein oder 'ne Cola aus dem Glas trinken, es funkelte so in dem roten Licht, ich hatte den Eindruck, das ist flüssiges Kupfer, was der jetzt trinkt. Ich war auch ein bisschen angetrunken, aber dieses Erlebnis hatte eine gewisse Wucht für mich, ich war sehr beeindruckt, hab ich auch einen Text zu verfasst, den kann ich dir zuschicken, wenn's dich interessiert."

In dieser Passage werden Eindrücke von der Szene beschrieben, die der Befragte kurz nach seiner ersten Konfrontation erlebt. Zum einen findet Jan die intraszenische Heterogenität bemerkenswert. Ein wichtiges Erlebnis ist sein erster Besuch einer Gothic-Disco in der Moritz-Bastei in Leipzig. Die Atmosphäre, die einen starken Eindruck bei Jan hinterlässt, beschreibt er sehr detailliert. Auffällig bei dieser surreal anmutende Beschreibung ist die Aussage, dass Menschen, Musik und Ort einen harmonischen Gesamteindruck hinterlassen (*es wirkte alles wie aus einem Guss*). Die starke, emotionale Anziehungskraft des Gesehenen und die Eindrücke des Abends stilisiert Jan im Nachhinein zu einem außergewöhnlichen und folgenreichen Erlebnis.

c) Lebensbewältigung

Interview Manfred, Passage 28: SINNSUCHE

Frage: Würdest du das auch, also diese Sinnsuche, als Motivation für viele sehen, die in die Szene gegangen sind? Welche Motive gibt es?

„Das ist bestimmt eine gute Motivation. Die merken einfach, dass sie ja selbst als junge Menschen auf der Suche sind nach irgendwas, was ihnen Sinn gibt, was irgendwie ein paar Fragen beantwortet, was ja ganz normal ist, diese Sinnsuche in diesem Alter. Mit 16, 17 steigen die meisten ein, manche schon mit 14, 15. Und in der Zeit ist das ja einfach nur mal so eine zentrale Sache, mit der man sich beschäftigt. Warum lebe ich, wozu bin ich da, wer bin ich und was mache ich hier und wo gehöre ich hin. Und wenn sie dann merken oder Gothics begegnen oder ja, einfach Menschen begegnen, Musik begegnen, Kunst begegnen, die sich mit Gefühlen auseinandersetzen, was ja die übliche Mainstream-Musik oder Kultur nicht tut, dann fühlen sie sich dort natürlich aufgehoben erst einmal oder angesprochen. Und dann gucken sie dort nach, ob sie da ihre Inhalte finden und manche finden sie eben und bleiben da und fühlen sich verstanden. Und manche sind ein viertel Jahr lang Gothic und sagen dann, nee, das ist nicht mein Ding und gehen wieder raus. Aber diese Suche nach dem Sinn kann schon 'ne gute

Motivation sein, um zu gucken, was ist denn die schwarze Szene. Weil das gleich auch spürbar ist, dass da so eine Suche stattfindet. Denn sonst würde man sich ja nicht mit so vielen verschiedenen Themen befassen. Eine Mainstream-Band, Popband, Boygroup, die befasst sich eben mit drei, vier, fünf teenager-typischen Themen und das war's und. Das machen alle Vertreter dieser Kunst. Und in der Gothic-Szene finden sich sämtliche philosophischen, kunsthistorischen, kultur-historischen Richtungen wieder, sämtliche politischen Richtungen und kann dort suchen. Das ist ein riesiger Park mit ganz vielen verschiedenen Bildern und Arten und Wegen, auf denen ich mich bewegen kann im Kosmos. Aber wo es um Inhalte geht, um Einstellungen geht, um Positionen geht. Und da kann ich natür-lich erst mal wildern gehen, mich umschauen. Das ist bestimmt eine gute Moti-vation."

Die Gothic-Szene wird hier mit einem Kosmos verglichen, der ein breites Spekt-rum an verschiedenen *politischen, philosophischen, kunsthistorischen* und *kul-turhistorischen* Positionen umfasst. Im Gegensatz zu anderen Jugendszenen, in denen man Popbands oder Boygroups hört, die sich mit einigen wenigen, teena-ger-spezifischen Themen befassen, beschäftigt sich die Gothic-Szene mit vielen verschiedenen Themen. Die Auseinandersetzung findet aber laut Manfred nicht oberflächlich statt, sondern *Inhalte, Einstellungen* und *Positionen* stehen dabei im Vordergrund. Auch die Auseinandersetzung mit Gefühlen ist sehr zentral. Diese Vielschichtigkeit resultiert aus einer Suche nach Lebenssinn, aus einer Suche nach Antworten auf religiöse und spirituelle Fragen. Damit kommt die Szene den Jugendlichen entgegen, die sich mit diesen Fragen beschäftigen. Hier wird unterstellt, dass alle Jugendlichen in einem bestimmten Alter diese Fragen aufwerfen (*die merken einfach, dass sie ja selbst als junge Menschen auf der Suche sind nach irgendwas, was ihnen Sinn gibt, was irgendwie ein paar Fragen beantwortet, was ja ganz normal ist, diese Sinnsuche in diesem Alter. Mit 16, 17 steigen die meisten ein, manche schon mit 14, 15. Und in der Zeit ist das ja ein-fach nur mal so eine zentrale Sache, mit der man sich beschäftigt*). Auf jeden Fall begegnet die Szene den Fragen nach dem Lebenssinn mit dem oben darge-stellten breiten Angebot, so dass hier eine zentrale Motivation für Jugendliche gesehen wird, in die Szene einzusteigen (*das ist bestimmt eine gute Motivation (...). Aber diese Suche nach dem Sinn kann schon 'ne gute Motivation sein, um zu gucken, was ist denn die schwarze Szene*).

Interview Manfred, Passage 32: ALLEINE GELASSEN

Frage: Gibt es typische Verhaltensweisen in der Szene?

„Wenn jemand sich nicht verstanden fühlt von seiner Umwelt, dann ist er sehr schnell Gothic. Wenn er sich alleine gelassen fühlt, dann findet er in dieser Szene Rückhalt, weil da viele andere sind, die sich alleine gelassen fühlen. Und die beiden zusammen sind, sind dann nicht mehr allein. Und gründen irgendwann mal eine Familie und haben Kinder. Die ersten Gothic-Kinder sind ja schon bald 5, 6 Jahre."

In dieser Passage wird ein Gefühl von Unverständnis und Einsamkeit als Motiv angegeben, der Szene beizutreten. Die Szene wird hier als ein Auffangbecken für einsame Menschen dargestellt, die sich dort finden und dann eben nicht mehr einsam sind. Somit erscheint die Szene als Hilfe zur Selbsthilfe und bekommt dadurch eine gesellschaftsstabilisierende Funktion. Dabei wird indirekt ein Defizit konstatiert: Die Szenemitglieder finden sich in der ‚Normalgesellschaft' nicht zurecht, wodurch eine Affinität zur Gothic-Szene – hier als eine Gemeinschaft der Ausgestoßenen und Alleingelassenen beschrieben – entsteht.

Interview Jan, Passage 5: DAS GEFÜHL, WO ANGEKOMMEN ZU SEIN
Frage: Und was ist das Faszinierende für dich an der Szene, oder warum hast du das Gefühl, das du da das gefunden hast, was du gesucht hast?

„Vielleicht am besten zu sagen, wenn ich gegenüberstelle, dass ich früher mit solchen Neigungen wie z. B. solchen Bildern, die ich gemacht habe, mich doch allein gefühlt hab. Und dort war ich mir plötzlich sicher, find ich Leute, die sind auch so, dort bin ich nicht mehr alleine in dieser Weise. Hinzu kam, dass ich plötzlich den Mut gefunden habe, mich ganz meinen Vorstellungen entsprechend anzuziehen, solche Sachen wie der Mantel, beispielsweise auch der Zylinder, das ist für mich ein wichtiges Detail, das ist auch kurios, so ein Anhaltspunkt, der in meine Vergangenheit zurückreicht, dass ich meinen Schwager sehr beneidet hab, als er meine Schwester heiratete, der durfte den ganzen Tag mit dem Zylinder rumlaufen und so 'nem schwarzen Frack, und ich dachte, so wär ich auch gern rumgelaufen, aber ich hatte keine Rechtfertigung dafür, keinen Grund, und heutzutage muss ich nur sagen, ich bin ein Gruftie. Das hat mir sehr geholfen, mich einfach so anzuziehen, mir diese Sachen zu schaffen, die mir einfach gefallen und das hat auch eine befreiende Wirkung auf mich, das bedeutet mir viel. Was ich dort gefunden habe, dann mit Markus' Hilfe in Frankfurt, diese Partys, die

haben sich auch als wunderschön erwiesen, also bin ich ewig nicht tanzen gewe-
sen, weil diese normalen Discos für mich sehr, sehr langweilige Orte sind, wo
ich das intensive Gefühl hab, nicht hinzugehören, ganz zu schweigen vom Alter,
in den schwarzen Partys ist der Altersdurchschnitt ein bisschen höher, da pass
ich auch deshalb besser rein, und dort war ich einfach an einem Ort, wo die
Musik, wo das Ambiente, wo das Flair stimmte, wo ich gerne war. Ich hab für
alles zusammen diesen schwärmerischen Überbegriff Dunkelwelt, den verwen-
den wirklich nur wenige in der schwarzen Szene, aber der trifft einigermaßen
das, was ich suche und auch gefunden habe. Das sind viele Freunde, viele Be-
kannte, von denen ich ein gutes Bild habe, und jetzt hab ich den Faden verloren,
deine Frage, was ich da in der schwarzen Szene gefunden habe. Das sind die
schwarzen Partys, und das ist eine innere Freiheit und eine Unmenge von Musik,
beispielsweise diese Musik von Elend oder auch ganz vieles, was ich inzwischen
habe und sehr liebe, hab ich vorher gar nicht gekannt, das hat mich sehr berei-
chert, und ich hab so das Gefühl, wo angekommen zu sein."

Das Gefühl, anders zu sein, nicht verstanden zu werden und inmitten der Gesellschaft alleine zu sein (*wo ich das intensive Gefühl hab, nicht hinzugehören*),
wird hier als Motiv zum Szeneeinstieg genannt. Die Szene ermöglicht Jan eine
Befreiung von Zwängen, eine Entfaltung der eigenen Persönlichkeit usw. (*hinzu*
kam, dass ich plötzlich den Mut gefunden habe, mich ganz meinen Vorstellungen
entsprechend anzuziehen). Die Metapher des ‚Angekommenseins' nach langem
Suchen findet wiederholt Verwendung.

Interview Dorothee, Passage 3: OH ES GIBT 'NE SZENE DAZU

Frage: Was nervt dich an der Szene inzwischen?

„Und bei mir hat das halt irgendwie so angefangen, dass meine Eltern halt zu
dem Zeitpunkt nicht so viel Geld hatten und das ja damals eigentlich schon im-
mer in der Schule so war, Markenklamotten. Und wenn du die nicht hattest,
warst du halt unten durch. Es sei denn, du hast so irgendwie da deinen eigenen
Stil durchgedrückt. Na ja und ich bin dann halt irgendwie, weil meine Mutter mir
so eine ganz fürchterlich rote Neckermann-Jacke, die sowieso jeder hatte, und
immer ausgelacht worden bin. Und irgendwie hab ich dann halt angefangen, mir
'n ganz schwarzen Mantel, hatte ich dann irgendwo bei meiner Oma gefunden,
und hab dann so 'ne Art, so 'ne, so 'ne Türkenhose, so 'ne Haremshose, die mir
jemand aus Marokko mitgebracht hat und so, und so Dinger dann halt angezo-
gen und hab dann rumprobiert und dann hab ich mir da 'n bisschen die Haare

*abrasiert. Und dann irgendwann habe ich danach festgestellt, oh, es gibt 'ne
Szene dazu. Ja. Dann hab ich dann halt auch angefangen so, da gibt's auch
Musik und so, die mir gefällt und so. Und dann irgendwie, dadurch bin ich dann
also total untypisch da in der Szene gelandet. "*

Der hier geschilderte Einstieg in die Szene wird aus subjektiver Sicht als *untypisch* charakterisiert. Um den Sanktionen ihrer Klassenkameraden zu entgehen,
weil sie einen bestimmten Dresscode nicht einhalten konnte (*und bei mir hat das
halt irgendwie so angefangen, dass meine Eltern halt zu dem Zeitpunkt nicht so
viel Geld hatten und das ja damals eigentlich schon immer in der Schule so war,
Markenklamotten. Und wenn du die nicht hattest, warst du halt unten durch*),
begann Dorothee ihren eigenen Stil zu kreieren, um akzeptiert zu werden. Dieser
eigene Stil entsprach zum Teil den Stylinggewohnheiten der Gothics (*ganz
schwarzen Mantel (...) 'n bisschen die Haare abrasiert*). Erst dann entdeckte sie
die Gothic-Szene, so dass die gängige Praxis, mit dem Interesse an der Szene
sein Styling entsprechend anzupassen, sich hier umgekehrt vollzog. Dorothee
interessierte sich für die Szene, weil diese in ihren alltagsästhetischen Praktiken
ihren eigenen Stylinggewohnheiten entsprach. Auch hier wird dann die Musik
thematisiert, die aber eindeutig nicht als Einstiegsmotiv hervorgehoben wird,
sondern erst später eine Rolle spielt.

d) Distinktion von der ‚Normalgesellschaft'

*Interview Angela, Passage 20: ABZUGRENZEN VON DIESER GANZEN
SPASSGESELLSCHAFT*

Frage: Was ist der Reiz an dieser Szene?

*„Ich glaub, was auch ein Reiz in dieser Szene ist, ist natürlich, dass sie anders
ist als Normalos, das ist, glaub ich, noch mal so ein Ding, um sich auch abzugrenzen, gerade auch für junge Leute, das hat bei mir bestimmt auch 'ne Rolle
gespielt, du hast dich abgegrenzt, du hast immer Schwarz getragen, gerade auch
gegenüber Erwachsenen, die dich dann fragen, sag mal, was trägst du als
Schwarz, trägst du Trauer? Ich glaub, das ist auch so ein Punkt, warum Leute in
diese Szene gehen, ist einfach um sich abzugrenzen von dieser ganzen, ja wir
sind alle gut gelaunt und haben Spaß-Gesellschaft, also weil, klar kann man
auch Spaß haben im Leben, aber diese Spaß-Gesellschaft wird ja im Moment so
vor sich hergetragen. Du kriegst es ja überall kriegst du es vorgehalten, dass du
fit sein musst, jung sein musst, gut aussehen musst, und vor allen Dingen, dass*

der Fun immer im Mittelpunkt stehen sollte deines Lebens, dagegen lehnen sich glaub ich auch einige auf, weil das Leben nicht nur Spaß ist, und dir's auch mal schlecht gehen kann, und in dieser Szene hast du auf alle Fälle da auch die Möglichkeit. Du musst da nicht den ganzen Abend rumrennen und lachen. Es ist aber auch keine Szene, also ich find nicht, dass sie einen runterzieht, das wird ja auch so behauptet, Freunde sagen zu mir, gehst du wieder in die Dark-Wave-Disco, hast du schlechte Laune, lässt du dich wieder runterziehen? Also das find ich gerade nicht, für mich hat die Szene eher was Beruhigendes."

In dieser Passage wird als Hauptmotivation die Abgrenzung von der ,Normalgesellschaft' hervorgehoben. Die Abgrenzung beruht auf der Andersartigkeit der Szene, die sich in der Ablehnung der Spaßgesellschaft manifestiert (*ich glaub, das ist auch so ein Punkt, warum Leute in diese Szene gehen, ist einfach um sich abzugrenzen von dieser ganzen, ja wir sind alle gut gelaunt und haben Spaß-Gesellschaft*). Mit dem ausschließlichen Tragen der Farbe Schwarz, die Trauer und Tod symbolisiert, fällt man in westeuropäischen Gesellschaften nicht nur auf, sondern irritiert und provoziert zudem. Gleichzeitig werden auch die Ideale der so genannten Spaßgesellschaft abgelehnt, in der jung, schön und fit sein sowie Spaß haben als Lebensprinzipien gelten. Die Kritik der schwarzen Szene richtet sich vor allem gegen den ,Zwang' zum Gut-Aufgelegt-Sein und demonstriert stattdessen eine Einstellung, die auch negative und problematische Stimmungen zulässt. Diese Haltung führt aber nicht in die Depression, vielmehr hat sie eine beruhigende Wirkung. Somit entlastet die Szene ihre Mitglieder von einem in der Gesellschaft stattfindenden Inszenierungs- und Darstellungsdruck, von einem Zwang, sich immer als fitter und gut gelaunter Typ präsentieren zu müssen. Stattdessen wird man von der Szene akzeptiert, unabhängig von eigenen Befindlichkeiten. Damit vermittelt die Szene auch ein Gefühl der Geborgenheit.

Interview Dorothee, Passage 2: MAN WOLLTE HALT AUFFALLEN

Frage: Was nervt dich an der Szene inzwischen?

,,Damals war es halt so, man wollte halt auffallen. Es war halt nicht unbedingt so das Null Bock, sondern halt dieses schon so ich bin ja so traurig und ja Friedhöfe und Tod und, es war schon teilweise so, aber nicht auf diese ja, irgendwie wollte man halt schon schön aussehen. Nicht so wie die Punks so abgelottert, und das war hier schon eine Szene die den Stil haben wollte."

Auch in diesem Ausschnitt steht das Motiv, sich von anderen Gesellschaftsmitgliedern abzuheben und aufzufallen im Mittelpunkt. In der Abgrenzung zur
Punkszene wird das Auffallen-Wollen näher bestimmt: Es ging nicht darum,
durch eine *Null-Bock*-Haltung und ein heruntergekommenes Styling (*abgelottert*)
aufzufallen, sondern durch ein melancholisches Lebensgefühl (*ich bin ja so traurig und ja Friedhöfe und Tod*) und durch ein Äußeres, das einem bestimmten
ästhetischen Anspruch genügt.

Interview Matthias, Passage 17: EINEN GEGENPOL VERURSACHEN

Frage: Warum man Gruftie geworden ist, meinst Du, dass es da Unterschiede
gab?

*„Also für den Westen kann ich des schwer, schwer beurteilen. Aber ich denk
mal, dass es dort auch relativ exotisch gewesen ist. Aber die Motivation, warum
und weshalb? Also gemeinsame Dinge würde ich so in, in sozialen Bereichen
sehen. Elternhaus und, und, und. Wo, wo dort so Bedürfnisse entstanden sind,
was anderes zu machen oder auszusteigen. Aber man fühlte sich, ich weiß es
nicht wie das Westgefühl war, aber man fühlte sich in der DDR halt doch sehr,
sehr unterdrückt und man konnte dort wirklich nur einem ganz klaren System
konform gehen oder. Da fällt mir dazu auch 'ne Sache ein. Dass die Zusammensetzung der Szene und deren Symboliken auch unterschiedlich waren und auch
die Punks waren andere Punks als die jetzt halt sind. Also das System war eben
auch irgendwo ein bisserl der politische Gegner. Das war irgendwo gemeinsam.
Da hat man Dinge und einen politischen Gegner gehabt, der jetzt in diesen ganzen Bereichen gar nicht mehr so gemeinsam ist. Und das wollen jetzt viele nicht
wahrhaben, aber ich erinnere mich an sehr viele Jugendzimmer, gerade von
Punks, auch teilweise von schwarzen Leuten, wo Robert Smith, Hitler-Bilder,
Kruzifixe und Hakenkreuze und Friedhofs- und Parklandschaften, wo das wirklich alles wo das alles miteinander vermischt war. Weil der Staat war sozusagen,
der war das extreme Rot. Also auch in dieser Intellektuellenszene da war dann,
war dann einfach dies auszusteigen und um einen Gegenpol zu verursachen war
denn oft auch sehr bräunlich angehaucht."*

In dieser Passage geht es zunächst um die unterschiedlichen Motivationen junger
Leute, sich der Szene anzuschließen, wobei der Interviewte mehrfach einräumt,
dass er kaum eine Aussage über Westdeutschland treffen kann. Bevor auf die
Unterschiede eingegangen wird, werden zunächst einige Gemeinsamkeiten thematisiert. Erstens wird das Exotische der Szene herausgestellt, d.h. das reizvolle

Fremde, Besondere (*aber es war dort auch natürlich sehr exotisch. Aber ich denk mal, dass es dort auch relativ exotisch gewesen ist*), was implizit auch ein Motiv für Jugendliche sein kann, die Szene interessant zu finden. Eine zweite Gemeinsamkeit bezieht der Interviewte konkret auf die *Motivation*, der Szene beizutreten und verortet sie in *sozialen Bereichen*. Als Beispiel wird das *Elternhaus* genannt. Mit dem Eintritt in die Pubertät beginnen die konflikthaften Auseinandersetzungen mit den Eltern. Damit gewinnt die so genannte Peer-Group immer mehr an Bedeutung und – wie der Interviewte feststellt – weckt das Bedürfnis, sich von den Eltern abzugrenzen *(wo, wo dort so Bedürfnisse entstanden sind, was anderes zu machen oder auszusteigen)*. Mit der adversativen Konjunktion *aber* wird nun die Passage eingeleitet, die Unterschiede thematisiert. Für die ehemalige DDR wird festgestellt, dass man dort stark *unterdrückt* wurde, was im Folgenden noch differenziert wird: Konformität mit Staat und Gesellschaft war gefordert und damit der Spielraum für die persönliche Entfaltung stark begrenzt. Schnell wurde man zum gesellschaftlichen Außenseiter und musste mit Sanktionen rechnen. D.h. im Westen lehnten sich die Jugendlichen gegen ihre Eltern auf und in der DDR kamen Konflikte mit der Staatsmacht hinzu. Als weitere Differenz wird in diesem Zusammenhang (*da fällt mir dazu auch 'ne Sache ein*) die Zusammensetzung der Szene genannt, zu der eben Punks und Grufties zählten, die sich in der Ex-DDR mit den gleichen Symbolen schmückten. Als Grund dafür nennt der Interviewte den Versuch, aus dem System auszubrechen, indem man einen *Gegenpol* zum sozialistischen Staat (*extrem rot*) bildete. Das führte soweit, dass man mit dem Nationalsozialismus sympathisierte, aber weniger aufgrund eigener politischer Überzeugungen, sondern eher, um in einen Gegensatz zum Staat zu treten (*also auch in dieser Intellektuellenszene da war dann, war dann einfach dies auszusteigen und um einen Gegenpol zu verursachen war denn oft auch sehr bräunlich angehaucht)*. Hier wird zumindest für die ehemalige DDR festgestellt, dass die Gothic-Szene durchaus auch politisch war, was sich in einer kritischen Haltung dem DDR-Staat gegenüber äußerte. Somit kann auch der Protest gegen die bestehenden politischen Verhältnisse als Anreiz betrachtet werden, sich für die schwarze Szene zu interessieren.

e) Zusammenfassung

Zunächst lässt sich feststellen, dass der Gothic-Szene in einigen Interviewpassagen peer-group-typische Funktionen zugeschrieben werden: Der Eintritt in die Szene fällt in der Regel zeitlich in die Phase der Adoleszenz, in der die Peer-Group zur einflussreichsten Sozialisationsinstanz wird. Sie hilft Jugendlichen, soziale Ablösungs- und Neuorientierungsprozesse einzuleiten.

Damit ist die für das Jugendalter typische Suche nach einer geeigneten Peer-Group eine Basismotivation der Szene beizutreten.

Besonders die Musik stellte für viele der Interviewten dann den *spezifischen* Anreiz zum Einstieg in die Szene dar. Musik stellt für subkulturelle Jungendszenen allgemein eines der zentralen Distinktionskriterien zu anderen Jugendszenen dar. Der düsteren, melancholischen oder auch aggressiven Musik der Gothic-Stilrichtung, die sich von Mainstream-Musik deutlich abhebt, wird in der Regel eine stärkere Anziehungskraft und Motivation zum Szeneeintritt zugeschrieben als den anderen alltagsästhetischen Praktiken der Gothic-Szene. Über die spezielle Musik wird das Interesse an der Szene geweckt. Sie zieht die jungen Menschen wie ein Magnet in die Szene und bindet sie auch langfristig. Generell kommt der Musik die Funktion zu, dem Lebensgefühl der Szene Ausdruck zu verleihen, dieses zu regeln und zu kanalisieren. Damit kann behauptet werden, dass ohne kontinuierliches Interesse an der Musik keine längerfristige Szenemitgliedschaft möglich bzw. denkbar ist. In den letzten Jahren kam es dabei zu Stildiversifizierung und -hybridisierung, so dass die Musik der Szene mittlerweile eine große Bandbreite an verschiedenen Richtungen umfasst. Auffällig ist, dass der Band ‚The Cure' besonders von den interviewten Experten, die in der ehemaligen DDR aufgewachsen sind, eine starke Bedeutung und Anziehungskraft zugeschrieben wird. Aufgrund ihrer szeneübergreifenden Popularität gerade in den 1980er Jahren und bis Mitte der 1990er bildete ‚The Cure' eine Schnittstelle zur schwarzen Szene, die die Aufmerksamkeit junger Menschen auf die Gothic-Szene zu lenken vermochte. Sänger und Frontmann Robert Smith wird dabei zum Idol und Vorbild, an dem sich vor allem Szeneneueinsteiger hinsichtlich alltagsästhetischer Praktiken orientieren.

Auch das düstere und mystische, schwarz-romantische Lebensgefühl interessiert viele Jugendliche. Besonders auffällig in den Interviews ist die Betonung der Ganzheitlichkeit der Szene, die sich durch die Überzeugungen und die Ästhetisierung der eigenen Lebenswelt zieht. Das holistische Lebensgefühl der Szene, dessen nähere Bestimmung sich jeder Rationalität entzieht, konstituiert einen eigenen Kosmos, der den Szenemitgliedern ein Moment der Geborgenheit und ein Zugehörigkeitsgefühl vermittelt, das sie in der Gesellschaft vermissen. Dadurch stellt sich ein Gefühl von Erfüllung und Zufriedenheit ein. Dieses positive Gefühl wird hier oftmals mit der Metapher des ‚zu-Hause-Seins' umschrieben.

Auch das große Repertoire an philosophischen, kunsthistorischen, kulturhistorischen und politischen Inhalten wird als Motivation genannt, da die Szene damit Fragen nach dem Sinn des Lebens, mit denen sich viele junge Menschen in der Adoleszenz auseinandersetzen, bearbeitet.

Des Weiteren wird ein Gefühl von Unverständnis und Einsamkeit als Anreiz angeführt, der Szene beizutreten. Die Szene bietet Hilfe zur Selbsthilfe, indem sie ein Auffangbecken für einsame Menschen darstellt und bekommt dadurch eine gesellschaftsstabilisierende Funktion: Die Szenemitglieder finden sich in der ‚Normalgesellschaft' nicht zurecht, was in der Szene kompensiert wird. Aus Sicht der Szene stellt sich die Gesellschaft mit ihren Zwängen als defizitär dar, während die Szene von ihren Mitgliedern als Befreiung von eben diesen Zwängen empfunden wird und die Entfaltung der eigenen Persönlichkeit ermöglicht. In diesem Zusammenhang wird auch auf eine Disposition verwiesen, die man schon vor dem Szeneeintritt besitzen muss: Anderssein als die Mitglieder der ‚Normalgesellschaft'. Immer wieder wird das Lebensbewältigungspotenzial der Szene hervorgehoben, was gerade für junge Menschen in der Adoleszenz eine wichtiger Grund sein kann, in die Szene einzusteigen.

Als eine weitere Motivation wird auch die Abgrenzung der Szene von der ‚Normalgesellschaft' gesehen, was zunächst nichts Szenespezifisches ist, sondern eine gängige Praxis jugendlicher Subkulturen darstellt. Die Abgrenzung der schwarzen Szene manifestiert sich im Protest gegen die so genannte Spaßgesellschaft. Die Ideale der Spaßgesellschaft werden in Frage gestellt, so u.a. Spaß haben, jung, schön und fit sein. Stattdessen entlastet die Szene ihre Mitglieder von einem in der Gesellschaft stattfindenden Inszenierungs- und Darstellungsdruck. Die Szene akzeptiert ihre Mitglieder unabhängig von deren Befindlichkeiten und vermittelt dadurch ein Gefühl von Geborgenheit. Zudem stellen alltagsästhetische Praktiken, also das exotische, oftmals provokante und fast schon schockierende Äußere der Gothics ein Distinktionskriterium dar, was als Anziehungskraft der Szene gerade für Jugendliche hervorgehoben wird, um sich beispielsweise vom Elternhaus und kleinstädtischem Milieu abzugrenzen. Die Gothic-Szene bietet dabei, im Gegensatz zur Punkszene, eine reversible und reparable Praxis an, die integrationsfähig bleibt. Auch das Auffallen durch Äußerlichkeiten unterscheidet sich von der Punk-Szene, indem man als Gothic einem gewissen ästhetischen Anspruch genügen muss: Man will auffallen, aber mit Stil.

Für die Szene in der ehemaligen DDR wird ein weiterer Anreiz angesprochen: der politisch motivierte Protest gegen die bestehenden Verhältnisse. Der Szene von damals wird eine politische Haltung attestiert, die sich kritisch mit gesellschaftspolitischen Themen auseinandersetzte.

Was die weitere Entwicklung zum Szenegänger betrifft, wird oft festgestellt, dass ein Freund erforderlich ist, der als Szenemitglied erste Kontakte zu anderen Szeneanhängern herstellen kann. Im weiteren Verlauf kommt es dann zu Wechselwirkungen: Mit dem Kennenlernen anderer Szeneanhänger erwirbt man sich eine gewisse Szene-Kompetenz, beispielsweise hinsichtlich der Musik und kommt so wiederum mit anderen Gothics in Kontakt, was zu einem sukzessiven Hineinwachsen in die Szene führt. Interessant ist dabei der Aspekt, dass sich

Szeneeinsteiger zunächst an szenespezifischen Medien und älteren Szenemitgliedern orientieren, indem sie beispielsweise deren Kleidungsstil kopieren und
erst nach einer längeren Mitgliedschaft über genug Kompetenz verfügen, sich
innerhalb der Szene zu individuieren.

In den hier analysierten Passagen fällt auf, dass die Interviewten besonders
auf zwei Argumentationsfiguren rekurrieren. Einmal wird die erste Konfrontation mit der schwarzen Szene zu einem außergewöhnlichen und folgenreichen
Ereignis stilisiert, das die Interviewten nachhaltig beeindruckt hat.

Die zweite Variante betont eine Affinität, eine innere Verbindung zu den
Praktiken und Überzeugungen der schwarzen Szene, die man schon lange in sich
trug bzw. über bestimmte Dispositionen verfügte, die nur eines Schlüsselerlebnisses bedurften, um geweckt zu werden. So vollzieht sich mit dem Einstieg in
die Szene kein vollständiger Bruch mit dem alten Leben als ‚Bunter'. Vielmehr
dringt das, was auch schon vorher existent war, nach außen und kann sich endlich frei entfalten.

Diese Argumentationsstrategien lassen sich mit Goffman (1977) vor dem
Hintergrund betrachten, dass sich der menschliche Alltag in der Regel nicht nur
vielfältig, sondern auch widersprüchlich darstellt. Das Leben ist nicht so aufgebaut, dass es einen Zusammenhang zwischen menschlichen Handlungen und
Schicksalen, also eine Sinnhaftigkeit gibt; stattdessen ist das menschliche Leben
durchzogen von Brüchen. Um der eigenen Biographie eine gewisse Kontinuität
und somit eine Sinnhaftigkeit zu verleihen, bedient sich der Einzelne oftmals
bestimmter Erklärungsmuster bzw. rahmt Ereignisse in bestimmter Weise: „Doch
was der Mensch über sich und seine Welt darbietet, ist so sehr eine Abstraktion,
eine Selbstverteidigung eine sorgfältige Auslese aus einer Fülle von Tatsachen,
dass man darüber bestenfalls sagen kann, es sei das Drehbuch eines dramatischen
Amateurs, in dem er selbst auftritt und die Vergangenheit auf eine nicht völlig in
der Luft hängende Weise dargestellt wird" (Goffman 1977, S. 599f.).

Zusammenfassend betrachtet, werden mit den vorliegenden Ergebnissen die
Thesen von Helsper (1992) dahingehend relativiert, dass es offenbar in der
schwarzen Szene nicht vorwiegend um die Bearbeitung subjektiver, lebensgeschichtlich erworbener Defizite geht (vgl. Kap. 2.1). Zwar können die Ergebnisse
nur bedingt miteinander verglichen werden, da die Anlage der Forschungen sehr
divergieren, dennoch scheint sich die Gothic-Szene in ihrer Funktion als Peer-
Group zunächst nicht stark von anderen jugendkulturellen Subkulturen zu unterscheiden. Über die *spezifischen* Unterschiede geben die folgenden Kapitel Auskunft.

3.2.2 Überzeugungen

Bei der Auswertung der Interviews fiel auf, dass über einen Themenkomplex besonders häufig und gerne gesprochen wurde: Überzeugungen und Wertvorstellungen. Als Gesprächsstimulus dienten hierbei Fragen nach den grundsätzlichen Einstellungen der Szenegänger, nach den Glaubensinhalten und Weltanschauungen, den politischen Einstellungen und nach der Motivation, in die Szene zu gehen. Die Interviewten kamen aber auch immer wieder ungelenkt – in ganz unterschiedlichen Zusammenhängen – auf diesen Themenkomplex zurück. Die detaillierten Beschreibungen der Werte innerhalb der Szene lassen darauf schließen, dass es typisch für die Szene ist, sich mit Werten sehr stark und reflexiv auseinander zu setzen. Die Szene kann deshalb als enorm wertorientiert und - reflektiert angesehen werden.

Anzumerken ist allerdings, dass es zwar einerseits einen gemeinsamen Pool an Wertvorstellungen gibt, andererseits aber auch Werte, die hinsichtlich Region, Zeit, Subszenenzugehörigkeit und nicht zuletzt personenspezifisch variieren. Inhaltliche Konkretisierungen von Wertvorstellungen wurden häufig über szeneinterne Abgrenzungsprozesse (etwa gegenüber den so genannten ‚Mode- bzw. Bravo-Gothics' oder ‚Möchte-Gern-Grufties') vorgenommen. Diese intraszenischen Distinktionen und die daraus resultierenden Überzeugungen stehen in Kapitel 3.2.5. im Fokus.

Im Folgenden soll jedoch der gemeinsame Pool an Wertvorstellungen in den Vordergrund gerückt werden. Die Ausschnitte werden unter vier Schwerpunkten, die sich im Laufe der Auswertung herauskristallisierten, betrachtet: a) Lebensgefühl, b) Ästhetisierung, c) Verhältnis Alltag versus Szeneleben und d) Umgang mit Konflikten.

a) Lebensgefühl

Interview Jutta, Passage 7: WELT DURCH NE ANDERE BRILLE ZU SEHEN

Frage: Gibt es eine bestimmte Weltanschauung?

„Na ja, wenn dann einfach die, die Welt halt so ein bisschen durch ne andere Brille zu sehen, jetzt nicht nur unbedingt und durch die schwarze Brille, aber doch so die Sachen, die die Gesellschaft anbietet, anders zu rezipieren, also in dem riesigen Fernsehangebot was es gibt, sich da die Sachen auszusuchen, die mit der eigenen Einstellung eher klar gehen, also dann halt nicht irgendein Nielsenkinofilm zu gucken, sondern wenn halt ‚Interview mit einem Vampir' kommt,

dann guckt man halt den, oder wenn' s irgend ne Serie gibt, wie, sagen wir es gibt ne Serie ,Neighbours' und es gibt ne Serie ,Addam's Family', dann wird der Gruftie immer die ,Addam's Family' einschalten und sich freuen, dass das im Fernsehen kommt. Also diese ganzen Angebote für sich selber benutzen, einfach nur, und zwar aus dem Szeneblickwinkel, das auf jeden Fall. Und Weltanschauung halt, die sind doch von Mensch zu Mensch denk ich sehr unterschiedlich, also ne ganz grobe, ja vielleicht nur wirklich anders sein und versuchen, über andere Themen nachzudenken als es andere Leute tun und recht wenig Drogen, das ist mir noch wichtig zu erwähnen, also das muss ich echt sagen."

In diesem ersten Abschnitt wird deutlich, dass die Grufties einen anderen Blickwinkel bzw. eine andere Perspektive auf die ,Welt' kultivieren (*die Welt halt so ein bisschen durch ne andere Brille zu sehen*). Dies wird am Beispiel von Fernsehangeboten exemplifiziert (*riesigen Fernsehangebot was es gibt, sich da die Sachen auszusuchen, die mit der eigenen Einstellung eher klargehen*). Somit sind die Grufties nicht nur einfach anders, sondern sie bemühen sich auch, die ,Welt' anders zu rezipieren bzw. in alternativer Art und Weise über sie nachzudenken. Weltwahrnehmung und -aneignung – so betont die Interviewte – unterscheiden sich wesentlich von etablierten Mustern innerhalb der ,Normalgesellschaft'. Unterstrichen wird diese Aussage durch die häufige Verwendung visueller Metaphern (*Brille, rezipieren, Szeneblickwinkel*), die darauf verweisen, dass die Szenemitglieder bemüht sind, sich bewusst zu machen, dass nicht alles so ist, wie es erscheint und damit einhergehend nicht alles (kritiklos) zu akzeptieren, was ihnen von der Gesellschaft angeboten bzw. vorgelebt wird. Als zentraler Wert in der Szene gilt somit, eine eigene Perspektive zu entwickeln. Bereits hier klingt ein Grundmotiv der ,schwarzen Szene' an, nämlich die reflektierte Suche nach alternativen Sicht- und Lebensweisen.

Interview Jan, Passage 12: SO EIN FREUDIGES EINTAUCHEN IN DIE SZENE

Frage: Sind die Einstellungen in der Szene ähnlich?

„Bei manchen gleicht es sich, die Leute ähneln sich untereinander aber auch nicht, also ich kenne auch manche, von denen weiß ich genau, die suchen nur Spaß. Die sind so aufgedrehte extrovertierte Typen, die hängen sich ein riesiges umgedrehtes Kreuz um und kommen dann herbei und haben ihren Spaß, und ich unterhalt mich dann auch mal mit denen oder scherze mit denen, aber man kann sie weder vom Wesen mit dem Schwarzromantiker so identifizieren noch eben auch mit dem Einstieg in die Szene. Aber was deine Frage betrifft, für manche, die ich kennen gelernt hab, gilt das offenbar so, wie ich's auch beschrieben ha-

be, weil ich hab ja auch vielen davon erzählt von meinen Erfahrungen und von
dem Weg, den ich da genommen habe und bekam in dem Gespräch mit, dass es
vielen ähnlich gegangen sei. Und manche auch eben das als so ne Befreiung
empfunden haben, dort einzutauchen. Ich feiere beispielsweise zu Pfingsten jetzt
immer meinen Geburtstag in Leipzig, vergangenes Pfingsten war mein erster
Geburtstag, jetzt dies ist mein zweiter und das fanden die ganz sinnvoll und an-
gebracht, das konnten die gut verstehen. Auch dieses Aufatmen, sich dort hinein
zu begeben, eine Freundin hier von mir in Marburg, eigentlich kein Schwarzro-
mantiker, eher so aus der Elektro- und Fetischecke und die sich auch nur mit
großem Zögern Gruftie nennen würde, obwohl sie eigentlich fast nur schwarz
rumläuft und sehr viel auf diesen Partys unterwegs ist, die hat mir das bestätigt,
die hat das genauso empfunden, die ist übrigens auch in Leipzig dort so reinge-
kommen, so richtig, die hat diesen Sog gespürt und viele Leute kennen gelernt,
dann wird das ja so zum Selbstläufer, und die hat mir das bestätigt, das ist so für
sie ne so ein Aufatmen gewesen sei, so ein freudiges Eintauchen in die Szene,
und das scheint mir sehr häufig zu sein."

In diesem Ausschnitt werden zwei Möglichkeiten beschrieben in die Szene zu
gelangen. Die erste Möglichkeit ist dem Interviewten zufolge rein spaßmotiviert
(die suchen nur Spaß). Dieser Weg erhält durch die Verwendung der restriktiven
Gradpartikel *nur* eine negative Konnotation. Er wird zwar prinzipiell toleriert
(ich unterhalt mich dann auch mal mit denen oder scherze mit denen), ist dem
Interviewten zufolge jedoch weder der idealtypische noch der idealiter zu wäh-
lende Weg in die Szene. Auch prägen diese Leute die Szene nicht bzw. sollten
sie nicht prägen *(aber man kann sie weder vom Wesen mit dem Schwarz-*
romantiker so identifizieren noch eben auch mit dem Einstieg in die Szene). Der
spaßorientierte Szeneeinstieg wird anhand eines bestimmten Typus *(aufgedreht,*
extrovertiert) und eines daran geknüpften typischen Stils *(riesiges umgedrehtes*
Kreuz) festgemacht. Die Leute, die diesen Weg einschlagen, kennzeichnet eine
insgesamt unreflektierte, oberflächliche und beliebige Stilpraxis. Die Beschreibung macht deutlich, dass ein solcher Weg vom Interviewten als ‚aufgesetzt'
empfunden und infolge dessen nicht wirklich ernst genommen wird. Die Auswahl des *riesigen, umgedrehten Kreuzes* als Beschreibungsmerkmal der spaß-
orientierten Szenegänger veranschaulicht die Einschätzung des Interviewten: Als
typischstes Symbol der Szene, das auch noch penetrant in den Vordergrund gespielt wird, steht es nicht für den selbstbestimmten und individuell-kreativ mit
dem Stilinventar der Szene verfahrenden Gothic, sondern entlarvt vielmehr stil-
verhaftetes und an leicht identifizierbaren Oberflächlichkeiten orientiertes Verhalten. Der Interviewte übt damit implizit Kritik an ‚falschen' bzw. ‚Möchte-
Gern-Grufties'.

Im zweiten Teil der Passage wird ein zweiter Weg beschrieben, den man als den des *Schwarzromantikers* bezeichnen könnte. Dieser Weg ist im Gegensatz zum ersten nicht stil- oder oberflächenverhaftet, sondern durch Innerlichkeiten motiviert. Mit vielen Metaphern veranschaulicht der Interviewte, wie man sich einen solchen Weg in die Szene vorzustellen hat: Ein ‚richtiger' Gruftie erspürt die Szene und macht sein ‚Gothic-Sein' somit nicht an Äußerlichkeiten (Stil), sondern an Innerlichkeiten fest. Das Innere kann sich natürlich auch im Außen manifestieren, aber dies darf nicht in einer konventionellen, auf reines Zugehörigkeitsbestreben ausgerichteten und damit ‚aufgesetzten' Art und Weise geschehen, sondern muss durch innerliche und individuelle Dispositionen gedeckt sein. Diese innere Motivation wird mit den folgenden Begriffen näher zu fassen versucht: *Befreiung empfunden, dieses Aufatmen, sich dort hineinzubegeben, ja so reingekommen, Sog gespürt, Selbstläufer, so ein Aufatmen, freudiges Eintauchen.* Damit wird auf Prozesse verwiesen, die darauf angelegt sind, einen Zustand der befreienden Verschmelzung zu erreichen. Die Szene wird vom Interviewten mit einer atmosphärischen Substanz verglichen, in die man ‚eintauchen' kann, die folglich schon existent ist. Die Vorstellung, in etwas ‚einzutauchen', verweist auf das, was viele unserer InterviewpartnerInnen als den ‚schwarzen Kosmos' bezeichnet haben. Diese Zustandsbeschreibungen erinnern an die Semantik von Heilserfahrungen. Impliziert wird, dass das Leben ‚davor' als ein Zwang empfunden wurde und erst durch das Eintauchen in eine andere Welt eine Befreiung erreicht wird, wodurch das Leben plötzlich lebenswert erscheint. Dabei wird der Szene eine magische Anziehungskraft und Eigendynamik zugeschrieben, die zum *Selbstläufer* wird – die Szenemitglieder können sich dieses *Sogs* kaum erwehren.

Betrachtet man die Metaphern, die der Interviewte hier benutzt, fügen sie sich zu einem Bild der Konversion, des Glaubenswechsels, zusammen. Dieses Bild wird noch dadurch unterstützt, dass die Sprache des Interviewten auf Anachronismen zurückgreift und die Metaphern dem christlich-religiösen bzw. esoterischen Referenzbereich entlehnt sind.

Interview Manfred, Passage 8: ZENTRALE DINGE

Frage: Was war damals wichtig, wenn ihr Euch getroffen habt, was hat man gemacht?

„Die zentralen Dinge waren vor allem Kleidung und Musik und Gespräche, Rotwein, Kerzenschein, Friedhöfe. Nicht Friedhöfe um sie kaputt zu machen oder irgendwelchen Mist zu veranstalten, sondern einfach diese Atmosphäre zu genießen. Und sich auch zu konfrontieren mit einem solchen Thema wie Tod,

was ja sonst komplett aus dem Leben herausgehalten wird und tabuisiert wird. Und zu versuchen damit offen umzugehen und vielleicht diese Melancholie, die dort existiert, zu spüren, wenn man selber traurig ist das ja ganz angenehm. Ich denk, das waren so zentrale Sachen. Partys feiern, die Nacht erleben und viel, viel mit Menschen reden und Musik hören und so ein bisschen nach innen gucken und nach gestern gucken und natürlich auch nach morgen gucken."

Die Darstellung *zentraler Dinge* in der schwarzen Szene beginnt mit einer Aufzählung. Dabei kommen verschiedene Aspekte zur Sprache: die Selbst- bzw. Körperinszenierung durch die Kleidung, das ästhetische Erleben und auch der Selbstausdruck durch die Musik, eine intersubjektive, soziale Komponente durch das intensive Führen von Gesprächen, eine bedeutsame soziale Praxis in Form eines außergewöhnlichen Treffpunktes (Friedhöfe) sowie eine Beschreibung der Atmosphäre (Rotwein und Kerzenschein). Einen zentralen Fokus legt der Interviewte somit auf die Werte und Praktiken der Selbstinszenierung, des ästhetischen Erlebens, der sozialen Interaktion und der atmosphärisch-stimmungsvollen Umgebung. Beim Treffen auf Friedhöfen geht es um den Genuss der besonderen Atmosphäre des Ortes (*sondern einfach diese Atmosphäre zu genießen*), was eine Umwertung der sozialen Funktion von Friedhöfen bedeutet. Im alltäglichen Leben wird der Tod durch Ritualisierung und Verlagerung in einen tabuisierten Raum, den des Friedhofs nämlich, ausgegrenzt. Die Beschäftigung mit dem Tod bzw. der Besuch des Friedhofs sind damit gesellschaftlich geregelt und innerhalb festgelegter Trauerzeiten verortet. Die Grufties widersetzen sich dieser Funktion, die darauf angelegt ist, Trauer zu kanalisieren und zu reglementieren: Durch das selbstverständliche Benutzen und die daraus resultierende Veralltäglichung des Friedhofes als Treffpunkt der Szene holen die Grufties den Tod zurück in den Alltag. Der Tod wird durch diese Konfrontation als ,Dauerthema' etabliert und die Todesthematik von ihren gesellschaftlichen Reglements befreit und damit – wie der Interviewte betont – *enttabuisiert*.

Die Umwertung gesellschaftlich selbstverständlicher Normen und Routinen ist eine typische Praxis in Jugendkulturen. Das Verhalten wird dann oft von der Gesellschaft als provokant und abweichend empfunden. In diesem Fall kommt es aber nicht nur zu einer Umwertung, sondern auch zu einer Tabuverletzung. Die normale Gesellschaft – so gibt der Interviewte implizit zu verstehen – reagiert i.d.R. mit Vorwürfen und Unverständnis auf solche Verhaltensweisen (ablesbar an der Rechtfertigung: *nicht Friedhöfe um sie kaputt zu machen oder irgendwelchen Mist zu veranstalten, sondern einfach diese Atmosphäre zu genießen*).

Das Textsegment endet mit einer Aufzählung, bei welcher *Partys feiern* noch hinzugefügt wird. Als ,Partys' werden normalerweise Veranstaltungen bezeichnet, die außeralltäglich sind, Spaß machen, freiwillig und in der Freizeit stattfinden. Die Tätigkeit ‚Partys feiern' erfährt durch die Spezifizierungen ‚*Nacht erleben und viel, viel mit Menschen reden*' und ‚*Musik hören*' eine Erweiterung in sinnlich-gemeinschaftlicher Hinsicht. Das Feiern gemeinsamer Partys bedeutet auch eine Vertiefung der Wahrnehmung (ohne Drogen) und bewussteres Erleben. Das Genießen der Atmosphäre geht also einher mit dem bewussten Wahrnehmen und Erleben, was allen Aktivitäten eine besondere Bedeutung verleiht. Die Aktivität des ‚Party-Feierns', die üblicherweise als Sinnbild hedonistischer Teilkulturen fungiert, wird durch die Einbettung in Reflexionsprozesse aufgewertet und enttrivialisiert. Dies wird auch im letzten Teil der Äußerung deutlich (*so ein bisschen nach innen gucken und nach gestern gucken und natürlich auch nach morgen gucken*), der auf eine Biographisierung der eigenen Entwicklung verweist.

Interview Manfred, Passage 23: DIE WELT NICHT NUR AUS GLÜCK BESTEHT

Frage: Gibt es grundsätzliche Einstellungen, bei denen man sagen kann, die hat die Szene gemeinsam?

„*Verneinen, dass alles schön, rosa und fröhlich ist. Die Welt nicht nur aus Glück besteht. Das ist glaube ich allgemein gültig für Gothics und alles was dazu gehört. Die gehen halt nicht mit einer rosa Brille durchs Leben und sagen alles ist friedlich, alles ist schön, mir geht es gut. Sondern so ein grundsätzlicher Tenor ist, dass ihnen auffällt, dass bestimmte Dinge nicht so sind, wie sie sein sollten. Und dass es durchaus Schmerz gibt im Leben, und den Tod gibt im Leben und dass es Einsamkeit gibt und dass Einsamkeit und Zweisamkeit sehr nah beieinander sind. Glück und Schmerz und Unglück ganz nah miteinander verwandt sind und untrennbar miteinander verbunden sind. Und die vertuschen die eine Seite nicht, die vielleicht in dem großen Teil der Gesellschaft bedeckt gehalten wird. Und die heben das hervor, die gucken sich das an. Die wollen wissen, was da auf sie zukommt.*"

Dieses Segment thematisiert die dialektische Vorstellung, dass Glück und Unglück eng miteinander verwoben sind. Manfred betont, dass die Gothics diese Dialektik erfassen und sich gegen naiven Optimismus verwehren (*verneinen, dass alles schön, rosa und fröhlich ist. Die Welt nicht nur aus Glück besteht*). Diese Art von Optimismus – wie sie in der ‚Normalgesellschaft' vorherrscht – wird abgelehnt und die ‚dunklen Seiten' des Lebens (*Schmerz, Tod, Einsamkeit*) werden gesehen bzw. betont. Dadurch begreift er das Leben als eine Dialektik

von Glück vs. Schmerz/Unglück und Einsamkeit vs. Zweisamkeit, welche wie
Licht und Schatten in Form einer widersprüchlichen Einheit zusammengehören.
Und eben diese Dialektik haben die Gothics dem Interviewten zufolge erkannt
und neigen – im Gegensatz zur ‚Normalgesellschaft' – nicht dazu, die unerfreu-
lichen Aspekte des Lebens zu verdrängen. Vielmehr zeichnen die Grufties sich
durch einen realistischen Blick auf die Welt aus (*die wollen wissen, was da auf
sie zukommt*). Manfred hebt sich bzw. die Gothics als autonome Subjekte mit
einer eigenen Handlungs- und Beurteilungsautonomie hervor, die eine individu-
alistische Sicht auf die Dinge zu entwickeln vermögen. Sowohl die Beschrän-
kung auf die bloße Einsicht von Fehlentwicklungen (*dass ihnen auffällt, dass
bestimmte Dinge nicht so sind, wie sie sein sollten*) als auch die Akzeptanz der
Tatsache ‚der Endlichkeit des eigenen Lebens' bringen eine fatalistische Komponente ins Spiel, was dem Ideal einer Gesellschaftsveränderung zu widersprechen droht. Um diesen Widerspruch zu lösen, muss obige Äußerung rückwirkend im Sinne von ‚die Welt ist nicht so, wie sie uns verkauft wird' gelesen
werden, wodurch ein Verursacher benannt wäre, nämlich ‚die Gesellschaft'.
Diese Täuschung durch die Gesellschaft wird von den Gothics erkannt und in ihr
Weltbild eingearbeitet. Somit können sie nicht getäuscht und auch nicht enttäuscht werden, weil sie – im Gegensatz zur ‚Normalgesellschaft' – die Welt in
ihrer ganzen Widersprüchlichkeit begriffen haben, also die Enttäuschungen gewissermaßen als Normalzustand etabliert haben. Ab der Formulierung ‚*sondern
so ein grundsätzlicher Tenor ist (...)*' wird den Gothics schließlich die Fähigkeit
einer Entideologisierung der Welt zugeschrieben. Diese szeneinterne Eigeninter-
pretation widerspricht diametral der gesellschaftlichen Zuschreibung, die die
Gothics als Anhänger gefährlicher Ideologien (etwa Satanismus) interpretiert.

*Interview Manfred, Passage 41: EINEN STARKEN BEZUG ZU ALLEN
SCHÖNGEISTIGEN DINGEN*

Frage: Man hat das Gefühl, dass viele Belesene und kulturell Interessierte in der
Szene sind.

*„Sie haben einen starken Bezug zur Geschichte, starken Bezug zur Kunst jegli-
cher Form, starken Bezug zur Ästhetik, einen starken Bezug zu allen schöngeistigen Dingen der Menschheit, schöngeistigen Errungenschaften und Erkenntnissen. Ja, definitiv. Welcher normalsterbliche Mensch begeht noch einen Spaziergang um des Spaziergangs willen. Das sind nicht mehr so viele. In der Szene ist
das Usus, ist das üblich. Oder Romantik, oder Gespräche. Wenn man mal die
Anzeigen liest von jungen Grufties, die Kontakt suchen in Szenemagazinen, dann*

steht dort meistens: wer Spaß hat an langen Gesprächen bei Wein und Kerzen-
schein. Das ist eine Zeile, die taucht tausendfach auf, jeden Monat. Ich denke
das sagt viel aus. Das sind Menschen, die sich mitteilen wollen, die suchen wol-
len, die fühlen wollen, die wirklich leben wollen. Nichts vor was man Angst ha-
ben müsste."

Nicht nur schmerzhafte Erfahrungen werden also bewusster wahrgenommen, sondern auch *schöngeistige Errungenschaften und Erkenntnisse*, wie z.B. Geschichte, Kunst und Ästhetik. Mit solchen kulturellen Errungenschaften wird kein instrumenteller Sinn verbunden, sondern sie werden aus reinem Selbstzweck goutiert, was auf alltägliche Dinge übertragen wird (*Spaziergang um des Spaziergangs willen*). Alle Erfahrungen und Tätigkeiten – so das angestrebte Ideal – werden bewusster wahrgenommen, dadurch versinnlicht und in einer Art kontemplativer Einstellung genossen (*Menschen, die sich mitteilen wollen, die suchen wollen, die fühlen wollen, die wirklich leben wollen*). Als eine zentrale Werthaltung der Szene kann eine Verschöngeistigung und Romantisierung des Alltags gelten.

Dahinter verbirgt sich die Orientierung an einem Ganzheitsprinzip, welches sich beispielsweise auch im Buddhismus wiederfinden lässt und mit der so genannten ‚New Age-Bewegung' in Deutschland populär wurde. Diese aktiv betriebene Bewusstmachung des Lebens führt zu einer Überreflexivität, die als ein Phänomen der Postmoderne angesehen werden kann. Immer umfassendere Lebensbereiche werden in Reflexionsprozesse einbezogen, viele Selbstverständlichkeiten werden problematisiert und hinterfragt, denn man möchte – wie es der Interviewte am Ende seiner Äußerung formuliert – *wirklich leben.*

Interview Thorsten, Passage 2: DAS, WO MAN SICH DRIN WOHLFÜHLT

Frage: Gibt es eine spezielle Einstellung in der Szene?

„Es ist wirklich die Atmosphäre, die da herrscht, es ist ganz komisch, das lässt sich kaum beschreiben. Ich will jetzt nicht einfach sagen, okay, wie üblich, mystisch, morbide, sonst was, mystisch ist schön, morbide ist sowieso schön, schwarzer Humor noch mehr, aber genau das kreiert ja die Atmosphäre, die Musik kreiert die Atmosphäre, diese Mystik kreiert die Atmosphäre, alles Drumherum, und das ist eigentlich das, wo man sich drin wohlfühlt, wo ich mich drin wohlfühle. Und vielleicht auch ein bisschen das, dass die Leute halt nicht irgendwie diesem Techno-Trend verfallen sind, sich alles Rosa zu färben. Okay, wenn man damit Spaß hat, hat man Spaß, wenn man keinen hat, hat man keinen.

Aber ich brauch nicht irgendwie mir vorzugaukeln, es ist schön, alles ist bunt, ich kann auch so Spaß haben, ohne dass ich mich da selbst belügen muss. Das ist vielleicht auch was, was ich sehr interessant dran finde, dass die Leute halt nicht der Versuchung erliegen, sich alles schön zu reden und schön zu machen. Weil ich find das halt auch ziemlich verlogen sich selbst gegenüber. Etwas was ich auch bei Techno nie verstehen werde, dass Leute wirklich komplett ausklinken aus ihrem Alltagsleben einfach nur um drei, vier Tage lang durchzutanzen und sagen okay, die Welt ist geil, die Welt ist toll, alles andere vergessen, schmeißen wir noch ein paar Pillchen ein, und das war's dann. Und das ist halt da nicht so. Das find ich halt sehr faszinierend."

Im ersten Abschnitt beschreibt der Interviewte die Gothic-Szene – das *Wir* –, danach grenzt er sich zu einer anderen Jugend-Szene (Techno) – also *die anderen* – ab. Das Eigene wird mit dem Fremden verglichen und dadurch konturiert.

Zunächst versucht Thorsten, die Einstellung in der Szene zu beschreiben. Der für ihn wichtige Schlüsselbegriff der Atmosphäre muss hier als ein polysemer, semantisch überdeterminierter Begriff gesehen werden, der alles einschließt, was vorhanden ist und gleichzeitig ein Plus kreiert – nämlich auch alles andeutet, was sich einer Beschreibung entzieht. Atmosphäre ist etwas Nicht-Greifbares, das aber trotzdem essenziell ist. An diesem Begriff wird deutlich, dass sich das ‚Gruftie-Sein' in einer eigenen Welt vollzieht, an der man teilhaben muss, um zu verstehen, was sie ausmacht. Mit der Äußerung *aber genau das kreiert ja die Atmosphäre* werden klischeebesetzte Begriffe (*mystisch, morbide, schwarzer Humor*) als Aspekte der Szene verstanden, die aber nur einen Teil dessen, was die Szene ausmacht, einfangen können. Die Synthese im Begriff der Atmosphäre wird in der nächsten Äußerung wieder aufgelöst und in einzelne Aspekte aufgeschlüsselt: *die Musik kreiert die Atmosphäre, diese Mystik kreiert die Atmosphäre, alles Drumherum, und das ist eigentlich das, wo man sich drin wohlfühlt, wo ich mich drin wohlfühle.*

Ein wichtiger Aspekt wird mit dem Spaßbegriff eingeführt: Spaß hat einen Eigenwert, gegen den man zunächst nichts einwenden kann. Spaß in dieser Weise zu verstehen, kommt einer Immunisierungsformel gleich. Mit der zustimmenden Formel *Okay* verdeutlicht der Interviewte, dass er den ‚Technos' diese Perspektive zwar zuschreibt, zunächst jedoch nichts dagegen einzuwenden hat. In der Folge setzt er sich aber dezidiert von diesem ‚normalgesellschaftlichen' Spaßmodell ab und führt hiermit eine zweite Bedeutungsdimension des Begriffs *Spaß* ein, indem zu verdeutlichen versucht, dass Spaß nicht gleich Spaß ist: *ich kann auch so Spaß haben, ohne dass ich mich da selbst belügen muss.* Damit wird klar, dass die, die wie die ‚Technos' (nur) Spaß haben, sich damit etwas vorgaukeln – also Spaß als Selbstbetrug – während die, die Spaß haben wie die

Grufties, sich nicht selbst belügen. Für ihn ist nur diese Art von Spaß akzeptabel, da es ein reflektierter und authentischer Spaß ist, im Gegensatz zum Spaß als Selbstbetrug, woran er harsche Kritik übt (*ausklinken aus ihrem Alltagsleben; die Welt ist geil, die Welt ist toll*). Dieses gesellschaftlich vorgegebene Spaßmodell funktioniert nur phasenweise, dann nämlich, wenn man Drogen nimmt (*schmeißen wir noch ein paar Pillchen ein*). Spaß haben in der ‚Normalgesellschaft' – so die Kritik des Interviewten – wird vom Alltag abgetrennt und auf außeralltägliche Anlässe (‚feiern') beschränkt. Diese ‚kleinbürgerliche' Konstruktion bzw. Trennung lehnt er ab (*etwas was ich auch bei Techno nie verstehen werde*). Die Gothics vollziehen diese Trennung nicht (*ich kann auch so Spaß haben*), sondern leben ein ganzheitlich-konsistentes Leben ohne eine Trennung von Alltag und Spaß. Damit wird für ein holistisches Leben plädiert, bzw. Kritik an einer fragmentierten Welt geübt.

Interview Robin, Passage 20: SICH MIT LEBENSMODELLEN BESCHÄFTIGEN

Frage: Gibt es irgendetwas, was Du noch wichtig findest und was Du noch loswerden möchtest?

„Vielleicht kann ich ja einen Wunsch von mir sagen, das ist vielleicht am günstigsten. Also ich denk mal so, die diese Strömung wird es und soll es wie andere Strömungen auch immer geben, das ist ganz wichtig. Ich find das ganz normal, Punkt Nummer eins. Zweitens soll niemand vergessen, wo es herkommt, bei allen Ideologien Richtungen vor allem aber natürlich bei der Schwarzen; drittens man soll sich mehr aufeinander konzentrieren, denn da kommt jetzt meine politische Einstellung natürlich mit rein, dass man gemeinsam einfach stärker ist; in so ner intensiven Szene, die auch viele Feinde hat, die auch umstritten ist es, glaube ich, auch ganz wichtig zusammen zu halten. Es ist zweitwichtig, erstrangig dass sich der Austausch nur, die Weiterentwicklung, die Qualität sich nur steigern kann, wenn eine gemeinsame Basis da ist das ist so, wenn ich mal einen großen Satz sagen kann: sie sollten sich, also die, die sich damit beschäftigen, die irgendwas daran gefallen, sei es die schwarze Farbe, ob es religionsethischer, philosophischer Hintergrund ist, einfach nur Interesse oder einfach nur Interesse an Bauwerken, was auch immer, an Geschichte, an Kultur, das ist ja auch aktuell, da ist ja nicht immer nur was von früher, das ist ja auch immer aktuell, das ist eine gewisse, klar ist es dunkler, mystischer klingt immer so kitschig; dass die sich nicht so schnell leben so oberflächlich leben, das ist halt durch das System bedingt; den Konsum weg und sich mit ‚weniger ist mehr' auseinandersetzen und wirklich dann auch Lebensmodelle und das klingt zwar für Schwarze komisch, aber mit Lebensmodellen sich beschäftigen. "

Diese Sequenz ist das Abschluss-Statement des Interviewten, in dem er drei Wünsche (*vielleicht kann ich ja einen Wunsch von mir sagen, das ist vielleicht am günstigsten*) für die schwarze Szene formuliert:

Sein erster Wunsch ist: *diese Strömung wird es und soll es wie andere Strömungen auch immer geben.* Es ist auffällig, dass er die Szene als Strömung bezeichnet und ihr dadurch eine sehr allgemeine und offene Beschreibung zuteil werden lässt. In seiner Formulierung (*wird es* und *soll es*) verknüpft er eine Zukunftsprognose (*wird*) mit einem Wunsch (*soll*). Die schon mit dem Begriff der Strömung signalisierte Normalität der Szene findet in der Äußerung *Ich find das ganz normal* eine Verstärkung. Es wird damit deutlich, dass die Szene nicht dauernd mit dem Vorwurf, sie sei nicht ‚normal', konfrontiert werden möchte. Damit wird wieder auf die Diskrepanz zwischen ‚Toleriert werden wollen' und ‚Andersein wollen' verwiesen.

Als zweiten Wunsch äußert er die Pflege von Wurzeln und Traditionen der schwarzen Szene (*zweitens soll niemand vergessen, wo es herkommt*). Dieser Aufruf, dass sich jeder seiner Herkunft bewusst werden sollte, zeigt das Vorhandensein eines Traditionsbewusstseins und einer an wertkonservativen Vorstellungen orientierten Haltung in der Szene.

Sein dritter Wunsch bezieht sich auf die Qualität der Gemeinschaft. Die Szene soll sich mehr auf sich konzentrieren, da man gemeinsam einfach stärker ist (*man soll sich äh mehr aufeinander konzentrieren, denn da kommt jetzt meine politische Einstellung natürlich mit rein, (...) dass man gemeinsam einfach stärker ist*) und eine Qualitätssteigerung nur durch eine gemeinsame Basis (*dass sich der Austausch nur, die Weiterentwicklung, die Qualität sich nur steigern kann, wenn eine gemeinsame Basis da ist*) möglich ist. Diese Aussagen bleiben sehr offen und programmatisch. Es folgt die Ankündigung einer besonders gehaltvollen Äußerung (*wenn ich mal einen großen Satz sagen kann*), was die Erwartung hervorruft, der Interviewte äußere nun eine Maxime oder ein pointiertes Fazit. Nach dem Auftakt (*sie sollten sich*) folgen jedoch erst eine Reihe von Nebenbemerkungen und Einschüben.

Der Interviewte umschreibt die Szene, indem er diverse Interessen, Neigungen und Vorlieben aufzählt (*die sich damit beschäftigen und die irgendwas daran gefallen, sei es die schwarze Farbe, ob es religionsethischer philosophischer Hintergrund ist (...) oder einfach nur Interesse an Bauwerken, was auch immer, an Geschichte, an Kultur*). Wie bei anderen Jugendkulturen scheint auch hier eine große Abneigung gegen ein ‚Labeling' (einer begrifflichen Festschreibung der eigenen Szene) zu bestehen, wogegen andere (jugendkulturelle) Gruppen häufig und gerne über Labels identifiziert werden.

Nach diesem ausführlichen, beschreibenden Exkurs wird schließlich der angekündigte und begonnene (*sie sollten sich*) ‚große Satz' fortgeführt. Robins

Wunsch für die Zukunft besteht darin, *dass die Grufties nicht so schnell leben, so oberflächlich leben, (...) den Konsum weg und sich mit ‚weniger ist mehr' auseinandersetzen (...) mit Lebensmodellen sich beschäftigen.* Deutlich werden durch diesen Aufruf wiederum die Motive der Bewusstmachung resp. des bewussten Lebens – und damit korrespondierend – der Entschleunigung sowie der reflexiven Auseinandersetzung mit Lebensformen (Biographisierung).

Interview Jan, Passage 10: EIGENTLICH SEHR FRÖHLICH

Frage: Wie sieht es mit dem Thema Tod aus?

„Ich dachte mir, das sind doch die, die machen doch auch das und das, die haben doch ne Todesneigung, warum sehen die sonst so aus, was sollen diese ganzen Symbole, ich danach geschaut und hab das nicht entdeckt, obwohl ich viel unterwegs war und viel unterwegs bin und auch viele Leute kenne, scheint mir nicht typisch für die schwarze Szene. Gerade die paar, die sind eigentlich sehr fröhlich."

In dem Ausschnitt wird das ambivalente Verhältnis zwischen dem äußerlichen Eindruck (*die haben doch ne Todesneigung, warum sehen die sonst so aus, was sollen diese ganzen Symbole*) und der inneren Einstellung angesprochen. Mit der vermeintlichen Todessehnsucht taucht eines der typischsten Vorurteile auf, das sich jedoch vornehmlich aus dem Aussehen und den zur Schau gestellten Symbolen der Szene speist. Doch dieser Zusammenhang kann nicht so einfach hergestellt werden: Tod spielt eine Rolle, aber nicht im Sinne der Zuschreibungen von außen (*scheint mir nicht typisch für die schwarze Szene*). Vielmehr wird hier der Todesneigung Fröhlichkeit (*fröhlich*) entgegengesetzt. Der der Szene zugeschriebene Pessimismus wird in der Innenperspektive durch Optimismus ersetzt. Die szeneninterne Sicht widerspricht somit dem von außen an sie herangetragenen Bild.

b) Ästhetisierung

Interview Jan, Passage 17: KOMPROMISSLOS SCHWARZ

Frage: Ist das Ambiente wichtig?

„Das ist wichtig, das Ambiente ist wichtig, das ist sogar sehr wichtig. Das ist ja auch so ein Hauptkritikpunkt am ‚KUZ', das ist hässlich, überhaupt kein Flair,

keine Atmosphäre, und die meisten Trefforte sind doch eher die Woche über irgendwas anderes und nur samstags oder an einem bestimmten Wochentag eben für die Schwarzen, das ‚Nachtleben' auch, aber dort stehen dann wenigstens schöne Blumen, meistens Rosen oder weiße Lilien, und es geht einigermaßen, Kerzen aus sehr schön geschmiedeten Leuchtern aus einer Kette hergestellt und entsprechend Nebel und Licht, und da kommt ein gewisses Flair zustande. Wunderschön sind da auch solche Orte wie das ‚Schloss Höchst', wo manchmal was gewesen ist oder ‚Moritzbastei' in Leipzig. Bei Clubs, die neu aufgemacht werden, wie z.B. das ‚Dark Flower' in Leipzig, da ist dann gerade auf dieses Ambiente, auf dieses Flair, auf das Aussehen sehr viel Wert gelegt, und auf so was bin ich auch dankbar. Es ist dann wirklich, so ein Club ist kompromisslos schwarz. Der dient in der Woche nicht zu ner HipHop-Party sondern der ist wirklich, der heißt ‚Dark Flower'. Und das ist wichtig, und das wird auch allgemein begrüßt. Manche sagen dann irgendwie, ach alles so Klischee, aber Klischee ist sowieso in der schwarzen Szene so ein Wortknüppel, der dann manchmal verwendet wird."

Wichtig für die schwarze Szene ist eine bestimmte Ästhetik, die sich an unterschiedlichen Punkten festmachen lässt. Ästhetik ist deshalb besonders wichtig, weil sie in der Lage ist, eine bestimmte Atmosphäre (synonymisch: *Flair, Aussehen, Ambiente*) zu produzieren. Diese Ästhetik respektive Atmosphäre wird an Beispielen aus dem Szenealltag festgemacht: Einzelne Elemente (*Blumen, Nebel, Licht*) spielen ebenso eine Rolle wie spezielle Orte. Dabei muss ein Bild von Konsistenz erkennbar werden (*kompromisslos schwarz*), d.h. die einzelnen Elemente müssen aufeinander abgestimmt sein und einem umfassenden Ästhetikanspruch genügen. Dieser Ästhetikanspruch wird je nach Treffpunkt abgestuft: So existieren Clubs, die nur temporär ‚schwarz' sind (z.B. das ‚Nachtleben' in Frankfurt oder das ‚KUZ' in Mainz) und solche, die sich als durchgehend ‚schwarze' Clubs und Orte präsentieren (z.B. das ‚Dark Flower' und die ‚Moritzbastei' in Leipzig oder das ‚Schloss Höchst' bei Frankfurt).

In den letzten zwei Zeilen kommt der Interviewte auf das Thema ‚Klischees' zu sprechen (worunter i.d.R. verkürzte Denk- oder Vorstellungsmuster zu verstehen sind), da nach Meinung vieler in der Szene (*manche sagen dann irgendwie, ach alles so Klischee*) das ‚Dark Flower' jenes Klischee reproduziere, das einem ‚schwarzen' Club zugeschrieben wird. Der Club arbeitet jedoch – ähnlich wie die gesamte Szene – bewusst mit Klischees. Das für die ‚schwarze' Szene typische Spannungsfeld zwischen authentischer Szenekultur und bloßer Reproduktion gängiger Klischees findet in der abschließenden Beurteilung des Interviewten seinen Ausdruck: Er hält die Vorwürfe, Klischees würden reproduziert, für einen *Wortknüppel*, soll heißen: für eine Kritik, die man immer anbringen kann (in der Art einer ‚Killerphrase'). Implizit gibt er damit zu verstehen, dass das Übertreiben, das symbolisch ‚dick Auftragen' bzw. das Zelebrieren von Klischees untrennbar mit der schwarzen Szene verwoben ist und so häufig nicht zwischen authentischem und klischeehaftem Ausdruck unterschieden werden kann.

Interview Angela, Passage 9: ALLES IN SO NE SCHWARZE RICHTUNG GE-PRESST

Frage: Was zeichnet einen Gruftie aus? Macht es sich an den Äußerlichkeiten fest?

„Ja, klar macht sich das an Äußerlichkeiten fest, wenn du da hingehst, die ganze Szene ist schwarz, das ist schon mal das eine, dieses Schwarz wird ja immer wieder sehr betont, sogar die Web-Seite heißt glaub ich black screen hier im Rhein-Main-Gebiet, du merkst es an diesen Flyern, die da rumgehen, die sind ja nie bunt, das ist immer alles schwarz-weiß, und die ganze Szene ist schon mal schwarz, das ist so eine Voraussetzung, was noch akzeptiert wird, das ist rot, dunkelrot, und da kommt dann auch wieder dieser mystische Aspekt rein, dass ja nicht unbedingt das Christliche sondern so diese, ich such grad das Wort irgendwie, sondern dieses Märchenhafte, aber alles in so ne schwarze Richtung gepresst. Und das ist so ein Ding, was die Szene ist, und die Szene behauptet von sich selbst auch, dass sie sehr leidenschaftlich ist, also so die Reize auch hervorhebt, das ist auch so ein Ding, das ist auch eine sehr friedliche Szene. "

Zunächst wird die Suggestivfrage der Interviewerin bestätigt (*ja, klar macht sich das an Äußerlichkeiten fest*). Diese Äußerlichkeiten werden im Folgenden an der Farbe Schwarz festgemacht (*die ganze Szene ist schwarz*), was mit Beispielen von Web-Seiten und Flyern belegt wird. Aber das scheint nicht alles zu sein: Für die Szene, die ein bestimmtes Farbspektrum präferiert (*schwarz-weiß, schwarz, rot, dunkelrot*), bedeutet die Farbe Schwarz mehr als nur die Farbe an sich. Im Folgenden bekommt das omnipräsente *Schwarz* verschiedene Funktions- bzw. Bedeutungsdimensionen zugeschrieben: *mystisch, nicht unbedingt das Christliche, märchenhaft, leidenschaftlich, Reize hervorhebend* und Friedlichkeit (*friedliche Szene*). Die Interviewte verweist damit auf den Umstand, dass die Farbe Schwarz nicht auf ihre rein physikalisch-optischen Qualitäten (Farbe im Sinne eines spezifischen optischen Reizes) reduzierbar ist, sondern darüber hinaus vielfältige kulturelle Bedeutungen und Sinnhorizonte entfaltet und deshalb ein zentrales Konzept oder Leitmotiv der Szene repräsentiert. Die Entfaltung solcher Bedeutungsdimensionen beginnt mit der Gestaltung von Äußerlichkeiten und szenetypischen Objektivationen (Web-Seite, Flyer, Mode) und endet mit innerlichen Aspekten. Somit ist Schwarz ein äußerer Ausdruck für eine innere Einstellung und steht – symbolisch-zeichenhaft – für ein kaum festlegbares Konglomerat an Überzeugungen, Wertvorstellungen, Lebensgefühlen und -stilen sowie Weltdeutungen und -auffassungen.

Die Aufzählung der innerlichen Aspekte – ausgehend von der Farbe Schwarz, die dadurch gewissermaßen expliziert wird – soll verdeutlichen, was die Szene ausmacht. Mit der Formulierung *dieser mystische Aspekt* wird das Metaphysische, Geheimnisvolle und Transzendente angesprochen. Denn die Mystik ist eine „besondere Form der Religiosität, bei der der Mensch durch Hingabe und Versenkung zu persönlicher Vereinigung mit Gott zu gelangen sucht" (Duden Fremdwörterbuch, Mannheim 2001). Mit dem zweiten Aspekt (*nicht unbedingt das Christliche*) findet eine Spezifizierung – die mit der eigentlichen Definition von Mystik korrespondiert – des Mystischen statt: Es ist religiös, aber nicht christlich und steht damit verallgemeinernd für das Unerklärliche und Unbegreifbare schlechthin. Auch der Begriff des *Märchenhaften* verweist wiederum auf eine irrationale, nicht greifbare, verspielte und dichotome (Gut/Böse) Welt(-Sicht). Während mit diesen Begriffen versucht wird, ein szenespezifisches Weltbild zu beschreiben, nähern sich die beiden letzten Aspekte konkreteren Eigenschaften oder Einstellungen der Szenemitglieder. Referiert wird auf die Ebene des Körpers und des Gefühls und es wird behauptet, dass die Szene gefühls- und körperbetont agiere (*leidenschaftlich ist* und *Reize auch hervorhebt*). Die Leidenschaft drückt sich dabei in der Inszenierung von Körperlichkeit bzw. der Sexualisierung des Körpers, d.h. der hervorgehobenen Reize, aus. Die Gefühle dominieren dabei den Verstand und betonen das Unkontrollierte und Triebhafte des Menschen. Wie schon in anderen Interview-Ausschnitten steht der Selbstzweck gegenüber dem Zweckrationalen im Vordergrund. Auch hier wird deutlich, dass der überformte Mensch – d.h. der disziplinierte, zweckrational denkende Rollenmensch – zugunsten eines gefühlsbetonten und leidenschaftlichen Individuums abgelehnt wird. Auf der Suche nach dem Eigentlichen soll der überformte Mensch von seinen Konventionen, Rollen und Disziplinen befreit werden bis ein wahres, eigentliches Selbst gefunden ist. Dies findet u.a. in der omnipräsenten Verwendung der Farbe Schwarz, die alle anderen Farben und Schattierungen absorbiert, die somit alles umschließt und aus der alles hervorgeht, seinen Ausdruck.

Interview Dorothee, Passage 4: COCKTAILKLEIDCHEN

Frage: Was nervt Dich an der Szene inzwischen?

„Das war halt alles ein bisschen individueller, jeder hat individuell anders ausgesehen. Jeder hat sich Mühe gegeben. So richtig fantastisch, was du halt jetzt noch teilweise auf dem Wave-Gotik-Treffen z.B. schillernde Gestalten und so haben wir eigentlich früher fast alle durchgehend ausgesehen. Und jetzt ist es ja schon Gruft, wenn du ein bisschen bleich bist, die Haare schwarz gefärbt hast und irgend so ein Cocktailkleidchen trägst."

In dieser Sequenz wird das *früher* dem heute (*jetzt*) gegenübergestellt. Früher war alles *individueller, jeder hat sich Mühe gegeben* und sie sahen so *richtig fantastisch* aus. Heute hingegen bist du ein Gruftie, wenn du *bisschen bleich bist, die Haare schwarz gefärbt hast und irgend so ein Cocktailkleidchen trägst.* Ein richtiger Gruftie sollte demnach Individualität und Tiefgang besitzen. Die heutigen Szenegänger jedoch sind kaum mehr als eine Kopie des echten Grufties: Ihre Oberflächlichkeit offenbart sich v.a. in der standardisierten Mode. Somit wird deutlich, dass der Unterschied von gestern und heute – respektive ‚richtiger' Gruftie vs. ‚Möchtegern-Gruftie' – in der Unterscheidung von Authentizität resp. Individualität versus Mode liegt. Mit der Formulierung *heute ist ja schon Gruft (...)* reklamiert die Interviewte für sich die Definitionsmacht: Sie ist in der Lage zu bestimmen und zu beurteilen, was einen echten Gruft ausmacht.

Interview Dorothee, Passage 24: JEDER GRUFTIE GEILER ALS DER ANDERE

Frage: Gibt es noch Streitigkeiten, wer ein echter Gruftie ist?

„Natürlich ist jeder Gruftie geiler als der andere, das ist halt ein richtiger Wettstreit inzwischen. Während früher dann teilweise eher durch das Aussehen gemacht wurde, welche Haare stehen stracker nach oben und so weiter und so fort, ist es jetzt, läuft es jetzt schon auch über die Einstellung. Ja. Und wenn Du da nicht die tot bösen und tot düsteren Sachen hörst, also dann ist ja schon alles aus. Aber auf der anderen Seite dann Madonna hören."

In der Sequenz wird das Spannungsfeld von Konkurrenz und Gemeinschaft in der Szene angesprochen. *Inzwischen* – also heute – gibt es in der Szene einen *richtigen Wettstreit.* Das *inzwischen* impliziert, dass es diesen früher nicht gab. Dieses *früher* wird im nächsten Satz dann auch aufgenommen und der Wettstreit wird auf das Distinktionskriterium *Aussehen* reduziert. Heute (*jetzt)* erfährt die

Distinktion eine entscheidende Ausweitung: *läuft es jetzt schon auch über die Einstellung*. Vergleicht man diese Kritik mit den Aussagen in Passage 4 (Interview Dorothee), in der ja gerade die Oberflächlichkeit der heutigen Szene kritisiert wurde, fragt man sich, warum die Abgrenzung über die Einstellung nicht positiv bewertet wird. Dieser Widerspruch löst sich im folgenden Satz aber auf, da sie dort einerseits eine generelle Kritik an der konkurrenten Haltung in der Szene übt, die sie krampfhaft und albern findet (das Messen auf einer modischen Ebene – im Gegensatz zur Ebene der Einstellung – ist für sie akzeptabel, da es spielerischen Charakter hat). Andererseits unterstellt sie den heutigen Grufties, gar keine ‚richtige' Einstellung zu haben, sondern vermeintlich gothic-affine Vorlieben aus Gründen der Selbstdarstellung strategisch zu inszenieren (die *tot bösen und tot düsteren Sachen* und *auf der anderen Seite dann Madonna hören*).

Ihre Kritik an den heutigen Grufties läuft darauf hinaus, dass früher zwar spielerisch über das Aussehen miteinander konkurriert wurde, wobei es aber jedem freistand, in eine bestimmte Richtung zu denken. Heute dagegen existiert eine Einstellungszensur, die Konkurrenzkampf und Druck auf der Ebene von Authentizität und Identität entstehen lässt. Daraus resultiert eine permanente Selbstprofilierung, die nichts mehr mit dem Gemeinschaftsgefühl von früher zu tun hat.

c) Verhältnis Alltag versus Szeneleben

Interview Jutta, Passage 4: KOMPLETT ANDERS SEIN

Frage: Was war das Faszinierende an der Szene?

„Also das hat mich alles daran schon sehr fasziniert, dass man einfach komplett anders sein konnte, aber trotzdem akzeptiert wurde. Vor allem wenn man sein Leben ansonsten auch noch auf die Reihe gekriegt hat, wenn man eben seine Schule gemacht hat, man hatte auch wirklich die Möglichkeit, seine Ausbildung und alles zu machen, wie kann ich das jetzt erklären, was das bedeutet, das ist halt, jetzt sagen wir mal Punk in extremen Beispiel, da ist es vielleicht nicht gewünscht, dass jemand auch beruflich aufsteigt oder vielleicht auch mal ne Karriere machen will oder so was, ja, und das ist ja bei Grufties überhaupt kein Thema gewesen, man kann tun und lassen, was man will, ja, das fand ich halt schon gut."

Faszinierend an der Szene ist, dass man die Möglichkeit hat, aus der Gesellschaft auszubrechen und zu experimentieren (*dass man einfach komplett anders sein konnte*), aber trotzdem durch eine Gemeinschaft – die Szene eben – akzeptiert ist (*aber trotzdem akzeptiert wurde*) und auch sein ‚anderes' Leben bewältigen kann (*vor allem wenn man sein Leben ansonsten auch noch auf die Reihe gekriegt hat, wenn man eben seine Schule gemacht hat, man hatte auch wirklich die Möglichkeit, seine Ausbildung und alles zu machen*). Die individuelle Andersartigkeit kann man somit im Szeneleben ausleben, ohne dass sie im Widerspruch zu Karriereambitionen bzw. dem ‚Restleben' stünde. Hierin spiegelt sich eine starke Dichotomie von Szeneleben versus Alltagsleben. Bei den Grufties ist es vergleichsweise irrelevant, was im ‚Restleben' gemacht wird. Diese starke Trennung, die so in anderen Jugendkulturen nicht stattfindet, teilt das Leben in eine öffentliche Sphäre – das Szeneleben – und eine private Sphäre – das Alltagsleben. Im Gegensatz dazu stehen andere Jugendkulturen wie die Punks, für deren Kultur es konstitutiv ist, das gegenkulturelle bzw. andersartige Moment auf das gesamte Leben auszuweiten.

Interview Matthias, Passage 9: HAT EINFACH WAS GEHOLFEN

Frage: Was war das Gemeinsame der Szene?

„*Ich hab das immer so verallgemeinert, von einem mystisch-romantischen Weltbild oder schwarz-romantischen gesprochen. Also von so einem kleinem Märchen oder so einem Zwei-Welten-Denken. Das heißt Sehnsüchte und und Wünsche, die sich irgendwie abspielen immer in diesem mystisch-romantischen Gewand, sag ich jetzt mal sich selber zu produzieren oder sich davon beplätschern zu lassen musikalisch aber auch optisch. Aber das eben in dieser Szene sich auch viele Leute wiederfinden, die abtauchen wollen aus diesem Alltagsgeschehen, um woanders nen Ruhe- oder Erholungspunkt zu finden. Und sich eigentlich auch zu stabilisieren für die Gesellschaft und für die Welt. Und der eine oder andere geht aus der Szene halt wieder mehr oder weniger raus und es war für ihn ein Stückchen Lebensweg und er hat einfach was geholfen, sozusagen sozial irgendwo aufgefangen gewesen zu sein eine gewisse Zeit. Es gibt sehr viele Leute, die dort Inhalte reinbinden, die sie dort ein Leben lang begleiten. Aber es gibt eben auch Leute, die nur mal dort sind und wieder weg sind. Der eine ein halbes Jahr, der andere 5 Jahre. Diese Generationen sind auch heute immer noch sehr schnelllebig. Aber den meisten, denke ich, bringt es mehr, als dass es ihnen schadet. Also viele Eltern, Großeltern und sicherlich auch Sozial- oder Sonstwas-Wissenschaftler haben sich sicher damit beschäftigt und sich überlegt, mensch wie wirkt das auf die Leute, schadet es ihnen nicht, gerade die Eltern, um Gotteswillen. Und bei den meisten habe ich eher das Gefühl, dass sie dort nicht abrutschen, sondern dass es ein Stückchen weiter geht. Also dass es auf der einen Seite diese tiefe, böse Finsternis, auf der anderen Seite es einfach wirklich ein Stückchen weiterkommen, ein Stückchen sich selber finden, mit was sich zu identifizieren, um erst mal Kraft zu sammeln. "*

In dieser Passage kommt die Trennung zwischen Alltag und Szeneleben stark zum Ausdruck: Für den Interviewten gibt es in der Szene ein *Zwei-Welten-Denken*. Die erste Welt ist der Alltag (*Alltagsgeschehen*), die zweite Welt das *mystisch-romantische Weltbild* (*schwarz-romantische Märchen*). Zentral für dieses *Zwei-Welten-Denken* ist das Verhältnis von Welt 1 (= Alltagswelt) zu Welt 2 (= mystische Gothic-Welt). Dies wird hinsichtlich zweier Aspekte thematisiert. Erstens: Wie entsteht Welt 2 und zweitens: Welche Funktion hat Welt 2 in Hinblick auf Welt 1? Für den Interviewten ist die Frage nach der Entstehung von Welt 2 ein aktiver Herstellungsprozess. Die Grufties haben *Sehnsüchte* und *Wünsche*, für die es in der ersten Welt keinen Platz gibt. Doch diese unerfüllten Sehnsüchte und Wünsche müssen irgendwo ausgelebt werden. Der Ort hierfür ist die Gothic-Szene: *immer in diesem mystisch-romantischen Gewand, sag ich jetzt mal sich selber zu produzieren oder sich davon beplätschern zu lassen musikalisch aber auch optisch.* Die unerfüllten Sehnsüchte werden in eine andere Welt übersetzt.

Die Aufgabe, die diese zweite Welt übernimmt, hat funktional-kompensatorische Aspekte. Die Grufties wollen aus der Alltagswelt ‚abtauchen', um einen *Ruhe- oder Erholungspunkt* zu finden. Dieser hilft ihnen, sich *zu stabilisieren für die Gesellschaft und für die Welt*. Dabei geht es aber nicht darum, sich gänzlich aus der ersten Welt zurückzuziehen, sondern für sie *Kraft zu sammeln*. Damit hat die mystisch-romantische Welt eine kompensatorische, regenerierende und auch therapeutische Funktion, die der ersten Welt dient: Es kommt in der Freizeit zu einer Wiederherstellung der Funktionsfähigkeit für den Alltag. In dieser Sichtweise wird die klassische Trennung von Arbeit und Freizeit respektive Öffentlichkeit und Privatheit reproduziert.

Es stellt sich nun die Frage, wie die ‚Gothic-Welt' diese Aufgabe zu erfüllen vermag. Für den Interviewten ist es *ein Stückchen Lebensweg, ein Stückchen Lebensstufe*, der Szenemitgliedern hilft. Dadurch, dass Matthias den Aspekt der Hilfe aufruft, impliziert er, dass es bei den Leuten in der Szene Probleme oder zumindest Defizite hinsichtlich ihrer Alltagsbewältigung geben muss. Es sind die uneingelösten *Wünsche* und *Sehnsüchte*, die sie im Alltag nicht zurechtkommen lassen. Die Szene übernimmt die Funktion zu helfen, mit dem Leben zurechtzukommen. Sie rückt damit in die Nähe therapeutischer Maßnahmen (*sozial irgendwo aufgefangen*), die für eine psychosoziale Reintegration in die Gesellschaft nötig scheinen. Die Szene wird zur Instanz, die Antworten auf drängende

Fragen des Lebens bereithält und damit eine Integration in die „Normalgesellschaft' erreicht bzw. aufrecht erhält.

An dieser Stelle schließt sich nun eine Rechtfertigungsfigur an: Es wird
noch einmal hervorgehoben, was die Szene für ihre Mitglieder leistet, um die
Vorurteile, die *viele Eltern, Großeltern und sicherlich auch Sozial- oder
Sonstwas-Wissenschaftler haben*, zu entkräften. Der Interviewte vergleicht die
Szene mit einem vielfältigen Vorrat an Deutungsangeboten: Einerseits gibt es
flüchtige Inhalte, die bloß kurzfristig interessant sind (*mal reinbinden dort*),
andererseits existieren aber auch zeitstabilere Deutungsangebote in der Szene,
die für Identitätsbildung und Persönlichkeitsentwicklung eine wichtige Rolle
spielen können (*nicht abrutschen, Stückchen weiter geht, weiterkommen*). Somit
kann die Szene *nicht schaden*, obwohl sie – hier wird nun die Fremdperspektive
der Eltern etc. eingenommen – durch *diese tiefe, böse Finsternis* nach außen so
wirkt. Vielmehr hilft sie ihren Mitgliedern, mit dem Alltag zurechtzukommen
und übernimmt damit für die Gesellschaft eine stabilisierende Funktion. Der
Interviewte entwirft damit ein auf (Gesellschafts-)Integration basierendes und
harmonisches Bild der Szene.

Interview Robin, Passage 8: KONSTANT SO DENKEN VOR ALLEM

Frage: Warst Du immer Gruftie?

*„Ja, dann kam auch die S/M-Schiene. Das hat mich total genervt und nervt mich
immer noch. Diese ganzen Handschellenträger mit ihrer Gotik-Erotik-Musik.
Das sind einfach Leute, das ist nur noch Zur-Schau-Stell-Kram; das sind keine
Leute mehr, die das wirklich praktizieren. Ich will jetzt nicht für alle sprechen.
Ich kenne aber genug Leute und ich weiß es einfach, das sieht man ihnen auch
mit einer gewissen Menschenkenntnis an, wie sie sich verhalten, ob sie das wirklich leben oder nicht. Und halt die Super-Aufgemotzten und die sitzen dann am
nächsten Tag wieder in ihrem Büro als Sekretöse bei ihrem Chef und haben
Blümchenkleider an. Das ist einfach nicht drin. Ich meine, wenn ich wirklich
dazu steh, ich muss das ja nicht übertreiben, es ist einfach so, das merke ich bei
denen, die ich kenne. Das muss man nicht so, da gibt's keine Satzung. Das merkt
man, ja. Dass die Leute dann konstant so denken vor allem.“*

In dieser Passage kommt es zu einer Abgrenzung gegenüber Szenemitgliedern,
die die wichtigen Werte der Szene nicht wirklich verinnerlicht haben bzw. sie
nicht wirklich praktizieren. Zwei Idealtypen – der ‚innerliche' Typ und der ‚äußerliche' Typ – werden gegenübergestellt. Der äußerliche Typ wird an Personen

der S/M-Schiene festgemacht (*Handschellenträger und Zur-Schau-Stell-Kram*), die dem Interviewten zufolge die folgenden Charaktereigenschaften haben: *keine Leute mehr, die das wirklich praktizieren, nicht wirklich leben, die Super-Aufgemotzten und die sitzen dann am nächsten Tag wieder in ihrem Büro als Sekretöse bei ihrem Chef und haben Blümchenkleider an.* Hier wird deutlich, dass die strikte Trennung von Alltag und Szeneleben negativ beurteilt wird und zu wirklichen Grufties nicht passt. Der ‚innerliche Typ' weitet sein ‚Gothic-Sein' auf alle Lebensbereiche aus: wirklich praktizieren, wirklich leben, wirklich dazu stehen, konstant so denken. Dieser ‚innerliche Typ' hat es nicht nötig, zu übertreiben und seine Einstellung zwanghaft nach außen zu präsentieren, wie es z.B. die Handschellenträger machen. Diese metonymische Personenstereotype (der ‚äußerliche Typ') wird auf einen symbolischen Aspekt (hier: die *Handschellen*) reduziert. Das macht deutlich, dass eine zu offensichtlich oder plakativ nach außen präsentierte Einstellung oder Neigung (hier: eine sexuelle Spielart) eher negative Bewertungen nach sich zieht.

Interview Robin, Passage 10: GEISTIG ANGEREGT SICH ZU UNTERHALTEN IST SEHR SCHLECHT GEWORDEN

Frage: Was heißt es: das ‚Gruftie-Sein' leben?

„Wir haben auch mit den anderen Leuten Kontakt, aber auf einer anderen Ebene. Wird sich viel über Musik unterhalten. Auf Partys ist das das Problem bei vielen Festivals, man trifft sich, die Band war cool, Band war nicht cool, trinken wir was, rauchen wir was, tralala, was weiß ich. Zusammensitzen am Feuer und zu diskutieren und zu unterhalten über Probleme des eigenen Lebens, des Zusammenlebens, politische Sachen, nicht nur, muss nicht immer sein, aber geistig angeregt sich zu unterhalten ist sehr sehr schlecht geworden. Man hat mehr wert auf Party gelegt. Und das ist auch in meinem Freundeskreis mittlerweile so. "

Auch in dieser Passage werden grundsätzliche Werthaltungen in der Szene wiederum (vgl. Passage 8, Interview Robin) an zwei Sozialtypen festgemacht: dem ‚äußerlichen' und dem ‚innerlichen' Typ. Der ‚innerliche Typus' wird durch Handlungsbeschreibungen charakterisiert: *Zusammensitzen am Feuer, zu diskutieren* und *geistig angeregt sich zu unterhalten*. Die damit als reflektiert qualifizierten Szenemitglieder, die sich über Probleme sowie über politische Zusammenhänge Gedanken machen, sind für den Interviewten die ‚innerlichen, wirklichen' Grufties. Dem gegenüber steht der ‚äußerliche Sozialtypus' (*viel über Musik unterhalten, trinken wir was, rauchen wir was* und *mehr wert auf Party gelegt).* Diese ‚oberflächlichen' Tätigkeiten werden durch ihre inhaltslos-belie-bige Aufzählung und Belanglosigkeit abgewertet. Durch den vagen und offen gehaltenen Abschluss in Form eines Dummys (*tralala, was weiß ich*) wird die Abwertung noch verstärkt, da dadurch zum Ausdruck gebracht wird, dass es eigentlich unerheblich ist, was diese Leute tun. Damit ist klar, dass dieser Sozi-altypus als Abgrenzungsfolie dient und infolgedessen nicht dem entspricht, was für den Interviewten einen ‚echten' Gruftie ausmacht.

Interview Dorothee, Passage 2: AUFFALLEN MIT STIL

Frage: Was nervt dich an der Szene inzwischen?

„Damals war es so, man wollte halt auffallen. Es war nicht unbedingt so das Null Bock, sondern dieses ich bin ja so traurig und ja Friedhöfe und Tod und, es war schon teilweise so, aber nicht auf diese ja, irgendwie wollte man halt schon schön aussehen. Nicht so wie die Punks so abgelottert, und das war hier schon eine Szene, die den Stil haben wollte. "

In diesem Abschnitt grenzt die Interviewte die schwarze Szene von der Punk-szene ab. Anfangs wird auf die Punks noch mit der Umschreibung *nicht unbe-dingt so das Null Bock* referiert, später werden die Punks dann aber konkret ge-nannt: *Nicht so wie die Punks so abgelottert.* Statt ‚Null Bock' ist für die Grufties *traurig, Friedhöfe* und *Tod* wichtig. Der abgebrochene Satz *es war schon teilweise so, aber nicht auf diese ja,* signalisiert, dass es zwar eine ge-meinsame Ebene mit den Punks gibt – nämlich ein gegenkulturelles Verständnis und der Wunsch, durch Provokation *auffallen* zu wollen –, dass sich aber die konkrete Szenepraxis anders als bei den Punks gestaltet. Mit der Umschreibung *schön aussehen* und *nicht so wie die Punks so abgelottert* sieht Dorothee den Unterschied vor allem auf einer ästhetischen Ebene. Es geht darum aufzufallen, aber mit Stil.

Interview Dorothee, Passage 10: GEGEN DIE SPIEßIGKEIT

Frage: Was verstehst Du unter Bravo-Gruft?

„Einer der zwingenden Gründe, dass wir so waren, das war halt gegen außen vorstehen. Also hauptsächlich verrückt oder beängstigend für normale Mitmen-schen auszusehen. Halt hauptsächlich nicht spießig sein. Gegen die Spießigkeit. Also, wie gesagt, im Endeffekt, wie es bei den Punks entstanden ist."

Auch hier werden Gemeinsamkeiten mit der Punkszene genannt. In beiden Szenen spielt das ‚Auffallen-Wollen' eine Rolle. Das Motiv des Andersseins wird
als *hauptsächlich verrückt oder beängstigend für normale Mitmenschen* spezifiziert. Verrückt oder beängstigend bezieht sich dabei vornehmlich auf das Aussehen. Die Abgrenzung von der Gesellschaft wird am Ende des Ausschnitts noch
einmal mit *Spießigkeit* und *wie es bei den Punks entstanden ist* reformuliert. Im
Gegensatz zu den anderen Ausschnitten – bei denen die Abgrenzung von der
Gesellschaft jedes Mal um die Aspekte tiefgründig versus oberflächlich kreiste –
geht es bei diesem Ausschnitt um eine rein äußerliche Opposition zur
„Normalgesellschaft'.

d) Umgang mit Konflikten

Interview Thorsten, Passage 10: SELTEN WIRKLICH WAS BÖSARTIGES

Frage: Gibt es typische Verhaltensweisen?

*„Ich kann dir sagen, was es definitiv nicht gibt oder nur sehr selten, ist Gewalt.
Also Gewalt ist etwas, was völlig ausgeklammert wird. Es geht jetzt nicht im
Umgang mit Freunden sondern prinzipiell, also die Leute, wenn irgendwie wirk-
lich Differenzen entstehen, dann ist das meistens eher so hintenrum Geläster,
Intrigengespinn, aber was du so gut wie nie sehen wirst, dass sich irgendwelche
Leute schlagen, das gibt's einfach nicht. Und so der Umgang mit Freunden, ich
würde sagen, nicht viel anders als woanders auch. Das ist vielleicht nicht so laut
wie irgendwo anders, also wenn ich jetzt hier so auf der Straße teilweise so die
Leute sehen, die sich dann irgendwie anbrüllen, he krass usw., so was natürlich
auch nicht, das ist da auch nicht, das ist eine sehr ruhige Umgehensart. Teilweise sehr lustig, man verarscht sich auch gern gegenseitig, aber es ist selten wirklich was Bösartiges, das ist eigentlich wirklich so slow, ruhig, würd ich sagen."*

Auf die Frage nach typischen Verhaltensweisen innerhalb der Szene, antwortet
der Interviewte, indem er nicht typische Verhaltensweisen anführt. Generell gilt,
dass Gewalt nicht als Konfliktlösungsstrategie angesehen wird (*was es definitiv
nicht gibt oder nur sehr selten, ist Gewalt. Also Gewalt ist etwas, was völlig
ausgeklammert wird*). Im Weiteren wird zwischen dem Umgang mit Fremden
und Freunden unterschieden. Bei ersteren (*es geht jetzt nicht im Umgang mit
Freunden sondern prinzipiell*) gibt es keine direkte Konfrontation, sondern die
Konfliktbearbeitung findet über *Geläster* und *Intrigengespinn* statt. Der Umgang
mit Freunden wird im Vergleich zur „Normalgesellschaft' leicht modifiziert (*und*

so der Umgang mit Freunden, ich würde sagen, nicht viel anders als woanders auch): Man ist nicht so laut, brüllt sich nicht an (*irgendwie anbrüllen*), sagt *selten wirklich was Bösartiges* und ist eher *ruhig* und *slow*. Trotzdem macht man sich teilweise lustig (*teilweise sehr lustig*) über die anderen und *man verarscht sich auch gern gegenseitig*. Diese beiden Punkte werden an einer Negativfolie, der ‚proligen' Jugendsprache (*he krass*) festgemacht. Im Umkehrschluss heißt das, dass die Gothics Wert darauf legen, sich gesitteter und gepflegter zu unterhalten. Aber trotzdem kommt der Spaß nicht zu kurz, denn unter den Szenemitgliedern herrscht ein scherzhafter Umgang. Auch wird mit dieser Zuschreibung von Spaß dem allgemeinen Vorurteil der Spaßfeindlichkeit der Gothics widersprochen. Diese Sequenz macht die Diskrepanz zwischen außen und innen bzw. Aussehen und Handeln bei den Gothics deutlich: Äußerlich wird mit dem Bösen kokettiert (sie sehen schwarz und furchterregend aus), aber im eigentlichen Umgang miteinander wird dies nicht gelebt. Vielmehr ist das Gegenteil der Fall: Sie sind vollkommen ungefährlich und Werte wie Besonnenheit (*ruhig*) – man hört sich zu und geht aufeinander zu – sind wichtig.

Interview Dorothee, Passage 18: SUPER FRIEDLIEBENDE GEMEINSCHAFT

Frage: Wie ist das Verhältnis zwischen Grufties und Skins?

„Das muss auch für die Skins total frustrierend gewesen sein, die Grufts hauen einfach nicht zurück. Das ist wiederum was, was mir gefällt, dass es eine so super friedliebende Gemeinschaft ist."

Am Beispiel des Verhältnisses zwischen Grufties und Skins wird in diesem Ausschnitt eine wichtige Wertvorstellung der Szene deutlich. Trotz Provokationen von der rechten Szene bleiben die Gothics gewaltlos (*die Grufts hauen einfach nicht zurück*). Die schwarze Szene wird somit als eine friedvolle und vollkommen unaggressive Szene – *eine so super friedliebende Gemeinschaft* – beschrieben.

Interview Angela, Passage 12: IM VORDERGRUND

Frage: Tragen die richtigen Grufties das ‚Gruftie-Sein' in den Alltag?

„Aber es ist dann schon in der Freizeit ersichtlich, gerade was die Musik dann angeht und die Einstellung, die sind ja, ich kenn keinen Gruftie, der irgendwie

*aggressiv wäre oder diese Szene ist auch nicht großartig politisch z.B., die be-
schäftigen sich vielleicht mit Aromatherapie oder mit Steinen, dass Steine einen
heilen können oder mit solchen Dingen eher als mit welche politische Richtung
verfolge ich gerade. Das steht dann mehr im Vordergrund."*

In diese Passage wird aufgezählt, was die Szene ausmacht: Musik, kein Gruftie,
der irgendwie aggressiv wäre, kein großartiges politisches Engagement. Sie
beschäftigen sich lieber mit Aromatherapie oder mit Steinen. Gerade die letzten
beiden Punkte zeigen eine gewisse Nähe der Szene zu esoterischen Weltdeutungsmustern.

Interview Manfred, Passage 25: ÜBER MUSIK UND MODE DEFINIERT
Frage: Gibt es grundsätzliche Einstellungen, bei denen man sagen kann, die hat
die Szene gemeinsam?

*„Es ist schwer, weil die Szene sich hauptsächlich über Musik und Mode defi-
niert, das an allgemein gültigen Aussagen oder Einstellungen festzumachen. Ein
klarer Fakt ist auf jeden Fall auch eine überwiegend vorherrschende Gewaltlosigkeit. Die zwar dem widerspricht, was die Öffentlichkeit als Bild sieht. Satanismus oder satanistische Einstellungen sind kein allgemeiner Tenor in der
schwarzen Szene, das sind Teile. Wobei die Menge schwer festzulegen ist, aber
es ist kein großer Teil."*

In dieser Passage werden verschiedene Wertvorstellungen aneinandergereiht.
Einmal findet die Definition der Szene über Musik und Mode statt (*weil die
Szene sich hauptsächlich über Musik und Mode definiert*). Des Weiteren wird die
Gewaltlosigkeit der Szene hervorgehoben (*ein klarer Fakt ist auf jeden Fall auch
eine überwiegend vorherrschende Gewaltlosigkeit*). Drittens wird dem immer
wiederkehrenden Vorwurf, einer Affinität der Szene zu satanistischen Praktiken,
Gedankengut oder Kreisen zu haben, entgegengewirkt: Satanismus ist kein allgemeines Thema in der Szene; die Gesellschaft hat hierbei ein falsches Bild von
der Szene (*zwar dem widerspricht, was die Öffentlichkeit als Bild sieht. Satanismus oder satanistische Einstellungen sind kein allgemeiner Tenor in der schwarzen Szene, das sind Teile*).

e) Zusammenfassung

Wie die Analysen deutlich machen, kulminieren zentrale Überzeugungen und Wertvorstellungen in einem spezifischen Lebensgefühl, das die schwarze Szene auszeichnet. Dieses sehr spezielle Lebensgefühl der Szene drückt sich in einer eigenen Sicht auf die Welt und einer daraus resultierenden andersartigen Aneignung von Welt aus. Viel Wert wird auf den Umstand gelegt, dass die Welt ‚anders' als von den meisten Menschen, sprich von der ‚Normalgesellschaft', wahrgenommen wird.

Diese andere Wahrnehmung wird als eine tiefgründige Auseinandersetzung mit dem Leben bzw. mit Lebenssinn und einer Sensibilität für Details beschrieben. Während die Szene eine allgemeine Struktur bzw. einen Möglichkeitsspielraum, sich mit den verschiedensten Fragen auseinander zu setzen, konstituiert, bleibt es jedem Szenemitglied selbst überlassen, wie es diesen Rahmen jeweils mit individuellem Inhalt füllt. Das ‚schwarze' Deutungssystem schafft dadurch eine ‚andere Welt' (einen Kosmos, in den man ‚eintauchen' kann), die es aufgrund ihrer besonderen Qualitäten (Erweiterung, Entgrenzung, Sensibilisierung für Details) möglich macht, das Leben bewusster wahrnehmen können (d.h. ‚wirklich zu leben' – wie es einer der Interviewten ausdrückt). Diese Bewusstmachung von Wahrnehmung und Erleben wird ohne bewusstseinsverändernde Mittel (z.B. Drogen) erlangt. Sie wird ‚erspürt' durch Nachdenklichkeit, Zweifeln, Grübeln, (Tag-)Träumen und Traurigsein. Von Grufties, die sich darauf nicht einlassen, distanziert man sich und sie werden als inauthentisch empfunden.

Die in den Interviews häufig wiederkehrende Betonung des Gefühlserlebens verdeutlicht die Bedeutsamkeit affektiver Weltaneignung und lässt Gefühl zu einer werthaltigen Kategorie und zu einem Maßstab in der Szene werden. Alles kann nur bewusst wahrgenommen werden, wenn es (auch) gefühlt wird. Diese Versinnlichung des Lebens spiegelt sich in der Beschäftigung mit schöngeistigen Errungenschaften der Zivilisation (z.B. Geschichte, Kunst, Ästhetik) wider. Ein wichtiger Gefühlstransporteur ist auch die Musik, die die Gefühle regelt, ventiliert, kanalisiert und zum Ausdruck bringt.

Die Sensibilität der Umwelt gegenüber führt auch dazu, dass gesellschaftliche Haltungen und Muster nicht kritiklos übernommen werden. Häufig äußert sich dies in komplexen Vorstellungen und Alltagstheorien, welche sich auf transzendente Fragen beziehen (oft genuin religiöse Fragen, wie ‚wer bin ich?', wo komme ich her?' und ‚wo gehe ich hin?'). Exemplarisch hierfür steht die dialektische Vorstellung, dass Glück und Unglück bzw. Leid/Schmerz und Glück eng miteinander verwoben sind und nur als zwei Seiten einer Medaille begreifbar sind. So lehnen die Szenemitglieder den in der ‚Normalgesellschaft' vorherrschenden naiven Optimismus und die damit einhergehende Oberflächlichkeit der

Spaßgesellschaft ab und sehen bzw. betonen die ‚dunklen Seiten' im Leben (z.B. Schmerz, Einsamkeit, Tod). Dabei stellen sie sich tabulos schrecklichen Ereignissen und entlarven Tabus bzw. legen diese offen. Sie stilisieren sich zu einer Instanz in der Gesellschaft, die offen und ehrlich mit sich und der Welt umgeht. Dieses Ideal eines gesellschaftskritischen Blicks hebt den Gothic als ein autonomes Subjekt mit einer eigenen Handlungs- und Beurteilungsautonomie hervor. Die Einsicht in (dialektische) Weltgesetze und die daraus resultierende kritische wie holistische Aneignung von Welt (im Gegensatz zur ‚Normalgesellschaft') bedeutet eine (angestrebte) Entideologisierung vorgegebener (gesellschaftlicher) Weisen der Welterzeugung.

Ihre spezifischen Haltungen und Weltdeutungsmuster sehen die Gothics in einem eigenständigen ‚schwarzen' Kosmos verdichtet, der sie von der (begrenzten) ‚Normalgesellschaft' distinguiert. Diese kohärente ‚Welt der Gothics' stützt sich auf den immer wieder aufgerufenen und nebulös umschriebenen Begriff des *Inhalts* als Eigenwert. Inhalt wird zu einem Strukturmerkmal, das die schwarze Szene eint und sie durch Niveau und Authentizität vom ‚Rest der Welt' unterscheidet. Was den szenespezifischen Inhalt ausmacht, wird in den meisten Interviews nur vage umschrieben. Verwiesen wird häufig auf szenespezifische Gestimmtheiten, die der Artikulation entzogen sind, da sie auf einer nicht artikulierbaren Gefühlsebene anzusiedeln sind. Ein solcher Inhalt wird nur für Personen spürbar, die wissen, was damit gemeint ist – zugänglich eben nur für Eingeweihte. In diesem elitären Denken spiegelt sich der Mythos der Seelenverwandtschaft wider, welcher häufig bemüht wird, wenn eine quasi-natürliche Affinität der Mitglieder zu ihrer Szene beschworen wird. Dieses holistische Gefühl rangiert auf einer Ebene, die jeder Rationalität und Analytik entzogen ist. Ein solcher Kosmos entfaltet lebensweltartige Züge und spendet damit Geborgenheit, Aufgehobenheit und Zugehörigkeit – Dinge, die in der Gesellschaft schmerzlich vermisst werden.

Gesellschaftliche Prozesse und Politik sind kein zentrales Orientierungsschema und spielen bei der Szenekonstitution kaum eine Rolle. Soziales Engagement und eine politische Einstellung werden vielmehr in die Privatsphäre verschoben.

Analog zum ‚Gothic-Kosmos' muss auch die szenetypische Ästhetik einem Bild von Konsistenz und Ganzheitlichkeit genügen. Dieser umfassende Ästhetikanspruch evoziert eine spezifische ‚schwarze' Atmosphäre im Szeneleben, die – umgekehrt betrachtet – ein wesentlicher Bestandteil des ‚schwarzen Kosmos' darstellt und zugleich Ausdrucksebene des spezifischen Lebensgefühls ist. ‚Schwarz' fungiert nicht nur als Farbe, sondern vielmehr als Leitmotiv, das in vielfältiger Weise mit Bedeutungen versehen werden kann

Gerade an der Art und Weise des Umgangs mit Selbstinszenierung und Mode wird immer wieder die Frage der Authentizität virulent. Eine Faszination, die die Szene ausübt, ist die Möglichkeit, aus der Gesellschaft auszubrechen und zu experimentieren, aber trotzdem sein Alltagsleben bewältigen zu können. Das Szeneleben steht nicht im Widerspruch mit einer (Berufs-)Karriere bzw. dem ‚Restleben' (wie z.B. bei den Punks). Diese starke Trennung von Szeneleben und Alltagsleben teilt das Leben der Grufties in eine Öffentlichkeit – respektive das Szeneleben – und eine Privatheit – respektive das Alltagsleben –, in dem jeder machen kann, was er möchte. Der Trennung von Öffentlichkeit und Privatheit wird von einem Interviewten eine kompensatorische, regenerierende und therapeutische Funktion zugeschrieben. Im Szeneleben können unartikulierbare und diffuse Gefühle, die im Alltag anfallen, transformiert und verarbeitet werden. Der Szene wird damit eine gesellschaftsstabilisierende Funktion zuteil. Es wird ein auf Integration basierendes, harmonisches und konstruktives Bild von ihr entworfen. Das ‚Abstand-Schaffen' zum Alltag – mit seinen teilweise gesellschaftlich abweichenden Denkmustern – birgt kein revolutionäres Potenzial in sich. Es wird mehrmals betont, dass die Szene nicht auf Gesellschaftsveränderung angelegt ist, auch wenn das Äußere und das Auftreten provokant wirken. Die Grufties wollen zwar – wie z.B. die Punks – auffallen, aber mit Stil. Denn trotz ihres provokativen Aussehens haben die Gothics einen starken Wunsch nach Harmonie, Nichtausgrenzung und Toleranz. Sie wollen in ihrer Andersartigkeit – die für sie ihre Berechtigung hat – akzeptiert werden. Im Alltag müssen sie hierbei die Diskrepanz zwischen dem Wunsch, toleriert zu werden und dem anders sein zu wollen austarieren. Eine zu starke Anpassung an die Gesellschaft (man kleidet sich z.B. in der Öffentlichkeit nicht als Gothic) wird in der Szene oft als ein Zeichen von Nicht-Authentizität gewertet ebenso wie ein allzu plakatives Auftreten.

Herkömmliche Einstellungen zu Partnerschaft und Beruf, werden – im Gegensatz zu anderen Jugendszenen – in der ‚schwarzen Szene' kaum in Frage gestellt.

Eine zentrale Wertvorstellung, die bei fast jedem der Interviewten genannt wurde, besteht in der Gewaltlosigkeit. Gewalt wird nie als eine Konfliktlösungsstrategie angesehen. Auch wenn die Szene äußerlich mit dem Bösen kokettiert, findet dies handlungspraktisch keine Entsprechung. Die ‚Bösartigkeit' der schwarzen Szene beschränkt sich weitgehend auf Stilisierungen, ist ästhetisch überformt und hat damit symbolischen Charakter – häufig auch den Status von Dekoration und Koketterie. Wenn Widerstand geleistet wird, ist dies meist kein öffentlicher und schon gar kein körperlich-gewaltsamer Protest, sondern er findet subtil und subversiv statt.

3.2.3 Alltagsästhetische Praxen

Ästhetisierungsprozesse schaffen die symbolische Möglichkeit der Selbstinszenierung und sind Voraussetzung für die Wahrnehmung von Szenezugehörigkeit.
Unter alltagsästhetischen Praxen wird der bewusst gewählte Stil bzw. die bewusst gewählte Selbstinszenierung der Szenemitglieder verstanden. Alltagsästhetische Praxen beziehen sich hierbei auf verschiedene Dimensionen: Besonders
bzw. zunehmend wichtiger sind der Körper und seine Inszenierung sowie die
jeweiligen Örtlichkeiten (Treffpunkte). Diese beiden Aspekte wurden bei der
Datenerhebung u.a. mit den Fragen nach den Kleidungs- und Lebensstilen sowie
deren Stellenwert in der Szene und nach szenetypischen Treffpunkten bzw.
Events und deren Gestaltung erfragt. In der folgenden Auswertung wird zwischen den Schwerpunkten a) ‚schwarze' Ästhetik, b) dem vorherrschenden Körpergefühl in der Szene und c) der Ästhetik als sozialer Kontrolle unterschieden.

a) Schwarze Ästhetik

Interview Manfred, Passage 20: KLISCHEE UND IMAGE

Frage: Sind die Locations wichtig?

*„Auf jeden Fall. Das spielt eine große Rolle. Das muss schon irgendwie passen.
Sonst mögen die das nicht und dann gehen die da nicht hin. Wir haben das auch
schon mal in Leipzig versucht, in einer großen kommerziellen Disco, und das
geht auch, aber dann zieht man nur, sage ich mal, das was sich an der Oberfläche bewegt. Und das was in der gesamten Tiefe der Szene existiert, würde dort in
den Laden aus Prinzip keinen Fuß reinsetzen, auch wenn da ihre Musik läuft.
Das wäre denen egal. Ne, die sind schon sehr location-gebunden, sind auch
personenfixiert, auf bekannte Namen und Gesichter, auf Inhalte, auf musikalische Inhalte und Profile und auf Örtlichkeiten. Hat ja ganz viel mit Klischee und
Image zu tun und Optik. Da hängt schon eine Menge dran. "*

Frage: Was meinst du mit Klischee und Image?

*„Ja, Klischee insofern, dass ein Club halt schwarz sein muss, der darf nicht rosa
sein, sonst geht dort ein Gruft nicht hin. Oder dass er das besonders schick findet, wenn dort alte Steine herumstehen oder wenn das ein altes Schloss ist. Dann
ist der Feuer und Flamme. Aber es kann genauso gut auch eine alte Fabrikhalle
sein. Aber irgendetwas besonderes Atmosphärisches muss es schon haben, damit*

es angenommen wird. Und dann ist natürlich auch wichtig, dass da Kerzen an sind, es muss schon ein bisschen gemütlich und romantisch sein. (...) Das (das ‚Dark Flower' in Leipzig, Anm. der Interviewerin) ist schon eine neuere Interpretation, das ist aus der neuen Generation heraus entspringt. Und außerdem wollte der neue Clubbetreiber, um auch davon leben zu können, es eher in der Grauzone anzusiedeln, also zwischen bunt und schwarz. Er hat es so übertrieben schwarz gemacht, dass ein Gruft, der sich sehr ernst nimmt, dass schon fast albern findet und sagt, was ist das denn für eine Geisterbahn und ein Bunter kommt, ist geschockt, wie gruselig das ist. Und damit zieht der Clubbetreiber natürlich beide Lager. Das muss man gesehen haben. Es gab eine Menge Skandale, als der Club aufgemacht hat, eine Menge Bestrebungen, es zu verhindern. Die sind ein bisschen weit gegangen, wo sich auch die Szene in Leipzig gespalten hat. Und heute auch noch die Geister daran scheiden. Die haben halt Grabsteine aufgekauft, echte, alte Grabsteine, die auf Gräbern gestanden haben und haben die an die Bar genagelt und eine große Grabplatte als Tisch und drauf steht eine Urne als Aschenbecher. Und die ganzen Wände hängen voll mit Totenköpfen und Spinnweben und schwarzen Büchern und so weiter. Ja, das schockiert natürlich jeden Normalsterblichen und begeistert noch einen jungen Gruftie, der noch so auf oberflächliche, optische Dinge fixiert ist und belustigt aber den ernsten, tiefergehenden, langjährigen Schwarzen, der nicht mehr auf so Äußerlichkeiten angewiesen ist, der das einfach in sich trägt. Aber das ergibt natürlich eine große Schnittmenge, die ich damit berühre und polarisiere natürlich dadurch auch."

Örtlichkeiten spielen in der Szene *auf jeden Fall* eine *große Rolle*. Dabei sind es nicht einfach vorgefundene Orte, sondern es wird eine ganz bestimmte Atmosphäre gesucht (*das muss schon irgendwie passen*). Diese Atmosphäre kreiert man entweder selbst oder es werden Orte (*altes Schloss, alte Fabrikhalle*) gesucht, die eine bestimmte Atmosphäre mit sich bringen.

Um sich von der *großen kommerziellen Disco* abzugrenzen, werden zwei Sozialtypen von Grufties beschrieben. Auf der einen Seite gibt es den Gruftie, der *sich an der Oberfläche bewegt* und deshalb auch in die kommerziellen Gruftie-Discos geht, auf der anderen Seite befinden sich die Grufties, die in *der gesamten Tiefe der Szene* existieren und denen die Örtlichkeiten sehr wichtig sind (*sehr location-gebunden, sind auch personenfixiert, auf bekannte Namen und Gesichter, auf Inhalte, auf musikalische Inhalte und Profile und auf Örtlichkeiten*). *Klischees* und ein bestimmtes *Image* (*hat ja ganz viel mit Klischee und Image zu tun*) prägen jedoch beide Typen. Die gesamte Szene neigt demnach dazu, Klischees zu produzieren (z.B. *dass ein Club halt schwarz sein muss, der darf nicht rosa sein*) bzw. an Traditionen und deren Symbolik festzuhalten und

diese immer wieder klischeehaft zu reproduzieren. Diese spielerische Überhöhung von Traditionen – also eine Verfremdung und Stilisierung bestimmter
Stilvorlagen, die existieren – scheint ein immer wiederkehrendes Muster und
damit alltagsästhetische Praxis der Szene zu sein.

Die klischeebesetzte, schwarze Ästhetik ruft bestimmte Reaktionen hervor.
Manfred nennt drei unterschiedliche Möglichkeiten der Reaktion: 1. Normalsterbliche sind schockiert, 2. junge Grufties sind begeistert und 3. alte, authentische Grufties sind belustigt. Die schwarze Ästhetik wird am Beispiel des Clubs
‚Dark Flower' in Leipzig exemplifiziert. Dieser Club rangiert zwischen *bunt und
schwarz* und ist demnach in der *Grauzone* angesiedelt. In der Beschreibung des
Clubs wird die schwarze, klischeebesetzte Ästhetik nun verdeutlicht. Wichtige
Accessoires sind: *Kerzen, Grabsteine, Grabplatte, Urne, Totenköpfe, Spinnweben, schwarze Bücher.*

In der Formulierung *übertrieben schwarz* wird aber auch deutlich, dass es
bei diesem Club zu einer Überhöhung (*übertrieben*) des eigentlichen Klischees
kommt. Das Klischee, von dem die Szene generell lebt, findet eine Erweiterung.
Auf einer ersten Ebene gibt es das ‚normale' Klischee, das sich auf die Wurzeln
der Szene – d.h. entweder auf außerhalb der Szene liegendes (z.B. Religion, Tod,
Geschichte, Kultur) oder auf Szenetraditionen (z.B. Personen, Musik, Orte) –
bezieht. Diese ‚Szenevorlage' wird als Klischee in Ritualen, Symbolen, Zere-
monien gepflegt und gefeiert und drückt sich in einer expressiven Ästhetik aus.
Diese Art des Klischees kann fließend übergehen in ein Klischee, das auf einer
zweiten Ebene (*übertrieben schwarz*) angesiedelt ist. Hierbei werden die kli-
scheehaften Wurzeln und die typische Ästhetik der Szene noch einmal überhöht
und stilisiert (*was ist das denn für eine Geisterbahn*). Es kommt folglich zu einem Klischee des Klischees (z.B. im Club ‚Dark Flower'). In der Äußerung des
Interviewten wird dies negativ konnotiert, indem es als etwas Aufgesetztes (*ü-
bertrieben schwarz*) abgewertet wird. Die Folge davon ist nicht – wie man annehmen könnte – ein kleineres Publikum, sondern vielmehr ein großes, gemischtes Publikum. Damit wird aus dem *übertrieben Schwarz* ein Bunt – also ein
oberflächlicher und kommerzieller Club – der auch viele *Normalsterbliche* anzieht, die sich das anschauen wollen. Die Figur, die hierbei entsteht hat zir-
kulären Charakter: Die ‚alten' Grufties reproduzieren in der Szene die ‚stilvol-
len' traditionellen Klischees (*schwarz*), die von den ‚jungen' Grufties (*neuen
Generation*) so übertrieben werden, dass eine lächerliche Groteske (*Geisterbahn*)
daraus wird (*übertrieben schwarz*), die dann wiederum selbst die Normalos
(*bunt*) anzieht. Hier schließt sich der Kreis, denn – um in der Farbmetaphorik zu
bleiben – aus schwarz ist über die Intensivierung (*übertrieben schwarz*) wieder
bunt geworden.

Interview Thorsten, Passage 14: ES MUSS EINFACH STIMMEN

Frage: Haben die Clubs eine besondere Bedeutung?

„Es ist schon ne ziemlich wichtige Rolle, also es muss einfach stimmen, ich hab das jetzt wieder bei mir gemerkt, jetzt nachdem ich oben dabei bin, seit Ewig-keiten versuch ich mein Zimmer neu zu gestalten, es gelingt mir einfach nicht, also es muss irgendwie ne ganz besondere Umgebung da sein. Das hat auch was damit zu tun, ich hab jetzt z. B. angefangen, mit künstlichem Efeu zu dekorieren, ohne meine Kerzen komm ich sowieso nicht aus, also das muss schon da sein. Oder Stefan wie gesagt, der sein Auto mit Spinnweben und Ketten und Anhän-gern und Aufklebern dekoriert hat, der hat vorne übers ganze Armaturenbrett so Spinnweben verteilt."

Ganz zentral für ästhetische Alltagspraxen der schwarzen Szene ist die Kategorie der Stimmigkeit *(es muss einfach stimmen)*. Diese Stimmigkeit ist nicht ka-nonisiert, d.h. es gibt dafür kein allgemeines Rezept. Sie beinhaltet einen ge-stalterischen Moment – also Kreativität *(neu zu gestalten, es gelingt mir einfach nicht)*. Hierbei werden normale Alltagsgegenstände oder Alltagsorte *(mein Zim-mer, Auto)* gestalterisch durchdrungen und ästhetisiert. Diese ästhetische Über-höhung der alltäglichen Umgebung spielt eine große Rolle in der Szene und fußt auf einem holistischen Harmonieprinzip. Dem praktisch-funktionellen Handeln wird damit in der Szene eine Absage zugunsten künstlerischen Handelns erteilt.

Interview Jan, Passage 1: SO WIE DIE MUSIK KLINGT, SO SOLL MEIN MANTEL AUSSEHEN

Frage: Was ist das für ein Mantel?

„Samtmantel, der Mantel schlechthin."

Frage: Ja das ist aber auch, sieht so ein bisschen talarmäßig aus, so ein mittelal-terlicher.

„Ja, also der ist sehr frei nach meinen Vorstellungen entworfen, ich kannte eine Freundin in Leipzig, das heißt ich kenn sie immer noch, die hat von ihrem Stu-dium her verschiedene Bücher, und da hab ich zusammen mit ihr drüber geses-sen und den Mantel zusammengestellt. Ich hatte so grobe Vorstellungen, dass er bodenlang sein sollte und nen hohen Kragen haben sollte. Der ist für mich ge-

näht. Und wir hatten so Bücher, spanische Weltmode oder Mode des Britischen Empire, und da war mir dann klar, also so ne Pelerine möchte ich gern, so einen hohen Kragen, solche Stulpenärmel und das alles, und auch von den Farben hab ich Vorstellungen, und dann Samtproben zuschicken lassen und dann ausgesucht, vermessen hat sie mich und mir dann diesen Mantel genäht."

Frage: Das erinnert mich so ein bisschen an diese Rembrandt-Bilder, ich glaub da gibt's auch ein Bild von Schiller, so ein bekanntes, da hat er einen ähnlichen Mantel an.

„Die Assoziation kann ich nachvollziehen, das konkrete Bild kenn ich jetzt nicht, aber (...)"

Frage: Aber ist auch an dem ein bisschen angelehnt?

„Ja ich hab die Bücher durchblättert und mich inspirieren lassen. Und ich hab auch ne Musik vorgespielt, kennst du vielleicht nicht, von Deine Lakaien, so ne düstere hymnische Musik, und habe gesagt, so wie die Musik klingt, so soll mein Mantel aussehen, und was auch verstanden wird."

Auf die Frage, was für ein Mantel dort im Zimmer des Interviewten hänge, wird dieser zunächst als *Samtmantel* klassifiziert und dann mit der Formulierung *der Mantel schlechthin* spezifiziert. In dieser Spezifizierung steckt eine Bewertung, die das Kleidungsstück hierarchisiert: Sein Mantel wird als der Beste bzw. Originellste bewertet. Es ist das Kleidungsstück, das zu besitzen am Erstrebenswertesten ist. Die hyperbolische Charakterisierung des Kleidungsstücks als *der Mantel schlechthin* macht außerdem deutlich, dass ihm dieser Mantel enorm wichtig ist und dass er auf ihn sehr stolz ist. Außerdem wird offensichtlich, dass eine große Sensibilität für Differenzen in Bezug auf Kleidung und Geschmack vorherrscht. Der Versuch der Interviewerin, den Mantel zu kategorisieren (*sieht so ein bisschen talarmäßig aus, so ein mittelalterlicher*), wird vom Interviewten in seiner Reaktion konterkariert: *also der ist sehr frei nach meinen Vorstellungen entworfen.* Er betont damit noch einmal die Tatsache, dass dieser Mantel einzigartig und originell und damit auch individuell ist. Dieser Mantel lässt sich nicht einordnen, da er eine individuelle Komposition ist. Die Tatsache der Komponiertheit wird im Folgenden durch den Rekurs auf einen aufwändigen Kompositionsprozess verdeutlicht. Um zu diesem Mantel-Modell zu kommen, wurden Bücher gelesen und es wurde sich mit einer Fachfrau beraten (*ich kannte eine Freundin in Leipzig, das heißt ich kenn sie immer noch, die hat von ihrem Studium her verschiedene Bücher, und da hab ich zusammen mit ihr drüber gesessen und den Mantel zusammengestellt).* So lässt sich von einer Verwissenschaftlichung und Professionalisierung der Ästhetisierungsprozesse sprechen, welchen innerhalb intraszenespezifischer Distinktionen eine zentrale Rolle zukommt. Entsprechend der Ästhetik bzw. des Interesses der Szene – d.h. u.a. *spanische Weltmode oder Mode des Britischen Empire* – wurden Bücher zur Information herangezogen, um schließlich auf dieser Wissensgrundlage den Mantel zu entwerfen. Diese genauen Vorstellungen bezüglich der Gestaltung des Mantels (*so ne Pelerine möchte ich gern, so einen hohen Kragen, solche Stulpenärmel und das alles, und auch von den Farben hab ich Vorstellungen*), die Prüfung des Materials *(Samtproben zuschicken lassen und dann ausgesucht)* und die Maßanfertigung durch eine Fachfrau (*vermessen hat sie mich und mir dann diesen Mantel genäht*) zeigen sowohl den Stellenwert, den das Kleiden resp. die Kleidung insgesamt innerhalb der Szene für sich reklamieren kann, als auch die zentrale Bedeutung, einer individuell-wissensbasierten und traditionsorientierten Komposition der Kleidungsstücke.

Es wird außerdem deutlich, dass die Garderobe eine rein ästhetische und keine instrumentelle Funktion hat. Der Mantel muss nicht vor Kälte schützen, sondern wird aufgrund eines ästhetischen Empfindens getragen.

Am Ende versucht die Interviewerin wiederholt den Mantel zu klassifizieren resp. auf mögliche Vorbilder festzulegen. Obwohl der Interviewte sich zunächst darauf einlässt, setzt er sich doch in der Folge von solchen Einordnungen ab, in dem er erneut auf den Herstellungsprozess verweist. Dieser wird nun aber über seine rein (fach-)wissenstechnischen Aspekte in einen sinnlich-assoziativen Bereich hinein verlängert (*ja ich hab die Bücher durchblättert und mich inspirieren lassen*). Die auditive Sinnesebene, die eine bestimmte Atmosphäre bzw. Ästhetik hervorruft, wird mit einer visuellen verquickt (*und ich hab auch ne Musik vorgespielt (...) und habe gesagt, so wie die Musik klingt, so soll mein Mantel aussehen*). Diese Verquickung von Sinnesebenen rekurriert auf ein holistisches Weltbild. Für den Interviewten scheinen bestimmte Kulturprodukte hinsichtlich ihrer ästhetischen Atmosphäre zu harmonieren und in dieser – verschiedene Sinnesebenen gleichermaßen ansprechend – zentrale Empfindungen und Bedürfnisse der Szene zu verkörpern.

Stilistisch tendiert die Umschreibung des Interviewten in eine poetische Richtung – indem er optische Ästhetik anhand musikalischer Klangfarbe erläutert und damit den Mantel implizit ‚zum Klingen' bringt (*so wie die Musik klingt, so soll mein Mantel aussehen*). Die Vermischung von Sinnesebenen zeigt, dass es primär darum geht, dass ein Kleidungsstück Atmosphäre versprüht – d.h. im Falle von Jans Mantel – in seiner Gesamtkomposition den ‚Ton' der Szene trifft.

Interview Jan, Passage 13: SCHWARZ HAT FÜR MICH WAS FEIERLICHES

Frage: Wird die Szene in den Alltag getragen?

„Ich hab noch meine ganzen bunten Sachen, und das sind ziemlich viele, und die trag ich ab. Und vorzugsweise im normalen Alltag auf Arbeit, Schwarz hat für mich was Feierliches, weil ist was Intensiveres, und wenn ich beide Sorten von Sachen habe, ziehe ich die schwarzen Sachen an den Wochenenden an, wenn ich weggehe, und dann aber meistens durchgängig, also es kommt vor, dass ich meinen schwarzen Mantel und den Zylinder, auch die Schnürhosen, das Hemd, so wie du mich gesehen hast, dass ich das anziehe und so ohne weiterer Sachen außer vielleicht Wechselunterwäsche wegfahre. Und dann erst am Montag Vormittag wieder zurückkomme und das ganze Wochenende so rumgelaufen bin. Das tu ich dann aber auch bewusst und sehr gern. Es hat für mich was Feierliches, und ich fühl mich in den Klamotten auch ein wenig anders, ein wenig intensiver, ein bisschen mehr ich selbst. "

In diesem Ausschnitt wird die schwarze Ästhetik der bunten Ästhetik gegenübergestellt. *Bunt* steht dabei für den *normalen Alltag auf Arbeit*, während *schwarz* die Feierlichkeiten – also die Außeralltäglichkeit – in der Freizeit und am *Wochenende* symbolisiert. Die Wahl der Kleidung macht sich an diesen beiden Formen fest. Hierbei wird die schwarze Ästhetik als die bewusstere Form der Selbstdarstellung hervorgehoben (*das tu ich dann aber auch bewusst und sehr gern*). Während die Alltagskleidung als normaler und unauffälliger betrachtet wird, kann man sich durch die schwarze Kleidung von der Gesellschaft absetzen und man fühlt sich *in den Klamotten auch ein wenig anders*. Dieses Anderssein wird als *ein bisschen mehr ich selbst* beschrieben. Schwarze Kleidung scheint für den Interviewten eine Ressource zu sein, sich einen authentischeren, selbstidentischeren Selbstausdruck zu geben; sie stellt eine Möglichkeit dar, die persönliche Identität zum Sprechen zu bringen. Im Gegensatz dazu muss im Alltag und bei der Arbeit eine Rollenidentität eingenommen werden, die nicht immer mit dem, was der Interviewte als *ich selbst* bezeichnet, zur Deckung gebracht werden kann.

Interview Jutta, Passage 10: SCHWARZ IST DOCH IMMER NOCH DAS WICHTIGSTE

Frage: Wie sieht die typische Kleidung aus?

„Schwarz, also das ist einfach, das muss man immer so festhalten, das ist einfach überwiegend, klar experimentieren mittlerweile viel mehr Leute als früher

auch mit bunten Farben und irgendwie Gummimaterialien und ähnlichen, die auch bunt sein dürfen, aber Schwarz ist doch immer noch das Wichtigste, und ein weißes Hemd kann mal sein, also Schwarz an und für sich schon, und vom Outfit her an sich kommt es sehr auf die Musikrichtung an, die sich derjenige zu Grunde legt irgendwie, also wenn jemand sehr gern mittelalterliche Musik hört und da in diesem Themenbereich sich auch interessiert, also vielleicht Bücher aus der Zeit oder sich über die Religionen oder irgendwie dafür interessiert, dann wird er auch in seinem Outfit vermutlich nicht plötzlich, ich weiß nicht, knappe S/M-Kostüme anhaben, sondern er wird oder sie wird dann halt ein Mittelalterkostüm anhaben und die Haare vielleicht versuchen, traditionell zu machen, also da kommt's wirklich auf die Musik an, was jemand hört, also das Styling ist musikabhängig auf jeden Fall."

Die Interviewte betont, dass die Kleidung bzw. der Stil der Kleidung musikabhängig ist. Grundkonsens bei der Kleidung bleibt dabei die Farbe *Schwarz*. Auch wenn eine große Lust am Experimentieren existiert – sei es mit Farben oder Materialen (*auch mit bunten Farben und irgendwie Gummimaterialien und ähnlichen*) – die Grundfarbe der Szene ist Schwarz. Wenn man die verschiedenen Stile kategorisieren möchte, muss man sich an der Musik orientieren, denn die jeweilige Musikrichtung erklärt die verschiedenen Kleidungsvariationen (*also da kommt's wirklich auf die Musik an*).

Interview Jutta, Passage 19: TROTZ AUFREIZENDEM STYLING KEINE SEXUALISIERUNG DER ATMOSPHÄRE

Frage: Wie ist die Rollenverteilung in der Szene?

„Ja dadurch sieht man ja auch schon, dass es einfach ne sehr heterosexuell agierende Szene ist, also die Mädchen versuchen natürlich, erst mal sich zu gefallen, das wird dir jeder so sagen, aber versuchen sie natürlich auch den Jungs zu gefallen und dementsprechend wird halt versucht, aus dem eigenen, was man irgendwie da hat, möglichst viel zu machen. Auch entsprechend aufreizend ohne Probleme herumzulaufen, was auch in der Szene geht, weil du wirst nicht irgendwie blöd angebaggert oder du kriegst nicht irgendwie an den Arsch gelangt oder so was, das ist da nicht gang und gäbe, das würden auch die Jungs eher nicht machen. Das ist so ein Codex, weil eben die Bekleidung teilweise so aufreizend ist, auch gerade in den letzten Jahren geworden ist, hat mich auch sehr gestört, muss ich sagen, aber es hat sich so entwickelt, dass Lack, Leder, enge Korsagen und so sehr angesagt sind und das sieht natürlich, wenn man's

sich jetzt betrachtet, teilweise irgendwie wie aus nem Porno-Katalog, trägt aber nicht unbedingt zu einer Sexualisierung der Atmosphäre bei. Weil du hast das so präsent, dass das dann auch nicht mehr so reizvoll ist, würde ich jetzt sagen, und ich glaube, die Jungs würden mir da teilweise auch zustimmen. Natürlich ist es ein Hingucker, wenn jetzt ein Mädel sich besonders aufgemotzt hat, aber dadurch, dass das ja so viel dort vorhanden ist, ist es schon wieder nichts mehr Besonderes. Aber die Mädchen zeigen natürlich schon, bei den Jungs, ne, die machen nicht so wirklich viel, klar, es gibt die Fraktion Jungs, die sich schminken und die, die sich nicht schminken, und sind aber trotzdem deswegen nicht irgendwie schwul oder so."

Die schwarze Szene ist eine *sehr heterosexuell agierende Szene* – d.h. sie haben überwiegend die gleiche sexuelle Neigung, die auch in der ‚Normalgesellschaft' besteht – und grenzen sich hinsichtlich ihrer Sexualität nicht von der Gesellschaft ab. Ebenso wie die sexuelle Neigung ähnelt auch die Einstellung dem Aussehen gegenüber den grundsätzlichen Vorstellungen bzw. Verhaltensweisen in der ‚Normalgesellschaft'. Dabei wird die typische paradoxe Konstellation, wie sie für die normale Gesellschaft typisch ist, reproduziert: Zunächst wird betont, dass man sich zuerst selbst gefallen möchte, dies aber nur dann gelingt, wenn man dadurch auch dem anderen Geschlecht gefällt (*erst mal sich zu gefallen, das wird dir jeder so sagen, aber versuchen sie natürlich auch den Jungs zu gefallen*). Unterschiede bestehen jedoch hinsichtlich des Stils, d.h. zunächst wie man dem anderen gefallen will und wie darauf reagiert wird. Sich *aufreizend* zu stylen, ist in der Szene übliche Praxis und somit nicht sonderlich auffällig (*auch entsprechend aufreizend ohne Probleme herumzulaufen, was auch in der Szene geht*). Dieses aufreizende Stylen produziert – im Unterschied zur ‚Normalgesellschaft' – keine übergriffigen Verhaltensweisen durch das jeweils angesprochene Geschlecht (*weil du wirst nicht irgendwie blöd angebaggert oder du kriegst nicht irgendwie an den Arsch gelangt oder so was, das ist da nicht gang und gäbe, das würden auch die Jungs eher nicht machen*).

Die Bezeichnung *aufreizend* wird im Folgenden noch detailliert: Sie wird an einzelnen ästhetischen Elementen (*Lack, Leder, enge Korsagen*) veranschaulicht und mit dem Kleidungsstil in *Porno-Katalogen* verglichen. Doch trotz der Pornographisierung des Outfits wird die anfängliche Einschätzung aufrechterhalten und bekräftigt: Es findet keine *Sexualisierung der Atmosphäre* statt (*trägt aber nicht unbedingt zu einer Sexualisierung der Atmosphäre bei*). Begründet wird dies durch den Gewöhnungseffekt: Da viele in der Szene sich so kleiden, verliert ein solches Outfit seinen Besonderheitswert (*natürlich ist es ein Hingucker, wenn jetzt ein Mädel sich besonders aufgemotzt hat, aber dadurch, dass das ja so viel dort vorhanden ist, ist es schon wieder nichts mehr Besonderes*).

Am Ende des Abschnitts wird noch eine weitere ästhetische Praxis in der Szene erwähnt. Es gibt in der Szene einige Männer, die sich schminken (*es gibt halt welche, die sich schminken*). Dies stellt eine normale und akzeptierte Praxis dar und lässt nicht auf Homosexualität schließen (*sind aber trotzdem deswegen nicht irgendwie schwul oder so*).

b) Körpergefühl

Interview Angela, Passage 13: KÖRPERGEFÜHL

Frage: Tragen die richtigen Grufties das ‚Gruftie-Sein' in den Alltag?

„ Was mich auch immer wieder fasziniert das Körpergefühl, das die dort haben in dieser Szene. Du hast diesen Körper und du siehst so aus, und du trägst halt schwarze Klamotten, und dann ist es auch nicht wichtig, ob jetzt diese Figur, die du hast, gerade angesagt ist, also sprich jetzt, dass Frauen, auch dickere Frauen enganliegende Klamotten tragen und dass das in der Szene so hingenommen wird. Und da wird nicht so drüber gelästert. Eher dann von den Normalos, die da hinkommen und dann sagen, guck dir mal die an, die hat auch so ein Kleid an wie die andern Gruftie-Frauen, obwohl sie eigentlich zu dick ist. Und das ist in der Szene jetzt nicht so krass. "

In dieser Sequenz wir auf das Körpergefühl innerhalb der Szene eingegangen. Es wird deutlich, dass die *Figur* bzw. das Erscheinungsbild des Körpers nicht entscheidend ist. Vielmehr geht es um die Gesamtkomposition der Person, d.h. man wird nach dem gesamten äußeren Erscheinungsbild beurteilt. Die Person wird somit unabhängig von der Körperform akzeptiert und wird nicht nach den gängigen Schönheitsidealen gemessen. Der Körper ist das Rohmaterial, bei dem nicht wichtig ist, wie er geformt ist, sondern vielmehr, wie er geschmückt wird. So können dicke Frauen auch *enganliegenden Klamotten tragen*, was in anderen Jugendszenen nicht möglich ist (*gelästert*; *guck dir mal die an*), da man dort deswegen verspottet wird.

Es wird hierbei deutlich, dass die Szene sich nicht über die reine Körperlichkeit konstituiert. Körperformen (im Sinne von Figur) sind nicht szenekonstituierend und szenestiftend. Viel wichtiger ist die Leistung, die man erbringt, um etwas aus seiner Person zu machen. Der primäre Körper (d.h. das Rohmaterial) spielt folglich eine untergeordnete Rolle, während der sekundäre Körper (d.h. die Ästhetisierung) eine große Rolle spielt. Die Szene bietet somit Leuten, die – aus der Perspektive der ‚Normalgesellschaft' – weniger ‚vorteilhaft' ausgestattet sind, die Möglichkeit zur Ästhetisierung und Aufwertung ihres Körpers und honoriert dies entsprechend.

Interview Angela, Passage 14: SZENE, DIE SEHR VIEL AUSPROBIERT UND DAS AUCH OFFEN ZUGIBT

Frage: Haben Grufties ein anderes Körperbewusstsein?

„Also das merkst du auch daran, womit die sich beschäftigen, auch wenn du zu diesen Discos geht's, ich hab so was noch nie erlebt, dass es da so Stände gibt, also erstens gibt's die Stände mit den CD's, weil's die CDs nicht überall zu kaufen gibt, also die Musik gibt's nicht überall zu kaufen, und dann gibt es solche Dinge wie, also diese ganzen Schmuckgeschichten, ganz viele sind ja auch gepierct, Piercing ist ja in dieser Szene ganz normal, und Piercing und Tattoo und Räucherstäbchen, es wird da auch viel so Aphrodisiaka heißt das, und da gibt's dann auch Informationsbroschüren über solche Dinge, und dann gibt's da auch Geräte zur sexuellen Stimulation, ganz normal liegen dann neben den Duftstäbchen und so hast dann irgendwelche Dildos da liegen z. B. oder Handschellen, die nicht da sind, um irgendwie jemanden festzunehmen, sondern die wirklich da als Liebesspielzeug auch gelten. Die Szene gilt auch als eine Szene, die sehr viel ausprobiert und das auch offen zugibt, im Gegensatz zu anderen Normalo-Szenen, die das hinter vorgehaltener Hand tun."

Auf die Frage nach dem Körperbewusstsein wird auf die spezifischen Interessen und Handlungspraxen verwiesen (*das merkst du auch daran, womit die sich beschäftigen*). Das Körperbewusstsein findet seinen Ausdruck in den Dingen, mit denen sich die Szene beschäftigt. Als Beleg für ein von der ‚Normalgesellschaft' abweichendes Körperbewusstsein wird auf die Bedeutsamkeit von *Musik*, Accessoires bzw. Körperschmuck (*Piercing und Tattoo*) sowie sinnlicher Stimulation (*Räucherstäbchen, Aphrodisiaka, Liebesspielzeug*) verwiesen. Diese Aufzählung zeigt, dass die Szene sich für seltene, tabuisierte und ausgefallene Dinge und Praktiken interessiert bzw. auf der Suche danach ist. Der seltene und originelle Ästhetikanspruch wird an der Musik (*weil's die CDs nicht überall zu kaufen*), der intensivere Ästhetikanspruch an gepiercten Schmuck (*Piercing ist ja in dieser Szene ganz normal*) und der enttabuisierte Ästhetikanspruch an dem Liebesspielzeug (*hast dann irgendwelche Dildos da liegen z. B. oder Handschellen, (...) sondern die wirklich da als Liebesspielzeug auch gelten*) verdeutlicht. Insgesamt zeigt dies, dass der Körper und seine Bedürfnisse in hohem Maße wahrgenommen und ausgelebt werden. Von zentraler Bedeutsamkeit in der schwarzen

Szene ist es deshalb, ein Körpergefühl zu entwickeln und nach außen zu präsentieren, das von Experimentierfreudigkeit resp. Tabulosigkeit, Offenheit, Individualität und Authentizität geprägt ist. Umgekehrt konstituiert die schwarze Szene natürlich den gemeinschaftlichen Sinnhorizont, indem dies überhaupt erst möglich wird, was umgekehrt bedeutet, dass die schwarze Szene für den Einzelnen stilistisch Mittel und Wege zur Verfügung stellt, sich tabubrecherisch in Szene zu setzen.

Interview Andrea, Passage 16: KÖRPERKULT

Frage: Was machen die Grufties im Alltag?

„Womit sich Frauen sehr oft beschäftigen ist ganz einfach mit Schönheitspflege. Ich hab mitbekommen, dass da manche Frauen, bevor die abends weggehen am Wochenende, dass die sich zwei, drei Tage damit beschäftigen, was sie an diesem Tag anziehen, wie sie sich schminken werden und ihre Haare noch mal in die Reihe schaffen und sie vorher färben, damit die auch genau den Ton haben, die sie auch für den Abend haben sollen, damit's auch zum Kleid passt. Also die beschäftigen sich sehr viel mit Schönheitspflege und sehr viel mit, da kommt wieder dieser Körperkult raus mit Schminken und mit den Klamotten, die sie da anziehen, das ist sehr wichtig bei vielen Frauen."

In diesem Abschnitt verdeutlicht die Interviewte, dass innerhalb der schwarzen Szene ein ausgeprägter Körperkult herrscht, gerade auch bei Frauen. Sie besitzen ein hohes und sensibles Schmuck- und Inszenierungsbewusstsein (*zwei, drei Tage damit beschäftigen, was sie an diesem Tag anziehen, wie sie sich schminken werden und ihre Haare noch mal in die Reihe schaffen*).

c) Ästhetik und soziale Kontrolle

Interview Dorothee, Passage 7: NASE GERÜMPFT

Frage: Was verstehst du unter Bravo-Gruft?

„Wenn ich abends kein Bock hab, jetzt mich groß fertig zu machen, wenn ich mal weggehe, und hab dann einfach nur so ganz normale schwarze Hosen an, wie sie im Endeffekt echt auch alle rumrennen, aber es steht nicht Extra drauf, also Extra ist dieser Katalog, und es steht auch nicht Out of Dark drauf, und dann

siehst Du nur wie da die Nasen gerümpft werden. Ich bin halt auch nicht die schönste, dünnste, schlankste und hab halt auch kein Porzellanpüppchengesicht und so. Und das ist auch so ne Sache, das war früher so scheißegal. Wir haben früher wirklich so viele Ommen mit dabei gehabt, die aber so viel aus sich gemacht haben und sich so richtig schön trotz alledem zurechtgemacht haben. Meine Freundin zum Beispiel ist 34 und auch so eine und die macht jetzt noch einen Haufen aus sich. Also wenn Du nicht so die Figur hast und dann bist du echt, wirst du dumm angeguckt und dass sind selten mal Leute, die dich nach deiner Gesinnung fragen oder wie du manche Sachen siehst. Weil es geht eigentlich eh nur noch um Mode und Musik."

Diese Passage wird mit einer Wenn-dann-Konstruktion eingeleitet: Wenn heute in der Szene der Stil vernachlässigt wird *(einfach nur so ganz normale schwarze Hosen an (...), aber es steht nicht Extra drauf)*, dann reagiert die Szene mit Ablehnung *(wie da die Nasen gerümpft werden)*. Damit wird der Szene ein großes Markenbewusstsein und eine Beurteilung auf der Basis szenespezifischen Aussehens unterstellt. Wenn man nicht szeneadäquat aussieht, gehört man nicht zum Kreis der Szenemitglieder. Semantisch gesehen, verweist der Ausdruck *Nasen gerümpft* in doppelter Hinsicht auf Körperliches: Eine Person ruft bei anderen Personen Abscheu bzw. Ekel hervor, weil ihr Körper und/oder ihr offensichtliches Verhalten von einer Norm abweicht (ursprünglich auf den Geruchssinn bezogen, verweist die zur formelhaften Wendung geronnene Formulierung ‚Naserümpfen' mittlerweile auf körperlich empfundene Ablehnung aufgrund des Fehlverhaltens anderer). Soziologisch gesehen wird deutlich, dass Ästhetik und Dresscodes in der Szene wesentliche Mechanismen sozialer Kontrolle darstellen. Die Normkontrolle findet – ähnlich wie in der ‚Normalgesellschaft' durch subtile Sanktionen im Alltag statt (‚Naserümpfen', tuscheln, Klatsch).

Im Weiteren trennt die Interviewte zwischen dem Körper bzw. der Figur und dessen/deren Dekoration. War es früher von höchster Relevanz, ‚was man aus sich gemacht hat' *(das war früher so scheißegal. Wir haben früher wirklich so viele Ommen mit dabei gehabt, die aber so viel aus sich gemacht haben und sich so richtig schön trotz alledem zurechtgemacht haben)*, spielt heute zunehmend auch die Körperform, die Figur eine wichtigere Rolle: Szenemitglieder, die nicht den gängigen, ‚Normalgesellschaftlichen' (Schönheits-)Idealen entsprechen, werden sanktioniert *(wirst du dumm angeguckt)*. Die ästhetischen Werte der Szene haben sich somit in den letzten Jahren sehr gewandelt: Heute wird man abgelehnt, wenn man keine Markenklamotten hat und/oder nicht den gesellschaftlichen Schönheitsidealen entspricht. Früher – so die Interviewte – spielten solche Maßstäbe in der Szene keine Rolle. Hinsichtlich der Einstellung der Szene zum Körper und dessen Formen resp. Gestaltung unterscheidet die Inter-

viewte also zwischen einer heutigen, oberflächlichen Szene, die um Themen wie
Mode und Musik, Markenklamotten, ‚Sich-Zurechtmachen' und Figur kreist –
und einer damaligen, tiefgründigen Szene, bei der die individuelle Gestaltung
und die Gesinnung im Vordergrund standen. Diese Veränderungen in der Szene
spiegeln zugleich eine allgemeingesellschaftliche Entwicklung wider.

Interview Sascha, Passage 15: ZUGANGSREGELN

Frage: Sind Musik und Kleidung Zugangsregeln für die Szene?

*„Ja, auf jeden Fall, ja, ja, da wird man auch ausgelacht, wenn man scheiße
aussieht. Also ich habe nie Wert auf diese Rüschen und diese ganzen Geschichten gelegt, was so mit dazu gehört. Ich hab zwar schon nen Mantel getragen,
aber ich weiß jetzt nicht, wann man scheiße aussieht. Also ich hab, das ist halt
persönlicher Geschmack. Aber man sieht schon, wenn einer so neu dabei ist und
sich gern so kleiden möchte und sich die Haare irgendwie macht, aber es kacke
aussieht, weil er nicht weiß, wie man Haare toupiert."*

In der Passage wird deutlich, dass bestimmte Sanktionsmechanismen bzw. Mechanismen sozialer Kontrolle im Hinblick auf das Aussehen innerhalb der Szene
existieren. Wenn man nicht passend angezogen ist, wird man in der Szene ausgelacht *(da wird man auch ausgelacht, wenn man scheiße aussieht)*. Auslachen
ist ein ‚weicherer' Sanktionsmechanismus, der auf der Ebene sozialer Interaktion
zum Tragen kommt, d.h. es existieren keine kodifizierten Regeln oder gar Institutionen, die die Anwendung einer solchen Sanktion regulieren, legitimieren
oder kontrollieren würden. Eine Sanktion in Form des Auslachens bedeutet einen
Gesichts- und Imageverlust. Es besteht eine Diskrepanz zwischen angestrebtem
Selbstbild und präsentiertem Fremdbild *(und sich die Haare irgendwie macht,
aber es kacke aussieht)*, welche durch den sozialen Mechanismus des Auslachens offengelegt wird. Dem oder der ‚lächerlich Gemachten' wird auf diese
Weise implizit nahe gelegt, seine/ihre Selbstpräsentation zukünftig zu ändern
resp. an die Gepflogenheiten der Gemeinschaft anzupassen.
      In der Szene existiert – wie in jeder Gemeinschaft – eine Diskriminierung
und Sanktionierung auf der Basis von Oberflächenphänomenen (Körper(-form),
Aussehen). Daraus folgt, dass es bestimmte Kleidungscodes gibt, die Rückschlüsse auf die Szenesozialisation zulassen *(aber man sieht schon, wenn einer
so neu dabei ist)*. Der Wissens- und Kompetenzerwerb läuft über einen Tradie-
rungsprozess: Je länger man in der Szene ist und je älter und erfahrener man
auftreten kann, desto versierter ist der Umgang mit szenespezifischen Codes.

Interview Dorothee, Passage 14: JEDER GUCKT AUF DICH

Frage: Ist da so ein Markenbewusstsein eingezogen?

„Ja, aber hallo. Also es wird gerade noch so akzeptiert, wenn du ein super tolles Teil von H & M anhast. Und selbst da muss du schon aufpassen, dass, ey da kommen die Technofreaks rein oder Technokiddys' oder so. Also, das ist wirklich so. Gut, wenn man als ganz normaler Mensch reingeht, da hat man sowieso das Gefühl, weil ich hab auch schon so normale Freunde mit dabei gehabt, die nur so ,oh Gott, ich bin glaube ich zu hell angezogen'. Da hat man sowieso das Gefühl, jeder guckt auf dich. Aber ich hab auch schon die Feststellung gemacht und ich hab auch schon mitbekommen, dass über mich getuschelt wurde, so kleine 16-jährige Mädels oder so. Ne, ich hab auch schon mitbekommen, wie über mich geschwätzt worden ist oder andere, die jetzt nicht gerade so ins Bild passen. Und ich seh es aber auch nicht ein, mich für die dann so zu ändern."

Die Interviewte betont, dass Mode und Aussehen in der Szene inzwischen eine große Rolle spielen. Sie macht deutlich, dass sogar eine große Angst herrscht, aufzufallen und aus dem Schema herauszufallen (*über mich getuschelt wurde, wie über mich geschwätzt worden ist oder andere, die jetzt nicht gerade so ins Bild passen*). Dies zeigt, dass der Anpassungsdruck – d.h. umgekehrt auch eine ausgebaute soziale Kontrolle was körperästhetische Praxen angeht – groß ist. Als Indizien für diese Aussage werden drei Aspekte angeführt: Die Standardisierung, Kommerzialisierung und ,Mainstreamisierung' der szeneinternen Kleidungskultur, festgemacht an der Kette H & M (*wird gerade noch so akzeptiert, wenn du ein super tolles Teil von H & M anhast*), die Verschärfung der Unterscheidung von heller und dunkler Kleidung (*da hat man sowieso das Gefühl, (...) ,oh Gott, ich bin glaube ich zu hell angezogen'*) und schließlich die Ablehnung abweichend ,gestalteter Personen' (*wie über mich geschwätzt worden ist oder andere, die jetzt nicht gerade so ins Bild passen*).

d) Zusammenfassung

In den Analysen wird deutlich, dass das Vorhandensein einer bestimmten Atmosphäre einen ganz zentralen Aspekt für die alltagsästhetischen Praxen der Szene darstellt. Diese Atmosphäre wird in der schwarzen Szene ganz bewusst gesucht und sie ist der Maßstab für ein gelungenes und authentisches Styling der eigenen Person oder von Örtlichkeiten. Was diese ,schwarze' Atmosphäre – oft auch als Flair, Ambiente oder Gefühl bezeichnet – ausmacht, ist jedoch schwer artikulierbar, da es nicht unmittelbar greifbar ist und etwas Allumspannendes zu sein scheint. Es wird als Gefühl der Stimmigkeit umschrieben, das in der Lage ist, eine bestimmte Atmosphäre zu evozieren. In der Gestaltung von Orten und Personen spielt dabei der Entwurf eines konsistenten Bildes eine zentrale Rolle. Alles muss umfassend aufeinander abgestimmt (‚durchgestylt‘) werden und einem universellen Ästhetikanspruch genügen. Gefragte Clubs zeichnen sich durch eine konsistente ‚schwarze‘ Atmosphäre aus, welche durch bestimmte Elemente wie Nebel, Kerzen, Spinnweben, Urnen, Totenköpfen oder Grabsteine hervorgebracht wird. Events finden vorzugsweise an atmosphärischen Orten, wie z.B. Burgen, Kellergewölben, Ruinen etc., statt und haben demzufolge dieses besondere Flair.

Aber nicht nur in der Außeralltäglichkeit, sondern auch im normalen Alltag ist das Ambiente wichtig. Die ästhetische Überhöhung der alltäglichen Umgebung spielt eine große Rolle in der Szene. Normale Alltagsgegenstände oder -orte (z.B. das Auto oder Zimmer) werden gestalterisch durchdrungen und ästhetisiert. In der Ästhetisierung neigt die Szene dazu, sich an kulturhistorisch hochaufgeladenen Symboliken oder aber in der Szene selbst hervorgebrachten Traditionen zu orientieren und diese klischeehaft zu reproduzieren. Es wird sich hierbei auf die Wurzeln der Szene – d.h. entweder auf außerhalb der Szene Liegendes (z.B. Religion, Tod, Geschichte, Kultur) oder auf Szenetraditionen (z.B. Personen, Musik, Orte) – bezogen. Die Szene spielt ganz bewusst mit Klischees bzw. pflegt und überhöht diese. Diese karikatureske und spielerische Überhöhung von Traditionen – also die Verfremdung bestimmter existenter Stilvorlagen sowie die eigenwillige Aneignung – ist ein immer wiederkehrendes Muster der alltagsästhetischen Praxis der Szene. Wichtig hierbei ist, dass oft auch instrumentelle Dinge (wie z.B. ein Schwert oder ein Sarg) oder auch Kleidung (z.B. ein Mantel) nahezu ausschließlich Dekorationszwecke erfüllen und somit nur symbolischen Charakter – also keinen instrumentellen Charakter mehr – haben. Es wird mittels dieser Dinge bzw. deren inhärenter Symbolik auf jenseits des Alltags liegende Lebenszusammenhänge verwiesen (z.B. auf das Mittelalter oder auf Übersinnliches) – alltägliche Lebenszusammenhänge werden damit transzendiert.

Bei aller Individualität der jeweiligen Ästhetisierungsformen findet sich ein Leitmotiv der Szene immer wieder: die Farbe Schwarz. Diese rigide Festlegung auf eine bestimmte Farbe bedeutet jedoch keine Einengung auf bestimmte Werthaltungen und Einstellungen; vielmehr erfährt die Farbe Schwarz eine ästhetische Überhöhung, ist symbolisch überdeterminiert und kann infolgedessen mit mannigfaltigen Bedeutungen angefüllt werden. Gerade aufgrund dieser semantischen Offenheit, dieser Polysemie, kann die Farbe diesen hohen symbolischen Stellenwert für die Szene einnehmen. Schwarz ist folglich nicht nur eine Farbe, sondern ist Ausdruck für Lebensgefühl, Tradition und Einstellung.

Gerade in Bezug auf Kleidung und Geschmack lässt sich in der Szene eine große Sensibilität für Differenzen feststellen. Immer wieder werden die Szenemitglieder nach den unterschiedlichen Outfits in Subszenen kategorisiert bzw. wird ihnen anhand der Kleidung Zugehörigkeit und Authentizität ab- oder zugesprochen. Hinsichtlich der Zu- oder Aberkennung von Authentizität spielen die Kriterien der Individualität resp. Originalität und der Tiefsinnigkeit eine bedeutsame Rolle. Der schwarzen Kleidung insgesamt wird der Stellenwert eines authentischen Selbstausdrucks – im Gegensatz zur Alltagskleidung – zugeschrieben.

Die schwarze Ästhetik unterliegt einer Verwissenschaftlichung und Professionalisierung. Angeeignetes Wissen – sei es zur Geschichte, Kultur oder zu bestimmten Personen – wird in die Gestaltung eingebracht. Auch strebt man durch die Verquickung verschiedener ‚Welten' bzw. Kulturprodukte ein holistisches Weltbild bzw. Atmosphäre an, was (s.o.) wiederum das so wichtige Gefühl der Stimmigkeit erzeugt. Der Stil der Kleidung orientiert sich vornehmlich an den unterschiedlichen Musikrichtungen. Jede Musikrichtung bringt einen bestimmten Kleidungsstil hervor, der sich dann neben der Kleidung auch auf alle denkbaren Details wie Schuhe, Frisuren, Accessoires und (Körper-)Schmuck sowie die Gestaltung alltäglicher Gebrauchsgegenstände und Örtlichkeiten erstreckt.

Dieses ausgeprägte Ästhetikbewusstsein, das v.a. die Gestaltungsaspekte in den Vordergrund stellt, erzeugt ein spezifisches Körperbewusstsein. Nicht die angeborene Figur bzw. die ‚Körperform' steht im Vordergrund, sondern vielmehr die Inszenierung bzw. Ästhetisierung dieses ‚Rohmaterials'. Es geht auch hier um eine möglichst stimmige und authentische Gesamtkomposition der Person, die relativ unabhängig vom ‚primären Körpermaterial' stattfindet (z.B. können dicke Frauen auch enge Kleider tragen). Den Körperformen kommt folglich keine szenekonstituierende und -stiftende Funktion zu; diese Rolle übernimmt vielmehr das passende Outfit. Die Szene bietet somit nahezu ausnahmslos allen Personen die Möglichkeit, sich ungeachtet ihres ‚primären Körpers' zu gestalten und honoriert dies auch entsprechend. Die hohe Experimentierfreudigkeit gerade was den eigenen Körper betrifft (es wird viel Körperschmuck – etwa Piercings und Tattoos – getragen), verweist auf einen besonderen, gewissermaßen ‚sekundären' Körperkult, der in einem ausgeprägten (Selbst-)Inszenierungsbewusstsein und einer hohen Sensibilität, sich durch Gestaltung in Szene zu setzen, wurzelt. Dieses Bewusstsein beschränkt sich nicht auf Frauen. Auch die Männer in der Szene legen großen Wert auf ihr Outfit. Im Gegensatz zur ‚Normalgesellschaft' findet man in der schwarzen Szene viele Männer, die sich schminken und betont feminine Kleidung tragen. Dies ist eine normale und akzeptierte Praxis und lässt nicht auf Homosexualität schließen.

Die starke Ästhetisierung evoziert einen starken Hang zur Exklusivität und ein Elitebewusstsein gegenüber ‚normalen' Menschen, was szeneintern zu Authentizitätskämpfen und Konkurrenzverhalten führt. Eine bestimmte Ästhetik bzw. ein bestimmter Kleidungscode wird zu einem Kriterium der sozialen Kontrolle. Wer sich nicht szeneadäquat kleidet, wird sanktioniert oder gehört erst gar nicht zum Kreis der Szenemitglieder. Ausgrenzungs- und Sanktionierungsprozesse aufgrund des Aussehens gehören zum Szenealltag. Die Normkontrolle findet hierbei durch subtile, informelle Sanktionen (wie z.b. ,über den anderen tuscheln' oder lästern) statt.

Das Wissen um die Kleidungscodes hängt eng mit der Szenesozialisation zusammen. Je länger man in der Szene ist, d.h. je älter und erfahrener man ist, desto sicherer bewegt man sich, gerade was die Gestaltung der eigenen Person betrifft. Somit wird erfahrenen Szenemitglieder eine größere ästhetische Kompetenz – und somit auch eine größere Authentizität – zugeschrieben als Szeneneulingen.

3.2.4 *Interaktionspraxen und Vergemeinschaftungsmuster*

Ging es in den beiden vorangehenden Abschnitten um die innere Einstellung und die äußere Präsentation der Szenemitglieder, stehen nun die *gemeinsamen Aktivitäten der Szenemitglieder* im Fokus. Von herausragender Bedeutung sind hierbei zunächst die Treffpunkte und Events der Szene. Beide Elemente sind stark an der Intensivierung, Produktion und Stabilisierung der Szene und eines gemeinsamen ,Wir-Gefühls' beteiligt. Während Treffpunkte eher den szenealltäglichen Rahmen des Zusammenseins darstellen, sind Events außerszenealltägliche, festliche Aktivitäten innerhalb der Szene.

Ein weiterer Abschnitt beschäftigt sich mit der Frage, welche Interaktionspraxen zentral für die Konstitution der Szene sind, also typischerweise als Szeneaktivitäten begriffen werden und welche Praxen eher dem ,normalen' Alltag angehören. Gefragt werden muss, ob und wie das Szeneleben vom Alltag abgegrenzt wird: Wie und mit welcher Reichweite werden szenespezifische Verhaltensgewohnheiten und Handlungsreglements über die zeiträumlichen Grenzen des Szenelebens hinausgetragen und wie wird das Szeneengagement des einzelnen Szenemitglieds in den jeweiligen Alltag integriert. Vorausgreifend sei angemerkt, dass nahezu alle InterviewpartnerInnen nicht nur zwischen Szene- und Alltagsleben unterscheiden, sondern darüber hinaus das Alltagsleben einer weiteren Zweiteilung in Privatleben bzw. Privatheit (d.h. der Freizeit, Familie, Freundeskreis) und Berufsleben bzw. Öffentlichkeit unterwerfen. Das Szeneleben wird hierbei als eine Art außeralltägliche Teilöffentlichkeit behandelt. Wie diese drei Lebensbereiche (privates und öffentliches Alltagsleben, teilöffentliches Szeneleben) miteinander in Verbindung stehen resp. wie sich das Verhältnis zwischen Szeneöffentlichkeit und Berufswelt (resp. Öffentlichkeit) bzw. zwischen Szeneöffentlichkeit und Privatleben gestaltet, wird in den folgenden Analysen einen breiten Raum einnehmen. Die Balance dieser unterschiedlichen Lebenssphären stellt für die Szenemitglieder ein ebenso relevantes wie kontroverses Themenfeld dar, auf das in den Interviews immer wieder rekurriert wird – denn: Nicht zuletzt ist das mehr oder weniger versierte ‚Management' von Alltags- und Szeneleben ein probates Mittel, Authentizität herzustellen.

Ein dritter und letzter Abschnitt wird sich der Frage der Geschlechterrollenverteilung in der Szene widmen. Gerade in der schwarzen Szene – so könnte man vermuten – werden tradierte Rollenbilder aufgebrochen, da sich die Szene nicht nur in Opposition zur ‚normalen Gesellschaft', deren Institutionen und Regeln und damit deren Geschlechterrollenverständnis begibt, sondern die Szene und ihre Mitglieder darüber hinaus auch als äußerst erfahrungsoffen und experimentierfreudig gelten. Inwieweit sich diese Vermutungen bestätigen, werden die folgenden Analysen zeigen.

Die Aussagen der Interviewten wurden gemäß oben angeführter Schwerpunkte den Rubriken a) Szeneaktivitäten, b) Verhältnis ‚Szeneleben – Alltagsleben' und c) Geschlechterrollen zugeordnet.

a) Szeneaktivitäten

Interview Jan, Passage 8: IRGENDWIE GLEICHGESINNTE UND SOLCHE SACHEN FINDEN IM FREUNDESKREIS STATT

Frage: Wie groß sind die Gruppen in der Szene?

„Die scheinen mir sehr groß. Ich kann das eigentlich nur mit der Zeit vergleichen, wo ich selber so ungefähr 17, 18 Jahre alt war und in Leipzig in sehr vielen jungen Gemeinden bin, das sind die Jugendgruppen der Evangelischen Kirche, und dort habe ich ganz viele Leute kennen gelernt und auch viele Freunde und war in lauter Gruppen drin und kannte ganz viele. Und so ähnlich kommt mir das gegenwärtig wieder vor, dass ich mich in ner Szene bewege und dort ganz viele Leute kennen lerne und auch Leute, denen ich nur flüchtig begegne, von denen den Eindruck hab, dass es doch irgendwie Gleichgesinnte sind, ist auch wichtig, vom Aussehen her, von den Musikvorlieben her, dass man einem Fremden begegnet und das angenehme Gefühl hat, er ist irgendwie ein bisschen ein Gleichgesinnter. Und die Gruppen, die sich jetzt so bilden, scheinen mir ähnlich groß wie damals. Und das ist recht groß, das sind recht große Gruppen, es hat einen gewissen Zusammenhalt. Es ist auch schön, wenn man sich trifft,

zum Beispiel sagen wir mal über den Black Screen, das ist so ein Internetforum
ein schwarzes, uns verabredet an einem Sonnabend in das Museum der Moder-
nen Kunst, da sind wir glaub ich 12 oder 13 Leute gewesen und war ganz lustig
für alle Schwarzen, das erregt doch ein gewisses Aufsehen und trägt eher noch
zur Belustigung bei, wir sind mit dem Schwarzen Mann verglichen worden, mit
dem schwarzen Mönch, der dort rumstand. Aber solche Sachen finden im Freun-
deskreis statt, aber die Zahlen von Leuten, die man kennt, scheint mir relativ
groß, vor allem wenn ich im Vergleich mein früheres Leben dazu nehme, wo ich
wirklich wenige Leute kannte."

In dieser Passage thematisiert der Interviewte eine Art Doppelstruktur der Szene:
Er identifiziert lokale Gruppierungen, die er als in die Gesamtszene eingebettet
begreift. Die schwarze Szene lässt sich demzufolge in eine Ebene der Szene und
eine der lokalen Gruppen aufteilen. Auf der Ebene der Szene kennt man viele
Leute (*dass ich mich in ner Szene bewege und dort ganz viele Leute kennen ler-*
ne), die einem oft nur flüchtig bekannt sind, aber durch ihr Aussehen und ihre
Musikvorlieben den Eindruck machen, Gleichgesinnte zu sein (*Leute, denen ich*
nur flüchtig begegne, von denen den Eindruck hab, dass es doch irgendwie
Gleichgesinnte sind (...) vom Aussehen her, von den Musikvorlieben her). Diese
Reduzierung der Komplexität – man sieht den Leuten bereits äußerlich ihre Szenemitgliedschaft an – ist typisch für die Vergemeinschaftungsform der Szenen.
Das Aussehen stellt einen vereinfachten Zugehörigkeitsschlüssel dar, über den
überregional die Szene konstituiert wird. Dieser Prozess kann als universelles
und wichtigstes Vergemeinschaftungsprinzip von Szenen gelten.

Auf der Ebene der lokalen Gruppen beschreibt der Interviewte die Herstellung einer ‚Spontan-Gruppe', die durch eine Verabredung über das Internet zustande kommt (*wenn man sich trifft, zum Beispiel sagen wir mal über den Black*
Screen, das ist so ein Internetforum ein schwarzes). Die gemeinsame Unternehmung ist dabei an ganz bestimmte, interessensbasierte und szenetypische Aktivitäten (*Museum der Modernen Kunst*) gebunden, die jedem Szenemitglied offen
stehen. Der Interviewte hebt hervor, dass die Aktivitäten mit der Gruppe Aufsehen erregen, wodurch deutlich wird, dass hier eine Vergemeinschaftung über das
gemeinsame Anderssein gesucht wird. Die auf diese Weise erfahrene Abgrenzung von der ‚Normalgesellschaft' bestärkt die Szenemitglieder in ihrem distinktiven Verhalten der ‚Normalgesellschaft' gegenüber und fördert so die Vergemeinschaftung innerhalb der Szene. Aufsehen wird also erregt, weil die Gruppe
sich im Kontext der ‚normalen' Gesellschaft und nicht in der Teilöffentlichkeit
der eigenen Szene bewegt. Im Gegensatz zum Szeneleben i.e.S. werden innerhalb der lokalen Gruppen vergleichsweise ‚normale' *Sachen* (etwa Besichtigun-
gen von Kulturstätten, Ausflüge in Städte etc.) unternommen, bei denen man

dann als ‚Schwarze(r)' auffällt. Dies trägt zur Belustigung und Unterhaltung innerhalb der Gruppe bei, was als eine positive Umwertung der durch die ‚Normalgesellschaft' ausgeübten sozialen Kontrolle verstanden werden kann.

Die Szene fungiert als Orientierungsrahmen und ist somit Motor und Fixpunkt für die Aktivitäten der einzelnen, lokal gebundenen Gruppen. Die Szene kann als übergreifende Gemeinschaftsidee bzw. Sinnfigur begriffen werden, auf die innerhalb der einzelnen, niedriger aggregierten Vergemeinschaftungsformen zurückgegriffen wird und über die sich die lokalen Gruppen folglich konstituieren. Diese Bezogenheit von Gruppeaktivitäten auf einen übergreifenden Szenerahmen stellt ein Kontaktnetzwerk zur Verfügung, das die Sicherheit bietet, dass man mit großer Wahrscheinlichkeit auf Gleichgesinnte trifft, d.h. mit Leuten in Kontakt kommt, mit denen man viel gemeinsam hat und deshalb auch eine Menge Spaß haben kann. Durch eine solche ‚Selektion' kommt es zu einer Komplexitätsreduktion, die Szene fungiert gewissermaßen als ‚Kontaktfilter': Sie stiftet einen überregionalen z.T. sogar internationalen Sinnzusammenhang.

Inhaltlich verweist der Interviewte in seinem Redebeitrag auf folgende, für die Szene typische Handlungspraktiken: Verabredungen werden über das Internet getroffen, was zeigt, dass die Szene vor der Nutzung moderner Technik nicht zurückschreckt und überregionale Kontakte sucht. Der Besuch eines Museums der modernen Kunst verweist auf das große Interesse der Szene an Hochkultur und auf die Affinität zu Schöngeistigem. Neben typischen Aktivitäten in der Teilöffentlichkeit der Szene finden sich die Szenemitglieder in kleinen, spontan gebildeten Gruppen zusammen, in denen sie gemeinsam weggehen, Aufsehen erregen und dies als Genugtuung empfinden. Am Ende des Abschnittes betont der Interviewte nochmals, dass *solche Sachen im Freundeskreis statt[finden]* und verweist damit auf den bedeutsamen Umstand, dass nicht nur die Szene konstitutiv für das Gruppenleben ist, sondern dass auch umgekehrt die Kleingruppen von herausragender Bedeutsamkeit für das Szeneleben sind. Dort finden die basalen Vergemeinschaftsprozesse statt: mit Freunden, der Clique oder Spontangruppen. Diese wichtige, gemeinschafts- und szenekonstituierende Funktion kann nur die Kleingruppe, nicht aber die Szene erfüllen.

Zusammengefasst betrachtet wird deutlich, dass ein wechselseitiges Abhängigkeitsverhältnis zwischen Szene und Gruppe herrscht: Nur über die Szene kommen auf einen gemeinsamen Sinnhorizont bezogene Treffen in Kleingruppen zustande, während auf der anderen Seite die Kleingruppen unerlässliche Impulse für das Szeneleben geben, da in ihnen die eigentliche Aushandlung des Verhältnisses zur ‚Normalgesellschaft' stattfindet.

Interview Manfred, Passage 38: MITEINANDER VERBUNDENE KREISE

Frage: Wie trifft man sich in der Szene?

„Über Clubs, über Festivals, über Konzerte, über Kontaktanzeigen in den Sze-nemagazinen. Man geht zusammen auf Konzerte, auf Partys, auf Festivals. Oder man trifft sich zu Haus zu Wein und Kerzenschein. Oder zum Spaziergang durch einen Wald. Oder in Cafes und Kneipen. "

Frage: Sind das feste Gruppierungen und Freundeskreise bei Veranstaltungen, die da kommen?

„Ja, das sind miteinander verbundene Kreise. Die kennen sich fast alle mehr oder weniger. Weil sie fast jede Woche da sind, weil sie sich mal alle gesehen haben und jeder mal mehr oder weniger mit jedem gesprochen haben mal kurz, sich auf verschiedenen Veranstaltungen mal sehen. Die treffen sich ja drei oder viermal an verschiedenen Örtlichkeiten. Weil sie halt gezielt ein bestimmtes kulturelles Angebot raussuchen und man sich dann dort begegnet. "

Auf die Frage nach der Art und Weise der Zusammenkünfte, zählt der Inter-viewte typische Interaktionspraxen der Szene auf (*Clubs, Festivals, Konzerte, Partys, zu Haus bei Wein und Kerzenschein* treffen, spazieren gehen oder sich in *Cafes* und *Kneipen* treffen). Auf den Veranstaltungen treffen sich immer die gleichen Leute, da sich dort *miteinander verbundene Kreise* kreuzen. Alle ken-nen sich mehr oder weniger ‚vom Sehen' (*weil sie sich mal alle gesehen haben und jeder mal mehr oder weniger mit jedem gesprochen haben*) und können sich sicher sein, dass zu regelmäßigen Treffen an regelmäßigen Orten immer eine bestimmte Gruppe von Personen anwesend ist (*weil sie halt gezielt ein be-stimmtes kulturelles Angebot raussuchen und man sich dann dort begegnet*).

Interview Jan, Passage 16: GENUSS INMITTEN SO VIELER SCHWARZER ZU SEIN

Frage: Was ist so das Wichtigste bei Events, das Zusammenkommen oder Musik hören?

„Beides, das Zusammenkommen und das Musikhören. Entscheidend für die Leu-te, bevor sie hinfahren ist, welche Gruppen spielen dort? Und wenn man dort ist, ist es auch ein Genuss inmitten so vieler Schwarzer zu sein, das gilt für mich auf alle Fälle, und von vielen anderen hab ich das auch so mitgekriegt, dass sie das

genießen. Und es hat beispielsweise zu den Herbstnächten im vergangenen Ok-
tober, das war so ein dreitägiges Musikfestival auf Burg Rabenstein so ne ganz
eigene Dynamik, wenn so ne Burg bevölkert ist mit diesen Schwarzen, das hat
noch ein ganz eigenes Flair, das wird sehr intensiv auf diese Weise, und das
bedeutet den andern auch sehr viel. Ich hab dort eine Gruftiebraut aus Osna-
brück kennen gelernt, die hat gesagt, sie könnte heulen, jetzt wieder hier unter
normalen Leuten, in der normalen Welt, das fehlt ihr total. Und dort war nicht
die Rede von der Musik, die auch sehr gefallen hat, sondern eben von dem dort
drin sein, unter diesen Leuten sein, so aussehen dürfen die ganze Zeit und eben
dort auf der Dunkelseite sich bewegen, wie ich's nenne."

In diesem Abschnitt wird deutlich, dass das regelmäßige Zusammenkommen
Gleichgesinnter einen zentralen Orientierungspunkt für das Handeln innerhalb
der Szene darstellt. Der Interviewte versucht daraufhin zu spezifizieren, was mit
diesem Zusammenkommen verbunden wird bzw. was die Szenemitglieder an
solchen Orten suchen. Verschiedene Aspekte spielen dabei eine Rolle: Zunächst
bewertet der Interviewte es als *ein Genuss, inmitten so vieler Schwarzer zu sein*,
wodurch die sinnliche Qualität der gemeinsamen Treffen hervorgehoben wird.
Dies wird dadurch unterstützt, dass die Treffen an besonderen Orten statt finden
(*Burg Rabenstein*), die im Zuge der szenespezifischen Nutzung eine eigene Atmosphäre entfalten (*ganz eigene Dynamik, wenn so ne Burg bevölkert ist mit*
diesen Schwarzen, das hat noch ein ganz eigenes Flair) bzw. eine hohe Intensität
entwickeln (*das wird sehr intensiv auf diese Weise*). Hervorgehoben wird auch,
dass alle Besucher ähnlich gekleidet sind, wobei die Formulierung *so aussehen*
dürfen auf den Freiraum verweist, den die Szenemitglieder suchen und sich auf
diese Weise verschaffen (*unter diesen Leuten sein, so aussehen dürfen die ganze*
Zeit). Zusammengenommen scheinen alle Einzelpraxen an der Verwirklichung
einer übergreifenden Idee beteiligt: Die Gestaltung einer eigenen ‚schwarzen'
Welt, in der man sich wohl resp. zu Hause fühlt.

Interview Jan, Passage 6: ALLES SACHEN, DIE EIGENTLICH SELTEN GE-
TAN WERDEN

Frage: Was ist das Faszinierende in der Szene?

„Ich möchte noch allgemein sagen zu den Schwarzen, die ich so kennen gelernt
hab, ich habe unter denen bemerkenswert viele Leute gefunden, die sich für Lite-
ratur und Gedichte interessieren, und auch für die Liedtexte von der Musik, die
sie hören, die sich überhaupt mit der Musik gut auskennen und für Sachen, die
sich interessieren, viele, die Briefe schreiben, das sind alles Sachen, die eigent-

lich selten getan werden oder Interessen, die recht selten sind. Ein Interesse für Symbole, für Schmuck, für lauter so Sachen, es gehört ja auch eine gewisse Phantasie dazu, sich so entsprechend zu kleiden oder sich so ein Outfit zu geben. Und die hab ich unter den Schwarzen angereichert gefunden, es sind nicht alle so, bei weitem nicht, aber man sagt, so im normalen Bevölkerungsdurchschnitt sind es 5 Prozent, mit den Schwarzen vielleicht 15 Prozent. Es ist wirklich manchmal erstaunlich. An einem Beispiel, als ich vor wenigen Wochen nach Kassel gefahren bin zusammen mit meiner Freundin, da haben wir im Zug eine andere Gruftie-Braut kennen gelernt und dort noch nen anderen getroffen, jedenfalls dass wir zu viert zurück sind, und auf der Rückfahrt haben wir uns tatsächlich über Gedichte unterhalten und über Literatur, die Frau hier aus Marburg studiert Literaturwissenschaften und über Hesse und den Zauberberg von Mann, und das schien mir so typisch, also ich habe nicht das Gespräch selber drauf gelenkt oder gebracht, sondern das ergab sich so. Und das erscheint mir bemerkenswert, und das hab ich ganz häufig gefunden und immer eigentlich sehr froh. Mir sind auch Sachen eben nicht nur bezüglich der Musik sondern auch was Gedichte betrifft empfohlen worden, die ich vorher nicht kannte. Trakl oder Baudelaire hab ich überhaupt nicht gekannt, die gefallen mir aber sehr. Das hat mir alles diese schwarze Szene gegeben."

In dieser Passage werden eine Reihe von szenetypischen Handlungspraktiken aufgeführt: sich für Literatur und Gedichte interessieren, Briefe schreiben, sich für die Liedtexte von der Musik interessieren und ein Interesse für Symbole, für Schmuck und sich so entsprechend zu kleiden oder sich so ein Outfit zu geben. Diese Praktiken werden zusammenfassend als alles Sachen, die eigentlich selten getan werden qualifiziert.

Die Handlungspraktiken – d.h. das Rezipieren von Literatur und Gedichten sowie die Beschäftigung mit Symbolen, spezifischem Schmuck und Outfit – verweisen auf die Aneignung spezieller Kompetenzen bzw. den Aufbau eines gesonderten Wissensvorrates, auf dessen Basis ein intensiver gegenseitiger Austausch stattfindet. Die den Aktivitäten insgesamt anhaftende nostalgische Note bzw. die Neigung, die sich darin offenbart, sich mit Althergebrachtem zu befassen, verdeutlicht die Erwähnung der Tätigkeit des Briefeschreibens, der etwas Anachronistisches anhaftet (worauf der Interviewte im Übrigen selbst anspielt, indem er es als etwas, was *eigentlich selten getan wird*, bezeichnet).

Die vom Interviewten ausgewählten Handlungspraktiken wurden in dieser Form zusammengestellt, um zu zeigen, dass sich die typischen Aktivitäten innerhalb der schwarzen Szene durch *Seltenheit* und *Andersartigkeit auszeichnen* und sie als Zeichen von Bildung, extraordinärem Interesse an Kultur und ausagierter Kompetenz interpretierbar sind. Es wird also nicht einfach etwas getan

bzw. das getan, was auch andere tun, sondern alles Tun entspringt einem spezifischen Eingestelltsein und verweist auf das Vorhandensein eines spezifischen
Wissensvorrats. Eine große Rolle spielt die Präsentation und Inszenierung einer
besonderen Einstellung, die durch den Austausch über die spezifischen Themen
in Face-to-Face-Interaktionen erreicht wird. Für die Gesellschaft sind die aufgezählten Themen und Interessen randständig, für die Szene hingegen sind sie
genau aus diesem Grund gemeinschaftsstiftend. Besonders deutlich wird dies am
Beispiel der Zugfahrt: Die schwarze Szene scheint aus überwiegend Gleichgesinnten zu bestehen, mit denen man sich über Themen unterhalten kann (z.B.
Literatur), die in der ‚Normalgesellschaft' oder auch in anderen Jugendkulturen
keinen Stellenwert beanspruchen

*Interview Manfred, Passage 31: WENN SICH JEMAND NICHT VERSTANDEN
FÜHLT VON SEINER UMWELT, DANN IST ER SEHR SCHNELL GOTHIC*

Frage: Gibt es typische Verhaltensweisen in der Szene?

*„Ja so ganz simple Sachen, wie spazieren gehen, Rotwein trinken, Kerzenschein,
sanfte Drogen, keine harten Drogen, das ist eine allgemein gültige Sache. Konsum von harten Drogen ist in der schwarzen Szene äußerst selten. Weiche Drogen mein ich, Cannabis, Nikotin, Kaffee, Alkohol. Das sind die vorrangig existierenden Drogen. Sonst gibt es nichts, ganz wenig. Und wenn dann sind es
Musiker. Also, Wein trinken, Spazieren gehen, rauchen, viel erzählen. Also Gespräche und Kontakt, zwischenmenschlicher Kontakt, das fällt mir gerade im
Überlegen auf. Das hat sehr viel mit Gefühlswelt und Emotionen zu tun, wenn
man sich in dieser Szene bewegt. Und sehr viel mit Emotionen, mit Sozialisation,
mit Suche nach Geborgenheit spielt ein ganz große Rolle denke ich. Resultierend, oder als logische Folge auf das Empfinden von Einsamkeit. Wenn sich
jemand nicht verstanden fühlt von seiner Umwelt, dann ist er sehr schnell
Gothic. Wenn er sich alleine gelassen fühlt, dann findet er in dieser Szene Rückhalt. Weil da viele andere sind, die sich alleine gelassen fühlen. Und die beiden
zusammen sind dann nicht mehr alleine und gründen irgendwann mal eine Familie und haben Kinder. Die ersten Gothic-Kinder sind ja schon bald fünf, sechs
Jahre. Die Szene ist jetzt knapp über zwanzig Jahre alt und jetzt entsteht die
zweite Generation."*

Diese Passage enthält einen deskriptiven und einen erklärenden Teil: Bis *denke
ich* erfolgt eine Beschreibung szenetypischer Verhaltensweisen, der sich ein
Erklärungsansatz für diese Verhaltensweisen anschließt. Die Aufzählung der

Verhaltensweisen beinhaltet zunächst eine Aneinanderreihung von Einzelprak-
tiken (*spazieren gehen, Rotwein trinken, Kerzenschein, sanfte Drogen, keine
harten Drogen, das ist eine allgemein gültige Sache. (...) Also, Wein trinken,
Spazieren gehen, rauchen, viel erzählen. Also Gespräche und Kontakt, zwischenmenschlicher Kontakt, das fällt mir gerade im Überlegen auf*). Diese werden dann im Folgenden auf ‚dahinterliegende' Motive bezogen (*und sehr viel mit
Emotionen, mit Sozialisation, mit Suche nach Geborgenheit spielt ein ganz große
Rolle denke ich*). In dieser Motivauslegung spiegelt sich das Ideal einer gemeinschaftlich strukturierten Sozialform und verweist auf die Tendenz innerhalb der
schwarzen Szene, die Szenegemeinschaft als eigenständige Lebenswelt zu kon-
zipieren. Wie im vorherigen Ausschnitt werden auch den hier aufgeführten Tätigkeiten besondere Qualitäten zugeschrieben: In der Beschreibung der Aktivitäten wird Wert auf die Art und Weise der Ausführung gelegt, nämlich Dinge mit
Muße, Ruhe und ohne ‚Profilierungsgehabe' zu tun. Die Betonung, Aktivitäten
im Einklang mit sich selbst zu vollziehen, gewissermaßen in einer kontemplativen Haltung und diese zum Selbstzweck zu erheben, zeigt wiederum die Selbst-
reflexivität der Szene sowie ihre diffuse Orientierung an fernöstlich-esoterischem
Gedankengut.

Im zweiten Teil der Passage (beginnend mit der einleitenden Formel *resultierend*) geht der Interviewte dazu über, Kausalzusammenhänge aufzuzeigen, um die
oben angeführten Verhaltensweisen zu erklären. Diese werden als eine *logische
Folge auf das Empfinden von Einsamkeit* interpretiert. Diese psychologisierende
Erklärung unterstellt ein Problem oder Defizit (Defizithypothese), das kompensiert
werden kann (Kompensationsmodell). Die Kompensation des Defizits bzw. die
Lösung des Problems ist dem Interviewten zufolge das ‚Gothic-Sein'.

Nicht die Einsamkeit, sondern ein gefühltes Unverständnis ist der Grund,
warum jemand zum Gothic wird (*wenn sich jemand nicht verstanden fühlt von
seiner Umwelt, dann ist er sehr schnell Gothic*). Diese These wird nun weiter
ausgebaut: Die Szene dient als Rückhalt und Auffangbecken für die Alleingelassenen. Somit kommt der Szene die Funktion einer Hilfe zur Selbsthilfe zu und
sie bekommt auf diese Weise eine gesellschaftsstabilisierende bzw. rein-
tegrierende Funktion. Der Interviewte wirft dadurch zunächst ein sehr passives
Licht auf die Subkultur der Gothics: Sie erscheint als Gemeinschaft der Ausgestoßenen und Alleingelassenen. Eine Art Gothic-Gesellschaft entsteht, die sich –
wie der Interviewte betont – bereits in der zweiten Generation befindet (*und die
beiden zusammen sind dann nicht mehr alleine und gründen irgendwann mal
eine Familie und haben Kinder. Die ersten Gothic-Kinder sind ja schon bald
fünf, sechs Jahre. Die Szene ist jetzt knapp über zwanzig Jahre alt und jetzt entsteht die zweite Generation*). Das Hervorheben eines szeneinternen Fort-
pflanzungsprozesses (*die ersten Gothic-Kinder*) und die Rede von einer *zweiten*

Generation schreibt der Gothic-Szene den Status einer eigenständigen Kultur zu und verdeutlicht die hohe Identifikation mit der Szene-Gemeinschaft. Als Gothic – so könnte man schlussfolgern – wird man geboren. Das ‚Gothic-Sein' wäre demzufolge (fast) genetisch bedingt. Der Szene wird dadurch ein ursprünglicher Charakter im biologischen Sinne zugeschrieben, worin sich ein allumfassender Lebens- und Gesellschaftsentwurf offenbart, der sich nicht auf Kleidungs- und Musikstile – wie dies in anderen Jugendszenen der Fall ist – reduzieren lässt.

Interview Jan, Passage 9: MIT BUNTEN EIGENTLICH NICHT DENKBAR

Frage: Gibt es auch ähnliche Lebenseinstellungen in der Szene?

„Fast hätte ich mit ja geantwortet, aber man kann nicht von einer ähnlichen Einstellung sprechen. Ich beispielsweise bin überzeugt, dass mit dem Tod wirklich alles zu Ende ist, und es gibt unter den Schwarzen aber sehr viele, die da noch irgendwelche schwärmerischen oder mystischen Vorstellungen haben, sicher mehr also solche wie mich. Das sind wirklich sehr verschiedene Einstellungen. Aber was grundsätzlich ist, ist ein Interesse dafür, eine gewissen Neugier und auch eine Bereitschaft, darüber zu sprechen, also es ist überhaupt nicht überraschend oder herausragend, dass mich auch im ‚Nachtleben' jemand mal angesprochen hat, um sich mit mir über das Sterben zu unterhalten. Und es kam mir auch als was Sinnvolles vor, man stelle sich das vor eigentlich bei einer fröhlichen Party und der Musik, wir haben uns über das Sterben unterhalten, und das wär unter anderen Umständen, ich sag mal so salopp, mit Bunten eigentlich nicht denkbar. Ich erinnere mich, wie entsetzt meine Eltern waren, als ich auf dem Friedhof mal ein Rilke-Gedicht aufgesagt hab, einfach, wir hatten uns unterhalten, wir waren am Grab ihrer Eltern, und es schien mir naheliegend, es passte einfach dorthin: ‚Der Tod ist groß, wir sind die seinen, wenn wir uns mitten im Leben meinen, wagt er zu weinen, der Tod ist groß, wir sind die seinen, lachenden Munds, ja, wagt er zu weinen mitten in uns.' Und mein Vater schwieg plötzlich, und meine Mutter wurde plötzlich beredt, als hätte ich irgendwie Selbstmordabsichten angedeutet, es passte überhaupt nicht, sie waren eher erschrocken, wehrten eher ab. Und das ist ein normale Reaktion außerhalb der schwarzen Szene, innerhalb aber gar nicht. Ich würde also nicht von konkreten Einstellungen sprechen, die sich gleichen, sondern von Neigungen und von einer Bereitschaft, von einer gewissen Offenheit solchen Fragen gegenüber."

In diesem Abschnitt macht der Interviewte einen Unterschied zwischen den verschiedenen *Einstellungen* zum Thema *Tod* einerseits und dem *Interesse*, der *Neugier*, der *Bereitschaft* und der *Neigung,* sich überhaupt mit diesem Thema auseinander zu setzen andererseits. Während die Einstellungen der einzelnen Szenemitglieder variieren, stellt die Beschäftigung mit dem Thema ‚Tod' als solche eine Konstante dar. Das gemeinschaftskonstituierende Thema der Szene ist der Tod. Dies wird an zwei Beispielen illustriert: Auf einer fröhlichen Party im Nachtleben konnte der Interviewte sich über das Sterben unterhalten. In einem zweiten, drastischeren und persönlicheren Beispiel (er steht mit seinen Eltern an einem Grab und zitiert ein Gedicht) tritt das Gemeinschaftskonstituierende der Szene in Form einer Abgrenzung gegenüber der ‚Normalgesellschaft' noch deutlicher zu Tage: Das Beispiel ist darauf angelegt zu zeigen, dass eine Diskrepanz hinsichtlich Neigung und Interesse zwischen dem Interviewten und den Eltern besteht. Der Interviewte bzw. seine Eltern stehen hierbei sinnbildlich für die ‚schwarze' bzw. ‚bunte' Welt. ‚Die Schwarzen' – so die Sicht der Szene – beschäftigen sich mit dem Tod, während die ‚Bunten' – also die ‚Normalgesellschaft' – diesen verdrängt. Dabei – das wird im letzten Satz noch einmal wiederholt – müssen die Einstellungen innerhalb der schwarzen Szene sich nicht decken. Was sich jedoch deckt, ist die Neigung und Bereitschaft, sich mit solchen Fragen auseinander zu setzen.

Interessant bezüglich der Handlungspraktiken ist fernerhin auch die Tatsache, dass der Interviewte das Gedicht im Interview spontan auswendig aufsagen konnte und somit zu einem früheren Zeitpunkt gelernt haben muss, was die Intensität seiner Beschäftigung mit dem Thema ‚Tod' verdeutlicht. Inhaltlich umschreibt das Gedicht von Rilke die Unabänderlichkeit des Todes, ein Umstand, der in der ‚Normalgesellschaft' verdrängt bzw. selten oder ungern thematisiert wird. Die Reaktionen der Eltern (stellvertretend für die ‚Normalgesellschaft') bestehen in Unverständnis (es wird auf Selbstmordabsichten geschlossen, obwohl es sich um eine Auseinandersetzung mit einem existentiellen Thema handelt) und Ablehnung.

Interview Manfred, Passage 21: DAS KOMMT AUFS ALTER DRAUF AN

Frage: Was sind typische Aktivitäten, die in der Szene stattfinden?

„Das ist ganz unterschiedlich. Ich denk, das kommt aufs Alter drauf an. Ein Schwarzer, der Mitte, Ende zwanzig ist, der wird sich vornehmlich mehr um seine Arbeit, sein Zuhause, seine Familie kümmern und hört halt solche Musik und besucht halt solche Konzerte und besucht halt solche Partys. Und darauf beschränkt sich das. Und dann liest er vielleicht noch besonders gern Romantiker, Baudelaire, was weiß ich Gottfried Benn und besucht Ausstellungen mit der Malerei aus der Zeit, aus der Romantik, und besucht vielleicht noch gerne alte Burgen. Und damit ist gut. Und fährt eben nach Schottland in den Urlaub. Und

ein 17-jähriger Gruftie wird ganz andere Hauptbeschäftigungsfelder haben. Der wird nach der Mode suchen, nach der Musik suchen, nach Schmuck suchen. Der wird auf den Friedhof gehen und so in der Richtung. Der wird vielleicht auch Gläser rücken und Tische rücken und irgendwelche magischen Rituale versuchen. Also da gibt es einen Unterschied, nach dem wie alt er ist."

Szeneaktivitäten – so hebt der Interviewte hervor – variieren altersspezifisch. Um diese These zu veranschaulichen, trifft der Interviewte eine Unterscheidung zwischen schwarzen Twens (*Mitte, Ende zwanzig*) und Teens (*17-jähriger*). Den älteren Grufties schreibt er dabei die Haltung zu, ihr Leben in zwei Welten aufgeteilt zu haben, nämlich in die Welt des Alltags, die sich durch die Arbeit, das Zuhause und die Familie auszeichnet und die schwarze Freizeitwelt, in der Musik gehört, Konzerte und Partys sowie Ausstellungen und Burgen besucht werden, ‚schwarze' Literatur gelesen und Urlaub an bestimmten Orten gemacht wird. In der Alltagswelt – also der ökonomischen und familiären Sphäre – scheint diese Gruftie-Generation im Sinne der ‚Normalgesellschaft' fest etabliert zu sein. Die kulturelle Sphäre dagegen ist der Ort, an dem alternative Verhaltensweisen ausagiert werden, ohne dass beide Welten in einen Widerspruch zueinander geraten würden. Der Interviewte zeichnet ein spannungsfreies harmonisches Bild. Der ältere Gruftie hat sich demnach – widerspruchsfrei – zwischen einem etablierten, konventionellen Gesellschaftsleben und einem schwarzen, alternativen Freizeitleben eingerichtet.

Dem Teenager-Gruftie dagegen schreibt der Interviewte zwei Interessens- und Betätigungsfelder zu: Auf der einen Seite die oberflächlich-ästhetische Selbstinszenierung (*der wird nach der Mode suchen, nach der Musik suchen, nach Schmuck suchen*) und auf der anderen Seite das Experimentieren mit okkulten Praktiken (*der wird vielleicht auch Gläser rücken und Tische rücken und irgendwelche magischen Rituale versuchen*). In dieser Trennung klingt ein szenespezifischer Tradierungs- und Sozialisationsprozess an (die Tätigkeiten des jungen Grufties werden allesamt mit dem Verb ‚suchen' verbunden, wogegen der ältere Gruftie sich ‚gefunden' hat). Dieser Prozess beginnt offenbar mit der Suche innerhalb (musik-)stilistischer Praktiken (Musik, Mode, Schmuck) und spielerischen Auseinandersetzungen mit okkulten Praktiken und mündet darin, dass man eine Balance zwischen ‚Normalgesellschaft' und schwarzer Szene hergestellt hat. Die okkulten Praktiken werden hierbei implizit als pubertäre Spielerei abgetan, da sie den jungen Grufties und damit dem Szeneeinstieg zugeordnet werden.

Auffällig ist, dass die aufgezählten Handlungspraktiken allesamt der hochkulturellen Sphäre entstammen, also Tätigkeiten darstellen, für die man eine spezifische Bildung benötigt (*dann liest er vielleicht noch besonders gern Romantiker, Baudelaire, was weiß ich Gottfried Benn und besucht Ausstellungen mit der Malerei aus der Zeit, aus der Romantik*). Implizit qualifiziert der Interviewte damit die Szenesozialisation als ‚steinigen' und tiefsinnigen Weg, der über die Aneignung hochkultureller und damit ‚sperriger' Kulturgüter führt und sich somit nicht auf die Adaption (musik-)stilistischer Praktiken und/oder okkulter Spielereien reduzieren lässt.

b) Verhältnis ‚Szeneleben – Alltagsleben'

Interview Jan, Passage 14: NEBEN DER NORMALEN WELT STEHENDES

Frage: Ist der Alltag und das Szeneleben getrennt?

„Ja, oder eben bei diesen Gelegenheiten, bei diesen Zusammenkünften. Es hat was Außerordentliches im Sinne von nicht Normales, im Sinne von der neben der normalen Welt stehendes, nicht entgegengesetzt, aber es ist etwas davon doch etwas Separiertes, man separiert sich ja selber schon mit der Kleidung, die Orte, die Zusammenkünfte, es hat etwas anderes, was daneben steht, und es durchdringt wahrscheinlich nur bei den Wenigsten den Alltag. Und ich kenne auch nur wenige, die sich ihre eigenen vier Wände dann wirklich so konsequent umgestalten oder die gar im Sarg schlafen, da kenn ich niemand persönlich. Das ist wahrscheinlich recht selten."

In dieser Passage wird verhandelt, wie das Szeneleben auf den Alltag wirkt. Das Szeneleben ist als außeralltäglich (*Außerordentliches im Sinne von nicht Normales; es hat etwas anderes*) charakterisiert. Der Alltag hingegen läuft gewöhnlich, normal und damit dem Leben in der ‚Normalgesellschaft' analog ab. Hinsichtlich der Relation beider Sphären betont der Interviewte, dass das Szeneleben keinen Gegensatz oder Widerspruch (*nicht entgegengesetzt)* zum Alltag darstellt, sondern als *etwas parallel und getrennt vom Alltag Ablaufendes* begriffen werden muss. Die wechselseitige Durchdringung kann dabei verschiedene Grade annehmen, die individuell unterschiedlich und – aus der Perspektive des Interviewten – eher gering sind (*und ich kenne auch nur wenige, die sich ihre eigenen vier Wände dann wirklich so konsequent umgestalten oder die gar im Sarg schlafen, da kenn ich niemand persönlich. Das ist wahrscheinlich recht selten*).

An diesen Aussagen wird deutlich, dass die Szene nach dem Motto ‚leben und leben lassen' verfährt, d.h. die Szene zeichnet sich nicht durch einen gegenkulturellen oder widerständigen Gestus aus, sondern lebt gewissermaßen in zwei Sphären, nämlich in der des Alltags und der der Szene. Dieses für die schwarze Szene typische ‚Doppelleben' verweist auf den Umstand, dass neben dem

‚profanen Alltag' ein Bezug zu transzendenten Sinnwelten gesucht und dadurch – gewissermaßen rückwirkend – der Alltag und damit das eigene Dasein insgesamt überhöht bzw. in einen quasi-religiösen Kontext gestellt wird.

Interview Thorsten, Passage 12: JE NACHDEM, WAS HALT MÖGLICH IST

Frage: Inwieweit integrieren denn Leute aus der Szene dieses Szeneleben so in ihren normalen Alltag?

„Wenn man's mal ganz pragmatisch sieht, die meisten versuchen z. B. die Sachen mit ihrer Kleidung wirklich bis an die Grenze auszunutzen. Das heißt, die versuchen wirklich bis an die Grenze zu gehen, zu sagen, okay, noch ein Stück näher und mein Chef würde was sagen, aber bis dahin kann ich gehen, die wenigsten würden sich wirklich in einen Anzug oder so zwängen, das versuchen sie wirklich bis zum Ende auszunutzen. Oder die Sache mit der Frisur, natürlich, du hast ja gesehen, was es alles gibt."

Frage: Du hattest doch auch ne Strähne oder?

„Die ist immer noch da, ne ich musste nur irgendwie die ganzen Haare reinigen, weil wir sind immer noch am Renovieren drüben, die waren etwas weiß. Du hast ja sicher gesehen, was es alles an gebauten Frisuren gibt, die meisten versuchen das auch irgendwie rüber zu retten in ihr Alltagsleben, ohne dass sie halt damit Probleme kriegen. Und okay, wenn du jetzt im Kundenverkehr arbeitest, da kannst du halt nicht die extremen Klamotten plus die extreme Frisur plus das extreme Aussehen bringen, das ist ne Sache, die kann dir Stefan erzählen, der jetzt ne Ausbildung zum Buchhändler macht. Und wenn er dann halt tatsächlich im Laden steht, dann darf er halt mal kein T-Shirt anziehen, wo ein Totenkopf drauf ist logischerweise, damit kann er auch leben, oder keine zerfetzten Klamotten von unten bis oben, aber ansonsten hat er da keine Restriktion. Und das ist vielleicht das, wo Alltags-, Berufs- und Szeneleben gegeneinander steht, je nachdem, was halt möglich ist."

In diesem Ausschnitt wird deutlich, dass die Grundidee einer Verträglichkeit zwischen Szeneleben und Alltag auf einer sukzessiven, immer wieder zur Verhandlung stehenden und pragmatischen Anpassung und Annäherung des ‚Gothic-Seins' an die Erfordernisse der jeweiligen Berufswelt beruht. Die Annäherung erfolgt über Aushandlungsaktivitäten in den jeweiligen Berufskontexten, d.h. es wird getestet, wie viel ‚Gruftie-Sein' die Berufsrolle verträgt (*bis an die Grenze auszunutzen, die versuchen wirklich bis an die Grenze zu gehen, bis dahin kann ich gehen).* Ziel dieses Austestens ist, möglichst viel ‚Gothic-Sein' ins Berufsleben hinein zu tragen, ohne aber dabei den Beruf aufs Spiel zu setzen (*die meisten versuchen das auch irgendwie rüber zu retten in ihr Alltagsleben, ohne dass sie halt damit Probleme kriegen*). Typische Handlungspraxis zur Ausbalancierung beruflich-alltagsweltlicher und szeneweltlicher Ansprüche und Erfordernisse besteht in einem Taktieren, das darauf angelegt ist, einen individuell erträglichen Mittelweg zwischen Szene und Alltag zu finden bzw. eine Form der Bewältigung zu etablieren, die ein in die ‚Normalgesellschaft' integriertes Leben zulässt, ohne sich dabei vollends aufgeben zu müssen.

Interview Matthias, Passage 14: VIELE LEUTE SEHEN SO IM ALLTAG NICHT AUS

Frage: Wie kommen Leute, die sehr involviert sind in der Szene, im Alltag aus?

„Viele Leute sehen so im Alltag nicht aus. Ich verurteile das nicht, weil es immer mal ein Bedürfnis ist, aus dieser Welt abzutauchen. Ich finde das auch nicht schlimm, wenn nicht jeder volle Montur den ganzen Tag geschminkt ist. Es ist auch, ich ziehe da immer Vergleiche zu Naturvölkern, es sind die wenigsten in der Szene, die das über sich ergehen lassen oder die es sich eingestehen wollen, dass es was ganz Normales ist, dass wenn der Alltag ihnen nicht die Feste und die Höhepunkte bietet und auch die niederen Punkte, also immer so ein gleiches bäh, dass sie sich dann selber so etwas schaffen, einen besonderen Tag einen Feiertag. An dem sie ausbrechen, an dem sie was anderes machen, wo sie sich schmücken. Ja, kann man so sagen. Da (bei den Herbstnächten, Anm. der Interviewerin) war eben zu sehen, dass sich die Leute so richtig für so einen Abend in die Atmosphäre eintauchen wollen und mit allen Sinnen. Wenn die Leute nicht wären, die diese Hülle ausfüllen, die bringen die eigentliche Veranstaltung mit. Da kann man dann mit einigen In-Bands ein träges konsumierendes Publikum anziehen, du kannst aber auch mit speziellen Höhepunkten ein Publikum anziehen, die das richtig ausleben. Wo so richtig nach außen spürbar ist, wir leben so richtig bestimmte Bedürfnisse nach außen aus. Richtig gestärkt, das klingt jetzt noch schlimmer, wie manch einer nach einem Gottesdienst nach Hause zurückkehrt und für die Familie wieder Kraft hat und den Sonntag nutzt auch für andere Dinge, um von dem Alltag abzuschalten. Man kann sich natürlich auch betrinken und betäuben, aber man kann auch eine andere Form finden. Und dann gibt es Leute, die identifizieren sich mit allen möglichen Inhalten in der Szene, dass sie das den ganzen Tag noch mehr und noch bewusster leben. Aber dann

auch am Morgen aufstehen und sich für sich selbst morgens und abends ihre
Psychohygiene betreiben und auf sich ein Bild kopieren, wie sie sich selbst und
die Welt ganz gerne hätten. Oder das Bild oder das einfach machen, weil sie von
dem Ganzen dann als Gegengeschichte einfach enttäuscht sind und das kann
man sehr munter machen oder aber sehr resigniert machen."

In dieser Passage werden zwei Arrangements beschrieben, wie die Szenemitglieder das Verhältnis von Szenealltag und normalem Alltag organisieren. Im ersten Teil beschreibt der Interviewte das typische, in der Szene mehrheitlich vollzogene Arrangement, das darin besteht, dass eine Trennung zwischen Szenealltag und ‚normalgesellschaftlichem' Alltag stattfindet (*viele Leute sehen so im Alltag nicht aus*). Hierbei kommt der Szene die Funktion des Ausbrechens aus dem normalen Alltag sowie die der Herstellung von Außeralltäglichkeit zu *(dass sie sich dann selber so etwas schaffen, einen besonderen Tag einen Feiertag).* Beide Sphären werden also mit unterschiedlichen Funktionen belegt: Der Alltag repräsentiert das normale Leben, das darin besteht, den Status eines normalen Gesellschaftsmitglieds zu erwerben und aufrecht zu erhalten, während der Szenealltag eine kompensatorische Funktion hinsichtlich des normalen Alltags übernimmt. Dort wird Ausgleich gesucht und Kraft für den Alltag geschöpft. Dieser Zusammenhang wird am Beispiel von Naturvölkern verdeutlicht: Die Monotonie des Alltäglichen (*immer so ein gleiches bäh*), vor allem bestehend aus Berufs- und Familienalltag, wird durch außeralltägliche Arrangements durchbrochen und damit erträglicher gestaltet. Erreicht wird dies durch ein sinnlich-ganzheitliches Aufgehen in einer selbstgeschaffenen Parallelwelt. Dass dieser Parallelwelt keine Ansprüche auf Substitution oder Überwindung der ‚normalen' Gesellschaft innewohnen – zumindest keine, die handlungspraktische Relevanz erführen –, sie also vornehmlich eine kompensatorische Funktion erfüllt, wird besonders an dem Vergleich mit einem Gottesdienst deutlich (*wie manch einer nach einem Gottesdienst nach Hause zurückkehrt und für die Familie wieder Kraft hat und den Sonntag nutzt auch für andere Dinge, um von dem Alltag abzuschalten; richtig gestärkt).*

Im zweiten Teil der Passage umschreibt der Interviewte eine alternative Möglichkeit, Alltag und Szeneleben ins Verhältnis zu setzen, die man als subkulturelles Arrangement bezeichnen könnte: Basis dieses Arrangements ist eine umfassende Identifizierung mit der bzw. ein vergleichsweise tiefes Involvement in die Szene (*und dann gibt es Leute, die identifizieren sich mit allen möglichen Inhalten in der Szene*), was dem Interviewten zufolge jedoch problematisch ist, da eine auf diese Weise entstehende Diskrepanz zwischen Ansprüchen des Alltags und des Szenelebens ständig bearbeitet werden muss (*aber dann auch am Morgen aufstehen und sich für sich selbst morgens und abends ihre Psychohy-*

giene betreiben). Diese Diskrepanz muss immer wieder von Neuem bewältigt und ausgehalten werden, da im Hintergrund ein Idealbild des eigenen Selbst und der Welt wirkt (*und auf sich ein Bild kopieren, wie sie sich selbst und die Welt ganz gerne hätten*). Möchte man diesen Anspruch einlösen bzw. diesem Bild gerecht werden, bedeutet das zunächst, sich von der ‚Normalgesellschaft' merklich abzusetzen und infolgedessen nachteilige und identitätsgefährdende Konsequenzen in Kauf zu nehmen (etwa soziale Isolation, Arbeitslosigkeit etc.). Da die Mehrheit der Szenemitglieder einen solchen Weg ablehnt, bleibt in diesem Fall die Diskrepanz zwischen Alltag und Szeneleben ebenso bestehen wie das Erfordernis, diese Widersprüchlichkeit tagtäglich zu bewältigen (*Psychohygiene betreiben*). Der Interviewte unterscheidet schließlich zwei Möglichkeiten, mit der Unmöglichkeit der Zusammenführung von Alltag und Szeneleben im Falle der extensiven Szenegänger umzugehen: Eine ironisch gebrochene und damit letztlich akzeptierende oder eine resignative Form (*das kann man sehr munter machen oder aber sehr resigniert machen*).

Interview Manfred, Passage 22: ZU HUNDERT PROZENT NACH AUßEN TRAGEN VERSUS TAG IN WEIß UND IN DER NACHT IN SCHWARZ

Frage: Inwieweit tragen die Grufties das Szeneleben in den Alltag mit rein?

„*Das kommt drauf an, wie ernst sie es meinen. Wie sehr das von ihrer Persönlichkeit, wie sehr das in ihrer Persönlichkeit eine Rolle spielt. Das ist ganz unterschiedlich. Wenn das jemand richtig ernst meint und sich da drin total verstanden fühlt, dann wird er das natürlich versuchen zu hundert Prozent nach außen zu tragen. Und das sieht man ihm dann auch ständig an. Und er wird sich dann auch eine Arbeit suchen, bei der man so aussehen darf und so denken darf. Und wenn das nicht der Fall ist, dann wird er parallel leben. Quasi am Tag in Weiß und in der Nacht in Schwarz. Gibt' s die unterschiedlichsten Färbungen und Intensitäten.*"

Auf die Frage, inwieweit das Szeneleben Einfluss auf den Alltag hat, nimmt der Interviewte eine Differenzierung vor, die hinsichtlich des Grades persönlicher Involviertheit variiert. Auf der einen Seite gibt es die Grufties, die das ‚GruftieSein' *richtig ernst* nehmen und auf der anderen Seite die, die es weniger ernst nehmen.

Erstere, die *sich da drin total verstanden* fühlen, tragen alles *zu hundert Prozent* – also ihre spezifischen Wertvorstellungen, ihre gothic-typische Kleidung usw. – *nach außen.* Sie bemühen sich, immer – also auch im szeneexternen

Alltag – als Gruftie zu erscheinen, was auch bedeutet, sich eine Arbeit zu suchen, in der man sein ‚Gruftie-Sein' ausleben kann (*und das sieht man ihm dann auch ständig an. Und er wird sich dann auch eine Arbeit suchen, bei der man so aussehen darf und so denken darf.*) Das bedeutet, dass jene Grufties, die das ‚Gothic-Sein' *richtig ernst* nehmen, ihr normales Alltagsleben nach Maßgabe des schwarzen Lebens ausrichten. ‚Schwarz' sein wird somit zum Strukturierungsprinzip für das alltägliche Leben.

Jene Grufties dagegen, die das ‚Gruftie-Sein' weniger ernst nehmen, sind mehr um Ausgleich bemüht, sind eher bereit, Kompromisse einzugehen und führen gewissermaßen zwei *parallele* Leben. Solche Szenemitglieder sind einerseits in einen *weiß*en – also normalen Alltag – involviert, in dem sie ihr ‚Gruftie-Sein' zurückstellen und partizipieren andererseits an einem *schwarz*en Freizeitleben, in dem sie ihr ‚Gruftie-Sein' voll ausleben können (*quasi am Tag in Weiß und in der Nacht in Schwarz*).

Diese idealtypischen, dichotomen Pole der Umgangsweisen mit dem Spannungsfeld ‚Szene- vs. Alltagsleben', verweisen auf ein Kontinuum, in dem sich – je nach Färbungen und Intensitäten – die einzelnen Szenemitglieder verorten.

Interview Jutta, Passage 3: DA PASST MAN SICH DANN SCHON AN

Frage: Hast du das ‚Gruftie-Sein' im Alltag gelebt?

„Ja, ja ich hab's auf jeden Fall, mein Zimmer war entsprechend dekoriert und gemacht, obwohl ich jetzt nie so der Kreuze und Totenschädel-Aufsteller war, das hat mir nie so gefallen, das war einfach nicht so mein Ding, ich war eher, ich weiß nicht, ob's diese Richtung gibt, aber mehr so in Richtung Space irgendwie, das hat mich immer mehr fasziniert, so die Zukunft-Visionssachen, was irgendwie negative Utopien und so, das hat mich mehr interessiert als jetzt in der Vergangenheit zu kramen, welche Schriften von keine Ahnung A. Crowley wichtig ist oder so, also für mich war es immer mehr so mit der Utopiesache verknüpft, und ich hab das schon im Alltag gelebt, ich bin halt nur schwarz rumgelaufen, hatte die entsprechenden Schuhe, Jacken, keine Ahnung, also die Mäppchen vollgekritzelt, also das war schon offensichtlich, da hab ich auch nichts versteckt, obwohl ich hab in der Zeit natürlich auch gejobbt, in biederen bürgerlichen Restaurants, da muss man natürlich ein bisschen aufpassen. Ich hatte dann irgendwann mal abrasierte Haare auf der einen Seite, und da hab ich halt immer geguckt, wenn ich halt zum Arbeiten gegangen bin, dass ich halt die Haare drüber hab fallen lassen, und hab dann keine schwarzen Fingernägel gehabt oder so, da passt man sich dann schon an, aber das war ja auch nicht

schlimm, also da hatten auch die andern kein Problem damit, obwohl man na-
türlich als Gruftie immer aufpassen muss, kein Wannabe zu sein oder ein Wo-
chenend-Gruftie, das hast du vielleicht schon bei andern Leuten irgendwie ge-
hört, dass das nicht so gern gewollt ist, also man ist dann cool, ich benutz wieder
das Wort, wenn man wirklich dazu steht und das auch mitmacht und sagt, das ist
so, ich bin so im Moment oder ich bin immer so, keine Ahnung, und nicht nur am
Wochenende, wenn ich mal gerade Zeit hab. "

Auf die Frage, wie das ‚Gruftie-Sein' im Alltag gelebt wird, reagiert die Interviewte zunächst, indem sie zwei Beispiele nennt, die die Ausweitung des Szenelebens auf den Alltag anhand visueller Gestaltungsaspekte veranschaulichen
sollen: Die spezifische Einrichtung der eigenen Wohnung (*mein Zimmer war*
entsprechend dekoriert) und die Selbstinszenierung (*mal abrasierte Haare auf*
der einen Seite) begreift sie jedoch nicht als dekorativen Selbstzweck, sondern
verdeutlicht direkt im Anschluss den solchen alltagsästhetischen Praktiken in-
newohnenden Verweischarakter auf innere Dispositionen und Interessen (*mehr*
so in Richtung Space irgendwie, das hat mich immer mehr fasziniert, so die Zu-
kunft-Visionssachen, was irgendwie negative Utopien und so). Die individuelle
Auslegung szeneinterner Differenzierungen (*ich weiß nicht, ob's diese Richtung*
gibt (...)) veranschaulicht dabei nochmals, dass es in der Szene weniger darum
geht, mit was man sich genau bzw. in welcher Form man sich damit beschäftigt,
sondern eher dass man sich überhaupt mit gewissen Themenkomplexen beschäftigt. Die Szene weist also sowohl hinsichtlich konkreter Einstellungen als auch
hinsichtlich ihres Themenkanons eine enorme Offenheit auf. Gleichzeitig zeigt
sie eine Affinität zu übersinnlich-transzendenten bzw. esoterischen Thematiken
i.w.S., was sie in die Nähe synkretistischer Religionsbricolagen rückt.
  Des Weiteren rekurriert die Interviewte auf zwei zentrale Sphären des Alltags – Schule und Arbeit –, um deutlich zu machen, dass situativ entschieden
wird, wie das ‚Gothic-Sein' jeweils in den Alltag einzupassen ist. Während es in
der Schule kein Problem ist, sich als Gruftie zu zeigen (*ich hab das schon im*
Alltag gelebt, ich bin halt nur schwarz rumgelaufen, hatte die entsprechenden
Schuhe, Jacken, keine Ahnung, also die Mäppchen vollgekritzelt, also das war
schon offensichtlich, da hab ich auch nichts versteckt), entstehen beim Eintritt in
die Arbeitswelt widersprüchliche Handlungsanforderungen: Verlangt der Beruf
Anpassung, d.h. hier eine optische Zurücknahme gothic-typischer Inszenie-
rungspraktiken (*ich hab in der Zeit natürlich auch gejobbt und so, in biederen*
bürgerlichen Restaurants und so, da muss man natürlich ein bisschen aufpas-
sen), so verlangt das ‚Gruft-Sein' und damit das Szeneleben über die Schulzeit
hinaus eine Authentizität als Gothic, die sich gerade daran erweist, inwieweit
man sich und seinem ‚Gothic-Sein' auch beim Eintritt in die Berufswelt treu zu

bleiben vermag (*obwohl man natürlich als Gruftie immer aufpassen muss, kein Wannabe zu sein oder ein Wochenend-Gruftie, das hast du vielleicht schon bei andern Leuten irgendwie gehört, dass das nicht so gern gewollt ist, also man ist dann cool, ich benutz wieder das Wort, wenn man wirklich dazu steht und das auch mitmacht und sagt, das ist so, ich bin so im Moment oder ich bin immer so, keine Ahnung, und nicht nur am Wochenende, wenn ich mal gerade Zeit hab*). Anpassung und Authentizität schließen sich in dieser Perspektive wechselseitig aus und müssen doch in irgendeiner Form zusammengebracht werden. Da Authentizität in hohem Maße am Grad der Anpassung bzw. Nicht-Anpassung festgemacht wird, trotzdem aber das Bedürfnis besteht, sowohl ein ‚normales' Leben als integriertes Gesellschaftsmitglied als auch ein authentisches Szeneleben zu führen, entsteht eine paradoxe Handlungsanforderung, die dadurch bearbeitet wird, dass die Gefahren zu großer Anpassung (das hieße in der Szene als *Wannabe* (vom englischen ‚want to be', was soviel heißt wie ‚Möchtegern') oder *Wochenend-Gruftie* abgestempelt zu werden) bzw. zu großer Nicht-Anpassung (das hieße ‚aus der Gesellschaft herauszufallen', also seinen Beruf verlieren etc.) ständig neu austariert werden müssen. Jedes Szenemitglied muss sich somit in einem Kontinuum, in dem – salopp gesprochen – auf der einen Seite der ‚Hardcore-Gruftie' und auf der anderen Seite der *Wannabe* angesiedelt ist – verorten. Dieses Kontinuum weist jedoch eine widersprüchliche ‚Vorteil-Nachteils'-Konstruktion auf: Je authentischer und kontinuierlicher das ‚Gruftie-Sein' gelebt wird, um so anerkannter ist man in der Szene, aber um so schwieriger ist es, gesellschaftliche Integration zu erreichen und umgekehrt. Faktische Handlungspraxis ist es, dass die meisten Grufties gezwungen sind, bei dieser Gratwanderung einen Kompromiss einzugehen und sich infolgedessen ‚in der Mitte' ansiedeln: Man passt sich der Gesellschaft in Maßen an und versucht gleichzeitig, einen subkulturellen Gestus zu kultivieren, indem man das ‚Gothic-Sein' weitestgehend ins Szeneleben verlagert. Solche Strategien sind etwa das Kaschieren von abrasierten Haaren oder das Entfernen des schwarzen Nagellacks für die Zeit der Berufsausübung.

Interview Dorothee, Passage 23: BELIEBTE BERUFE

Frage: Gibt es einen ähnlichen Lebensstil?

„So grundsätzlich ähneln sie sich schon. Ich mein gut, es kommt halt immer auch auf den Charakter an. Aber du wirst eigentlich schon sehen, wenn du bei mehreren in die Wohnung kommen würdest, dass es doch eigentlich schon alles gleich ausgerichtet ist. Beliebte Berufe, wenn man überhaupt arbeitet, ich hab auch

*festgestellt, in dieser Szene gibt es viele Arbeitslose, beliebte Berufe: Kranken-
schwester, Krankenpfleger, natürlich auch irgendwie Tierarzt oder so, oder
natürlich auch in verrückten Boutiquen, so weit die noch vorhanden sind, zu
arbeiten. In der letzten Zeit kommen mir auch viele IT-ler unter oder was ich so
mitbekommen habe. Aber gerade die sozialen Berufe sehr gern. Wobei der Me-
tal-Bereich, die Death Metaler und Black Metaler, die viel mit den Gothics zusammenhängen, die sind dann doch eher so Schreiner, handwerklich also. Während die Grufts doch schon eher so auf diese ganzen schönen Künste oder halt
Studenten. Sehr viele, viele, viele Studenten."*

Die Frage, ob es einen ähnlichen Lebensstil gibt, wird insofern bejaht, als dass
die Interviewte eine grundsätzliche Ähnlichkeit behauptet. Unterschiede sind für
sie charakterabhängig. Um die Gemeinsamkeiten zu verdeutlichen, führt sie im
Folgenden keine stilistischen oder szenespezifischen Vorlieben oder Ästhetiken
an, sondern wählt als Indikatoren sehr basale Lebensinhalte, nämlich die Wohn-
umwelt und den Beruf. Die Frage nach gemeinsamen Merkmalen des Lebensstils
wird somit nicht auf die jugendkulturelle Sphäre oder die Freizeit begrenzt, sondern umfassender begriffen und auf die allgemeine Lebensumwelt sowie die
Berufssphäre ausgedehnt. Die Wohnungen sind der Interviewten zufolge alle
ähnlich gestaltet, was auf die Übereinstimmung ästhetisch-geschmacklicher
Kriterien innerhalb der Szene verweist. Auch hinsichtlich der Berufswahl sieht
sie grundsätzliche Gemeinsamkeiten: Zunächst attestiert sie der Szene eine hohe
Zahl an Arbeitslosen, wodurch sie der Szene eine Präferenz zuschreibt, gesellschaftlich institutionalisierte Lohnarbeit zunächst umgehen zu wollen (*wenn man
überhaupt arbeitet*). Wenn gearbeitet wird, sind es soziale Berufe (*Kran-
kenschwester, Krankenpfleger, natürlich auch irgendwie Tierarzt oder so*), Berufe die in der eigenen subkulturellen Sphäre angesiedelt sind (*oder natürlich auch
in verrückten Boutiquen, so weit die noch vorhanden sind*) und Berufe in der IT-
Branche (*in der letzten Zeit kommen mir auch viele IT-ler unter*). Des Weiteren
ordnet die Interviewte zwei Subgenres innerhalb der Szene weitere Berufswege
zu: Den ‚Death Metalern' schreibt sie eher handwerkliche Berufe zu und die
‚Grufts' sind eher jene, die studieren und sich zu Kunst und Wissenschaft hingezogen fühlen. Diese Berufssparten bzw. -wege (soziale Berufe, Umgang mit
Menschen und Tieren, Handwerk, neue Medien/Computer, Wissenschaft und
Kunst) korrespondieren mit zentralen Inhalten und Überzeugungen, die in der
Szene immer wieder aufgerufen werden. Soziale Berufe verweisen auf die Bedeutsamkeit von Gesprächen und intensiven Kontakten, das Handwerk auf ar-
chaische, altertümliche, z.T. nostalgische und auch naturverbundene Aspekte, die
neuen Medien auf das Interesse an die Zukunft möglicherweise radikal verän-
dernden Entwicklungen (verbunden hiermit wären Themenkomplexe wie Scien-

ce Fiction, Ufologie, künstliche Intelligenz u.ä.) sowie wissenschaftliche und künstlerische Betätigung schließlich auf die Leitmotive der Tiefsinnigkeit und Kontemplation in der Szene.

Auffällig ist außerdem, dass keine Karriereberufe (z.B. Jurist, Wirtschaftswissenschaftler) aufgeführt werden. Dies könnte mit der starken Trennung von Alltags- und Freizeitleben erklärt werden, wie sie bereits an einigen Ausschnitten dargelegt wurde. D.h., wenn eine Anpassung an die ‚bunte Welt' stattfindet, dann wird ein Beruf gewählt, der möglicherweise Nischen für die eigenen Interessen und Lebensformen bereithält. Die aufgezählten Berufe konvergieren in dem Motiv des ‚Eigenbrötlerischen', des ‚Unangepassten', da man entweder mit Menschen auf einer helfenden Basis oder aber mit Dingen, Maschinen und Theorien zu tun hat und damit keine größere Verpflichtung übernimmt, zu repräsentieren oder in einem karrierezentrierten Kontext zu agieren. Man ist in den von der Interviewten angeführten Berufen ‚sein eigener Herr' und baut sich einen eigenen Kreis auf, wobei man nicht notwendigerweise in einer größeren, gesellschaftlichen Öffentlichkeit bestehen muss – zumindest scheint dies die Einschätzung der Interviewten zu sein.

c) Geschlechterrollen

Interview Jutta, Passage 17: SEHR HETEROSEXUELL GEPRÄGTE SZENE

Frage: Wie würdest du denn das Verhältnis zwischen Mann und Frau in der Szene einschätzen?

„Ansonsten Verhältnis zwischen Mann und Frau, ja es ist eine sehr sehr heterosexuell geprägte Szene eigentlich, weil alles auf hetero aufgebaut ist, was merkwürdigerweise in der Musik gar nicht begründet ist, denn also bei den Künstlern und auch bei den Musikrichtungen gibt's durchaus Sachen, die gerade mit der Auflösung zwischen den Geschlechterrollen spielen, also dass die Männer sich ja schminken und so weiter und so fort. Da würde man sich ja eigentlich denken, dementsprechend zieht das vielleicht auch Leute an, die irgendwie, na ja mit ihrem Geschlecht anders umgehen, aber ist eigentlich nicht der Fall. Lesbisch habe ich ganz selten miterlebt, dass Leute sich da auch geoutet haben oder irgendwie bekannt war okay, das ist die Freundin von der."

Die Interviewte fokussiert eine Diskrepanz zwischen (musik-)stilistischer Selbstinszenierung und den tatsächlichen Handlungspraktiken innerhalb der Szene. Obwohl in der Musik und in der Ästhetik eine Auflösung der Geschlechterrollen angelegt ist, scheint die Szene doch heterosexuell zu agieren. Das durch die Musik, das Outfit und die Ästhetik nahe gelegte, abweichende Verhalten, findet handlungspraktisch kein Korrelat. Vielmehr agieren die Szenemitglieder hinsichtlich des Geschlechtverhältnisses, partnerschaftlicher Beziehungen und Sexualität eher bodenständig, konventionell und vernünftig: Sie entsprechen dem klassischen heterosexuellen Rollenbild.

Interview Jutta, Passage 18: NICHT ANDERS WIE WOANDERS AUCH

Frage: Gibt es eine typische Rollenverteilung in der Szene zwischen Mann und Frau?

„Nicht anders wie woanders auch. Die klassischen Rollen irgendwo, also es natürlich dort auch so, dass eher das Mädel darauf wartet, dass der Typ sie anspricht, jetzt mal beim Anbaggern oder so, ja. Die DJs sind meistens männlich, es gibt wenige Ausnahmen. Was fällt mir dazu noch ein? Also es gibt nichts besonders Auffälliges."

Auch in diesem Ausschnitt hebt die Interviewte die Konventionalität der Szene, was Fragen des Geschlechterverhältnisses betrifft, hervor: Vorherrschend ist ein klassisches Rollenbild – ähnlich dem der ‚Normalgesellschaft'. Veranschaulicht wird dies an zwei Beispielen: Einmal geht die Initiative zur Kontaktaufnahme zwischen den Geschlechtern von den Männer aus und zum anderen werden prestigeträchtige Positionen (z.B. DJs) vorwiegend von Männern besetzt.

Interview Angela, Passage 3: FRAUEN MÜSSEN SCHÖN AUSSEHEN

Frage: Wie würdest du dein Verhältnis zur Szene sehen?

„Auch was mich manchmal tierisch stört, ist dieses Frauenbild, was die da haben, also gerade in der Gothic-Szene die Frauen mit den langen Haaren, die sehen aus wie Prinzessinnen, auch diese Kleider, diese feinen gewebten Kleider, das ist nett, das anzusehen, aber wenn ich mir überlege, was auch für ein Bild dahintersteckt, dieses, die Frauen müssen schön aussehen und die Männer, die sehen teilweise überhaupt nicht rausgeputzt aus, sondern die haben ganz normale schwarze Klamotten an und ihre Frauen sind dann zum Rumzeigen da, wie in anderen Gesellschaften auch, also das stört mich genauso, wie's mich woanders auch stört."

In diesem Ausschnitt beleuchtet die Interviewte das Frauenbild in der Szene kritisch. Sie führt drei Kritikpunkte an: Frauen haben in der Szene bestimmte Kleidungsregeln und -konventionen zu beherzigen (*die Frauen mit den langen Haaren, die sehen aus wie Prinzessinnen, auch diese Kleider, diese feinen gewebten Kleider*), sie müssen schön anzusehen sein (*das ist nett, das anzusehen, aber wenn ich mir überlege, was auch für ein Bild dahintersteckt, dieses, die Frauen müssen schön aussehen*) und sie müssen sich im Gegensatz zu Männern besonders aufwändig inszenieren, da sie ihren jeweiligen Partnern als Vorzeigeobjekt dienen (*die Männer, die sehen teilweise überhaupt nicht rausgeputzt aus, sondern die haben ganz normale schwarze Klamotten an und ihre Frauen sind dann zum Rumzeigen da*). Die Tatsache, dass Frauen häufig zu ästhetischen Objekten degradiert werden, macht – der Interviewten zufolge – auch vor der schwarzen Szene nicht halt. Ihre Kritik verdeutlicht, dass die klassischen Geschlechterrollenbilder der ‚Normalgesellschaft' in der Szene in ästhetisch überformter und überhöhter Prägung reproduziert werden.

Interview Angela, Passage 4: VAMP VERSUS BRAVES FRAUCHEN

Frage: Werden bestimmte Rollenbilder in der Szene bekräftigt?

„*Ja auf alle Fälle, ja. Es ist schon so auch dieses Rollenbild Frau, also, so ein Heimchen ist es nicht, es gibt ja so diese typischen Bilder einerseits der Vamp und andererseits das brave Frauchen, und die versuchen schon, auch so beides zu erfüllen, aber ich mag halt auch keine Kleider tragen, und die tragen dann immer die Kleider sehr figurbetont, und ist ja auch in Ordnung, aber das muss dann so sein, und die müssen sich dann schminken.*"

Das in der Szene existierende, an klassische Vorbilder angelehnte Rollenbild der Frau entspricht der Interviewten zufolge weniger dem Bild der typischen Haufrau (*so ein Heimchen*), sondern ist als eine Mischung aus aufreizenden und devoten Elementen (*einerseits der Vamp und andererseits das brave Frauchen*) zu begreifen. Die Frauen in der Szene sind bestrebt, die so beschriebene Rolle zu erfüllen. Festgemacht wird dies an dem Zwang, sich in besonderer Weise selbst inszenieren zu müssen.

Interview Jan, Passage 11: GRUFTIEBRAUT

Frage: Wie würdest du die Stimmung selbst beschreiben, also für einen Außenstehenden wirkt sie schon sehr traurig?

„Ich fühl mich in den schwarzen Sachen eigentlich am wohlsten, und während ich zuvor, nicht nur meine Frau sondern auch andere Freundinnen ganz normale bunte waren eben, steht's für mich jetzt überhaupt nicht in Frage, wenn ich ne Freundin suche oder suchen müsste, es müsste eine aus der schwarzen Szene sein, von mir ne so genannte Gruftie-Braut, was anderes käme für mich überhaupt nicht in Frage. "

Diese Passage zeigt nicht nur überdeutlich, dass die Partnersuche innerszenisch abläuft (*wenn ich ne Freundin suche oder suchen müsste, es müsste eine aus der schwarzen Szene sein*) und dies – zumindest im Falle des Interviewten – sehr rigide gehandhabt wird (*was anderes käme für mich überhaupt nicht in Frage*), sondern darüber hinaus die Fixiertheit der Szene auf Gleichgesinnte.

Interview Dorothee, Passage 21: BÄUMCHEN-WECHSEL-DICH VERSUS SEHEN UND FINDEN UND BLEIBEN

Frage: Wie siehst Du das Verhältnis zwischen Mann und Frau in der Szene?

„Im Moment, inzwischen, ist es ein Bäumchen-Wechsel-Dich. Da würde ich fast sagen, dass da irgendwie schon jeder mit jedem zusammen war. Ja. Gut, vielleicht weil das so klein ist. Es gab wohl Pärchen früher, die waren zusammen und die waren auch sehr lange zusammen. Die sind teilweise noch jetzt schon zusammen. Aber ich denke mir auch teilweise, die Liebe und das Zusammengehörigkeitsgefühl oder Familiengefühl oder auch das zusammen das hat dir damals die Gruppe gegeben. Da ist jeder mal zu jedem und hat ihn in den Arm genommen und so fort. Und es hat auch mal Krach gegeben, wo sich durcheinander gestritten wurde. Grundsätzlich haben aber, denke ich mal, die Freundschaften damals länger gedauert. Weil das war wirklich so, sehen und finden und bleiben und heute ist es halt wirklich Bäumchen-Wechsel-Dich. Und wenn ich jetzt im Moment da bin, habe ich einfach immer nur das starke Gefühl ich befinde mich im Backstagebereich einer berühmten Rockband. Wobei die meisten Typen zu der Rockband oder den Rowdies gehören und die Mädels Groupies sind. Das ist wirklich so mein Gefühl, dass da so ein Haufen Groupies sind und der andere Teil ist dann halt die Band und die Roadies. Das ist halt das Gefühl,

was mich so zum Teil überfällt. Aber so ne Beziehung, die jetzt so richtig lange gehalten hat oder die jetzt immer noch hält seit ich da drin bin oder die schon so lange zusammen sind, nö. "

Auf die Frage nach dem Verhältnis von Mann und Frau geht die Interviewte nicht auf das Geschlechterverhältnis insgesamt ein, sondern beschränkt ihre Antwort auf intime Paarbeziehungen. Diese werden zunächst in diachroner Perspektive (*inzwischen*; *früher*) miteinander verglichen. Die Szene zeichnete ‚damals' ein gefühlsbetonter, gemeinschaftlicher Zusammenhalt aus (*Liebe*; *Zusammengehörigkeitsgefühl*; *Familienglück*; *da ist jeder mal zu jedem und hat ihn in den Arm genommen*). Liebe und Geborgenheit gab somit nicht nur der Partner, sondern auch die Gruppe. Die Qualitäten einer Paarbeziehung werden auf die Gruppe ausgedehnt, wodurch dieser eine Aufwertung zuteil wird. Freundschaften stellt die Interviewte als intensiv und zeitstabil dar (*grundsätzlich haben aber, denke ich mal, die Freundschaften damals länger gedauert*). Die pathetisch wirkende Formel *sehen und finden und bleiben* verweist auf die Bedeutsamkeit, sich Zeit zu nehmen, Muße und Geduld zu haben sowie treu zu sein.

Orientiert an diesem Idealbild, entwirft sie die typische Paarbeziehung der gegenwärtigen Szene. Sie wird als *Bäumchen-Wechsel-Dich* gekennzeichnet und am Beispiel des Verhältnisses von *Rockbands* und *Groupies* weiter spezifiziert. Die Metapher *Bäumchen-Wechsel-Dich* referiert auf den Umstand, dass in der Szene häufig die Geschlechtspartner gewechselt werden – also eine oberflächliche Freizügigkeit Einzug gehalten hat. Diese Kritik wird mit dem Vergleich des Verhältnisses einer *Rockband* zu ihren *Groupies* weiter ausgebaut (*habe ich einfach immer nur das starke Gefühl ich befinde mich im Backstagebereich einer berühmten Rockband. Wobei die meisten Typen zu der Rockband oder den Roadies gehören und die Mädels Groupies sind*). Die Qualität der Beziehung, die mit diesem Vergleich angesprochen ist, unterscheidet sich in wesentlichen Hinsichten von dem entworfenen Idealbild: Zunächst gestalten sich die Beziehungen oberflächlicher, temporärer und sprunghafter. Darüber hinaus verlaufen sie innerhalb typifizierter Rollenmodelle: Nicht mehr der Mensch als ganze Person ist bedeutsam, sondern seine mehr oder weniger prestigeträchtige Rolle im subkulturellen Kontext steht im Vordergrund. Die weiblichen Szenemitglieder begehren den erfolgreichen Mann (*Rockband*) und das männliche Szenemitglied die ‚vorzeigbare, unterwürfige' Frau (*Groupie*). Des Weiteren kommt hierin ein spezielles Geschlechtsrollenverhältnis zum Ausdruck: Die Männer scheinen in der Szene zu agieren bzw. können sich und ihr Lebensgefühl in der Musik ausdrücken, während die Frauen reagieren und die Männer ‚anhimmeln'. Schließlich spielt dies auf eine spezifische Situations- und Milieu-

spezifik an: Die Szene wird in abwertender Weise als pubertär, albern, profilie-
rungssüchtig und überinszeniert dargestellt.

Zusammenfassend wird den Beziehungen ‚früher' mehr Tiefsinn zugeschrieben, während die heutigen Beziehungen oberflächlich und von kurzer Dauer sind. Wie der vorherige Ausschnitt vermag auch diese Passage zu zeigen, dass
konventionelle Muster des Männer-Frauen-Verhältnisses auch in der schwarzen
Szene virulent sind. Darüber hinaus zeigt die diachron angelegte Kritik der Interviewten die Neigung v.a. älterer Szenemitglieder, sich Zustände der Vergangenheit romantisierend zu vergegenwärtigen.

d) Zusammenfassung

Die zentralen Interaktionspraktiken der Szene vollziehen sich innerhalb einer
Struktur, die sich aus der prinzipiellen Architektonik von Szenen ableitet: So
unterscheiden die Befragten zwischen der Ebene der Teilöffentlichkeit der Szene
und der Ebene der lokalen Gruppen. Die Ebene der Szene konstituiert sich durch
außeralltägliche, sporadische und regelmäßige Treffen (z.B. Events, Festivals,
Clubs), während innerhalb der lokalen Gruppen ‚flankierende' und eher gruppen-
und regionalspezifische Aktivitäten (z.B. in den privaten Cliquen bei Privatpar-
tys oder dem Besuch eines Cafés) stattfinden. Die Szene stellt dabei die übergreifende Gemeinschaftsidee und Sinnfigur (der Zugehörigkeitsschlüssel und das
Vergemeinschaftungsprinzip ist hier szenespezifisches Aussehen und Wissen)
dar, über die die lokalen Gruppen entstehen und auf die zurückgegriffen wird,
wenn es darum geht, Gruppenaktivitäten gothic-spezifisch auszurichten. Die
Szene stiftet folglich einen überregionalen bzw. sogar internationalen Sinnzusammenhang, der die Kommunikation spezifiziert und damit ein spezialisiertes
Kontaktnetzwerk zur Verfügung stellt, auf dessen Basis sich die lokalen Gruppen
reproduzieren. Auf der anderen Seite stellen die Kleingruppen jene Interaktions-
ebene dar, in der die eigentliche Vergemeinschaftungsleistung (etwa ‚Freunde
treffen' und ‚weggehen') erbracht wird, mithin die Voraussetzung dafür geschaffen wird, dass sich die Szene als Gemeinschaft verstehen kann: Diese spezifische
Funktion kann nur die Sozialform der Kleingruppe und nicht die der Szene erfüllen. Somit herrscht ein wechselseitiges Abhängigkeitsverhältnis zwischen Szene
und Gruppe: Während die Szene den Rahmen zur Verfügung stellt und damit
Identifikationsmöglichkeiten schafft, fällt den Kleingruppen die Aufgabe zu,
diesen Rahmen durch lebensweltliche Interaktionen kontinuierlich zu füllen und
damit an die je spezifischen Alltagswelten der Szenemitglieder zurückzubinden.
Gleichzeitig fungieren die lokalen Kleingruppen als Vermittlungsinstanz zwischen der Szene und der Alltagswelt der ‚normalen' Gesellschaft (s.u.).

Die in den Interviews immer wieder hervorgehobenen und in spezifischer Weise gestalteten Treffen Gleichgesinnter können als zentrale und viele Einzelaktivitäten integrierende Interaktionspraxis angesehen werden, auf die es vornehmlich zurückzuführen ist, dass ‚die Schwarzen' ihre Szene als eigenständigen Kosmos begreifen. Innerhalb dieses ‚Kosmos' kommt dem Feiern (dabei kann es sich um ‚schwarze Partys', öffentliche Clubs oder einmalige Events handeln) und dem damit einhergehenden ‚festlichen' Kleiden eine zentrale Bedeutsamkeit zu: Es stellt für die Szenemitglieder die Möglichkeit dar, die Zumutungen des Alltagslebens nicht nur zu kompensieren, sondern sich durch die Herstellung einer spezifischen und exklusiven Außeralltäglichkeit, die regelmäßig gepflegt und zelebriert wird, einen dauerhaften und repressionsarmen Freiraum zu schaffen, in dem alternative Handlungs-, Erlebnis- und Identifikationsoptionen existieren, die innerhalb einer gemeinschaftlich gestalteten Sozialform eigenständige und u.U. oppositionelle Werthaltigkeit entfalten. Diese Optionen sind an den Sinnzusammenhang der Szene geknüpft, welcher sich wiederum aus den typischen Handlungspraktiken und Werthaltungen der Szene speist.

In den Interviews wird deutlich der Wertbezug und die Exklusivität ‚schwarzer' Interessen und Handlungspraktiken hervorgehoben. Hierzu zählt etwa das Hören einer bestimmten und sorgsam ausgewählten Musik(-stil-richtung), das Rezipieren von Hochkultur (z.B. klassische Literatur und Musik, Lyrik, Kunst etc.), die Beschäftigung und Auseinandersetzung mit Themenbereichen klassischer Bildung (Geschichte, Architektur, Kunst, Philosophie, Religion), das besondere Interesse an tabuisierten Themenbereichen (etwa Tod oder als sexuell abweichend stigmatisierte Neigungen) und transzendenten Fragen, die eigene Her- oder Zusammenstellung von Schmuck und Kleidung und die damit einhergehende tiefe und subtile Ausdifferenzierung alltagsästhetischer Schemata, der bewusste, sinnliche und naturbezogene Genuss (etwa Rotwein trinken, spazieren gehen), das Aufsuchen randständiger Orte zur Kontemplation (etwa Friedhöfe, verlassene Fabrikruinen etc.), die intensive Suche und Pflege zwischenmenschlicher Kontakte und – damit zusammenhängend – der hohe Stellenwert des Gesprächs oder die zentrale Bedeutung sinnlich-ganzheitlicher Erfahrungen (etwa tanzen, Musik hören, einen Ort zu ‚spüren', in eine Atmosphäre ‚einzutauchen', ein ästhetisch konsistentes Umfeld zu erleben etc.). All diese Tätigkeiten und Interessen erfordern einen spezifischen Wissensvorrat, so dass szenetypische Aktivitäten immer auch als Zeichen ausagierter Kompetenz begriffen werden können, die szeneintern als Hierarchisierungsprinzip und szeneextern als Distinktionsprinzip und damit als Inklusions- resp. Exklusionsschlüssel fungieren.

Darüber hinaus sind diese typischen Handlungspraktiken idealiter an zwei Fixpunkten orientiert: Zunächst erwecken viele Handlungsbeschreibungen in den Interviews den Eindruck, am Ideal einer ‚eingeschworenen Gemeinschaft' ausge-

richtet zu sein bzw. eine solche normativ einzuklagen. Im Hintergrund steht der
für die Szenemitglieder so zentrale gemeinschaftliche Weltentwurf. Darüber
hinaus wird häufig betont, dass die überwiegende Mehrheit der Aktivitäten in der
Szene weit weniger aus instrumentellen oder zweckrationalen Gründen bzw.
distinktionsstrategischen Motiven (d.h. aus Gründen gegenkulturellen Abgrenzung) als vielmehr aus einem Selbstzweck heraus erfolgen. Häufig wird ihnen in
diesem Zusammenhang ein kontemplativer Charakter zugeschrieben. Beides –
die Gemeinschafts- und Selbstzweck-orientierung – ist Resultat einer tiefen Abneigung gegenüber der ‚Normalgesellschaft' und Ausgangspunkt einer Abgrenzung und eines Rückzugs in selbst gestaltete Sphären. Die Szene verortet sich
somit selbst im Spannungsfeld von kompensatorischer und damit gesell-
schaftsstabilisierender Funktion einerseits (Auffangbecken für Enttäuschte und
Alleingelassene, Revitalisierung für den frustrierenden Alltag) und echter Alternative mit widerständigem Potenzial andererseits.

Der zentrale Stellenwert, der der bewussten Wahrnehmung der Umgebung
zukommt, sowie die Orientierung an Gemeinschaftsidealen prägen die Aktivi-
tätsstruktur der Szene und drücken sich in den Unternehmungen innerhalb lo-
kaler Gruppierungen aus: Ausflüge zu historischen Stätten (Burgen, Schlösser),
Besuche hochkultureller Einrichtungen (etwa Kunstmuseen) oder tabuisierter
Orte (etwa Friedhöfe), gemeinsame Besuche aufwändig gestalteter Konzerte,
Festivals und Events, der Rückzug in die Natur. Immer wieder betont wird dabei
die hohe Kommunikations- und Gesprächsbereitschaft der einzelnen Szenemit-
glieder. Selbst an Orten, die üblicherweise Unterhaltungen eher verhindern (z.B.
Clubs mit lauter Musik), werden intensive und tiefsinnige Gespräche geführt.
Dabei ist die Szene offen und tolerant für jegliche Themen – auch gesellschaftliche Tabuthemen. Ein wichtiges, gemeinschafts-konstituierendes Thema ist der
Tod. Aber nicht nur in Gesprächen öffnet man sich gesellschaftlichen Tabuthemen, sondern auch in Handlungspraktiken. In den Interviews beschreiben die
Szenemitglieder sich als äußerst experimentierfreudig (z.B. im sexuellen Bereiche). Als Hintergrund und Vergleichsfolie dient dabei die ‚Normalgesellschaft',
der unterstellt wird, dass Bedürfnisse unterdrückt bzw. tabuisiert werden. Unzufriedenheit mit gesellschaftlichen Zuständen und die damit einhergehende Deprivation eigener Bedürfnisse drückt sich jedoch nicht in Form lauten Protests
aus, sondern wird meist in Form von Ignoranz geäußert.

Die häufige Betonung der Altersspezifität der Szeneaktivitäten in den Interviews – d.h. die Zuschreibung ‚reiferer' Aktivitäten (wie ‚hochkulturelle' Tätigkeiten und eine bewusstere Wahrnehmung der Umgebung) an die ältere Gothic-
Generation resp. die Zuschreibung ‚pubertärerer' Aktivitäten (wie die Beschäftigung mit Musik, Mode und Schmuck sowie das Spielen mit Okkultem) an die
jüngere Gothic-Generation – veranschaulicht den reflexiven Bezug auf die eige-

ne Szenesozialisation bzw. zeigt die Orientierung an einem szene-sozialisatorischen Prozess. Diese Vorstellung einer szenespezifischen (Höher-) Entwicklung, die sich über eine zunächst an Äußerlichkeiten (Mode, Schmuck) und Übertypifiziertem (okkulten Praktiken) orientierte Haltung hin zu einem an Innerlichkeiten orientierten Habitus vollzieht, schafft die Grundlage für eine szeneinterne Werthierarchie von Handlungspraktiken und fungiert gleichzeitig als Kriterium für Authentizitätszuschreibungen im Zusammenhang intraszenischer Abgrenzungen.

Ein weiteres zentrales Thema hinsichtlich der Verortung und Bewertung von Handlungspraktiken in der Szene stellt das Verhältnis von Szeneleben und Alltag dar. Das Szeneleben gewinnt zunächst dadurch Kontur, dass es als Sphäre der Außeralltäglichkeit dem Alltag diametral entgegengestellt wird, erhält dabei jedoch nicht den Status von etwas Entgegensetztem oder Oppositionellem, sondern den des Separierten bzw. Parallelen. Obwohl die Szenemitglieder nicht gegenkulturell agieren, sondern gewissermaßen zwei Leben führen, kommt es dennoch zu Diskrepanzen und Brüchen im Übergang zwischen Alltags- und Szeneleben.

Der Alltag steht für das ‚normale Leben', das aus Aktivitäten besteht, die ein Leben als vollwertiges Gesellschaftsmitglied ermöglichen (also etwa den Beruf), während das Szeneleben als Ausgleichsinstanz gegenüber dem Alltagsleben begriffen wird. Die Szene schafft Frei- bzw. Spielräume, in denen man sich von den Zumutungen des Alltagslebens erholen (Kompensation) oder sogar temporär anders leben kann. In den Selbstauskünften der Interviewten wird mit dem ‚Gothic-Sein' und den damit verbundenen Handlungspraktiken primär das Ziel verbunden, unbefriedigte Bedürfnisse zu stillen bzw. Enttäuschungen abzufedern, die innerhalb der ‚Normalgesellschaft' keine Beachtung erfahren bzw. durch diese provoziert werden.

Der Übergang vom Szeneleben ins Alltagsleben und umgekehrt verläuft dennoch nicht bruch- und reibungslos. Je nach Grad der persönlichen Involviertheit in die Szene besteht die Tendenz, das Szeneleben in den Alltag hineinzutragen – meist fungiert dies auch als Indikator für Authentizität. Die Verschränkung von Szeneleben und Alltag bedeutet für die meisten Gothics eine Gratwanderung, die einerseits darin besteht, soviel ihres ‚Gothic-Seins' in den Alltag hinein zu tragen, dass dadurch keine weitreichenden negativen Konsequenzen entstehen bzw. andererseits – diesmal aus der Perspektive der Szene betrachtet – sich eben soviel ihres ‚Gothic-Seins' – auch im Alltag – zu bewahren, dass sie in der Szenegemeinschaft als authentische Mitglieder bestehen können. So ist es eine typische Handlungspraxis in der schwarzen Szene, subtiltemporäre aber auch weitreichendere Strategien zu entwickeln und seine Szeneanhängerschaft mit einem ‚normalen' gesellschaftlichen Status in Einklang zu bringen (das können kurzfristige, das Äußere betreffende Veränderungen sein, aber auch die Entscheidung für einen bestimmten Beruf).

Obwohl in der Musik und in der Ästhetik eine Auflösung der Geschlechterrollen angelegt scheint, agiert die Szene doch durchweg heterosexuell. Viele Interviewte betonen das Vorherrschen eines klassischen Rollenverständnisses in der Szene.

Auch die Rollenverteilung wird als analog zur ‚Normalgesellschaft' beschrieben: Männliche Szenemitglieder übernehmen den aktiveren Part und sie haben eher die Möglichkeit, sich und ihr Lebensgefühl künstlerisch ausdrücken (z.B. als DJ oder Bandmitglied), während die Frauen als eher reaktiv agierend dargestellt werden und zu den Männern ‚aufschauen'. Bemerkenswert ist, dass trotz einer teilweisen Pornographisierung des Stils (gerade bei den Subszenen, in denen viel Lack und Leder getragen wird) keine unangenehme Sexualisierung der Atmosphäre bzw. keine ‚übergriffige' Stimmung entsteht.

3.2.5 Distinktion

In den Interviews mit den Szeneexperten lassen sich verschiedene Formen der Abgrenzung unterscheiden. Mittel der sozialen Abgrenzung sind vor allem (musik-)stilistische und ästhetische Praktiken, spezifische Wertvorstellungen und Interaktionspraktiken. Daraus entsteht ein sehr differenziertes – sowohl horizontal als auch vertikal gestaffeltes – Distinktionssystem. Abgrenzung ist jedoch nicht gleich Abgrenzung. In den folgenden Analyseausschnitten wird daher zwischen a) der Abgrenzung gegenüber der ‚Normalgesellschaft', b) der interszenischen Abgrenzung (zu anderen Jugendkulturen) und der intraszenischen Abgrenzung (innerhalb der schwarzen Szene) unterschieden. Hinsichtlich der intraszenischen Abgrenzung wird zusätzlich zwischen c) horizontaler und d) vertikaler Distinktion unterschieden. Die horizontale intraszenische Abgrenzung bezieht sich auf die Besonderheiten der einzelnen Subszenen, die sich v.a. entlang der unterschiedlichen Musikstile differenzieren. Unter vertikaler intraszenischer Abgrenzung wird eine Hierarchisierung je nach zugeschriebenem Grad an Authentizität verstanden. Wie andere stil- und musikbasierte Jugendkulturen auch, produziert die schwarze Szene hierarchische Strukturen anhand der Unterscheidung von ‚authentischen' versus ‚nicht-authentischen' Szenemitgliedern und/oder Subgruppen, die sich in gängigen Distinktionsformeln wie ‚Subkultur', ‚Avantgarde' und ‚Underground' einerseits vs. ‚Mainstream' und ‚Massengeschmack' andererseits niederschlagen. Insbesondere die Kommerzialisierung und die damit einhergehende massenhafte Distribution subkultureller Güter hat eine Nivellierung des distinktiven Potenzials der Szene zur Folge und bewirkt auf

diese Weise erneute Absetzungsbewegungen. Vertikale intraszenische Abgren-
zungsbemühungen auf der Basis von Authentizitätszuschreibungen werden häufig an der Art und Weise des Arrangements unterschiedlicher Lebenssphären
(v.a. Szeneöffentlichkeit und Alltag) festgemacht.

a) Abgrenzung zur ‚Normalgesellschaft'

*Interview Manfred, Passage 39: DIE VERSCHLIEßEN NICHT DIE AUGEN/
DIE ERSTE JUGENDKULTUR, DIE NICHT HOMOGEN IST*

Frage: Gibt es noch etwas, was Du meinst, was wichtig ist?

*„Ein zentraler Punkt ist diese stilistische, kulturelle, ideologische Vielfalt. Wirk-
lich diese Vielfalt, die dort existiert und die sich für mich, weil Musik mein zentraler Angriffspunkt ist, in dieser Szene in der Musik widerspiegelt. Genau das ist
es mir wert. Ich sage mir, wenn ich Musik mit Inhalt will, dann in dieser Szene.
Denn ein Grundtenor, der sich durch die Musik der schwarzen Szene zieht, in
welcher stilistischen Ebene sie sich bewegen, weil ich den mag, den hab ich
irgendwann mal gefressen, der ist in mir drin, keine Ahnung, ich kann es nicht
sagen, ich weiß nicht mal, was es ist. So 'ne Grundstimmung, die taucht für mich
in all den Musiken auf. Und das existiert einfach in dieser Szene. Ein kultureller
Kosmos, ein musikalischer Kosmos. Und das wir nicht das eine oder das andere
sind, sondern das wir ganz ganz vieles sind. Vielleicht ist es die erste Jugendkultur, die nicht homogen ist in Einstellungen, Bildern und Glaubensrichtungen und
Zielen. Sondern sie ist eben sehr vielfältig. Punkt. Und sie verschließt nicht die
Augen vor irgendwelchen schrecklichen Dingen und es werden bestimmt viele
Eltern erschrecken über die Inhalte in den Musiken, in den Texten, die in dieser
Szene existent sind, aber es sind die Dinge, die jeden Tag im Leben geschehen.
Tod und Teufel, Menschenverachtung, Tierquälerei und alles Mögliche. Eine
ganz beliebte Thematik unter schwarzen elektronischen Bands sind Tierversuche,
wie Sektion, Versuche an lebenden Tieren, taucht bei jeder zweiten Elektro-
Industrial-Band auf. Ich denke, dass ist nichts, was man zu verurteilen hätte. Die
verschließen nicht die Augen vor schmerzhaften, vor komplizierten Thematiken
und haben trotzdem ein Gefühl für schöne Dinge. Aber sie tabuisieren nichts,
nichts in Richtung Sexualität, nichts in Richtung Religiosität, nichts in Richtung
Ideologie, es gibt keine Tabus für die schwarze Szene, außer irgendetwas was
hohl, sinnlos, oberflächlich ist. Oberflächlichkeit ist ein Tabu in der schwarzen
Szene. Aber ich denke, dass ist kein Nachteil."*

In diesem Ausschnitt grenzt der Interviewte die schwarze Szene auf der einen Seite von der ‚Normalgesellschaft' und auf der anderen Seite gegen andere Jugendkulturen (interszenische Distinktion) ab.

Die Abgrenzung zur ‚Normalgesellschaft' basiert allgemein zunächst darauf, dass der Interviewte für die schwarze Szene den Status einer eigenständigen (Teil-)Welt reklamiert (ein kultureller Kosmos, ein musikalischer Kosmos), in der eine Enttabuisierung von gesellschaftlich tabuisierten Themen stattfindet. Insbesondere die Charakterisierung der Szene als Kosmos veranschaulicht die umfassende Trennung, die der Interviewte zwischen seiner Szene und der restlichen Welt vornimmt. Diesen Kosmos qualifiziert er – in Abgrenzung zur ‚Normalgesellschaft' – als mit Inhalt aufgeladen, was sich insbesondere an der Musik offenbart (ich sage mir, wenn ich Musik mit Inhalt will, dann in dieser Szene). ‚Inhalt' ist in diesem Zusammenhang als werthaltige Kategorie zu begreifen, die Qualitäten wie ‚anspruchs- bzw. bedeutungsvoll', ‚hochwertig' und ‚substanziell' konnotiert, weswegen im Umkehrschluss die Hervorbringungen der ‚Normalgesellschaft' als vergleichsweise leer und bedeutungslos abgewertet werden. Hierin spiegelt sich eine elitäre Grundhaltung, die dazu führt, sich ‚über' oder zumindest ‚jenseits' der normalen Gesellschaft zu wähnen. ‚Inhalt' kann als Strukturmerkmal begriffen werden, das sich die schwarze Szene selbst zuschreibt und das sie angesichts ihres Niveaus gegen den ‚Rest der Welt' verbündet.

Wird die Bezeichnung ‚Inhalt' nun aber als Strukturbegriff verwendet, stellt sich die Frage, was unter dem ‚Inhalt des Inhalts' verstanden wird. Wie in mehreren Interviews deutlich wurde, haben die Szenemitglieder Schwierigkeiten, dies zu konkretisieren. Auch in diesem Fall besteht der Versuch einer Konkretisierung in der Metakommunikation ebensolcher Schwierigkeiten (ich kann es nicht sagen, ich weiß nicht mal, was es ist). Dass es sich dabei durchaus nicht um eine Verweigerungshaltung, eine Formulierungsunfähigkeit o.ä. aufseiten der Interviewten handelt, sondern um einen Ausdruck dahinter liegender Werthaltungen und Überzeugungen bezüglich der Verfasstheit der Szene, zeigen die weiteren Ausführungen des Interviewten. Festgehalten wissen will der Interviewte jedoch, dass die schwarze Szene eine spezifische Gestimmtheit eint, die der Artikulation zunächst entzogen ist, jedoch für denjenigen fühlbar wird, der lebensweltlich in die Szene eingebunden ist. Der Inhalt wird somit auf einer nicht artikulierbaren Gefühlsebene angesiedelt. Rationalisierungs- und Definitions-, d.h. hier auch Vereinnahmungsversuchen vonseiten der Wissenschaft entzieht man sich auf diese Weise. Mit der Bezugnahme auf einen konjunktiven Erfahrungsraum (und das existiert einfach in dieser Szene), in dem sich gewissermaßen seelenverwandte Menschen begegnen, die ihre Gleichgestimmtheit nicht artikulieren müssen, sondern via Gefühl Zusammengehörigkeit empfinden, grenzt sich die Szene in massiver Weise gegen den Rest der Gesellschaft ab.

Worin diese Gemeinsamkeiten konkret bestehen können, veranschaulicht der Interviewte in seinen folgenden Äußerungen: Die Umschreibungen (die verschließen nicht die Augen vor schmerzhaften, vor komplizierten Thematiken, sie tabuisieren nichts) legen im Umkehrschluss nahe, dass die Gesellschaft eben brisante Themen verdrängt und tabuisiert. Tabus fungieren innerhalb von Gesellschaften als Schutzfunktionen, die in Form von Ritualen zwischen den Gesellschaftsmitgliedern und furchterregenden, schmerzhaften und unbegreiflichen Dingen vermitteln, so dass sie erträglich und u.U. verständlich werden. Die Szene charakterisiert sich häufig als tabulos, womit sie sich absichtlich und schutzlos – ohne jegliche Kanalisation – schrecklichen Ereignissen zu stellen glaubt (z.B. Tierversuche, Tod und Teufel). Die normale Gesellschaft hält sie hingegen für bigott, da sie an der angeblich heilen Welt festhält. Die Szene selbst sieht sich somit als eine Instanz, die die heile Welt zerstört, da sie die Themen behandelt, die dieser Welt entgegenstehen. Und diese Entlarvung und Offenlegung der Tabus ist nicht zu verurteilen (aber ich denke, dass ist kein Nachteil), vielmehr geht man hier offen und ehrlich mit sich und der Welt um. Damit grenzt die Szene sich von der ‚Normalgesellschaft' ab. Diese Distinktion erfährt im Folgenden noch eine Verstärkung, indem sie durch eine Gegentabuisierung ‚getoppt' wird (Oberflächlichkeit ist ein Tabu in der schwarzen Szene). Es findet somit eine Neudefinition des Tabus statt: Es wird das enttabuisiert, was gesellschaftlich tabuisiert ist und das, was gesellschaftlich nicht tabuisiert ist, erfährt eine Tabuisierung.

Interszenische Abgrenzung erfolgt darüber hinaus durch die Betonung der inneren Vielfalt der schwarzen Szene (vielleicht ist es die erste Jugendkultur, die nicht homogen ist in Einstellungen, Bildern und Glaubensrichtungen und Zielen).

Interview Manfred, Passage 29: ICH BIN GRUFT, DAS IST SCHNELL REPARABEL

Frage: Gibt es noch andere Motivationen in die Szene zu gehen?

„Ja, natürlich! Einfach eine Protestmotivation. Das spielt schon eine Rolle, sich gegen diese Fun-Kultur zu stellen, gegen das, was im Moment üblich ist und einfach zu zeigen, dass man versucht, ernsthafter, nachdenklicher zu sein. Und nicht mit dieser Welle mitschwimmt. Das ist natürlich etwas Schockierendes, ein gutes Thema, ein gutes Feld. Punk zu sein, ist ein bisschen schwieriger."

Frage: Wie meinst Du, schwieriger?

„Das ist extremer. Bevor ich sagen kann: ich lebe wie ein Punk, muss ich schon mehr gesellschaftliche Regeln über Bord werfen, als wenn ich sage: ich bin Gruft, das ist schnell reparabel und nicht ganz so anstößig. "

In diesem Ausschnitt verortet der Interviewte das ‚Gruftie-Sein', indem er zunächst auf eine allgemeine Differenz zur ‚Normalgesellschaft' verweist , um dann auf der Basis einer interszenischen Abgrenzung zur Punkszene spezifische Merkmale der eigenen Szene herauszustellen. Die Abgrenzung gegenüber der ‚Normalgesellschaft' beruht auf einer unspezifischen Protestmotivation. Protest heißt eigentlich, dass man zumindest eine oppositionelle Meinung in die Öffentlichkeit trägt. Protest in der schwarzen Szene nimmt jedoch eine modifizierte Form an, denn er besteht eher darin, dass man sich bestimmten, gesellschaftlichen Entwicklungen verweigert und durch seinen Lebensstil auf alternative Formen verweist (sich gegen diese Fun-Kultur zu stellen, gegen das, was im Moment üblich ist und einfach zu zeigen, dass man versucht, ernsthafter, nachdenklicher zu sein. Und nicht mit dieser Welle mitschwimmt). Unangepasstheit und ein diffuses ‚Dagegen-Sein' sind dabei leitmotivisch für eine allgemeine jugendkulturelle Protesthaltung (etwas Schockierendes, ein gutes Thema, ein gutes Feld). Um den spezifischen Protest innerhalb der Gothic-Szene nun klarer zu verorten, wird ein Vergleich mit der Punk-Szene gezogen. Der Interviewte schätzt das Punk-Sein als mit größeren Widerständen verbunden ein (Punk zu sein, ist ein bisschen schwieriger), da der Punk sich in massiverer und weitergehender Form gegen die ‚Normalgesellschaft' stellt (bevor ich sagen kann: ich lebe wie ein Punk, muss ich schon mehr gesellschaftliche Regeln über Bord werfen). Punks betreiben damit eine weitaus intensivere und damit auch risikoreichere Abgrenzung, weswegen der Interviewte das Gruft-Sein als weniger problematisch für eine Rückkehr in die Gesellschaft ansieht und damit als weniger abweichend, unaufwändiger und angepasster qualifiziert (ich bin Gruft, das ist schnell reparabel und nicht ganz so anstößig). Die Formulierung ‚reparabel' impliziert Schädigungen von Personen, die dadurch hervorgerufen werden, dass von allgemein anerkannten Normen und Werten abweichende Personen gesellschaftliche Konsequenzen zu spüren bekommen. Diese Schäden differieren jedoch hinsichtlich Stärke und Umfang, so dass offenbar Schäden, die irreparabel und solche die reparabel sind, existieren. Versucht man diese technische Metapher in einen sozialen Zusammenhang zu übertragen, so bedeutet die Zustandsbeschreibung ‚reparabel' ‚im Sinne der Gesellschaft funktional' und damit ‚integriert' oder zumindest ‚reintegrationsfähig'. Deutlich wird hieran das große Interesse der Szenemitglieder, trotz ihrer Eingebundenheit in eine als abweichend stigmatisierte Szene den Status eines mehr oder weniger integrierten Gesellschaftsmitgliedes nicht einzubüßen, um nach u.U. extremer, subkultureller

Karriere wieder in die ‚Normalgesellschaft' zurückkehren zu können (sie halten sich gewissermaßen ein ‚Hintertürchen' offen), wenn sie nicht sowieso zwei parallele, miteinander einigermaßen zu vereinbarende Leben führen. Im Gegensatz zu den Punks leben die Gothics also in wesentlich geringerem Ausmaß ihre Protesthaltung, was dazu führt, dass sie notorisch zwischen Anpassung und Abweichung lavieren müssen. Dies schlägt sich in den Biographien nieder, die die gesellschaftliche Integration der Grufties – gerade im Vergleich zur Punkszene – offenbaren: Viele schwarze Szenemitglieder haben einen höheren Bildungsweg eingeschlagen, arbeiten in ‚besseren' Berufen und haben Eigentum erworben (Wohnung, Auto, etc.).

Interview Jan, Passage 21: EHER SO NE ANREICHERUNG

Frage: Was sind denn dann so diese Zugangsregeln?

„Es ist ja keine Regel, an die man sich halten kann, welchen Tanzstil einer hat, du kannst nicht sagen, Zugangsregel ist, dass der hier so und so tanzt, das geht gar nicht. Es ist nur, gerade was den Tanzstil betrifft, eher so eine Anreicherung. Meine Hexe hat vor kurzem gelacht und hat gesagt, den hat sie in Batschkapp oder im Sinkkasten zuletzt gesehen, und da tanzte der auch so und passte nicht hin, und hier passt er jetzt hin. Sie war zuvor auch im Sinkkasten, war ziemlich unglücklich, also bevor sie das Nachtleben kannte, und die Leute tanzen dort so, wie sie's nicht mag. Also wie es nicht typisch ist für die Schwarzen, und einer war dort, der tanzte so ganz ausgelassen, so ganz elegisch, ganz merkwürdig, wie man sagen würde, und als sie den im Nachtleben sah, wo er mit seinem Tanzstil wirklich gut reinpasste, da hat sie eben gelacht und hat gesagt, es wurde Zeit, der passt dort nicht hin, aber hierher passt er. Also es sind keine Regel, die den Leuten auferlegt wird, sondern vielmehr so, dass die Leute, die so sind, irgendwann stoßen die drauf, aha, dort ist das, dort bin ich unter meinesgleichen in dieser Hinsicht, und dort fühl ich mich wohl, dort errege ich kein Aufsehen, dort werde ich nicht belächelt, und so kommt es zu dieser Anreicherung an individuellen Tanzstilen. Es gibt formal überhaupt keine Regeln, es werden auch wirklich Leute in Blue Jeans und kariertem Hemd da reingelassen, aber es fällt aus diesem sichtbaren, aus dem wahrnehmbaren Rahmen raus und ist unangenehm. Aber ich glaube, es gibt keine besonderen Regeln, schon gar nicht, die irgendwo formuliert oder niedergeschrieben wären. Aber es ist wie in anderen Lebensbereichen auch, jemand, der völlig aus dem Rahmen fällt, der fällt eben aus dem Rahmen und wirkt gegebenenfalls störend."

Frage: Gibt man sich denn mit so Leuten ab, die da so stören?

„Nein. Die bleiben isoliert, die kommen auch rein und kennen niemanden mit einer gewissen Folgerichtigkeit und die bleiben auch isoliert, nicht unbedingt, dass sie aktiv isoliert werden, also wenn ein beliebiger, ein Schwarzer, der niemanden kennt dort reinkommt und keinen Kontakt sucht, der spricht auch den ganzen Abend mit sonst keinem, aber bei den Bunten würde ich vor allem sagen, also die in dieser Weise bunt sind, die bleiben das dann auch. Und ich selber wäre denen gegenüber doch ein bisschen voreingenommen. Das gilt jetzt nicht für alle, ich will nicht sagen, jemand, der nicht schwarz gekleidet ist, mit dem unterhalte ich mich nicht auf keinen Fall, und ich kenne gerade im Nachtleben manche Leute, beispielsweise so einen Exzentriker, das mein ich jetzt nicht schlecht, der sich offenbar weigert, in Schwarz zu kommen. Der hat immer ein erbsgrünes T-Shirt an, und ich hab aber das Gefühl, irgendwie er gehört dazu, er passt dort drein. Ich kenn ihn inzwischen auch, ich kenn ihn auch beim Namen, ich begrüße ihn, das ist was andres."

Frage: Du meintest ja vorhin, dass eigentlich man ganz normales Verhältnis zu den Normalos hat?

„Ein normales Verhältnis an normalen Orten, aber an diesen Treffpunkten der Dunkelseite, dort will man sie nicht sehen, und vor allem ich, dort sind sie mir wirklich zuwider. Ich werde da wirklich ärgerlich. So einer stört mich, gerade auf der Tanzfläche, dann tanz ich so, dass ich den nicht sehen muss. Ich weiß, dass es anderen auch so geht. Die stören im Bild, weil den Vergleich mit Bildern in Leipzig, was ich ja fotografiert hab, beispielsweise das Bild von der Straße, man sieht's schlecht jetzt, das sind alte Häuser, ist eine Pflasterstraße, eine Pfütze, alte Kohlehänger, würde jetzt ein einziges modernes Fahrzeug hier im Vordergrund stehen, das würde den Bildeindruck wirklich stören. Oder hier an diesem Bild, diesen Fenstern, wäre hier noch eine Satellitenschüssel, das würde einfach stören. Und in dieser Weise stören mich die Leute dort auf so 'ner Party, die passen nicht in diese Kulisse hinein, und die Kulisse ist aber wichtig, um so ein gewisses Flair aufzubauen, das Wort Feeling gefällt mir nicht ganz. Und deshalb stört es mich, wenn die dort auftauchen. Es ist ein störender Anblick, also inmitten wirklich schön gekleideter schwarz gewandeter Menschen plötzlich so ein Typ im karierten Hemd, der auch noch so tumb nur von einer Seite auf die andere taumelt und möglichst noch ein Bierglas und 'ne Zigarettenkippe in der Hand hat, ich finde das sehr störend, andere finden das auch störend. Also mit der Vorstellung bin ich offenbar nicht isoliert."

Zu Beginn der Passage setzt sich der Interviewte mit der Frage nach dem Status von Regeln in der Szene auseinander. Regeln im engeren Sinne, also niederge-schriebene oder kanonisierte, gibt es dem Interviewten zufolge zwar nicht (es gibt formal überhaupt keine Regeln). Allerdings scheint es eine Art Verhaltens-codex zu geben, der als Anreicherung umschrieben wird. Hierunter versteht der Interviewte einen Prozess der sukzessiven wechselseitigen Entdeckung und schließlich des gemeinsamen Ausdrucks von Gleichgesinnt- und Gestimmtheit. Er verdeutlicht diese Idee am Beispiel einer Person, die ,das Schwarze' zwar bereits in sich hatte, es jedoch noch entdecken musste. An dieser Geschichte wird deutlich, dass der Interviewte Regeln in der Szene als etwas begreift, das für die Szenemitglieder nichts Äußerlich-Zwanghaftes darstellt, sondern gewis-sermaßen selbst gestaltete ,Anreicherung' der eigenen Innerlichkeit ist. Die schwarze Szene stellt für den Interviewten also eine Sozialform dar, die zwar Regeln unterliegt, diese jedoch durch ihre Mitglieder selbst entwickelt und nie-manden dazu zwingt, sie zu befolgen resp. die in vollem Umfang auf Freiwillig-keit beruht. Diese idealisierende Sichtweise einer vollkommenen Deckungs-gleichheit von Individuum und Gesellschaft (Szene) sowie einer daraus resultie-renden, reibungslosen Sozialintegration relativiert der Interviewte allerdings, indem er einräumt, dass Leute, die sich nicht an bestimmte Vorgaben halten, eben doch als abweichend erlebt werden und dies durch die Gemeinschaft zu spüren bekommen (aber es ist wie in anderen Lebensbereichen auch, jemand, der völlig aus dem Rahmen fällt, der fällt eben aus dem Rahmen und wirkt ge-gebenenfalls störend). In dieser Perspektive offenbart sich die typische Innen-sicht eines voll integrierten Szenemitglieds, das sich nie als gezwungen oder manipuliert, sondern immer als autonom Handelnder betrachten wird. Regeln erscheinen dann nicht als äußerer Zwang einer dem Individuum als ,feindliche' objektive Außenwelt gegenübertretenden Entität, sondern als freiwillige, innere Hervorbringung, die als sukzessive Selbstverwirklichung (Anreicherung) erlebt wird. Deutlich wird, dass die Szenemitglieder großen Wert darauf legen, ihre Szene als eine selbst gewählte und selbstbestimmte Gemeinschaft zu begreifen, in der die Einpassung (Szenesozialisation) als Prozess der schrittweisen Annä-herung und Entdeckung individueller Dispositionen verstanden wird.

Die Antwort des Interviewten auf die zweite Frage verdeutlicht, wie man mit Leuten umgeht, die sich den ungeschrieben Gesetzen nicht annähern (aus dem Rahmen fällt); man begegnet ihnen mit passiver Ablehnung. Hieran wird deutlich, dass innerhalb gothic-spezifischer Örtlichkeiten eine klare Grenze zu ,den Bunten' gezogen wird. Schwarze Clubs, Partys, Events etc. sind deshalb als Teilöffentlichkeiten zu begreifen, die offen zugänglich für Szenemitglieder sind, Nicht-Szenemitgliedern jedoch dadurch verschlossen werden, dass ihnen via Interaktionsausschluss indirekt angedeutet wird, dass sie unerwünscht sind. Das folgende Beispiel des ‚Exzentrikers' mit dem erbsgrünen T-Shirt zeigt allerdings, dass der Interviewte Wert darauf legt, nicht den Eindruck zu erwecken, die Szene operiere durchgehend auf der Basis solcher pauschalen, an Oberflächlichkeiten geknüpften Ausschlussmechanismen (ich will nicht sagen, jemand, der nicht schwarz gekleidet ist, mit dem unterhalte ich mich nicht auf keinen Fall), womit er zu verdeutlichen versucht, wie flexibel die Zugangscodes zu begreifen sind. Ob jemand in die Szene passt, kann nicht kategorisch an stilistischen Äußerlichkeiten festgemacht werden, sondern wird auch an innerlichen Dispositionen festgemacht – wie etwa in diesem Fall – an exzentrischem und abweichendem Verhalten (der hat immer ein erbsgrünes T-Shirt an, und ich hab aber das Gefühl, irgendwie er gehört dazu, er passt dort drein).

In der Antwort auf die dritte Frage behandelt der Interviewte die Dichotomie von Alltag und Szene. Der Interviewte bringt es auf die Formel, dass man an normalen Orten ein normales Verhältnis zur ‚Normalgesellschaft' hat, während man im Szeneleben keine Normalos sehen möchte, denn dort werden sie als zuwider, störend und ärgerlich empfunden. Die folgende Erklärung, in der der Interviewte versucht zu verdeutlichen, inwiefern die ‚Normalos' im Szeneleben stören, zeigt, dass die Störung ästhetischer Natur zu sein scheint. Anhand einer Analogie zu Fotomotiven hebt er den Umstand hervor, dass das Störende erst hinsichtlich eines ansonsten ästhetisch homogenen Kontextes hervortritt (die passen nicht in diese Kulisse hinein), was wiederum zeigt, dass ästhetische Fragen einen bedeutenderen Stellenwert einnehmen als etwa handlungspraktische Diskrepanzen.

b) Interszenische Abgrenzung

Interview Manfred, Passage 35: DIE GRENZEN SIND INZWISCHEN WESENTLICH SCHÄRFER GEZOGEN

Frage: Gibt es zu anderen Szenen Überschneidungen?

„Überschneidungen gibt es heute zur Metal-Szene, definitiv, zum kleinen Teil zur Techno-Szene durch die Musik und so ein bisschen zu dem, was man vielleicht Mittelalter-Szene nennen kann. Märkte, und auch die Leute, Mode, da gibt's schon Berührungen bei den Dingen, mit denen die sich beschäftigen. Aber sonst, glaube ich nicht. Das ist auch im Osten nicht mehr so, dass Skinheads und Punks und Grufties zusammen Parties feiern. Das geschieht garantiert nicht mehr. Wobei manchmal Punks von sich aus einen Weg zu Veranstaltungen der schwarzen Szene finden, weil sie einfach wissen, dass da auch was Nonkonformes pas-

*siert. In welcher Hinsicht auch immer. Aber das sind ganz kleine Punkte, die
nicht wirklich relevant sind. Ich freue mich immer darüber, dass mittwochs, das
sind so zwei , drei Leute in Leipzig, die so zwischen Punk und Schwarz schwe-
ben, die ich kenne vom sehen her, dass die meine Veranstaltungen besuchen. Da
bin ich immer sehr froh darüber, aber das ist halt wenig. In dem Industrial-
Bereich passiert es auch manchmal noch, aber auch nur wenig. Die Grenzen
sind inzwischen wesentlich schärfer gezogen. Leider."*

In diesem Ausschnitt benennt der Interviewte Überschneidungen zur Metal-,
Techno- und Mittelalter-Szene sowie zu den Punks und der Industrial-Szene, die
er als jeweils verschieden umfangreich qualifiziert. Insgesamt jedoch haben dem
Interviewten zufolge die Überschneidungen zu anderen Szenen in den letzten
Jahren abgenommen bzw. werden umgekehrt die Grenzen zwischen den Szenen
schärfer gezogen (die Grenzen sind inzwischen wesentlich schärfer gezogen).
Der Interviewte referiert mit dieser Einschätzung auf einen in Jugendkulturen
allgemein zu beobachtenden Trend, nämlich einer zunehmenden inter- wie
intraszenischen Diversifikation.

Interview Angela, Passage 27: DAS IST SO DIESES ZWIESPÄLTIGE

Frage: Gibt es Überschneidungen mit anderen Szenen ?

*„Na klar gibt's Kontakte, also ich mein gerade so in die Independence-Szene
gibt es Kontakte, und ich bin ja auch jemand, der nicht nur in einer Szene verkehrt, ich glaub Kontakt ist zu Szenen, die selbst nicht so groß sind. Und wenn
du auch die Kombinationen siehst von Musik, die so nebeneinander läuft, dann
ist es auf alle Fälle Independence-Szene. Es gibt dann auch gerade Bands, die
sowohl auf Independent-Festivals spielen als auch auf Gothic-Festivals, und da
gibt es schon so Überschneidungen. Also gerade wenn ich an so Bands denke, so
Leute wie Philipp Boa, der sowohl der einen als auch der anderen Szene zugerechnet wird, zu Independent, zu Punk teilweise und auch ein bisschen in Rock
gehend, ich mein, die Abgrenzungen sind ja eh fließend."*

Frage: Und die Leute sind da auch offen für diese, also die Szene ist dann nicht
in sich so fest geschlossen, sondern öffnet sich auch andern Einflüssen?

*„Ja, das ist so dieses Zwiespältige, ich mein einerseits dieses Unter-Sich-Blei-
ben-Wollen, und andererseits kannst du diese Einflüsse natürlich nicht verhindern, das entwickelt sich, und solange es passt, glaub ich, also in diese Szene*

reinpasst, wird es auch nicht abgelehnt. Aber sobald es dann wieder zu schrill wird, also in ne gewisse Richtung, dann wird es glaub ich auch gemieden. Also so wie z.b. einige Leute diese elektronische Musik nicht mögen und dann da nicht mehr hingehen und sich da wieder was abkapselt und sich dann wieder was anderes rauskristallisiert, also nämlich nur dieser Gothic-Bereich, so gibt es bestimmt auch Leute, die dann offen sind für diese Industrial-Musik und dann eher in diese Richtung tendieren. Da ist die Szene einfach zu breit gefächert, um das so einfach beantworten zu können."

In diesem Ausschnitt benennt die Interviewte andere Szenen, mit denen Berührungspunkte bestehen, nämlich die Independent-, die Punk- und die Rockszene. Die Art und Weise bzw. die Intensität der Abgrenzung wird als fließend und zwiespältig qualifiziert. Die Ambivalenz von Abgrenzungsbewegungen besteht der Interviewten zufolge darin, dass auf der einen Seite ein starkes Bedürfnis nach Exklusivität innerhalb der Szene herrscht, auf der anderen Seite jedoch Fremdeinflüsse kaum vermieden werden können bzw. auch nicht aktiv abgelehnt werden. Passen die fremden Einflüsse zur Szene, werden diese integriert (*so gibt es bestimmt auch Leute, die dann offen sind für diese Industrial Musik und dann eher in diese Richtung tendieren*), was einen Ausdifferenzierungsschub des Gothic-Kernbereiches nach sich zieht und insgesamt zu einer Differenzierung der Gesamtszene führt. Zusammenfassend betrachtet, werden äußere Einflüsse also entweder integriert (wenn sie passen) bzw. ausgegrenzt (wenn sie nicht passen), wobei sich im Falle der Inkludierung u.U. ein szeneinternes Subsystem ausdifferenziert, dass seinerseits den Gothic-Kernbereich distinkter werden lässt. Auch in diesem Fall rekurriert die Interviewte auf allgemeine Entwicklungstrends jugendkultureller Vergemeinschaftung, wobei sie Diversifizierungs- zu Distinktionsprozessen ins Verhältnis setzt.

Interview Thorsten, Passage 2: NICHT IRGENDWIE DIESEM TECHNO-TREND VERFALLEN

Frage: Was ist das Zentrale in der Szene?

„Es ist die Atmosphäre, die ist nicht überall zu finden, das lässt sich kaum beschreiben. Ich will jetzt nicht einfach sagen, okay, wie üblich, mystisch, morbide, schwarzer Humor, aber genau das kreiert ja die Atmosphäre, die Musik kreiert die Atmosphäre, diese Mystik kreiert die Atmosphäre, alles Drumherum, und das ist eigentlich das, wo man sich drin wohlfühlt. Dass die Leute halt nicht irgendwie diesem Techno-Trend verfallen sind, sich alles Rosa zu färben. Okay, wenn

man damit Spaß hat, hat man Spaß, wenn man keinen hat, hat man keinen. Aber ich brauch nicht irgendwie mir vorzugaukeln, es ist schön, alles ist bunt, ich kann auch so Spaß haben, ohne dass ich mich da selbst belügen muss. Das ist vielleicht auch was, was ich sehr interessant dran finde, dass die Leute halt nicht der Versuchung erliegen, sich alles schön zu reden und schön zu machen. Weil ich find das halt auch ziemlich verlogen sich selbst gegenüber. Etwas was ich auch bei Techno nie verstehen werde, dass Leute wirklich komplett ausklinken aus ihrem Alltagsleben einfach nur um drei, vier Tage lang durchzutanzen und sagen okay, die Welt ist geil, die Welt ist toll, alles andere vergessen, schmeißen wir noch ein paar Pillchen ein, und das war's dann. Und das ist halt da nicht so. Das find ich halt sehr faszinierend."

Die Passage setzt sich aus zwei unterschiedlichen Teilen zusammen, die beide dem Ziel dienen, die Besonderheiten der Gothic-Szene zu schärfen. Bis zur Äußerung *„dass die Leute halt nicht"* beschreibt der Interviewte die Gothic-Szene – also das ‚Wir' – anhand positiver, Merkmale, d.h. substanzieller Inhalte. In den folgenden Aussagen konstituiert er das ‚Wir' durch die Abgrenzung zu einem ‚Ihr', schärft ‚das Eigene' also an der Differenz zum ‚Anderen', namentlich der Techno-Szene.

Hierzu bedient er sich der Attribute *rosa* und *bunt*, einer Farbmetaphorik also, die dem Schwarzen diametral entgegenläuft und in dieser Weise für eine klare Abgrenzung bzw. ein antagonistisches Verhältnis gegenüber der Techno-szene sorgt – zumindest zunächst auf einer bildlich-metaphorischen Ebene. Die Farbzuschreibungen ‚bunt' und ‚schwarz' stehen zunächst metonymisch für die schwarze Szene resp. die ‚Normalgesellschaft', bekommen jedoch im Fortgang der Argumentation weitere Bedeutungen zugeschrieben, wobei ‚das Schwarze' vornehmlich ex negativo, d.h. als Gegenteil des Bunten bestimmt wird. Die der Techno-Szene zugeschriebene Farbe Rosa ikonisiert eine Haltung des unreflektierten Spaß-Habens bzw. des stumpfen Glücklichseins, was wiederum als eine in der gesamten bunten Welt akzeptierte Haltung interpretiert wird. Die Metapher ‚bunt' versinnbildlicht darüber hinaus die Haltungen sowohl in der ‚Normalgesellschaft' im Allgemeinen als auch – in radikalisierter Form – in der Techno-Szene im Besonderen – im Sinne eines Verblendungs- oder Verdrängungsprozesses (*vorzugaukeln, es ist schön, alles ist bunt*). Auf die dieser Farbmetaphorik innewohnende Normativität wird mit der Äußerung *dass die Leute halt nicht irgendwie diesem Techno-Trend verfallen sind* verwiesen, wobei sowohl die Charakterisierung der Techno-Szene als Trend (*Techno-Trend*) als auch die Unterstellung, die Mitglieder der Szene seien dieser *verfallen*, pejorative Züge aufweisen. Verweist ersteres prinzipiell (gerade in Verbindung mit dem Demonstrativpronomen *diesem*) auf den simpel zu erfassenden und zu kategori-

sierenden Tatbestand (*dieser*) der Technoszene als eines oberflächlichen, vorü-
bergehenden und dem Zeitgeist angepassten Phänomens, so behauptet letzteres
(*verfallen*), dass die Anhänger der Technoszene als Opfer von Manipulation
bzw. Verführung zu begreifen sind. Spiegelbildlich bedeutet dieser Vorwurf,
dass die schwarze Szene sich einer solchen Manipulation und der damit einhergehenden Instrumentalisierung durch die Gesellschaft reflexiv zu entziehen versteht und sich somit gängigen Trends und daraus resultierenden Haltungen erfolgreich widersetzt. Im Gegensatz zu den ‚Technos‘, die ‚sich die Welt schön
reden (lassen)‘ (*rosa*), durchschauen die Grufties diese Manipulationsstrategie
und entgehen ihr dadurch, dass sie der Welt ohne ‚rosa Brille‘ ins Antlitz schau-
en. Die der Techno-Szene zugeschriebenen Selbsttäuschungsprozesse fungieren
als zentrales Distinktions- resp. Selbstdefinitionsmittel, was in der Folge mehrfach reformuliert wird (*mir vorzugaukeln, es ist schön, alles ist bunt*; *selbst belügen*; *schön zu reden und schön zu machen*; *ziemlich verlogen sich selbst gegenüber*). Die Selbsttäuschung der Techno-Szene ist dabei komplementär an die
Manipulation geknüpft (*verfallen*; *Versuchung erliegen*), was zusammengenommen die Figur einer durch äußere Kräfte bewirkten Selbsttäuschung ergibt. Dieses ‚Außen‘ wird zwar nicht näher spezifiziert, lässt sich aber als eine
diffuse, Zwang und Kontrolle ausübende Entität, also so etwas wie ‚die Gesellschaft‘ oder ‚die Kulturindustrie‘ begreifen. Die Argumentation rekurriert damit
auf einen klassisch-aufklärerischen bzw. gesellschaftskritisch-marxistischen
Themenkomplex: Die Technos werden als in einem Verblendungszusammen-
hang operierende und ihrer Autonomie beraubte Marionetten eines Systems
dargestellt, das diese, ohne sie darüber aufzuklären, an der Reproduktion dessel-
ben beteiligt und sie dadurch ausbeutet. Ein Mittel hierzu stellen u.a. bewusstseinsverändernde Drogen dar (*Pillchen, die Welt ist geil, die Welt ist toll*), was
seine literarische Entsprechung z.B. in den gesellschaftskritischen Szenarien von
Aldous Huxley (‚Schöne neue Welt‘) findet. Insbesondere die Argumentationsfigur der Verblendung durch Zerstreuung verweist auf die These der Kulturindustrie der so genannten Kritischen Theorie. Insgesamt – so wurde in diesem Ausschnitt überdeutlich – beruht die Distinktion der schwarzen Szene gegenüber
anderen Szenen zu einem wesentlichen Teil auf der Reklamation eines kritischen
Bewusstseins für die Mitglieder der eigenen Szene bzw. auf einem Absprechen
einer solchen anderen Szenen gegenüber, was bedeutet, dass die Mitglieder der
schwarzen Szene einen höheren Grad an Reflexion bezüglich der Eingebundenheit in gesellschaftliche Zusammenhänge sowie – daraus resultierend – ein in
größerem Maße autonomes Handeln für sich in Anspruch nehmen. Dies schlägt
sich hinsichtlich zentraler Überzeugungen und Handlungspraktiken in einer Affinität zu theoretischen und transzendenten Weltdeutungen nieder.

Interview Jutta, Passage 22: SEHR AUTARK UND DU BEKOMMST ALLES GEBOTEN

Frage: Gibt es irgendeine Überschneidung mit anderen Szenen?

„Steht sehr autark, Überschneidungen allerhöchstens noch im musikalischen Bereich, wo dann irgendwie durchaus auch vielleicht Heavy-Metal-Fans die eine oder andere Gothic-Band gut finden und zu Konzerten gehen, weil die vielleicht auch harten Gothic machen oder so oder Techno wiederum, dass halt EBM-interessierte Leute durchaus auch auf Techno-Parties gehen, weil das nicht mehr musikalisch so ein großer Unterschied ist und sie sich da auch entsprechend austoben können, aber sie werden garantiert nicht besonders oft dahin gehen, denn sie fühlen, also der Gothic oder der Gruftie an sich fühlt sich unter seinesgleichen wohl und deswegen geht er zu den Orten, wo er seinesgleichen trifft. Und der geringe Prozentsatz von Leuten, die wiederum so selbstbewusst und eigenständig sind, dass sie in ihrem Outfit, in ihrem Denken vielleicht mit ein, zwei Freunden zusammen wirklich auf 'ne komplett andere Party gehen, der ist sehr gering. Also ich kenn Gott sei Dank ein paar, die so offen sind, und die gehen dann ohne weiteres auch mal auf ne Drum and Bass-Party, wenn sie wissen, da legt irgendwie ein bestimmter DJ auf, aber das ist äußerst selten. Weil du hast ja auch alles geboten, ich mein, wozu solltest du auch andere Szenen irgendwie in Anspruch nehmen. Du bekommst ja alles geboten."

Obwohl die Interviewte betont, dass die Abneigungen gegenüber anderen Szene gering sind und man sich hinsichtlich musikstilistischer und freizeitkultureller Aspekte auch an anderen Szenen orientiert, schränkt sie diese Offenheit der Szene in der Folge in zwei Richtungen wieder ein: Erstens charakterisiert sie die Szene als unabhängig (*sehr autark*), was bedeutet, dass die Szenemitglieder es vorziehen, unter sich zu bleiben bzw. sich vornehmlich innerhalb szenespezifischer Räume zu bewegen. Zweitens verweist die Interviewte auf den Umstand, dass die Szene alle relevanten Bedürfnisse abdeckt (*weil du hast ja auch alles geboten, ich mein, wozu solltest du auch andere Szenen irgendwie in Anspruch nehmen. Du bekommst ja alles geboten*). In dieser ambivalenten Aussage manifestiert sich die widersprüchliche Haltung der Szene, einerseits offen für Anderes und Neues zu sein bzw. diesen Anspruch zu erheben, andererseits jedoch das Eigene relativ geschlossen zu halten bzw. sich darauf zu fixieren. Dies lässt sich als Indiz der Eigenstrukturiertheit und Spezifität der Szene werten, die aufgrund dessen nur in geringem Umfang Berührungspunkte (v.a. handlungspraktische) mit anderen Szenen entwickelt, ohne jedoch Einflüsse oder Grenzüberschreitungen deswegen kategorisch abzulehnen.

Interview Dorothee, Passage 20: WIE EIN STUDIENFACH

Frage: Wie sieht es mit Okkultismus und Satanismus in der Szene aus?

„Also ich denk mir, gut, es gibt ein paar schwarze Schafe. Ich denke die meisten, alle, beschäftigen sich damit. Das ist einfach was dazu gehört. Schwarz. Jeder, der das richtig überzeugungsmäßig ausübt, der lebt das im Endeffekt, der beschäftigt sich damit. Ich glaub, Du wirst bei jedem, der die Einstellung hat, der halt ein richtiger Gruft ist, da wirst du immer die Bücher finden, sei es der Hexenhammer viele Sachen über den Tod, und wonach die meisten auch gieren, ist halt das Nekronomicon. Ich denk mal die ganzen Anfänger, die Bravo-Grufts, die über die Satanismusschiene dahingelangen. Aber die, die das wirklich ausüben, die haben damit überhaupt nichts zu tun. Die beschäftigen sich mit Satanismus, aber sind keine Ausübenden. Für die ist das, wie ein Studienfach. Ja, man beschäftigt sich damit und wird davon angezogen. Man mag das Morbide. Aber nicht das man das ausübt. Das ist eine Faszination."

In dieser Sequenz unterscheidet die Interviewte zwischen drei Gruppierungen innerhalb der schwarzen Szene und deren jeweiliger Auseinandersetzung mit okkultistischem und satanistischem Gedankengut: den Praktizierenden (schwarzen Schafen; den Ausübenden), den Novizen (Bravo-Grufts; Anfänger) und den normalen Szenemitgliedern (richtiger Gruft). Während die ,schwarzen Schafe' der Szene Satanismus wirklich praktizieren (es gibt ein paar schwarze Schafe), setzen sich die ,normalen' Grufties in einem gewissen Rahmen damit auseinander (beschäftigen sich damit) und die ,Bravo-Grufts' gelangen über die populär-kommerzielle, massenmedial vermittelte ,Satanistenschiene' überhaupt erst in die schwarze Szene, kommen aber mit dem richtigen Satanismus nicht in Berührung (ich denk mal die ganzen Anfänger, die Bravo-Grufts, die über die Satanismusschiene dahingelangen. Aber die, die das wirklich ausüben, die haben damit überhaupt nichts zu tun).

Das Gros der Szenemitglieder beschäftigt sich der Interviewten zufolge mit der Thematik, indem sie darüber lesen bzw. sich informieren oder sich mit dem Thema ,Tod' befassen. Die Charakterisierung des Umgangs der Szenemitglieder mit satanistischem Gedankengut als Beschäftigung verweist auf eine rational-populärwissenschaftliche Art und Weise der Auseinandersetzung, die aus einer intellektuellen Distanz heraus geschieht (wie ein Studienfach). Darüber hinaus vermag die satanistische Gedankenwelt eine Anziehungskraft zu entfalten, die sich weniger auf inhaltlich-ideologische Dimensionen oder rituell-handlungs-praktische Aspekte bezieht als vielmehr auf emotional-atmosphärische Qualitäten: Konvergenzen zum Morbiden, zum Schwarzen und zum Transzendenten vermögen Faszination auszuüben.

Interview Manfred, Passage 36: GROßTEIL, DER DAS IGNORIERT ODER VERLEUGNET

Frage: Wie sieht es mit Rechtsradikalismus aus?

„Ja, was so richtig 'ne rechtsradikale Szene in Deutschland ist, bestimmte Leute dort versuchen schon Zugang zu finden zur Gothic-Szene, weil sie gemerkt haben, da gibt's Ansatzpunkte, da sind Leute, die nach Orientierung suchen. Und genau das ist ja einer der gängigsten Angriffspunkte für Leute, die solche Meinungen in Köpfe reintragen wollen. Und Grufties sind eben zum großen Teil Suchende, und wenn ich denen so ein Bild gebe, was sie scheinbar verstehen, was ihnen Antworten gibt, dann sind die natürlich relativ einfach zu überzeugen oder zu überrumpeln. Von daher suchen die schon Zugang. Und es gibt ein paar Leute in der Gothic-Szene, die sich dagegen wehren, die das verleugnen, und es gibt ein paar, die demgegenüber offen sind und die es aufnehmen und denken, es gehört dazu."

Frage: Und was ist der Großteil?

„Der Großteil ist der, der das ignoriert oder verleugnet. Die so tun, als wäre es nicht da. Was ich für gefährlich halte. Wobei es nicht gesagt ist, dass das mal die Oberhand gewinnt, aber die Möglichkeit besteht ja, und das allein ist schon ein Grund, um sich dagegen zu stellen. Bewusst dagegen zu stellen. Ich mache das eben, indem ich bestimmte Bands aus meinem Musikprogramm ausschließe. Und sage: die Band nicht, die ist mir nicht koscher. Und wenn ich nicht sagen kann, das sind Faschisten oder die transportieren faschistische Inhalte, aber es könnte sein, und schon deswegen sage ich: nein, fällt aus. Und das Nein bekommt auch derjenige zu hören, der das auf 'ner Veranstaltung von mir hören möchte."

In diesem Ausschnitt grenzt der Interviewte die schwarze von der Skinheadszene bzw. deren Ideologie ab. Er tut dies aus drei verschiedenen Perspektiven. Zunächst rekonstruiert er die Perspektive der rechten auf die schwarze Szene: Die Skinheads sind der Auffassung, dass die Gothics Suchende sind und eine Orientierung brauchen (weil sie gemerkt haben, da gibt's Ansatzpunkte, da sind Leute, die nach Orientierung suchen) und infolgedessen leicht zu ködern sind (dann sind die natürlich relativ einfach zu überzeugen oder zu überrumpeln). In dieser Rekonstruktion weist der Interviewte der eigenen Szene die passive Rolle des Opfers zu, wohingegen die Rechten als diejenigen dargestellt werden, die aktiv Zugang suchen. Damit wird ihnen eine Propaganda- und Rekrutierungsmotivation zugeschrieben.

Die Perspektive der Gothic-Szene rekonstruiert der Interviewte daraufhin als Reaktion, die drei verschiedene Formen annehmen kann: aktiver Widerstand, Verleugnen/Ignorieren oder Affirmation (es gibt ein paar Leute in der Gothic-Szene, die sich dagegen wehren, die das verleugnen, und es gibt ein paar, die demgegenüber offen sind und die es aufnehmen), wobei der Großteil der Szene dazu neigt, rechte Annäherungsversuche gar nicht wahrzunehmen (der Großteil ist der, der das ignoriert oder verleugnet. Die so tun, als wäre es nicht da).

Seine persönliche Haltung offenbart der Interviewte am Ende des Ausschnitts: Seiner Meinung nach sollte sich die Szene aktiv dagegenstellen. Er, als DJ der Szene, tut dies, indem er z.B. keine rechten Bands spielt (bewusst dagegen zu stellen. Ich mache das eben, indem ich bestimmte Bands aus meinem Musikprogramm ausschließe).

Interview Jan, Passage 25: ALS EINE BESCHMUTZUNG EMPFUNDEN

Frage: Wie sieht das denn aus mit dem Stellenwert von rechtem Gedankengut in der Szene?

„Da kenn ich auch niemanden persönlich, aber ich glaube das ist häufiger. Also wahrscheinlich wird darum mehr Getöse gemacht als tatsächlich existiert, aber es macht sich an bestimmten Gruppen, denen das nachgesagt wird, auch ein bestimmtes Publikum fest, und die sehen gar nicht schwarzromantisch aus. Die haben also wirklich Doc Martens an und sind Glatzen, also die Haare geschoren und sehen sehr martialisch aus, und die hören dann eben auch 'ne recht wüste Musik und wüste Texte, es ist alles sehr fragwürdig, es ist 'ne Grauzone oder Braunzone könnte man sagen. Also auf den Partys, die ich kenne, und auf den Konzerten, die ich kenne, sehr untergeordnet. Aber es gibt es zweifellos, in der Szene, die an sich eine Randgruppe ist, wieder eine Randgruppe, aber es scheint nicht zu geben. Vielleicht nicht in dem Maße, wie vor solchen Leuten gewarnt wird, aber ich hab solche Leute schon mit eigenen Augen gesehen."

Frage: Wie steht da allgemein die Szene zu?

„Viele, die sich nicht interessieren, viele oder noch mehr auch, die denen mit einer wütenden Ablehnung begegnen, weil das wird als eine Beschmutzung empfunden. Das hat weder was mit Gothic zu tun noch mit schwarzromantisch, das ist einfach eher was, was zuwider ist und was noch Schwierigkeiten macht, weil die Medien stürzen sich da drauf. Nur z.B. das letzte Wave Gothic-Treff in Leipzig 25000 Leute da gewesen aus so vielen Ländern, also ich hab mit Leuten gesprochen mit Musikern, die aus Argentinien gekommen sind, eine Japanerin, mit

einer Ungarin hab ich gesprochen, die dort eine Gothic-Zeitung rausgibt, aus so vielen Ländern kommen die Leute, und so viele und so viel verschiedene Gruppen und so ne Vielfalt. Und meine Eltern erzählten mir an dem Tag im Videotext 4 Zeilen, 3 oder 4 Zeilen, eine davon war eben der Bankrott, und eine Zeile war auch das von Tronstahl, ich weiß nicht wie der Typ heißt, der sich so nennt, also einer, dem rechtes Gedankengut vielleicht, wahrscheinlich zurecht unterstellt wird, dass der auch in Leipzig war. Ein so ein Wicht taucht dort auf, Tausende andere Musiker auch, der ist nicht mal aufgetreten, der durfte nämlich nicht, der ist suspekt, der wird abgelehnt. Aber der war da, und vor seinem Hotel lauerten die Journalisten mit ihren Kameras und Mikrofonen und wirklich von 4 Zeilen Videotext 1 Zeile für diesen Typen, und das ist 'ne ziemlich üble Überbewertung, so was macht mich sehr ärgerlich. Darüber hinaus, dass mir diese Braunen suspekt sind."

In diesem Abschnitt findet eine deutliche Abgrenzung zur rechten Szene statt. Der Interviewte begreift die Rechten weniger als eine separate Szene, die versucht, die Grufties zu unterwandern, sondern vielmehr als eine interne Subszene, die aber keine große Bedeutung hat bzw. abgelehnt wird. Der ‚Braunzone' weist er einen untergeordneten und randständigen Status innerhalb der Szene zu, der mit Ignoranz und Ablehnung begegnet wird. Er geht sogar so weit zu sagen, dass die rechte Subszene als Beschmutzung empfunden wird (die denen mit einer wütenden Ablehnung begegnen, weil das wird als eine Beschmutzung empfunden). Der religiös-magisch konnotierte Archaismus ‚Beschmutzung' veranschaulicht, dass rechtes Gedankengut und rechte Verhaltensweisen als eine Art Entweihung der Szene begriffen werden. Die Entweihung durch Beschmutzung verweist auf Vorstellungen von Heiligkeit. Die Gothic-Welt wird symbolisch einer ‚heiligen Sphäre' zugeordnet, die rechte Welt dagegen in eine profane Sphäre verwiesen, womit der eklatante Unterschied zwischen beiden Welten sowie die Unerreichbarkeit der Gothic-Welt und ihrer Inhalte für rechte Unterwanderungsversuche angedeutet werden.

Hinzu kommt, dass die rechte Szene für ein schlechtes Bild der schwarzen Szene in den Medien verantwortlich zu machen ist. Die Medien verunglimpfen die schwarze Szene – so die Interpretation des Interviewten –, indem sie sie einseitig darstellen und exotisieren, d.h. in diesem Fall auf sensationsträchtige Randerscheinungen verengen (ein so ein Wicht taucht dort auf, Tausende andere Musiker auch, der ist nicht mal aufgetreten, der durfte nämlich nicht, der ist suspekt, der wird abgelehnt. Aber der war da, und vor seinem Hotel lauerten die Journalisten mit ihren Kameras und Mikrofonen). Diese medieninduzierte Verzerrung der Szene stößt bei etablierten Mitgliedern auf Unmut (und das ist ne ziemlich üble Überbewertung, so was macht mich sehr ärgerlich).

c) Horizontale intraszenische Abgrenzung

Interview Dorothee, Passage 13: MULTI-KULTI-SZENE

Frage: Hat eine Kommerzialisierung in der Szene stattgefunden?

„Ich hab inzwischen das Gefühl, das ist so 'ne Multi-Kulti-Szene. Weil inzwi-schen sind da Metaler mit dabei, so Death Metal, was weiß ich, was die hören. Dann sind die ganzen Rollenspieler mit dabei, weil ja dann das Rollenspiel ‚Vampyr‘ kam. Man muss ja eh sagen, dass die Hälfte aller Grufts sich eh für Vampire hält oder so. Jeden zweiten, den man fragt, ist rollenspieltechnisch unterwegs. Manchmal sind dann auch Leute dabei, die dann die Charts hören. Und auf einmal hören die dann so Sachen – du hörst in den Charts so paar Lie-der, die so aufgepopelt sind.“

Der Interviewten zufolge unterliegt die Szene einer starken Stildiversifizierung und -hybridisierung was als Konsequenz eine Multi-Kulti-Szene hervorbrachte. ‚Multi-Kulti‘ bezieht sich nicht auf das (friedliche) Nebeneinander unterschied-licher Ethnien, sondern fungiert in diesem Zusammenhang als Metapher für Stilvielfalt (viele unterschiedliche Subgruppen). Als konkrete Beispiele werden die Subszenen ‚Metal‘, ‚Rollenspieler‘ und ‚Charthörer‘ genannt. Insgesamt verweist die Interviewte auf die zunehmende Popularisierung und Kommerziali-sierung der Szene.

Interview Jutta, Passage 12: JEDER KANN DA HÖREN WAS ER WILL
Frage: Vermischen sich die verschiedenen Richtungen?

„Das ist musikalisch sehr abgegrenzt, auf den Partys vermischt sich's natürlich, natürlich gibt's auch reine EBM-Parties, das steht dann auf dem Flyer: heute abend nur EBM oder nur Depeche Mode oder keine Ahnung, aber im allgemei-nen bei den normalen Parties wird der DJ immer mal 'ne Stunde lang EBM spielen, 'ne halbe Stunde Gothic, vielleicht eins, zwei tanzbare Mittelalterstücke und ein noch einen eingängigeren Industrial Track oder so, auf den sich ein paar Leute einigen können zum Tanzen, also der wird da immer mischen musikalisch, und deswegen ist auch das Publikum meistens sehr gemischt. Wo du dann die Leute quasi in Reinkultur hast, ist natürlich bei Konzerten, bei Einzelkonzerten, wenn eben 'ne Band wie typischer Gothic-Rock der neueren Art auch Faith and Amuse, wenn die auftreten und hier ein Konzert geben, dann werden da auch eher Leute kommen, die nur das hören möchten, dann werden die EBM-Leute

wegbleiben. So rum kann man's sagen. Also da ist es dann schon abgegrenzt, aber keiner würde dem andern jetzt übel nehmen, dass er das eine oder andere hört, das ist völlig okay, jeder kann da hören was er will. "

Frage: Tanzt ein Gothic im mittelalterlichen Outfit auf EBM?

„Ganz selten. "

Frage: Ist eine Akzeptanz aber dafür da?

„ 'ne Akteptanz ist auf jeden Fall da, es gibt immer uncoole Bands oder Platten oder Songs, und es gibt immer besonders tolle wichtige Songs oder so. Aber natürlich kann auch jemand, der sagen wir 80 Prozent eigentlich dem Mittelalter zugeneigt ist, durchaus in seinen andern 20 Prozent auch völlig andere Stile mögen und darauf auch tanzen. Also da wird auch keiner was sagen. Was halt echt verpönt ist, das sind irgendwie Poser, denen man's ansieht, also die halt irgendwie versuchen, sich Mühe zu geben, aber das sieht irgendwie nicht so prickelnd aus, ich sag jetzt mal bei den Grufties, die lange dabei sind, und die irgendwo so einen gewissen Level erreicht haben, und die dann durchaus abfällig über die Wannabes oder Poser lästern, aber mein Gott, wo wird nicht gelästert, das ist schon okay. "

In dieser Sequenz findet sowohl eine horizontale als auch vertikale intraszenische Abgrenzung statt. Im ersten Teil wird die horizontale Differenzierung verhandelt, indem bestimmte Musikstilrichtungen mit Subszenen verknüpft werden. Dabei werden drei Fragen beantwortet: 1. Wie exklusiv sind diese Subszenen?, 2. vermischen sie sich im Szeneleben? und 3. in welchem Verhältnis stehen sie zueinander? Zunächst wird die Distinktivität und Exklusivität der jeweiligen Musikstilrichtungen hervorgehoben. Obwohl sich also subgenrespezifische Musikstilrichtungen idealtypisch – gewissermaßen ‚material' – unterscheiden lassen, hängt es vom Handlungskontext ab, in welcher Form sie in der Praxis auftreten. Korrespondierend zur Mixtur an Musikstilen in der Szene-Praxis gestaltet sich auch das Verhältnis der einzelnen Subszenen tolerant. So ist es in der Szene möglich und üblich, sich in spezialisierten Subszenen auszuleben, aber trotzdem auch am sonstigen Szeneleben bzw. an anderen Subszenen zu partizipieren. Dieses Zusammenspiel von ‚Unity' und ‚Difference', d.h. die Gleichzeitigkeit eines interszenisch distinkten Gothic-Styles und den jeweiligen intraszenischen Diversifizierungen konstituieren und dynamisieren die Szene.

Im zweiten Teil geht die Interviewte auf vertikale Abgrenzungsprozesse in Form von Authentizitätszuschreibungen ein. So wird zwischen den *Posern* bzw.

Wannabes und den ‚echten' bzw. authentischen Grufties unterschieden. Während die Authentizität im Falle der ‚echten' Grufties v.a. an der zeitlichen Zugehörigkeit (*Grufties, die lange dabei sind*) bzw. dem durch diese Entwicklung gewissermaßen automatisch erreichten Standard (*und die irgendwo so einen gewissen Level erreicht haben*) festgemacht wird, lässt sich die Inauthentizität der abgewerteten (*verpönt*) *Poser* aus Äußerlichkeiten ableiten: Ihr Stilgebaren verrät Kompetenzdefizite (*denen man's ansieht, also die halt irgendwie versuchen, sich Mühe zu geben, aber das sieht irgendwie nicht so prickelnd aus*). Konkretere Kriterien, warum ein Stilgebaren als aufgesetzt bzw. unecht interpretiert wird, fehlen zwar, was jedoch darauf hinweist, dass Inauthentizität als Kategorie entworfen wird, die selbstevident zu sein scheint, d.h. echte Szenemitglieder sehen um Echtheit bemühten Szenemitglieder diese Bemühungen und damit ihre Inauthentizität an.

d) Vertikale intraszenische Abgrenzung

Interview Jutta, Passsage 2: DAS MÜHEGEBEN IST EIGENTLICH SO DAS HAUPTSÄCHLICHE

Frage: Wie sichert man sich seinen Stand?

„Vor allem mit Outfit, auf jeden Fall, also nicht nur Sachen nachmachen, die man bei andern gesehen hat sondern auch versuchen, selber kreativ zu werden, sei es mit Make-up oder Accessoires, damals natürlich auch der ganze Schmuckkram, den man sich gekauft hat und versucht hat, damit individuell zu sein, macht dann natürlich auch wieder Quark, weil das hatten ja ganz viele andere auch, aber man hat halt versucht, so seinen eigenen Stil innerhalb der Szene zu bekommen und damit Anerkennung zu bekommen. Also es war schon wichtig, dass man sich sehr aufwändig zurechtgemacht hat beim Weggehen, in der Schule war es jetzt nicht so wichtig, da hat man das eher als normal dann versucht zu halten, aber beim Weggehen wollte man schon zeigen, hallo ich geb mir auch Mühe, also das Mühegeben ist eigentlich so das Hauptsächliche. Das müssen keine teuren Sachen sein oder so, das müssen nicht irgendwie handgefertigte Spitzen- oder Ledersachen sein oder so, das war gar nicht so gewollt sondern dass man cool war, obwohl cool da eigentlich kein Wort ist, was zu der Szene passt, das benutzen die auch weniger, aber cool war trotzdem, wenn man gesehen hat, jemand hat sich Mühe gegeben bei was, jemand hat besonders lange an seinem Make-up gebraucht oder hat vielleicht einen eigenen selbstgenähten Mantel gehabt oder so was oder irgendwo was gefunden, was andere nicht ha-

ben in 'nem Second-Hand-Laden oder so, damit konnte man sich 'nen eigenen Stand schaffen, na ja und das ist die eine Seite, das ist die Styling-Seite, aber auf der andern Seite natürlich auch Kompetenz irgendwo in dem Bereich kriegen, ne, also die Musiksachen kennen, mitreden können bei Musik, tanzen gehen und wissen was da läuft, mit Leuten über Partys reden, bei denen man dann eben auch war, also das geht nur Schritt für Schritt, deswegen ganz am Anfang bist du ganz klein nur, ja, also und guckst dir das alles nur mal so an."

Intraszenische, vertikale Abgrenzung wird in diesem Ausschnitt entlang der Dimension ‚Authentizität/Nicht-Authentizität' festgemacht. Dabei spielen zwei aufeinander bezogene Bereiche eine Rolle: Äußerlichkeit in Form von Stil und Innerlichkeit in Form von Kompetenz.

Hinsichtlich des Stils wird Authentizität zunächst an den Kategorien Individualität, Originalität und Kreativität festgemacht. Evidenz erlangt eine solche Haltung durch ein nach außen getragenes, aufwändiges Stilgebaren, was der Interviewten zufolge als Hauptindikator für Authentizität gilt. Zeichen bzw. einzelne Elemente können z.B. ein selbst genähter Mantel, aufwändiges Make-up oder selbst zusammengestellte Accessoires aus Second-Hand-Läden sein. Ein zweiter, jedoch weniger evidenter Aspekt, der Authentizität zu markieren vermag, bezieht sich auf das szenespezifische Wissen (Kompetenz). Als besonders authentisch gelten dann jene Szenemitglieder, die einen spezifischen Wissensvorrat hinsichtlich Musik und szenespezifischer (Vergemeinschaftungs-)Strukturen (Partys, Weggehen, Leute etc.) vorweisen können.

Interview Manfred, Passage 12: ANDERE WEGE SUCHEN

Frage: Sieht man das den Leuten an?

„Von außen ist es vielleicht schwer zu erkennen, wenn man die Entwicklung nicht miterlebt hat. Ich denke, man kann erkennen, wenn sich jemand die Haare abrasiert rund um den Kopf und oben sich einen Turm von 'nem halben Meter aufbaut. Das ist eine Frisur, die lässt sich montags nicht so schnell wieder in ein gesellschaftskonformes Bild bringen. Aber jemand, der sich seine Haare einfach schwarz tönt und die dann irgendwie wie wild kämmt, der kann am Montag schon gestriegelt und gebügelt irgendwo hingehen, das ist kein Problem. Das ist der Unterschied. Ein Gothic hat sich vor zehn Jahren einfach auch aus der Situation heraus seine Kleider selber nähen müssen, vor allem in der DDR, weil's so was da nicht gab, aber heute kann er das auf jeden Fall immer noch, aber er kann sie sich auch kaufen, und das in einem der monopolmäßig arbeitenden Geschäfte, die sich mit solcher Mode beschäftigen, aber da sieht ihm das auch

jeder an, der aus der Szene kommt, weil er ja dieselben Kataloge hat und dasselbe Repertoire kennt. Ich denke, wenn Du das ernsthafter betreibst, dann wirst Du nicht darauf zurückgreifen, sondern dann wirst Du auch andere Wege suchen und das kombinieren mit eigenen Sachen. Das ist z.B. so ein Punkt, der verloren gegangen ist. Heute konsumierst Du diese Szene als Szenemitglied und früher ist die Szene gemacht worden von Protagonisten. Die haben diesen Stil geschaffen, die haben die Musik geschaffen, die Mode selber gemacht und heute wird das vorgegeben. Und das wird dann so angenommen und konsumiert. Das ist schon ne ganz schöne Drehung."

Die Frage zielt darauf ab, ob Authentizität beobachtbar ist, d.h. man einem Szenemitglied ansieht, ob es authentisch/nicht authentisch ist. Zunächst verweist der Interviewte auf die Schwierigkeiten, die v.a. darin liegen, dass man keinen unmittelbaren Zugang zu den jeweiligen Biographien der Leute hat (von außen ist es vielleicht schwer zu erkennen, wenn man die Entwicklung nicht miterlebt hat). Gleichzeitig macht er dadurch deutlich, dass sich das echte Gothic-Sein an diachronen Aspekten (Geschichte, Entwicklung, Biographie) festmacht. Nichtsdestotrotz ist es jedoch möglich, gewisse Dinge von außen zu erkennen und Schlussfolgerungen hinsichtlich der Person und ihrer Entwicklung zu ziehen. Was man jeweils erkennen kann und worauf es jeweils verweist bzw. welche Schlüsse sich jeweils hinsichtlich der Distinktions- bzw. Authentizitätsfrage daraus ableiten lassen, macht der Interviewte in der Folge beispielhaft deutlich.

Zunächst geht es um die Abgrenzung gegenüber der ,Normalgesellschaft', was am Beispiel der Frisur aufgezeigt wird. Während der ,authentische Gruft' ein Stilgebaren zeigt, dass entweder gar nicht oder nur unter hohem Aufwand in den Alltag integrierbar ist, pflegt der ,inauthentische' Gruftie einen Stil, der ,reversibel' ist bzw. modifizierbar bleibt und damit jederzeit in gesellschaftskonformes Auftreten zurück zu verwandeln ist. Authentizität erwächst somit aus einer dauerhaft zur Schau gestellten Abweichung gegenüber der ,Normalgesellschaft'.

Eher auf szeneinterne Prozesse bezogen, zeigt sich Authentizität an der mehr oder weniger originellen Art, sich zu kleiden: Der authentische Gruftie näht sich seine Kleidung selbst, kombiniert sie individuell und zeigt dadurch Originalität und Individualität. Der inauthentische Gruftie hingegen kauft seine Kleidung bei Herstellern, die die Distribution szenespezifischer Kleidung standardisiert und monopolisiert haben. Die Begriffe ,Monopol', ,Mode' und ,Katalog' machen hierbei deutlich, dass es sich um eine fremdbestimmte, kommerzielle Standardisierung des Gothic-Stils handelt, was in der Szene wahrgenommen (aber da sieht ihm das auch jeder an) und kritisch bewertet wird.

Schließlich leitet der Interviewte hieraus Authentizitätszuschreibungen ab, indem er dem ,authentischen Gruft' Selbstbestimmung und Eigeninitiative und dem ‚inauthentischen Gruft' Fremdbestimmung und Konsum zuordnet. Die Protagonisten haben früher in kreativer Weise ihren eigenen Stil und ihre eigene Musik geschaffen so wie ihre Mode selber gemacht. Heute besorgen das die Angebote der Musik- bzw. Konsumgüterindustrie (heute wird das vorgegeben).

Interview Angela, Passage 10: DU MERKST DAS, OB DIE DAS LEBEN ODER NICHT LEBEN

Frage: Gibt es so innerhalb der Szene so Ansprüche, was ist ein echter Gruftie und was nicht?

„Also, ich glaube was man wirklich einen Gruftie von einem unechten abgrenzt, ist die Tatsache, ob er in seiner Freizeit sich auch so gibt wie in dieser Gruftie-Szene. Natürlich wenn du irgendwo im Büro arbeitest, dann kannst du nicht weiß geschminkt ins Büro gehen, aber du kannst trotzdem deine Haare schwarz färben, wenn du eigentlich blond bist, und das unterscheidet einen richtigen von einem unechten Gruftie. Du siehst das auch, wenn du abends in der Szene verkehrst, du kannst die unechten von den echten unterscheiden, weil die einfach angemalt aussehen, also du merkst das, ob die das leben oder nicht leben, also dieses Gruftie-mäßige. Ich mach's hauptsächlich immer an den Klamotten fest, oder auch die sind viel aufgeregter, die sind viel aufgedrehter als die richtigen Grufties. Die richtige Gruftie-Szene ist eher ruhiger, eher leiser und auch so das Verhalten ist meistens eher so ein ruhigeres und die Leute, die da neu reinkommen, sind lauter und aufgeregter und hibbeliger einfach. Und das ist glaub ich auch noch mal so ein Merkmal von dieser Szene."

In dieser Sequenz beschreibt die Interviewte die Differenz zwischen echten und unechten Grufties. Die Unterscheidung wird an zwei Aspekten festgemacht: Auf der einen Seite ist ausschlaggebend, wie kongruent sich Szene- resp. Freizeit- bzw. Alltagsleben gestalten, d.h., wie viel Gruftie-Stil in das Berufs- oder Privatleben hineingetragen wird. Auf der anderen Seite zeigt sich der Unterschied des Stilgebarens im Szeneleben bzw. in der Szeneöffentlichkeit. Die Interviewte unterscheidet hierzu zwischen dilettantischen Schminkpraktiken, dem Angemaltsein und professionell-künstlerischen Schminkpraktiken, dem Nicht-Angemaltsein. Letzteres indiziert den Einsatz aufwändiger Mittel und Ressourcen sowie Kompetenz (du kannst die unechten von den echten unterscheiden, weil die einfach angemalt aussehen). Weitere Indizien sind die Kleidung (ich mach's hauptsächlich immer an den Klamotten fest) und das Verhalten (oder auch die sind viel aufgeregter, die sind viel aufgedrehter als die richtigen Grufties).

Interview Jutta, Passage 13: DER OBERGRUFT

Frage: Was braucht man denn, um ‚wahrer' Gothic zu sein also nicht so ein ‚Wannabe'?

„Ja auf jeden Fall hat es auch mit der Dauer zu tun, wie lang man die Musik hört und wie viele Leute man schon kennt, das ist auf jeden Fall ein wichtiges Kriterium und teilweise auch, welche Leute man kennt, als ich hier nach Frankfurt gekommen bin, das war mir gar nicht so klar, bei uns im Saarland war's eigentlich alles, jeder war irgendwie in gewisser Weise gleich, es gab ein paar, die stachen hervor, weil sie vielleicht selber Musik gemacht haben oder DJ's waren, aber ansonsten war das so alles eine Masse, und hier war's dann doch direkt so, oh, da hinten in der Ecke, da stehen die und die, oh der ist schon 15 Jahre dabei, das ist wohl der Obergruft oder so, also Obergruft war schon 'ne wichtige Bezeichnung dann auch, also es gab da durchaus Klassenunterschiede auf jeden Fall."

In diesem Ausschnitt knüpft sich Authentizität an die Zeit, die ein Mitglied in der Szene verbracht hat, sprich an den Umfang der Szene-Sozialisation. Umfängliche Szene-Sozialisation drückt sich vornehmlich in Alter und Lebenserfahrung aus, wobei es von besonderem Wert ist, die Anfänge mitgestaltet und – damit einhergehend – die Szene stark mitgeprägt zu haben. Erfahrung bedingt durch Alter und aktive Mitgestaltung der Szene in ihren Anfängen sind der Interviewten zufolge Ausdruck authentischen Gothic-Seins, exemplifiziert an der sozialen Kategorie des *Obergrufts* (i.S.e. Dorfältesten). Resümierend stellt die Interviewte fest, dass *Klassenunterschiede* in der Gothic-Szene eine große Rolle spielen, wobei diese – so müsste man hinzufügen – nicht auf ökonomischem oder sozialem, sondern vornehmlich auf (sub-)kulturellem Kapital beruhen, das wiederum auf den Grad der ‚Einsozialisation' in die Szene zurückzuführen ist.

Interview Thorsten, Passage 4: AUCH GRUFTIES DÜRFEN LACHEN

Frage: Wenn man selbst in die Szene reingeht, hat man das Gefühl, dass die Leute nicht so Spaß haben.

„Leider, es ist für mich grausam, auf 'ne Party zu kommen, wo ich einen Haufen deprimiert reinschauender Leute sehe, das gefällt mir da auch nicht. Im Biergarten ist es mir passiert, wo dann plötzlich so 'ne Riesengruppe Jüngerer reinkam, und dann wirklich den ganzen Abend so rumliefen, also wirklich deprimiert

reinschauend, find ich nicht gut. Weil da brauch ich nicht abends wegzugehen, um so rumzulaufen. Ich hab's ja schon zu meinem persönlichen Motto gemacht, auch Grufties dürfen lachen, hing bei mir überall als ein Code, warum auch nicht? Dazu muss ich mir das nicht antun, da kann ich auch zu Hause im Zimmer hocken bleiben, das ist irgendwie 'ne Modeerscheinung eigentlich, das ist etwas, das sich vererbt oder nicht vererbt, die Jüngeren, die nachkommen, hören, so muss das sein und machen's dann halt. Warum auch immer."

Spaß zu haben und zu lachen wird in der Szene nicht kategorisch abgelehnt. Vielmehr wird es sogar von Szenemitgliedern als unangenehm und ärgerlich empfunden, wenn andere Szenemitglieder emblematisch Trübsal blasen bzw. eine traurige und trübselige Einstellung kultivieren. Der Interviewte gibt sich angesichts dieses Phänomens – der plakativen Inszenierung von Trübsal – zunächst ratlos.

Sein Erklärungsversuch basiert auf der Konstruktion eines Generationsproblems – was auf eine vertikal-intraszenische Abgrenzung entlang der Altersdimension hinausläuft. Er unterstellt den jüngeren Szenemitgliedern die Kultivierung von Trübsinn aus modischen Erwägungen, womit ihnen das Gefühl – und somit auch die Authentizität des Gefühls – implizit abgesprochen wird. Vielmehr wird ihnen unterstellt, ein Gefühl aus Gründen der Gruppenzugehörigkeit vorzutäuschen, womit auch die Gruppenzugehörigkeit, also das Gothic-Sein, seiner Authentizität beraubt wird. In dieser Argumentation tritt deutlich ein weiteres Kriterium von Authentizität hervor, nämlich die Tatsache, dass äußerliches Verhalten auf innere Korrelate zurückführbar sein muss, so dass es als Ausdruck eines authentischen Lebenszusammenhangs verständlich und deutbar wird.

Interview Jan, Passage 22: ES GIBT DAS BILD VON EINEM DER SICH KOSTÜMIERT UND DANN DAZU GEHÖREN WILL

Frage: Was ist ein ‚Möchte-Gern-Gruftie' und was ist ein richtiger Gruftie, kann man das irgendwie festmachen?

„Es wird nur selten darüber debattiert, aber ich glaub, es herrscht eine Einigkeit, Möchte-Gern-Grufties sind meistens Leute, die ein bisschen jünger sind, vielleicht so 16-Jährige, die sich diesen schwarzen Habitus zulegen und dabei auch noch möglichst ein bisschen übertreiben und dann so dieses Schwarzsein herauskehren wollen und auf diese Weise eine gewisse Anerkennung suchen. Wo aber nichts dahinter steckt, mit Dahinterstecken mein ich zum einen diese Selbstverständlichkeit, das innere Empfinden, ich bin so ein Schwarzer, ich bin das

*nun mal eben, ich muss nicht ständig rauskehren, und mit nichts Dahinterstecken
ist auch gemeint, was ich sehr schätze so Kenntnis von Gedichten, Texten, Literatur, das man was eigenes hat, viele haben doch so eine künstlerische Neigung.
Ich weiß nicht, ob man Fotografien dazuzählen kann, eine Neigung ist das auf
jeden Fall. Ich kenne Leute, die musizieren oder sie machen ihre Internet-
Homepages sehr sorgfältig, sehr düster, sehr gruftig, könnte man sagen, und das
hat so ein Möchte-Gern-Gruftie eben nicht. Es ist ja nicht, dass man was vorweisen muss, aber es gibt eben so das Bild von einem, der sich kostümiert und dann
dazugehören will. Aber ich glaube das spielt keine große Rolle, und wenn so
einer dann dort auftaucht, dann wird er auch nicht irgendwie verstoßen oder so,
rein äußerlich passt er auch meistens gut dazu."*

In dieser Passage versucht der Interviewte einen Idealtypus des ‚Möchte-Gern-
Grufties' zu zeichnen, betont zuvor aber, dass es das Bild in der Szene zwar gibt,
man darüber jedoch nicht verhandeln muss, da ein unausgesprochener Konsens
besteht. Der Interviewte charakterisiert den ‚Möchte-Gern-Gruftie' als einen
jungen und noch szeneunerfahrenen Szenegänger, der sich durch ein übertypifi-
ziertes Stilgebaren zu inszenieren versucht. Hauptmotiv dieser Praxis ist dem
Interviewten zufolge Profilierung und nicht ein inneres Bedürfnis, das sich u.a.
in der Goutierung szenespezifisch-hochkultureller Literatur ausdrückt. Diese
Kompetenzen will der Interviewte jedoch nicht als ein zu erlernendes Pflichtpro-
gramm verstanden wissen (es ist ja nicht, dass man was vorweisen muss), obwohl auf dieser Grundlage eben veranschaulicht werden kann, welche Merkmale
und Qualitäten einem ‚Möchte-Gern-Gruftie' fehlen, was sich dann zu einem
kohärenten Ganzen zusammenfügt, das eine durch stilistisches Adaptieren strategisch um Anerkennung bemühte Person erkennbar werden lässt (aber es gibt
eben so das Bild von einem, der sich kostümiert und dann dazu gehören will).
An dem Umstand, dass der Interviewte fortwährend von einem Bild spricht, lässt
sich ablesen, dass es sich um einen Idealtyp bzw. Stereotyp (je nach Realitätsge-
halt) handelt, dessen Übersetzung in empirische Korrelate nicht schwierig, sondern scheinbar auch nicht gewollt ist, da das Bild nur als Bild als szeneinterne
Abgrenzungsfolie fungieren kann. Die Beschreibung des Umgangs mit dem
‚Möchte-Gern-Gruftie' innerhalb der Szene veranschaulicht, dass das Bild einer
um Zugehörigkeit und Authentizität strategisch bemühten Person eine Konstruktion ist, die nicht dazu dient, konkrete Personen faktisch auszuschließen, sondern
gewissermaßen kontrafaktisch (es findet systematisch keine Überprüfung an der
Realität statt) aufrechterhalten wird; das Bild fungiert damit als Negativ zur
Schärfung positiver Aspekte in der Selbstdefinition der Szene und damit einhergehend als Vergleichs- und Abgrenzungsmaßstab zur Etablierung szeneinterner
Hierarchien.

Interview Robin, Passage 19: DIE NEUEN, DIE MITTLEREN, DIE ALTEN

Frage: Wie offen ist die Szene für ‚normale' Leute? Gibt es Zugangsregeln?

„Wiederum unterteilt in die drei Kategorien. Die Neuen, die Mittleren und die ganz Alten. Die Neuen würde ich sagen, strikte Regeln, so wird es auch offiziell von denen erzählt, was ich mitbekommen habe und gelesen habe. Du musst so aussehen wie wir, du musst die gleiche Musik hören. So viel dazu. Die Mittleren. Die Mittleren halbe-halbe irgendwie. Kann ich aus der eigenen Vergangenheit sagen. Am Anfang weniger, weil es ist schon ein Erkennungsmerkmal, also aber es hängt auch ein bisschen mit Unwissenheit zusammen damals. (...) Mit 25 du erkennst dich an den schwarzen Sachen. Du musst nicht jetzt die Haare haben so, aber du siehst es den Leuten, selbst ich, wenn ich die normalen schwarzen Sachen an habe, das sieht man, das merkt man. Wenn ich bei meinen anderen Leuten so Sachen anhätte, würd man nicht so auffallen. Auch bei meinen Leuten, teilweise, ja, ja. Nach so was guckt man schon. Und dann würde ich sagen die Alten eigentlich überhaupt kein Dresscode mehr, um es mal mit dem modernen Wort auszudrücken. Weil man halt irgendwie schon fast von alleine erkennt, ob jemand so denkt oder nicht. Das kriegt man mit."

Die Handhabung von Zugangsregeln und -codes bzw. der Grad der Offenheit der Szene variiert altersspezifisch. Während die Jungen eine rigide Abgrenzung betreiben und, daraus resultierend, ein hoher Grad an Uniformität(-szwang) herrscht, gestaltet sich dies bei den Mittleren bereits aufgelockerter und die Alten schließlich werden als eine Gemeinschaft dargestellt, die sich nicht über Äußerlichkeiten, sondern auf der Basis innerlicher Konvergenzen konstituiert. Der Interviewte argumentiert auf der Basis eines (Szene-)Sozialisationsmodells, das entwicklungslogisch bei rigider Uniformität und Oberflächenorientierung seinen Anfang nimmt und sich sukzessive in Richtung Individualität und Selbstbestimmung bzw. Orientierung an Innerlichkeiten bewegt. Dieses Modell weist eine implizite Normativität auf, da es teleologisch – d.h. auf ein höheres und wertvolleres Entwicklungsziel – ausgerichtet ist. In dieser Form kann es als Antwort auf Authentizitätsfragen angewendet werden (je älter, desto authentischer) und dient gleichzeitig als Legitimation für die hierarchische Höher-Positionierung der Älteren.

e) Zusammenfassung

Wie die Analysen zeigen konnten, ist ein wesentlicher Aspekt der Distinktion die Abgrenzung gegenüber der ‚Normalgesellschaft'. Sie stützt sich vornehmlich auf die Beanspruchung eines exklusiven Zugangs zur Welt (womit die Etablierung eines distinkten ‚schwarzen Kosmos' einhergeht) und auf die Enttabuisierung von Themen, die in der Gesellschaft tabuisiert sind. Inhaltlich wird die Gemeinschaft der Gothics damit in normativer Weise von der ‚Normalgesellschaft' abgesetzt, da sie als ehrlicher, substanzieller, offener usw. qualifiziert wird.

Insbesondere die freiwillige und ungeschützte Konfrontation mit Angst erzeugenden Themen und Ereignissen (z.B. dem Tod) und damit die Ablehnung gesellschaftlicher Verdrängungsprinzipien, die Zurückweisung unkritischer Lebenseinstellungen (‚Spaßgesellschaft'), die Schaffung eines eigenen Stils sowie die Ausbildung besonderer Handlungspraktiken (etwa die Beschäftigung mit Lebenssinnfragen und mit komplexen philosophischen Fragen) konstituieren das Gefühl des Andersseins und tragen dazu bei, Grenzen nach außen zu etablieren resp. ein distinktes und konsistentes ‚Inneres' (eben die Szene) zu schaffen und aufrechtzuerhalten.

Die Art und Weise der Abgrenzung gegenüber der ‚Normalgesellschaft' oszilliert zwischen Abweichung und Anpassung. Das ‚Gruftie-Sein' wird von den Interviewten als passive und moderate Form des Protests begriffen, der nicht auf gesellschaftliche Veränderung angelegt ist, sondern auf ein mehr oder weniger harmonisches Nebeneinander von Szene und Alltag. Die schwarze Szene la-viert – trotz einer bewusst gesuchten Abgrenzung zur Gesellschaft – zwischen Gesellschaftsintegration und -desintegration, was seinen Ausdruck darin findet, dass pragmatisch zwischen szeneinternen und alltäglichen Handlungssituationen getrennt wird. So gründet die Abgrenzung im Wesentlichen zunächst auf einer Stilpraxis, die, gemessen an gesellschaftlichen Normen, als extrem, fremd und furchterregend erscheint, jedoch nur lose mit entsprechenden Handlungspraktiken korreliert, woraus sich wiederum ein auf Nichtbeachtung gründendes, wechselseitiges Desinteresse ergibt. Kurz: Die beiden Welten, Gothic-Szene und ‚Normalgesellschaft', bleiben sich wechselseitig fremd bzw. gehen sich aus dem Weg, was aufseiten der Gothics durch den oben angesprochenen Stil erreicht wird und damit auch durchaus gewollt ist. Exklusivität wird also durch einen ‚sperrigen' Stil erzielt und aufrechterhalten.

Interszenische Distinktionsprozesse beziehen sich auf spezifischere Unterschiede, die gegenüber anderen Szenen (etwa der Metal-, Techno-, Mittelalter-, Independence-, Punk- oder Rock-Szene) geltend gemacht werden. Gleichzeitig relevant werden in diesem Zusammenhang Fragen der Überschneidung mit anderen (Jugend-)Szenen. Die Verhandlung von Grenzen und Überschneidungen (also Grenzüberschreitungen) verweist auf die Art und Weise der Konstitution bzw. Schärfung des Eigenen. Zusammenfassend lässt sich sagen, dass Überschneidungen dann toleriert werden, wenn das Passungsverhältnis stimmt. Dies ist insbesondere dann der Fall, wenn es sich bei solchem Grenzgängertum um gesellschaftlich abweichende oder extremes Verhalten kultivierende Gruppen und/oder Einzelpersonen handelt. Einige Szenen jedoch, insbesondere die Techno-Szene, fungieren als Abgrenzungsfolie, anhand derer die Gothic-Szene ihre Besonderheiten verdeutlichen kann.

Trotz diverser Vorbehalte gegenüber anderen Szenen erfolgt die Abgrenzung diesen gegenüber reflektiert, in toleranter Weise, z.T. antinormativ und indifferent, woran deutlich wird, dass die Szene es vorzieht, unter sich zu bleiben und sich auf eigene Inhalte zu stützen, die es weniger notwendig werden lassen, sich über die Abgrenzung zu anderen Szenen ein Selbstbild aufzubauen.

Die Auseinandersetzung mit einer der Szene von außen zugeschriebenen Affinität zur satanistischen Szene bzw. entsprechendem Gedankengut und entsprechenden Praktiken ist ein in der Szene häufig, intensiv und kontrovers diskutiertes Thema. Dabei wird eines immer wieder hervorgehoben: Die Gothic-Szene hat mit Satanismus bzw. satanistischen Kreisen und Szenen überhaupt nichts zu tun, obwohl eine Auseinandersetzung mit satanistischen Schriften und Vorstellungen durchaus erfolgt. Diese Auseinandersetzung findet jedoch in rationaler und fast wissenschaftlicher Weise – d.h. aus einer intellektuellen Distanz und Objektivität heraus – statt. Satanismus gleicht damit eher einem Studienfach als einer Religion oder Ideologie. Der Satanismus fungiert demzufolge nicht als Glaubens- oder Deutungssystem in der Szene, sondern als eine interessante, ‚verbotene‘ Sache und damit auch als Version von Religion bzw. Art und Weise, sich mit Übersinnlichem zu beschäftigen. Um es noch einmal zu betonen: Von den Szeneexperten wird immer wieder darauf hingewiesen, dass die Gothic-Szene sich zwar mit ähnlichen Thematiken beschäftigt (z.B. Tod, Teufel, Satan) und sich ähnlicher Symboliken bedient, sie jedoch mit dem Satanismus als einem gruppen- und szeneübergreifenden Phänomen, das sich quer durch alle gesellschaftlichen Gruppen und Schichten zieht, keine Überschneidungen auf handlungspraktischer bzw. auf der Ebene der Vergemeinschaftung aufweist. Dies wird auch überdeutlich daran, dass selbst die Szeneexperten beim Thema Institutionalisierung des Satanismus in satanistischen Kreisen, Orden oder Logen bloß verschwörungstheoretische Spekulationen und Gerüchte reproduzieren (also etwa: das versteckte Agieren aus gesellschaftlichen Machtpositionen heraus, die Verbreitung des Phänomens in der Geschäftswelt etc.), wie sie in populären Darstellungen dieses Themas zu finden sind (vgl. etwa Grandt/Grandt 1996). Die der Szene seitens der Medien häufig unterstellten ‚satanistischen Praktiken‘ entpuppen sich bei genauerem Hinsehen – so betonen viele der Szeneexperten – als i.w.S. okkulte Praktiken (z.B. Gläser rücken oder Pendeln), die meist eher jüngere Szenemitglieder faszinieren. Von den älteren Szeneexperten werden diese Praktiken zwar toleriert bzw. als typischer Einstieg in die Szene verstanden, insgesamt jedoch als pubertäre Spielereien abgetan. Zusammenfassend lässt sich sagen, dass die Reduzierung der Szene auf Satanistisches explizit abgelehnt wird und durch die Szeneexperten dahingehend aufgelöst wird, dass eine Auseinandersetzung mit i.w.S. religiösen und übersinnlichen (aus der Perspektive der ‚Normalgesellschaft' z.T. abwegigen) Themen erfolgt. Diese Faszination für Magie, Religion, Okkultes und das Übersinnliche schlechthin drückt sich auf allen Ebenen der Szene (Stil, Handlungspraxis, Überzeugungen, Vergemeinschaftungsformen) in vielfältigen Variationen (etwa okkulte Praktiken, satanistische Symboliken etc.) aus.

Der Unterstellung einer Affinität zur rechten Szene wird in den Interviews z.T. heftig widersprochen, obwohl sie von einem Szeneexperten auch als Subszene, die jedoch eine untergeordnete und randständige Rolle spielt, begriffen wird. Insgesamt herrscht eine kritische Haltung gegenüber der rechten Szene und ihren Ideologien. Dennoch: Dadurch, dass sich die schwarze Szene in der passiven Rolle wähnt und den Rechten die Initiative zuschreibt, Kontakt zur schwarzen Szene zu suchen, verfällt die Szene in eine lethargische Haltung, d.h. äußerst selten wehrt sich die Szene aktiv, häufiger jedoch wird die Unterwanderung durch Rechte ignoriert, verdrängt oder geleugnet.

Während die Abgrenzung nach außen (gegenüber der ‚Normalgesellschaft' oder anderen Szenen) vornehmlich durch einheitliche Distinktivität erreicht wird, gründen sich intraszenische Distinktionsprozesse auf Stildiversifizierungen. D.h., dass die Szene nach außen homogener, stilistisch geschlossener, eigenständiger und stilsicherer auftritt, gleichzeitig aber in der Binnenstruktur eine enorme Vervielfältigung und Differenzierung verschiedener Gothic-Stile stattfindet. Beides hängt insofern miteinander zusammen, als dass interne Differenzierung zu externer Distinktivität beiträgt, da nun der Zwang besteht, sich als differentes Aggregat nach außen dennoch als Einheit zu präsentieren. Folge sind Schließungsprozesse auf einem abstrakteren Niveau (die Einheit muss nun Vielfältigeres einschließen). Um diese vielfältigen Stile inhaltlich beschreiben und kategorisieren zu können, muss eine Verbindung zwischen Musikstilistik und Selbstinszenierung hergestellt werden. Denn v.a. die Musik kann Erklärungskraft für die Stilvariationen beanspruchen. Das Verhältnis der einzelnen Subszenen zueinander wird als duldend bzw. tolerierend beschrieben. Insgesamt betrachtet, konstituiert sich die Szene über einen dialektischen Prozess von ‚Unity- und Difference-Bewegungen'. Beides, kollektive Einheitsdemonstrationen nach außen sowie Differenzierungs- und Selbstvergewisserungsprozesse im Inneren, die natürlich in einen fortwährenden Widerspruch zueinander geraten und deshalb in szeneinternen Aushandlungsprozessen ständig bewältigt werden müssen, können als basale Prozesse der Szenekonstitution begriffen werden. Insbesondere innerhalb der im Folgenden zu besprechenden, intraszenisch-vertikalen Distinktionsprozesse finden Aushandlungen darüber statt, welches Verhalten als szenetypisch bzw. -untypisch zu gelten hat, welche Szenemitglieder aus welchen Gründen die Szene besonders zu repräsentieren vermögen bzw. den ungeschriebenen Gesetzen widersprechen. Die implizite Frage der Authentizität ist damit zugleich – aus der Perspektive der Abgrenzung nach außen – eine Verhandlung darüber, was die Szene gegenüber der Außenwelt zu einer distinkten, identifizierbaren Einheit werden lässt.

Authentizitätsverhandlungen spiegeln – nun aus der Perspektive der Binnendifferenzierung betrachtet – nicht nur Einheitswillen nach außen, sondern gleichzeitig einen szeneinternen ‚Positionskampf' wider. Die Frage nach Authentizität fällt insofern mit den Prozessen der vertikalen intraszenischen Abgrenzung zusammen, als dass nahezu alle deskriptiven Kriterien (wie etwa eine bestimmter Stil, spezifische Fähigkeiten und Kompetenzen etc.) an die präskriptive Frage der Authentizität geknüpft werden (so erscheint typischer Stil im Falle unterstellter Inauthentizität als Effekt strategischen Verhaltens und wird infolgedessen als ‚aufgesetzt' qualifiziert). Gerade weil die Kategorie der Authentizität sich auf innere Dispositionen und Motive bezieht, die an beobachtbaren Äußerlichkeiten (v.a. Stil und Verhalten/Handeln) festgemacht werden – gewissermaßen also zu einem Schluss von beobachtbarem Handeln auf psychische Prozesse (denken, fühlen etc.) zwingen –, betonen alle Interviewten die Schwierigkeit zu beschreiben, wann ein Szenemitglied als (in-) authentisch eingestuft werden kann. Inhaltliche Konkretisierungen, d.h. die Angabe von Kriterien oder Indikatoren, erweisen sich als problematisch, so dass in den meisten Fällen konkretere Beschreibungen eher den Status von Exemplifikationen einnehmen (etwa: ein authentischer Gruftie gibt sich sichtbar mehr Mühe mit dem Styling, er wirkt nicht verkleidet oder angemalt, ist weniger gesellschaftskonform etc. resp. ein inauthentischer Gruftie konsumiert bloß passiv, adaptiert das Vorgegebene, ahmt nach, kopiert).

Zusätzlich wird immer wieder betont, dass (In-)Authentizität für den Szenekenner evident ist bzw. ‚Bilder' von prototypischen (in-)authentischen Szenemitgliedern existieren. Oben erwähnte Exemplifikationen beziehen sich damit auf einen Idealtypus von (In-)Authentizität, der sich auf die prinzipielle Idee eines Auseinandertretens von Anspruch und Wirklichkeit bzw. ‚wahrer' und ‚gezeigter' Identität stützt. Die Kategorie der (In-)Authentizität ist essenzieller Natur (jemand ist authentisch oder nicht), ist immer eine Zuschreibung bzw. Unterstellung (da nicht beobachtbar) und benötigt infolgedessen immer Indikatoren (Hinweise). Auf diesem Hintergrund ist die Figur des (in-)authentischen Grufties als ein Ideal- bzw. Negativbild zu verstehen, auf das (un-)angemessene Handlungsweisen und Haltungen projiziert werden können. Als unangemessen gilt – die unterschiedlichen Exemplifikationen in den jeweiligen Einzelfällen zusammengenommen – eine äußerliche Präsentation als etwas, das keine inner-

lichen Korrelate besitzt (bezeichnet als aufgesetzt, oberflächlich, profilierungs-
süchtig etc.), als angemessen dagegen eine konsistente Selbstpräsentation, die
sich dadurch auszeichnet, dass Äußeres durch Inneres motiviert wird. Die Übereinstimmung inneren Erlebens mit äußerem Handeln wird im Einzelfall keiner
Prüfung unterworfen, sondern stützt sich auf Authentizitätsmarkierungen, d.h.
auf bereichsspezifische (hier: die Szene) Konventionalisierungen von Zeichen
(-komplexen), die auf (In-)Authentizität verweisen bzw. als solche interpretiert
werden.

Zusammengenommen bezieht man sich dabei v.a. auf folgende Dimensionen:
- die Individualität resp. die Nachahmung von Geschmack bzw. Stil- und
  Handlungspraktiken;
- der Grad des Ausagierens szenespezifischer Kompetenzen und Fähigkeiten;
- der Grad der Involviertheit in die Szene, gemessen an prestigeträchtigen
  Positionen, Umfang des Kontaktnetzwerks und der Korrespondenz von Sze-
  ne- und Alltagsleben.

Diese Markierungen können von geringer (etwa eine als übertypisch empfundene
Stilpraxis wie ein großes umgedrehtes Kreuz) oder großer (etwa alle Jüngeren
oder alle besonders gothic-typisch Gestylten) Reichweite sein. Letztere stützen
sich häufig auf dahinter liegende Legitimationsmodelle bzw. zentrale Deutungsmuster (etwa die Vorstellung, dass jüngere Szenemitglieder aufgrund ihrer geringen Szeneerfahrung prinzipiell weniger authentisch sind bzw. dass ein besonders aufwändiges Styling ein mangelndes inneres Interesse kompensieren soll).
Ebenso können solche Markierungen in Widerspruch zueinander geraten (etwa,
wenn einerseits behauptet wird, eine besonders mühevolle Stilpraxis zeuge von
Authentizität bzw. andererseits betont wird, dass die besonders ‚Aufgemotzten'
stilverhaftet und somit inauthentisch seien). Ob jemand also als ‚aufgemotzt'
oder umgekehrt als ‚mühe- und geschmackvoll zurechtgemacht' bewertet wird,
ob bestimmte Handlungs- und Stilpraktiken innere Korrelate aufweisen etc., ist
der (sub-)gruppenspezifischen Aushandlung im Szenealltag anheim gestellt.
Funktional betrachtet vermögen die Authentizitätsfrage und die sich an sie an-
schließenden Aushandlungsprozesse jedoch ein handhabbares Beurteilungsraster
zur Verfügung zu stellen, über das szeneinterne Prozesse der Hierarchisierung in
normativer Art und Weise reguliert werden können, ohne den Mythos von Echtheit zu desillusionieren. Authentizitätszuschreibungen sind immer zugleich
Werturteile, die sich auf normative Standards beziehen und diese dadurch reproduzieren. Als Metastandard kann dabei die Vorstellung gelten, Authentizität
habe reale, im Inneren der Person angesiedelte Korrelate, die sich in mehr oder
weniger eindeutigen Zeichen manifestieren. Dieser Authentizitätsmythos ist

notwendigerweise an ein Bild, an eine Vorstellung gebunden, die – wie oben erwähnt – innerhalb der Szene als regulative Idee zu fungieren vermag. Wer und was in der Szene als authentisch bzw. nicht authentisch gilt, ist nicht beliebig. Die Szene bringt Mechanismen hervor, die die Aufrecherhaltung eines Wertekanons sicherstellen. Die hierzu notwendigen Prozesse sozialer Kontrolle knüpfen sich wiederum an die Frage der Authentizität, die – so lässt sich nun abschließend konstatieren – eine wertbasiert-hierarchisierende, insgesamt jedoch einheitsstiftende und damit auch inkludierende Form von Distinktion hervorzubringen vermag, die also zur Konstitution der Szene als soziale Einheit beiträgt.

3.2.6 Tod und Religion

Da die schwarze Szene religiöse Bezüge offen zur Schau trägt, liegen Fragen nach Glaubensinhalten nahe. Die InterviewpartnerInnen zeigen sich einerseits kompetent und auskunftsfreudig im Umgang mit solchen Fragen (was darauf schließen lässt, dass sie häufig mit ähnlichen Fragen konfrontiert werden), andererseits begeben sie sich jedoch in Rechtfertigungspositionen, insbesondere hinsichtlich der durch die Fragen angedeuteten Affinitäten zu Satanismus und Todessehnsucht. Die folgenden Analysen sind nach den Themen a) Tod und b) Religion geordnet.

a) Tod

Interview Manfred, Passage 8: SICH AUCH ZU KONFRONTIEREN MIT EINEM SOLCHEN THEMA WIE TOD

Frage: Was war damals wichtig, wenn ihr euch getroffen habt, was hat man gemacht?

„Die zentralen Dinge waren vor allem Kleidung und Musik und Gespräche, Rotwein, Kerzenschein, Friedhöfe. Nicht Friedhöfe um sie kaputt zu machen oder irgendwelchen Mist zu veranstalten, sondern einfach diese Atmosphäre zu genießen. Und sich auch zu konfrontieren mit einem solchen Thema wie Tod, was ja sonst komplett aus dem Leben herausgehalten wird und tabuisiert wird. Und zu versuchen damit offen umzugehen und vielleicht diese Melancholie, die dort existiert, zu spüren, wenn man selber traurig ist das ja ganz angenehm. Ich denk, das waren so zentrale Sachen. Partys feiern, die Nacht erleben und viel, viel mit Menschen reden und Musik hören und so ein bisschen nach innen gucken und nach gestern gucken und natürlich auch nach morgen gucken."

Der Begriff ‚Atmosphäre' kann eine leitmotivische Funktion in den (Selbst-) Darstellungen der Szene durch die Szeneexperten beanspruchen. Er fungiert als diffuse Klammer für das spezifische Lebensgefühl in der Szene und steht gleichzeitig für die ‚Welt der Gothics' als eigenem Kosmos. Eine Atmosphäre ist nicht unmittelbar greif- oder wahrnehmbar, sie konstituiert sich vielmehr durch das spezifische Zusammenspiel vieler Elemente, von denen der Interviewte einige aufzählt (*Kleidung, Musik, Gespräche, Rotwein* etc.). Auch das Aufsuchen von tabuisierten Orten (*Friedhöfen*) und die Beschäftigung mit tabuisierten Themen (*Tod*) trägt zur Evozierung einer spezifischen Atmosphäre bei. Der besondere Charakter von Friedhofstreffen wird hier im Zusammenhang mit der Todesthematik hervorgehoben. Von Friedhöfen als dem gesellschaftlichen Ort der ‚Auslagerung' des Todes geht – gerade weil sie für eine Verdrängung des Todes in der ‚Normalgesellschaft' stehen – eine besondere Faszination aus: Auf Friedhöfen ist die Allgegenwärtigkeit des Todes spürbar. Es ist ein Ort, an dem man gewissermaßen nicht umhin kommt, sich mit der Endlichkeit des eigenen Lebens auseinander zu setzen. Die Ausgelagertheit des Friedhofs inspiriert zum Nachdenken und zum Innehalten; sie ist sinnlich greifbar (*spürbar*) und evoziert starke Gefühle (*Melancholie; traurig*), die als angenehm erlebt werden (*wenn man selber traurig ist das ja ganz angenehm*). Beides – die Konfrontation mit dem ‚örtlich verobjektivierten Tod' und die dadurch evozierten Gefühle – sind Versuche, die Todesthematik zu enttabuisieren, sich also mit einem Thema auseinander zu setzen (*konfrontieren mit einem solchen Thema wie Tod*), das im ‚normalen' Leben keinen Platz hat (*was ja sonst komplett aus dem Leben herausgehalten wird*). In der Darstellung des Interviewten wird deutlich, dass starke Bestrebungen in der Szene bestehen, sich mit transzendenten Fragen (hier etwa mit Fragen wie: Was geschieht nach dem Tod? Wie kann dem Leben angesichts des Bewusstseins um die Unausweichlichkeit des Todes ein Sinn verliehen werden? etc.) zu beschäftigen. Zugleich jedoch wird betont, dass diese Auseinandersetzung keine intellektuell-rationale, sondern eine kontemplative ist (festgemacht an Formulierungen wie *Atmosphäre genießen, Melancholie, die dort existiert, zu spüren, nach innen gucken und nach gestern gucken und natürlich auch nach morgen gucken*) und dass die Beschäftigung mit transzendenten Fragen abseits der ‚Normalgesellschaft' und ihrer konventionellen Weltdeutungsangebote erfolgt, da diese entweder als verkürzend und tabuisierend empfunden oder als ideologisch abgelehnt werden. Gesteigerter Wert wird also auf die Tatsache der individuell-kontemplativen Auseinandersetzung mit Themen gelegt, die in der ‚Normalgesellschaft' ausgespart bleiben. Hierzu gehört auch, den Mut aufzubringen, sich solchen Themen in Form sinnlich greifbarer Erfahrungen (etwa dem Besuch eines Friedhofs ohne triftigen Grund (wie z.B. Grabpflege)) zu stellen.

*Interview Manfred, Passage 40: MICH HAT KEINER GEFRAGT, OB ICH LE-
BEN WILL, DANN SOLL MIR AUCH KEINER SAGEN, WIE ICH LEBEN SOLL*

Frage: Was ist mit Todessehnsucht in der Szene?

„*Ist auch Quatsch, Humbug. Es gibt Leute in der Szene, die haben Todessehnsucht, die Leute gibt es aber auch genauso oft in anderen Szenen. Ich möchte
mal wissen, was hinter dem wöchentlichen übermäßigen Konsum von Ecstasy
steckt, das kann nur Todessehnsucht sein. Das ist sicherlich bei vielen Techno-
Leuten Todessehnsucht, was die da treiben. Die machen jedes Wochenende
menschliche Selbstzerstörung und zelebrieren das auch noch mit einem Lachen
im Gesicht. Todessehnsucht existiert in der schwarzen Szene natürlich, so wie sie
unter allen anderen Menschen auch existiert. Was vielleicht es so erscheinen
lässt, dass es mehr ist, ist es einfach, dass das Thema Tod gedacht und behandelt
wird, aber nicht nur mit Sehnsucht. Vielleicht denken Grufties öfters über
Selbstmord nach als Nicht-Grufties, möglicherweise, aber die begehen nicht
öfter Selbstmord, die denken darüber nach und schließen das nicht von vorne-
herein aus als Weg. Es gab in Leipzig mal vor der Wende ein Gruftie, der war
ziemlich berühmt, weil er so ein interessanter Mensch war und der hat mal gesagt, der lebt jetzt in Amerika auf einem Land, ganz einfach, hat er sich gekauft,
der hat mal gesagt: ,Mich hat keiner gefragt, ob ich Leben will, dann soll mir
auch keiner sagen, wie ich leben soll'. Fand ich ziemlich gut, das trifft so vieles.
Der entscheidet halt für sich, ob er Leben will oder nicht und wie er leben will
und nicht. Weil ihn auch keiner gefragt hat, ob er überhaupt da sein will. Mehr
sagt er nicht. Er sagt nicht: ,Ich bin auf die Welt gekommen, um mich umzubrin-
gen', so ein Blödsinn, totaler Quatsch. Ja, soviel zur Todessehnsucht.*"

Dass weder Todessehnsucht noch Selbstmordtendenzen als konstitutiv für die
Gothic-Szene erachtet werden können, ist vielfach betont und belegt worden
(vgl. insbes. Helsper 1992). Auch der Interviewte wehrt sich vehement gegen
solche Unterstellungen. Dass er angesichts der offenen und nicht wertenden
Frage „Was ist mit Todessehnsucht in der Szene?" sofort eine Rechtfertigungs-
position einnimmt (zunächst durch eine extreme Bewertung: *ist auch Quatsch,
Humbug*, später durch verschiedene Argumente), zeigt, dass er sich mit diesem
typischen Vorurteil gegenüber der schwarzen Szene schon auseinander gesetzt
hat. Worin besteht nun seine Argumentation, welche Rechtfertigungen führt er
gegen den impliziten Vorwurf der Todessehnsucht an?

Zunächst entkoppelt er die – seines Erachtens vorurteilsbeladene – Verbindung von schwarzer Szene und Todessehnsucht, indem er schlicht behauptet,
dass dies nichts Typisches für die Gothic-Szene sei (*die Leute gibt es aber auch*

genauso oft in anderen Szenen). Diese Behauptung stützt er mit dem Hinweis auf Praktiken in anderen Jugendszenen (*Techno, Konsum von Ecstasy*), die seines Erachtens nicht minder ‚todessehnsüchtig' sind (*ich möchte mal wissen, was hinter dem wöchentlichen übermäßigen Konsum von Ecstasy steckt, das kann nur Todessehnsucht sein*). Gleichzeitig formuliert er damit eine Kritik am Umgang mit Drogen in der Gesellschaft, die auch eine Lebensflucht – wohl aber eine geduldetere – darstelle. Die Tendenz, die schwarze Szene mit Todessehnsüchten in Verbindung zu bringen, versucht er weiterhin dadurch zu entkräften, dass er betont, dass eine Beschäftigung mit dem Tod nicht gleichbedeutend mit der Sehnsucht danach sei.

Der Rekurs auf ‚den Leipziger Gruftie' als einem Repräsentanten der Szene und das Zitieren seines Sinnspruchs (*mich hat keiner gefragt, ob ich Leben will, dann soll mir auch keiner sagen, wie ich leben soll*) bedeutet eine Immunisierung gegenüber gesellschaftlicher Diskurse um die Akzeptabilität von Lebensformen im Allgemeinen und von Todessehnsüchten im Besonderen. Der Interviewte macht ganz klar, dass es allein seine Sache ist, ob und wie er sich mit dem Thema Tod beschäftigt.

Fasst man die Argumente zusammen, so wird deutlich, dass ein hohes Maß an Unabhängigkeit gegenüber gesellschaftlichen Zumutungen eingeklagt wird (*der entscheidet halt für sich selbst*), insbesondere gegenüber moralischen und religiösen Ansprüchen der ‚Normalgesellschaft'. Der zitierte Wahlspruch zeigt darüber hinaus, dass weder ein bereits existierender Lebenssinn übernommen, noch ein überindividueller Lebenssinn vermutet wird. Weder eine präexistente, überindividuelle Macht (*mich hat keiner gefragt, ob ich leben will*) noch eine daraus möglicherweise erwachsende Verpflichtung für die diesseitige Lebensführung (*dann soll mir auch keiner sagen, wie ich leben soll*) werden anerkannt.

Interview Thorsten, Passage 5: DIREKT TOD, DAS IST MIR ZU PUNKTGENAU

Frage: Welche Einstellung hat die Szene zum Tod?

„Also wenn ich jetzt sag direkt Tod, das ist mir zu punktgenau. Ich halt's dann lieber doch mit Mystik, das trifft's dann eher, das ist einfach ein interessantes Thema. Das ist leider auch etwas, wo oft halt mit dem Satanismus ins Spiel kommt, die Leute interessieren sich dafür. Oder viele interessieren sich dafür, das heißt noch lange nicht, dass sie Satanisten sind. Ich hab mich damit auch viel beschäftigt, weil's einfach interessant ist. Ich glaub, die wenigsten, die sich wirklich damit beschäftigt haben, würden in die Richtung abdriften. Weil man

dann einfach mal sieht, was das ist. Ich hab's letztens wieder gehört diese Vor-
urteile. Ich behaupte einfach mal, es gibt bei uns in der Szene nicht viel mehr
Satanisten als in jeder anderen Szene auch. Und vor denen, die bei uns sind, hab
ich am wenigsten Angst. Vor denen, vor denen ich wirklich Angst hab, sind die,
bei denen man es nicht merkt. Die irgendwo in irgendwelchen Bürogebäuden in
der Chefetage sitzen, weil da gibt's die genauso. Wo das dann wirklich auch
Religion ist."

Die Frage nach der Einstellung zum Tod will der Interviewte ausgeweitet wissen
(*also wenn ich jetzt sag direkt Tod, das ist mir zu punktgenau*) auf das Phänomen
‚Mystik'. Im Vordergrund steht damit wiederum ein weiter Themenbereich, der
keine fixierten Glaubensinhalte oder Handlungsmaximen impliziert, sondern
zunächst bloß ein Interesse an und eine Beschäftigung mit transzendenten Fragen
bedeutet (*ich hab mich damit auch viel beschäftigt, weil's einfach interessant*
ist). Am Beispiel des Satanismus versucht der Interviewte den in seinen Augen
entscheidenden Unterschied zwischen blinder Involviertheit in ein Glaubenssystem (*in die Richtung abdriften*) und der Beschäftigung mit einem mystischen
Themenbereich (*die wenigsten, die sich wirklich damit beschäftigt haben*) herauszustellen, der darin besteht, dass letztere Umgangsform zu einem autonomen
Urteil bzw. einer überlegten Entscheidung befähigt (*weil man dann einfach mal*
sieht, was das ist). Die Gleichsetzung von Gothic-Szene und Satanismus begreift
der Interviewte als ein von außen an die Szene herangetragenes Vorurteil, das er
dadurch zu entkräften versucht, dass er den Satanismus als ein in allen Gesell-
schaftsschichten existentes Phänomen beurteilt (*ich behaupte einfach mal, es*
gibt bei uns in der Szene nicht viel mehr Satanisten als in jeder anderen Szene
auch) und ihn als umso gefährlicher einschätzt, je verdeckter er operiert (*vor*
denen, vor denen ich wirklich Angst hab, sind die, bei denen es man nicht merkt.
Die irgendwo in irgendwelchen Bürogebäuden in der Chefetage sitzen, weil da
gibt's die genauso). Das Verhältnis der Szene zu bestehenden Glaubens- und
Weltdeutungssystemen wird besonders im letzten Satz der Äußerung des Interviewten deutlich: *wo das dann wirklich auch Religion ist*. Religion wird hier als
Synonym für ein kanonisiertes, kollektiv verpflichtendes, die gesamte Lebensführung durchdringendes Glaubenssystem gebraucht, das sich mit den ‚religioiden' Praxen in der Szene der Gothics nicht vergleichen lässt.

b) Religion

Interview Manfred, Passage 24: RELIGIOSITÄT GESCHIEHT VON A-Z
Frage: Gibt es grundsätzliche Einstellungen, die die Szene gemeinsam hat?

„Verschiedene religiöse Themen, aber die lassen sich auch nicht festlegen. Reli-
giosität geschieht von A bis Z, also jede Weltreligion spielt eine Rolle in der
Musik, wie bei den Leuten, die zu der Szene gehören. "

Auf die unspezifische Frage nach *grundsätzlichen Einstellungen, die die Szene*
gemeinsam hat, weist der Interviewte *religiösen Themen* eine hohe Relevanz
innerhalb der Szene zu. Wichtig ist ihm, zu betonen, dass es nicht um eine bestimmte Religion bzw. deren institutionalisierte Vertretungen (Kirchen) oder ein
kanonisiertes Glaubenssystem geht (*verschiedene religiöse Themen, aber die*
lassen sich auch nicht festlegen (...) jede Weltreligion spielt eine Rolle...), sondern vielmehr um *Religiosität*, wodurch die individuell-privatistische (im Gegensatz zur kollektiven) Komponente von Religion betont wird. Was überdies
auch an der Formulierung *religiöse Themen* deutlich wird, die darauf abhebt,
dass nicht der Glaube an eine bestimmte Religion oder die Ordnungsfunktion
religiöser Weltdeutungen im Vordergrund stehen, sondern zunächst eben bloß
religiöse Themen, was einem Hinweis auf die Thematisierung transzendenter
Fragen gleichkommt. In der Formulierung *Religiosität geschieht von A bis Z* hebt
der Interviewte die Offenheit und Flexibilität hervor, mit der religiösen Themen
begegnet wird. Dadurch, dass er Kontexte benennt (*in der Musik, bei den Leute,*
die zur Szene gehören) und der Religiosität darin eine *Rolle* zuordnet, verweist er
bereits auf den Umgang der Szenemitglieder mit religiös Konnotiertem: ‚Religion' wird nicht als übergreifendes, alle anderen Lebensbereiche beherrschendes
und normativ verpflichtendes Sinn-, Deutungs- und Welterklärungssystem gesehen, sondern als ‚etwas', das *geschieht*, das *thematisiert* wird und in bestimmten
Zusammenhängen *eine Rolle spielt*. Hierin offenbart sich bereits eine prinzipielle, für die (Post-)Moderne typische Konstellation: Nicht der Mensch ordnet sich
der Religion unter, sondern umgekehrt: Die Religion wird den individuellen
Bedürfnissen des Menschen angepasst.

Interview Manfred, Passage 27: ETWAS ZU FINDEN, WAS ZWISCHEN HIM-
MEL UND ERDE IST

Frage: Gibt es grundsätzliche Einstellungen, die die Szene gemeinsam hat?

„Wie schon gesagt, was so bestimmte politische, ethische Sachen angeht, es ist
kein Faschismus, kein Okkultismus, kein Satanismus. Da sind keine allgemein
gültigen Meinungsbilder in dieser Szene. Die Beschäftigung mit solchen Themen
geschieht, ja. Was noch eine durch die Bank, durch die Reihen gehende allge-
meine Tatsache ist, dass man versucht etwas zu finden, was zwischen Himmel

und Erde ist und das sich nicht durch Berührung, Sehen oder durch ähnliche wissenschaftliche forensische Methoden beweisen lässt. Die suchen alle nach was anderem. Da muss doch noch irgendetwas sein. Diese Fragestellung ist sicherlich allgemein gültig. Die sind nicht zufrieden damit, dass es schwarz-weiß gibt, oben und unten und Himmel und Erde, sondern die sagen, da muss noch irgendetwas sein. Irgendetwas fehlt hier in der Erklärung. Und das muss nicht unbedingt Jesus Christus sein. Das könnte sein, das schließen sie nicht aus, und manche sagen, für mich ist es das und wir sind trotzdem Gothic und andere sagen es ist der Satan und schließen den Rest aus. Aber so generell die Suche nach, was dazwischen ist oder über allem oder um allem herum ist. Diese Frage, diese Suche nach dem Sinn ist bestimmt allgemein gültig. Das ist sogar so ein zentraler Dreh- und Angelpunkt. Und dadurch und aufgrund einer solchen Fragestellung tauchen natürlich auch solche Sachen wie Okkultismus und Satanismus auf, weil sie dadurch mit berührt werden. Dadurch taucht auch Hinduismus auf und Islam und aller möglicher anderer Kram; Buddhismus. Die ganzen Musiker beschäftigen sich mit den Themen und transportieren die dann zu den Leuten der Szene, die sich dann mit der ein oder anderen Sache ne Zeit lang beschäftigen. Und dann zu ihrer Meinung kommen. Ich glaub, das ist ein wichtiger Punkt. Wer in der schwarzen Szene sich bewegt und das nicht nur mode-halber macht, der sucht nach einem Sinn, nach irgendetwas Besonderem im Leben."

Der Interviewte grenzt in dieser Passage die in der Szene existierenden *Meinungsbilder* deutlich und wiederholt von bestehenden politischen, spirituellen und religiösen Weltdeutungssystemen (*Faschismus, Okkultismus, Satanismus, Christentum, Hinduismus, Islam, Buddhismus*) ab, ohne jedoch zu behaupten, dass sie gänzlich irrelevant für das Denken und die Weltanschauungen der Szene wären. Das Gemeinsame an ihnen, nämlich Antworten auf transzendente Fragen, somit Muster der Weltdeutung anzubieten, macht sie zu relevanten Themen, mit denen es sich zu beschäftigen lohnt. Die Frage nach dem Sinn (*diese Suche nach Sinn*), die Suche nach dem Transzendenten und Numinosen (*etwas zu finden, was zwischen Himmel und Erde ist (...) Die suchen alle nach was anderem. Da muss noch irgendwas sein*) ist *allgemein gültig* und wird als *zentraler Dreh- und Angelpunkt* der Szene hervorgehoben (*wer in der schwarzen Szene sich bewegt und das nicht nur mode-halber macht, der sucht nach einem Sinn, nach irgendetwas Besonderem im Leben*), dem sich alle kanonisierten Glaubens- und ideologischen Systeme unterzuordnen haben. So hängt die Szene nicht einem gewissen Glauben oder einer bestimmten Ideologie an, sondern umgekehrt: *Auf Grund dieser Fragestellung* qualifizieren sich bestimmte Themen als relevant (*weil die dabei einfach berührt werden*) und werden in das Repertoire dessen, ‚mit was es Wert ist, sich zu beschäftigen' aufgenommen. Was die Szene hinsichtlich religi-

öser Themen eint, ist also keine inhaltlich zu spezifizierende Glaubensvorstellung, sondern die Disposition, sich mit transzendenten Fragen und Themen auseinander zu setzen, wobei das Resultat betont offen gelassen wird (*es muss aber
nicht unbedingt Jesus Christus sein. Das könnte sein, das schließen sie auch gar
nicht aus. Und manche sagen für uns ist es das, und wir sind trotzdem Gothic*).
Deutlich wird, dass die Suche nach Sinn und nicht das Festschreiben und Verallgemeinern von Sinn im Vordergrund steht. Die Suche nach Sinn verschreibt sich
dabei keinen fest gefügten Glaubenssystemen, sondern eignet sich passend er-
scheinende Fragmente mehr oder weniger dauerhaft an (*die ganzen Musiker
beschäftigen sich mit den Themen und transportieren die dann zu den Leuten der
Szene, die sich dann mit der einen oder anderen Sache ne Zeit lang beschäftigen.
Und dann zu ihrer Meinung kommen*).

Interview Manfred, Passage 37: ES IST EINE ALLUMFASSENDE ENERGIE

Frage: Welchen Stellenwert haben Okkultismus und Satanismus in der Szene?

„*Es sind vielleicht 60 Prozent, die sich in irgendeiner Form mit Mystik oder
Okkultismus befassen. Der christliche Teil ist in meinen Augen leider kleiner,
wobei ich das nicht absolut sagen kann. Der große Teil ist eben unreligiös bzw.
sucht nach einer Religion. Viele sagen: Sie haben einen, an den sie glauben,
aber das ist nicht der Gott der christlichen Kirche, das ist nicht Allah, nicht
Buddha, es ist eine allumfassende Energie, und sie legen sich darauf noch nicht
fest. Die meisten sind ja noch nicht so alt, die suchen noch. Ich bin seit 13 Jahren mehr oder weniger in Verbindung mit der schwarzen Szene, mit Gothics und
mit allem was dazu gehört und habe nicht ein einziges mal zu Satan gebetet.*"

Auch in dieser Passage versucht der Interviewte auf die Frage nach dem Stellenwert von Satanismus und Okkultismus, das Bild der Szene zu pluralisieren:
Zunächst weitet er die ursprünglichen Begrifflichkeiten auf *Mystik* aus und hält
sie durch die Formulierung *in irgendeiner Form* betont offen. Auch hebt er die
Art und Weise, in der solchen Glaubens- und Weltdeutungssystemen ein Stellenwert zukommt, hervor: Es ist zunächst kein Glaube, sondern ,sich mit etwas
befassen'. Des Weiteren versucht er die i.w.S. religiösen Einstellungen in der
Szene abstrakteren Kategorien zuzuordnen: Neben denen, die sich mit Mys-
tik/Okkultismus befassen, existiert ein christlicher Anteil und einer, der *unreligiös* bzw. auf der Suche nach einem Glauben ist. Auffällig ist zunächst, dass
,unreligiös' scheinbar mit ,keinem traditionellen Glauben zugehörig' gleichge-
setzt wird. Die Reformulierung *bzw. [jeder] sucht nach einer Religion* verweist

auf die Unsicherheit, was unter ‚religiös' verstanden werden soll und zugleich auf die Entgrenzung des Religiösen, d.h. seiner Ablösung von traditionellen Glaubensystemen und deren Institutionalisierung. Der Versuch, die Glaubensvorstellungen innerhalb der Szene in ein grobes Klassifikationsschema zu bringen, endet also wiederholt in einer Entgrenzung, nämlich der Feststellung, dass *der große Teil eben unreligiös [ist] bzw. nach einer Religion [sucht]*. Der kleinste gemeinsame Nenner ist dementsprechend diffus: *es ist eine allumfassende Energie, und sie legen sich darauf noch nicht fest.* Hervorgehoben wird hier erneut die Offenheit, Diffusität und Unkonventionalität (*aber das ist nicht der Gott der christlichen Kirche, das ist nicht Allah, nicht Buddha*) der in der Szene existierenden Glaubensvorstellungen, aber auch die Bedeutsamkeit der Suche, des ‚Noch-nicht Angekommen-Seins'. Wiederum lässt sich hieran ablesen, dass Religion nicht als ein fertiges System verstanden wird, an das man glaubt oder nicht, sondern als eine Aufgabe, auf transzendente Fragen Antworten zu finden.

Interview Thorsten, Passage 6: MYSTIK IST DA, SPIELT NICHT MIT RUM

Frage: Welchen Stellenwert haben satanistische oder okkulte Praktiken in der Szene?

„Könnte ich jetzt direkt für mich sprechen, also ich würde z. B. sagen, was meine Glaubenssache angeht, also ich halte nichts von den herkömmlichen Religionen, wenn du das so siehst, bin ich eigentlich Atheist, ich glaube an etwas Höheres, aber ich geb dem keinen Namen. Ich denke immer, einen Namen zu geben, ist wieder der Versuch, irgendetwas zu erklären, was man nicht erklären kann. Und deswegen sag ich immer zu Leuten, die meinen, okay, das hab ich auch zu jemand gesagt, der übrigens nichts mit der Szene zu tun hat, und der sich trotzdem dafür interessiert, weil der irgendwie in die Richtung ‚Pendeln' usw., er soll vorsichtig sein, er spielt mit Dingen rum, die er nicht verstehen kann, und mit so was sollte man nicht rumspielen. Weil ich find das einfach irgendwo schon ziemlich heftig, man weiß nicht was passieren kann, einfach zu sagen, alles Hokuspokus, das gibt's nicht, das fänd ich einfach zu leicht. Letztendlich war das die Idee vom Atom auch, nur eine übersinnliche Idee, bis man es tatsächlich entdeckt hat. Also warum soll das, was wir uns heute noch als übersinnlich denken, nicht auch irgendwann wissenschaftlich begründet werden. Kann man ja nicht ganz ausschließen, und das ist so meine Glaubensrichtung, das ich einfach sage, okay, Mystik ist da, spielt nicht mit rum, weil ihr wisst nicht was dahinter steht. Das würde ich sagen geht in die Richtung."

Statt auf die Frage nach dem Stellenwert okkulter und satanistischer Praktiken in der Szene direkt einzugehen, versucht der Interviewte, die Glaubensvorstellungen in der Szene anhand seiner eigenen *Glaubenssache* zu illustrieren. Dabei betont er zunächst, dass traditionelle Religionen und Glaubensysteme abgelehnt werden, er – aus Sicht der ‚Normalgesellschaft' (die Interviewerin wird hier mit *wenn du das so siehst* als Repräsentantin einer solchen angesprochen) – also *eigentlich Atheist* sei. Trotzdem ist eine Art Glaube vorhanden, was der Interviewte mit *ich glaube an etwas Höheres, aber ich geb dem keinen Namen* umschreibt und später mit *Mystik*[140] bzw. *übersinnlich* näher bestimmt. Die explizite Weigerung, die Glaubenvorstellung inhaltlich zu füllen oder mit einem Namen zu belegen, erinnert zunächst an traditionell-religiöse Arten und Weisen des Umgangs mit dem Numinosen[141]: ‚Sich kein Bild von Gott zu machen', ‚ihm keinen Namen zu geben', ‚ihm nicht unvermittelt gegenüber treten zu können' u.ä. verleiht einer Vorstellung Heiligkeit. Das Nicht-Benennen heißt für den Interviewten, an etwas zu glauben, was man nicht erklären kann und auch nicht erklären sollte, denn er spricht in dieser Passage mehrfach Sollens-Regeln aus, u.a. auch, dass dieses Nicht-Benennbare mit Respekt behandelt werden sollte (‚nicht nur *Hokuspokus'*, ‚nicht mit *rumspielen'*). Dass der Interviewte Regeln aufstellt, wie mit dem Numinosen umzugehen ist (*mit so was sollte man nicht rumspielen*), Warnungen ausspricht (*er soll vorsichtig sein)* und anderen eine nicht angemessene Art und Weise des Umgangs damit unterstellt bzw. ihnen abspricht, dieses Nicht-Benennbare zu verstehen (*er spielt mit Dingen rum, die er nicht versteht*), verweist auf die Vorstellung, dass der Interviewte – da er diese Position damit für sich reklamiert – mit Geheim- oder Sonderwissen ausgestattet ist und selbst eine ernsthaftere bzw. eine respektvollere Umgangsform mit dem Übersinnlichen praktiziert (d.h. damit nicht bloß *rumspielt*[142]). Schließlich betont

---

140 ‚Mystik' bezeichnet die Erfahrung der Alleinheit und Ich-Entgrenzung, der Transkategorialität (Negation von Zahl, Vielheit, Gegenständlichkeit, Raum, Zeit, Kausalität) und gesteigerter Emotionalität und Metanoia (Seeligkeit, Authentizität). Im Gegensatz zur objektiven Glaubenswahrheit (die durch professionelle Methoden der Bibelexegese an gesellschaftlich bestellte und ausgebildete Spezialisten delegiert ist) steht die Mystik für das subjektive Glaubenserlebnis, mithin für individuelle Religiosität. Speziell in der Romantik (aber auch in anderen synkretistischen Weltanschauungslehren wie der Theosophie und Anthroposophie) stand der Begriff ‚Mystik' für ekstatische Erlebnisse in außereuropäischen Religionen. In der Philosophie dominiert die Ausgrenzung der Mystik als das andere der Vernunft, das Irrationale und nicht Diskursfähige.

141 Da das Numinose als zugleich unfassbar und furchteinflößend gilt, existieren in den unterschiedlichen Religionen diverse Gebote, Verbote und Rituale, die der Vermittlung zwischen dem Einzelnen und dem Göttlichen/dem Numinosen schaffen (hierzu zählen religiöse Rituale und Vermittler (Priester) ebenso wie Verbote, sich von Gott ein Bild zu machen oder ihm einen Namen zu geben).

142 Erinnert an Goethes Zauberlehrling, der auch – in Abwesenheit des Meisters – mit Zauberkräften und Geistern spielt, die er nicht zu beherrschen in der Lage ist.

der Interviewte, dass er es *zu einfach* fände, Übersinnliches als bloßen *Hokuspokus* abzutun, d.h. alles, was nicht wissenschaftlich erklärbar ist, als Scharlatanerie zu begreifen. Nichtsdestotrotz stützt er gerade diese Behauptung mit einem Beispiel aus der Naturwissenschaft (*letztendlich war das die Idee vom Atom auch, nur eine übersinnliche Idee, bis man es tatsächlich entdeckt hat*). Dieser Versuch, nämlich das Vorhandensein von Übersinnlichem mit dem Rekurs auf wissenschaftsgeschichtliche Entwicklungen zu untermauern, mutet zunächst widersprüchlich und inkohärent an. Denn: Übersinnliches ist – wie die Bezeichnung nahelegt – etwas, das nicht sinnlich wahrnehmbar ist. Wissenschaftliche Erkenntnis i.e.S., d.h. empirisch-erfahrungswissenschaftliche Erkenntnis, ist letztlich jedoch immer auf Daten und damit auf sinnlich Wahrgenommenes und schließlich Dokumentiertes angewiesen, widerspräche damit also der Idee des Übersinnlichen. Die spezifische Konzeptualisierung des Übersinnlichen als etwas, das zwar nicht unbedingt erklär- jedoch durchaus beweisbar ist (Vergleich mit Atom)[143], bewegt sich demzufolge im Spannungsfeld von mystisch-übersinnlichen und populär-wissenschaftlichen Weltauffassungen, wie sie als typisch für esoterische Weltbilder im Dunstkreis des ‚New Age'[144] gelten können. Auch dort finden sich Verquickungen vom Glauben an Übersinnliches mit wissenschaftlichen Modellen (etwa Indikatoren, die die Existenz von Übersinnlichem beweisen (hierzu würden okkulte Praxen bzw. Phänomene wie Gläserrücken, Pendeln etc. zählen) oder Deutungssysteme, die sich an der Architektonik von wissenschaftlich-theoretischen Modellen orientieren (etwa das astrologische Deutungssystem)). Deutlich wird also sowohl eine Tendenz zur Wiederverzauberung resp. Resakralisierung als auch eine Neigung zur Vermischung wissenschaftlich-aufklärerischer mit mystisch-übersinnlichen Weltdeutungen.

---

143 Der Vergleich mit physikalischen Erkenntnissen und speziell mit der Entdeckung des Atoms ist nicht zufällig. Hügli/Lübke (1997) merken an: „Der zu Beginn des 20. Jh. u.a. von Bohr, Heisenberg und Schrödinger eingeleitete Paradigmenwechsel in der Physik führt zu grundlagentheoretischen Reflexionen, welche eine gewisse Affinität zur mystischen Erfahrung aufweisen. Scheinbare Berührungspunkte zwischen physikalischer und mystischer Weltauffassung sind etwa: die Entgegenständlichung konkreter Wirklichkeitsvorstellungen, die Relativität und Kontingenz allen Erkennens, die Ganzheit aller Wissens- und Wirklichkeitsbezüge sowie Subjekt-Objekt-Entgrenzung im Wissenschaftsprozess. Die Frage, ob es sich dabei um rein semantische oder auch sachlich begründete Strukturparallelitäten handelt, ist bis heute kontrovers" (S. 439).

144 Hubert Knoblauch (1999a) begreift New Age als „eine diffuse Menge verschiedener religiöser Phänomene. (…). In dieser besonderen Menge des ‚New Age' sind sowohl Elemente magischer und esoterischer Traditionen wie auch östliche Philosophien und westliche Wissenschaft vermischt" (S. 178).

Interview Thorsten, Passage 7: ICH GLAUBE NICHT MAL AN GOTT, WIE SOLL ICH DA AN TEUFEL GLAUBEN?

Frage: Glauben an sich, gibt's irgendwas, wo man sagen würde, daran glauben sie?

„Würde ich nicht sagen, könnte ich auch nicht beantworten. Ich hab da meinen Standardspruch, wenn mich jemand fragt, glaubst du an den Teufel, sage ich, ich glaube nicht mal an Gott, wie soll ich da an Teufel glauben? Ohne das eine geht das andere nicht, lässt sich auch gut begründen, weil der Teufel ist auch nur ein Resultat, also wenn man das Biblische sieht, ist das auch nur ein Resultat aus dem Gottesbild. Ich hatte da auch schon mal ne recht nette Unterhaltung, was erstaunlich war. Wir hatten im Klapperkahn, in Oberrad ist ja dieses Priesterseminar, hatten wir regelmäßig mal einen Priesteranwärter, der im Klapperkahn zu Gast war. Mit dem hatte ich regelmäßig Diskussion über das Ganze, über Glauben und überhaupt. Man sieht, auch solche Leute zieht's dahin, das hat jetzt nicht unbedingt was mit Glauben zu tun, dann ist es dann wirklich Musik oder sonst was, die fasziniert. Davon gibt's mehrere, also Dani kannte auch noch einen, der war da auch regelmäßig mit dabei, der war da auch Anwärter auf das katholische Priesteramt. Auch da macht das nicht halt vor."

Auch in diesem Interviewausschnitt wird deutlich, dass es nicht um inhaltlich näher zu spezifizierende Glaubensvorstellungen oder gar um ein konkreter zu fassendes ,Etwas' geht, an das geglaubt wird, sondern zunächst bloß um die Beschäftigung mit Glaubensfragen. So wird die Frage nach der Existenz eines Glaubens in der Szene verneint (*würde ich nicht sagen, könnte ich auch nicht beantworten*) und in der Folge deutlich gemacht, dass es mit einfachen Zuordnungen oder gängigen Klischees, wie sie bezüglich der schwarzen Szene üblich sind, nicht getan ist. Ohne explizit danach gefragt worden zu sein, bezieht sich der Interviewte auf typische Vorurteile ,normaler Gesellschaftsmitglieder' der Gothic-Szene gegenüber, indem er mit seinem *Standardspruch* gewissermaßen auf eine imaginierte Standardsituation (*wenn mich jemand fragt, glaubst du an den Teufel?*) reagiert: *ich glaube nicht mal an Gott, wie soll ich da an Teufel glauben?* Im Vordergrund steht also nicht, an *was* man glaubt, oder wie man das, was man glaubt, bezeichnet. Der Interviewte erklärt seinen Standpunkt, indem er auf die christliche Mythologie verweist, in der ,Gott' und ,Teufel' als Repräsentanten ein und derselben Religion fungieren, dort allerdings unterschiedliche ,Standpunkte' repräsentieren (*ohne das eine geht das andere nicht, lässt sich auch gut begründen, weil der Teufel ist auch nur ein Resultat, also wenn man das Biblische sieht, ist das auch nur ein Resultat aus dem Gottesbild*). Mit dieser

Einsicht zeigt sich der Interviewte zugleich ‚aufgeklärt', d.h. er zeigt ganz deutlich, dass er und auch seine Szene mehr sind als blinde Anhänger überlieferter
Mythologien resp. entsprechender Figuren (Teufel, Satan etc.). Mit der Anekdote
des Priesterschülers, der temporär in Gothic-Kreisen verkehrt (*wir hatten im
Klapperkahn (...) regelmäßig mal einen Priesteranwärter*), versucht er zu verdeutlichen, um was es ihm geht bzw. was ‚Glauben' für ihn und seine Szene
bedeutet: Einerlei ob man sich mit der Idee der Existenz eines Teufels auseinander setzt oder zum Priester ausbilden lässt, letztlich geht es um die *Diskussion
über das Ganze, über Glauben.* Um die Verwobenheit der Beschäftigung mit
Glaubensfragen mit der Gesamtstruktur der Szene hervorzuheben, weitet der
Interviewte das Interesse an der Szene auf die Atmosphäre (festgemacht an der
Musik) aus (*man sieht, auch solche Leute zieht's dahin, das hat jetzt nicht unbedingt was mit Glauben zu tun, dann ist es dann wirklich Musik oder sonst was,
die fasziniert*). Das Beispiel zeigt zugleich, dass sich die Szene tolerant gegenüber ‚Andersgläubigen' bzw. gegenüber jeglicher Form von Glauben gibt, weil
sie sich selbst eines monotheistischen Glaubens enthält bzw. ihre Form von Religiosität kaum Implikationen für die alltägliche Lebensführung im Sinne von
kollektiven Verpflichtungen zeigt. So ist der Priesterschüler willkommen, der
sich schließlich ebenfalls mit Glaubensfragen beschäftigt – auch wenn er letztlich (vielleicht) zu anderen Ergebnissen gelangt. Kurz: Der Auseinandersetzung
mit transzendenten Fragen kommt ein derart universeller Charakter zu, dass sie
als Ausschlussprinzip nicht herhalten kann (*auch da macht das nicht halt vor*).
Der Glaube der Gothics ist in der Darstellung des Interviewten also nichts näher
Bestimmbares, sondern eine Neigung, sich intensiv mit i.w.S. religiösen Themen
zu beschäftigen.

*Interview Matthias, Passage 12: EIN RELIGIÖS-SPRITUELLES HARMONIE-
BEDÜRFNIS*

Frage: Was ist mit Tod und Teufel?

*„Es ist natürlich leicht esoterisch, feinstofflich ist es natürlich schon. Deswegen
ist natürlich in diesen Bereichen, spricht man dann vom Tod und Teufel. Aber,
aber mit dem Tod und Leben, das sind eher gleichwertige Gegenspieler mit denen man versucht bewusster umzugehen und ja."*

Frage: Ist es eine Hilfsreligion?

*„Vielleicht für manche eine Antireligion, vielleicht so eine leichte religiöse,
spirituelle Sehnsucht der Leute, dass es noch etwas anderes gibt, als das, was sie*

umgibt. Doch viele von uns sind nicht in der Lage, das ist schwierig, oder deren Umgebung ist nicht gerade so gestaltet, als das man das Leben als Ganzes begreifen kann. Viele sitzen am Computer und machen ganz spezifisch ganz spezielle Arbeit und kommen danach genervt nach Hause und es existieren so unausgeglichen so wenig ganzheitliche Systeme. Und in der ja es ist sicherlich sehr wohlwollend und ich weiß nicht ob man die Szene dort höher hebt als sie ist, ich denk, dass dort, sagen wir mal so, auf jeden Fall, wenn nicht bewusst, dann unbewusst zusammenkommt, dass man dort erfüllter sein möchte, irgendwie erfüllter und sich dort einen religiösen oder einen spirituellen Ersatz halt wünscht, weil sich die Bereiche des Lebens ganzheitlicher gestalten sollen. Wir haben mal so ein Fragebogen gemacht zum Wave-Gotik-Treffen und mal verschiedene Fragen hineingenommen (...) und da war auch herauszuführen, dass sich die Leute auch ein stimmiges Umfeld wünschen mit Harmonie. Es ist auch ein Harmoniebedürfnis vor allem da. Ein religiös-spirituelles Harmoniebedürfnis, das sich mal alles ein bisschen schließt und ergänzt. Bisschen schöner schwingt. Das halt eben Wald, Natur, Märchen, Parkanlagen, Friedhöfe natürlich auch, gut der Friedhof ist ja eigentlich auch eine Parkanlage, die historisch inspiriert, sage ich mal, von der Natur her und den Tod bewusster macht. Ich denke, die wenigstens Leute, sag ich mal, die pietätlos auf Friedhöfen damit umgehen. Manch einer macht vielleicht Fotos und setzt sich mal hin mit einer Flasche Wein und paar Leuten, aber dort wirklich was zu zerstören, dass ist wirklich zumindest in dem Freundeskreis, in dem ich unterwegs war haben das unterbunden, wenn jemand besoffen war und ausgetickt ist, das war die Ausnahme. (...) Das hat mich immer besonders bewegt. Das war mein Wille eben eine Harmonie zwischen zwischen vermeintlich gegensätzlichen Dingen zu bringen. Da gibt es bestimmt einige Leute, denen das nicht passt, weil die sich immer wieder gerne ausgrenzen. Aber ich finde das sehr interessant. Ich bin eben der Meinung, dass es viel zu viele Dinge gibt heutzutage, die sich abspalten und denen gar nicht bewusst ist, wie viele Gemeinsamkeiten sie haben oder in sich tragen. Das ist eben in der Szene unter anderem zu beobachten. (...) So ein bisschen Kant-Philosophie. Wenn das Boot auf der rechten Seite zu kentern droht, springt er automatisch auf die linke Seite, auf die Frage, wo er denn so stünde. Irgendwie gings ihm auch nur darum, das eben ein gesundes Gleichgewicht hergestellt wird zwischen den Kräften. (...) Das sind so Sachen, die ich seit der Kindheit so in mir getragen habe und die so in letzter Zeit mir so bewusst geworden sind. Das dass auch in der Zeit des Wirkens in der Szene, das ich das auch immer von mir gegeben habe, und dass ich das immer ein bisschen forciert habe und dass das immer sehr sehr gut angekommen ist, beziehungsweise bei den Leuten, bei denen das direkt wirken konnte. "

Auch in dieser Passage wird deutlich, dass *Tod und Teufel* als Platzhalter oder Metaphern für Übersinnliches, Nicht-Greifbares und Mysteriöses stehen (*es ist natürlich leicht esoterisch, feinstofflich ist es natürlich schon. Deswegen ist natürlich in diesen Bereichen, spricht man dann vom Tod und Teufel*). Wiederum wird – gewissermaßen vorausgreifend – das Motiv der Ganzheitlichkeit und des Ausgleichens von Gegensätzlichkeiten hervorgehoben: Spricht man vom Tod, so muss man sich unweigerlich auch mit dem Leben befassen, und spricht man vom Teufel, so hat man auch Gott mit aufgerufen – so könnte man ergänzen (*aber, aber mit dem Tod und Leben, das sind eher gleichwertige Gegenspieler mit denen man versucht bewusster umzugehen und ja*). Diese Suche nach Ausgleich bzw. Aussöhnung von Gegensätzen ist nicht nur das durchgehende Motiv des vorliegenden Interview-Ausschnitts, sondern darüber hinaus auch eine Art ,persönlicher Mission' des Interviewten (*das war mein Wille eben eine Harmonie zwischen vermeintlich gegensätzlichen Dingen zu bringen; Das dass auch in der Zeit des Wirkens in der Szene, das ich das auch immer von mir gegeben habe, und dass ich das immer ein bisschen forciert habe und dass das immer sehr sehr gut angekommen ist, beziehungsweise bei den Leuten, bei denen das direkt wirken konnte*). Seine Darstellung einer entzauberten, entfremdeten und fragmentierten Welt (*deren Umgebung ist nicht gerade so so gestaltet, als das man das Leben als Ganzes begreifen kann. Viele sitzen am Computer und machen ganz spezifisch ganz spezielle Arbeit und kommen danach genervt nach Hause und es existieren so unausgeglichen so wenig ganzheitliche Systeme; weil sich die Bereiche des Lebens ganzheitlicher gestalten sollen; dass es viel zu viele Dinge gibt heutzutage, die sich abspalten und denen gar nicht bewusst ist, wie viele Gemeinsamkeiten sie haben oder in sich tragen*) kulminiert in der Diagnose eines Bedürfnisses nach ganzheitlicher, überindividueller Harmonie (*dass sich die Leute auch ein stimmiges Umfeld wünschen mit Harmonie. Es ist auch ein Harmoniebedürfnis vor allem da. Ein religiös-spirituelles Harmoniebedürfnis, das sich mal alles ein bisschen schließt und ergänzt. Bisschen schöner schwingt*). Wie in den vorangegangenen Ausschnitten wird auch hier eine Religiosität beschrieben, die zum einen mit den Szenestrukturen stark verwoben ist und zum anderen keine inhaltliche Konkretisierung erfährt, sondern als diffuser Wunsch nach Harmonie begriffen wird (*religiös-spirituelles Harmoniebedürfnis*). Ein solches Religionsverständnis zeigt zumindest zweierlei sehr deutlich: Erstens wird Religion als etwas sehr Weites und Umfassendes verstanden, das zweitens nicht auf ein verpflichtendes Glaubenssystem reduzierbar ist.

Interview Jan, Passage 12: VERGANGENES PFINGSTEN WAR MEIN ERSTER
GEBURTSTAG, JETZT DIES IST MEIN ZWEITER

Frage: Sind die Einstellungen in der Szene ähnlich?

„Aber was deine Frage betrifft, für manche, die ich kennen gelernt hab, gilt das
offenbar so, wie ich's auch beschrieben habe, weil ich hab ja auch vielen davon
erzählt von meinen Erfahrungen und von dem Weg, den ich da genommen habe
und bekam in dem Gespräch mit, dass es vielen ähnlich gegangen sei. Und man-
che auch eben das als so ne Befreiung empfunden haben, dort einzutauchen. Ich
feiere beispielsweise zu Pfingsten jetzt immer meinen Geburtstag in Leipzig,
vergangenes Pfingsten war mein erster Geburtstag, jetzt dies ist mein zweiter
und das fanden die ganz sinnvoll und angebracht, das konnten die gut verstehen.
Auch dieses Aufatmen, sich dort hinein zu begeben, eine Freundin hier von mir
in Marburg, eigentlich kein Schwarzromantiker, eher so aus der Elektro- und
Fetischecke und die sich auch nur mit großem Zögern Gruftie nennen würde,
obwohl sie eigentlich fast nur schwarz rumläuft und sehr viel auf diesen Partys
unterwegs ist, die hat mir das bestätigt, die hat das genauso empfunden, die ist
übrigens auch in Leipzig dort so reingekommen, so richtig, die hat diesen Sog
gespürt und viele Leute kennen gelernt, dann wird das ja so zum Selbstläufer,
und die hat mir das bestätigt, das ist so für sie ne so ein Aufatmen gewesen sei,
so ein freudiges Eintauchen in die Szene, und das scheint mir sehr häufig zu
sein."

Bewegt man sich wie Jan in der schwarzen Szene, so tritt sie einem als eigene
Welt, als ganzheitlicher Kosmos entgegen, in den man *eintauchen* kann, d.h. der
einem vollends umgibt und alle Bereiche des Lebens abzudecken vermag. Die
‚Konversion', hier versinnbildlicht durch die ‚zweite Geburt' (*vergangenes*
Pfingsten war mein erster Geburtstag), zeigt, dass die schwarze Szene selbst als
eine Art Religion begriffen werden kann, wenn auch als eine spezifisch postmoderne, was sich u.a. daran zeigt, dass sich keine konkreten Inhalte spezifizieren
lassen, keine kollektiven Verpflichtungen ableitbar sind, keine Institutionalisierung vorhanden ist u.v.m.

c) Zusammenfassung

Da eine umfassendere Betrachtung der Art und Funktion von Religiosität, wie
sie in der Gothic-Szene praktiziert wird, im Fazit (Kap. 5) erfolgt, beschränkt
sich die Zusammenfassung an dieser Stelle auf eine stichwortartige Zusammen-

schau zentraler Aspekte, die die vorangegangenen Analysen ergaben. Ein Bezug auf theoretische Konzepte der Religionssoziologie erfolgt ebenfalls im Fazit.

Religion reduziert sich in der Gothic-Szene auf eine diffuse Form von spiritueller Religiosität, deren Hauptmotiv in der Suche nach Übersinnlichem und damit in einer Wiederverzauberung resp. Resakralisierung modernen Lebens liegt. Kanonisierte, bestehende und/oder institutionalisierte Glaubens- und Weltdeutungssysteme spielen bloß als Ressourcen, als ‚interessante Themen' eine Rolle. Auch unterliegt diese spezifische Form der Religiosität selbst keiner Institutionalisierung oder Kanonisierung (wie das etwa bei Sekten der Fall ist). Sie zeichnet sich vielmehr durch ein synkretistisch-eklektizistisches Bricolageprinzip aus, was zu einer inhaltlichen Offen- und Unbestimmtheit führt, die in dieser Form weder konkrete, kollektiv verpflichtende Regeln hervorbringt, noch einen vereinheitlichenden Zwang auf die Lebensführung auszuüben vermag. Religionssysteme werden vielmehr in Form ‚religiöser Themen' als Inspiration verstanden, sich kompetenter mit transzendenten Fragen zu beschäftigen und auseinander zu setzen. Diese Beschäftigung geschieht in einem Spannungsfeld von wissenschaftlich-aufklärerischen und mystisch-übersinnlichen Weltauffassungen. Vorrangiger Zugangsmodus zur übersinnlichen Welt ist jedoch eine an romantische Ideale angelehnte, gefühls- und sinnesbetonte ‚Kontemplation'. So wird die Gothic-Szene insgesamt von ihren Mitgliedern immer wieder als etwas Holistisches, als ein Kosmos beschrieben, in dem das Zusammenspiel von Musik- und Kunstrezeption, Ästhetik, Gemeinschaft und intensiven Gesprächen eine Atmosphäre zu kreieren vermag, die den Bedürfnissen nach Religion als einer Form der befriedigenden Auseinandersetzung mit transzendenten Fragen nachkommt.

4 Die ‚schwarze' Musik

Judith Platz

Musik vermag Symbol- und Stilgemeinschaften zu schaffen, dient dem Ausdruck eines jeweiligen Lebensgefühls und ist somit ein wichtiges Bindeglied
zwischen Lebensvorstellungen, Interessen und Freizeitverhalten von Jugendszenen. In der klassischen Cultural Studies-Forschung, besonders bei den Arbeiten
von John Clarke, Stuart Hall und Dick Hebdigde, und neueren Forschungen zu
Jugendkulturen, beispielsweise durch Dieter Baacke und Wilfried Ferchhoff,
sind diese Zusammenhänge detailliert herausgearbeitet sowie die Begrifflichkeit
der ‚Szene' für solche Symbol- und Stilgemeinschaften etabliert worden. Innerhalb der Gemeinschaft der so genannten ‚Gothic'-, ‚Gruftie'- oder schlicht
‚schwarzen' Szene werden Parties mit entsprechender Beschallung aufgesucht,
Konzert- und Festivalbesuche besitzen Eventcharakter zum Treffen Gleichgesinnter und Musikmagazine fungieren als Szene-Organe. Die in der schwarzen
Szene gehörten Musikrichtungen sind sehr unterschiedlich in ihrer Ausprägung:
Die Palette reicht von zarten Balladen über düstere, schnelle Gitarren-Songs,
Mittelaltermusik, Avantgarde, verzerrte Industrial-Sounds und vieles mehr. Die
meisten Musikgruppen und Künstler sind allein innerhalb der schwarzen Szene
prominent, den Weg in die offiziellen Hitparaden oder den Rundfunk finden nur
wenige.[145]

4.1 Die Wurzeln der dunklen Musik

Musikalisch kann Düsternis auf mehrere Arten erzeugt werden: Das bekannteste
und wichtigste Mittel ist die Verwendung der Tonart Moll bzw. von Moll-
Harmonien. Zur Schaffung einer düsteren, dunklen Atmosphäre können außerdem
dienen: der Einsatz von Disharmonien bzw. Dissonanzen, metallischen oder un-
gewohnt schrägen Klängen, viel Hall und Echo zur Schaffung einer (klang-)räum-
lichen Unsicherheit und die Betonung des Bassbereiches sowie von Tönen aus
tiefen Oktaven gegenüber Höhen bzw. ‚hohen' Tönen. Gerne findet sich eine
(romantisch-)schwermütige Stimmung in Kompositionen der klassischen E-Musik

---

145 Stand der Forschung ist Sommer 2001.

– ‚ernste Musik’ –, lauscht man beispielsweise Werken von Johann Sebastian Bach, Ludwig van Beethoven, Richard Wagner oder Gustav Mahler. Ebenso sind auch in der U-Musik – ‚Unterhaltungs-Musik’ – zahlreiche melancholische Varianten zu finden: Neben der in jeder Musikrichtung üblichen Form der Ballade sei vor allem erinnert an den frühen, wehmütigen Blues der 1930er Jahre (z.B. ‚Delta Blues‘) oder nachfolgende Blues-Varianten (z.b. ‚Slide Guitar Blues‘) und natürlich an das französische Chanson, speziell der 1950er und 1960er Jahre, auch in Zusammenhang mit thematischen Motiven des Existenzialismus. Die zeitlich näher liegenden Wegbereiter für die ‚schwarze Musik‘ waren allerdings in den 1970er Jahren Glam-Rock und Psychedelic-Rock à la *King Crimson, Pink Floyd* und *The Doors*. Auch hier sollen Musik, Styling und Anmutung ein Lebensgefühl ausdrücken. So trifft man auch ganz konkret auf Künstler, deren musikalisches Schaffen als eine Art Initialzündung gewirkt hat: z.B. *David Bowie, Kraftwerk, The Velvet Underground* oder *Bauhaus*. Die sich zunächst in der musikalischen Dimension durchgesetzte Belegung mit dem Begriff ‚Gothic‘ kann retrospektiv an bestimmten Äußerungen festgemacht werden: 1978 beschrieb im englischen Fernsehsender BBC der damalige Manager der Band *Joy Division*, Anthony H. Wilson, deren Sound als ‚Gothic‘.Die Musikerin und Sängerin Siouxsie Sioux verwendete für den neuartigen Stil ihrer Band *Siouxsie & The Banshees* ebenfalls den Begriff ‚Gothic‘. Diesen übernahmen Musikzeitschriften wie ‚Sounds‘ und ‚New Musical Express‘ dankbar und machten so die ganze Musikrichtung unter diesem Namen populär. Der Ursprung des musikalischen Phänomens ‚Gothic‘ liegt demnach in Großbritannien.

4.1.1 England – das ‚schwarze’ Ursprungsland

Das Entstehen einer düstereren Variante der Gitarrenmusik hängt untrennbar mit der Entwicklung der Punk-Bewegung im England der 1970er-Jahre zusammen. Punkmusik war zunächst die musikalische Reaktion auf die gesellschaftliche Situation in Großbritannien, wo Mitte der 1970er eine starke Rezession viele Probleme auslöste. Bands, die sich Wut und Frust mit ihren Texten und leicht erlernbaren drei Akkorden schnell, heftig und aggressiv von der Seele spielten, gab es zu dieser Zeit viele. Erst der Erfolg und die starke Medienpräsenz der Londoner Band *Sex Pistols* machte Punk jedoch zur Jugendbewegung der Stunde. 1978 hatte der Punk der ersten Generation bereits sein Endstadium erreicht. Der Bedarf an einer nicht konformistischen Alternativkultur existierte nach dem relativen Scheitern von ‚Anarchy & Revolution‘ jedoch weiterhin. Schon gab es entsprechende musikalische Entwicklungen: In der New-Wave-Strömung fanden vorrangig elektronische Musikinstrumente ihren Einsatz, auf der anderen Seite

blieb die Musik handgemacht und näher am Punk – daher auch als ‚Post-Punk'
bezeichnet – und entwickelte sich Richtung Gothic Rock.

Musikalisch traten die lauten, einfachen Punk-Gitarren zugunsten düster
klingender, schräger Melodien in den Hintergrund. Auffallend war im weiteren
Verlauf auch die Tendenz zu außergewöhnlichen Stimmen der prominenten
Sänger und Sängerinnen dieser Zeit: Druckvoll die Altstimme von Siouxsie Sioux; Peter Murphy deckte bei *Bauhaus* alles von Gleichgültigkeit bis Emphase
ab; Ian Curtis pendelte für *Joy Division* ebenso wie Nick Cave bei *Birthday Party* zwischen expressiver Aggression und tiefster Verzweiflung; abgrundtief der
düstere Bass des *Sisters Of Mercy*-Sängers und -Masterminds Andrew Eldritch;
berühmt auch Robert Smith von *The Cure* für seinen markanten, beinahe weiner-
lichen Gesang. Die wenigsten dieser Vokalisten besaßen eine ausgebildete
Stimme, aber die Treffsicherheit von Tönen war mithin zweitrangig. Viel wichtiger war das Talent, stimmlich Atmosphäre zu übermitteln.

Künstler brauchen Auftrittsorte, eine Szene braucht Treffpunkte: 1982 eröffnete in London der legendäre Club ‚Batcave' (Fledermaushöhle). Hier wurden
sowohl der neue Gitarrensound wie auch die ersten düsteren elektronischen
Klänge gespielt (z.B *Alien Sex Fiend* oder *Virgin Prunes*). Eine weitere britische
Hochburg für diese musikalische Subkultur war Manchester, das Wirkungsfeld
von *Joy Division* bzw. später *New Order*.

4.1.2 Die düsteren Anfänge in Deutschland

Was in England in musikalischer Hinsicht ein neuer Trend ist, bleibt in Deutschland nicht lange unbemerkt. So war es auch mit der Gothic-Welle und den damals schon vorhandenen, elektronisch beeinflussten Varianten wie New Wave
oder New Romantic. Zeitgleich nahm Anfang der 1980er-Jahre in Deutschland
das Phänomen ‚Neue Deutsche Welle', kurz NDW, seinen Lauf. Vieles darunter
war einfach Gute-Laune-Musik à la *Fräulein Menke*, freudig von der Plattenin-
dustrie in die Charts gehievt. Aber im Umfeld der NDW wurde verstärkt mit
gehaltvollen deutschen Texten gearbeitet, musikalisch hörte man hier mitunter
schräge und düstere Klänge. Deutlich hörbare Punk-Impulse finden sich zum
Beispiel bei *Fehlfarben, Abwärts, Der Plan* oder auch *Nina Hagen*; Avantgardis-
tisches im Fall der *Einstürzenden Neubauten, Palais Schaumburg* und *Foyer Des
Arts*; elektronische Testfahrten – hart und tanzbar – bei *DAF (Deutsch-
Amerikanische Freundschaft), Grauzone* und *Malaria*. Die genannten Bands
waren Anfang bis Mitte der 1980er-Jahre auch für die Schwarze Szene von Bedeutung.

Die schwarze Musikszene in Westdeutschland bis zur Wende: Zu Beginn bro-
delte das Gemisch aus düsteren Gitarrensongs, neuartigen elektronischen
Rhythmen und poppigeren Synthie-Melodien vor allem in Westberlin und Bo-
chum – bald folgten auch andere Städte. Die Discjockeys hatten meist gute Verbindungen ins Ausland, vor allem nach England, konnten auf Plattenläden oder
Mailorder (Versandhandel) mit gutem Sortiment zurückgreifen und so früh die
begehrten neuen Platten in ihr Repertoire integrieren. Bruno Kramm, seit Ende
der 1980er-Jahre eine feste Größe des Musikbusiness der schwarzen Szene (u.a.
Mitglied von *Das Ich*), erinnert sich:

> „Es begann natürlich mit der Musik. Die transportierte ein gewisses Lebensgefühl
> und kam in den 80ern in allererster Linie aus England. Es war die Verbindung von
> Punk und Wave, die zum Gothic geführt hat. Ursprünglich war die ganze Szene we-
> niger „gothic" als viel mehr „new wave". Wir waren Waver. Ganz vereinzelt noch.
> Wenn du mal in einer anderen Stadt einen Schwarzen gesehen hast, war das ein Rie-
> senfest. Eine Infrastruktur hat es de facto nicht gegeben. Es war bekannt, dass es in
> Bochum eine Disco namens „Zwischenfall" gibt und unten im Allgäu die große
> Kultstätte „Melodrom" oder das „Linientreu" in Berlin. Aber diese Kerne existierten
> relativ isoliert voneinander."[146]

Weitere wichtige Treffpunkte für die durchaus heterogene Szene waren Mitte bis
Ende der 80er-Jahre Clubs wie das ‚Dorian Gray' als Keimzelle für die aufkommende EBM-Fraktion (‚Electronic Body Music'). Ebenfalls in Frank-
furt/Main, aber gitarrenorientierter das ‚Negativ'. Gemischtes Programm lief in
der ‚Katakombe' in Karlsruhe sowie dem ‚Labyrinth' in Würzburg. Seit Ende der
1980er pflegt auch das ‚Abby' in Meßkirch/Bodensee die dunkle Tradition. Gehör fanden anfangs hauptsächlich gitarrenorientierte, düstere Bands aus England
und Amerika, im elektronischen Bereich verstärkt aus Belgien, den USA und
Kanada. An Produktionen aus deutschen Landen war vorrangig Elektronisches
vorhanden und beliebt, zum Beispiel *DAF*, *Krupps* und *Malaria*. Deutsche
Gothic Rock-Bands waren hingegen mit der Lupe zu suchen. Das änderte sich
erst gegen Ende der 1980er- bzw. Anfang der 1990er-Jahre. Ein Beispiel für die
frühen Jahre sind *X-mal Deutschland* oder auch die Gothic-Rock-Formation
Love Like Blood.

Die schwarze Musik in der DDR bis zur Wende:[147] Jugendkulturelle Bewegungen
und Musik im Allgemeinen haben es zu jeder Zeit geschafft, ‚die Mauer' hinter

---

146 S. Matzke/Seeliger 2000, S. 217
147 Dieser Abschnitt basiert auf einem Telefoninterview mit Jens Riediger und auf Schilderungen
     der Umstände innerhalb der Veröffentlichung „*Wir wollen immer artig sein(...)"* – *Punk, New
     Wave, HipHop, Independent-Szene in der DDR 1980-1990*, herausgegeben von Ronald Galen-

sich zu lassen und Repressionen und Verbote zu umgehen. Allerdings war Punk in der Deutschen Demokratischen Republik die größere Jugendbewegung als Gothic. Beide Gruppierungen sind größtenteils gut miteinander ausgekommen, so besuchten Gothics durchaus Punk-Veranstaltungen und umgekehrt. Ein wichtiger Zugang zu alternativer Musik in der ehemaligen DDR waren Live-Konzerte. Es gab beispielsweise Konzertreihen im ‚Haus der jungen Talente' in Ostberlin, wo alle zwei bis drei Monate Konzerte mit extremerer Musik organisiert wurden. Wichtige alternative Bands mit musikalischer Affinität zur schwarzen Szene waren *Die Vision, Sandow, Die Art, Tina Never Had A Teddybear* und *Der Expander des Fortschritts* (avantgardistische Klangcollagen). Rein ‚schwarze' bzw. wavige Bands waren selten. Zu erwähnen sind neben den bereits oben genannten unter anderem: *Ornament & Verbrechen* (eine Mischung aus Punk und Wave), *AG. Geige* (experimenteller Electro), *Rosengarten* (ruhig, wavig), *NonToxic, Cadavre Exquis* (gitarriger Darkwave mit Chor-Elementen), *Freunde Der Italienischen Oper* (Darkwave mit Psychedelic-Einflüssen) oder auch *The Nuisance* (Independent-Darkwave-Rock, hieraus gingen später *Dreadful Shadows* hervor).

Die Verbreitung dieser Musik funktionierte über das Verschenken und Verkaufen von Kassetten mit selbstgestalteten Covern. Man konnte sich kopierte Kassetten, umgangssprachlich ‚Tapes', und Schallplatten mit Musik von West-Bands (zum Beispiel über Ungarn) besorgen. Auch das Radio war ein wichtiger Bestandteil der Musikinformation und -kultur: Auf dem staatlichen Sender DT 64 gab es die beliebte Sendung ‚Parocktikum'. Selbst hier wurden Musikstücke teilweise von Tapes ausgespielt. Über die Grenzen von Westberlin hinaus konnte die SFB/Rias-Sendung ‚Open Box' empfangen werden, in der vorwiegend alternative Musik gespielt wurde und die von den Hörern aus der DDR gerne aufgezeichnet, kopiert und weitergereicht wurde. Ansonsten gab es – wie im Westen – Partyveranstaltungen. Als gruftige Hochburgen galten schon früh Studentenstädte wie Dresden (‚Bärenzwinger'), Ostberlin (‚Humboldtclub') und Leipzig (‚Moritzbastei', ‚Eiskeller'), wo dann auch 1992 das erste ‚Wave-Gotik-Treffen' (‚WGT') stattgefunden hat.

Ausprägung der schwarzen Musikszene nach der Wende: Jede der beiden deutschen schwarzen (Musik-)Szenen führte nach dem Fall der Mauer ihr regional gebundenes Eigenleben fort, allerdings profitierte mit Beginn der 1990er-Jahre die gesamte Szene von mehreren Faktoren: Es gab genug deutsche Bands, die mit eigenständigen, charakteristisch düsteren Klängen ein Publikum begeistern konnten; mit dem Erscheinen der ersten überregional vertriebenen Ausgabe des

---

za und Heinz Havemeister. Riedinger war in der DDR lange Jahre als Musiker und Szenegänger unterwegs und spielte u.a. Bass bei der erfolgreichen Gothic-Rock-Formation *Dreadful Shadows*.

Zillo-Magazins 1990 hatte die Szene endlich eine lesbare Plattform; die Label-, Produktions-, Club- und Konzertlandschaft veränderte sich und wurde unter großer Eigeninitiative der Beteiligten stetig weiter ausgebaut. Ein neues Epizentrum entstand in Bayreuth 1990 mit der Gründung des Labels ‚Danse Macabre' durch Bruno Kramm und der Eröffnung der Diskothek ‚Etage'. Zu einem weiteren wichtigen Knotenpunkt für die Szene entwickelte sich ab Mitte der Neunzigerjahre auch Karlsruhe: ‚X-Tra', das Bekleidungsgeschäft für modisches Schwarz, öffnete seine Pforten; regelmäßige, organisierte Szenetreffen fanden statt; ab August 1991 wurden in der Gewölbe-Diskothek ‚Tempel' von Besuchern aus der ganzen Republik mit DJs und Live-Musik die ersten ‚Tempel-Nächte' gefeiert; im Sommer 1993 fand das erste ‚Zillo-Festival' als Open Air in Durmersheim bei Karlsruhe statt; der Karlsruher Musiker und Organisator Mozart (Frontmann bei Umbra et Imago) eröffnete zunächst das ‚Mozart-Café' und etablierte später schwarze Party-Abende in der ‚Kulturruine'.

In den neuen Bundesländern ist die Szene groß, die Party-, Konzert- und Festival-Veranstaltungen sind vielfältig und gut besucht. Wie in der gesamten schwarzen Szene laufen auch im Osten mittlerweile (Stand 2001) bekannte E-lectro-Acts immer besser, auf der Tanzfläche wie auch bei Konzerten. Das zu DDR-Zeiten entstandene Musikernetz pflanzt sich bis heute fort, zum Beispiel spielt Sebastian Lange von *Die Vision* heute bei der Band *In Extremo; Rammstein* gingen aus der Berliner Punkband *Feeling B* hervor, in der auch die heutigen Rammstein-Mitglieder Christian ‚Flake' Lorenz und Paul Landers gespielt haben.

Anfang bis Mitte der 1990er-Jahre war die große Zeit deutscher Gothic-Rock-Bands mit Gruppen wie *Love Like Blood, Dreadful Shadows, Catastrophe Ballet, The House Of Usher* oder *Still Patient*. Für den elektronischen Bereich waren zu dieser Zeit *Project Pitchfork, Deine Lakaien* und *Das Ich* die größten deutschen Namen. Prozentual kann man davon ausgehen, dass der schwarze Musikmarkt in Deutschland bis Mitte der 1990er-Jahre etwa zu 50 bis 60 Prozent mit gitarrenlastiger Musik aus dem In- und Ausland bestückt wurde. Hierunter wird sowohl Gothic Rock aus Europa und den USA, Neofolk-Varianten, schnelle Gitarren aus den Bereichen Gothic- und Black-Metal wie auch der aufkommende, amerikanische Industrial Rock subsumiert. Die frühen 1990er brachten musikalisch neue Impulse: 1991 erschien das erfolgreiche zweite Album der Formation *Deine Lakaien*: ‚Dark Star' gilt rückblickend als richtungsweisend durch seine gelungene Verbindung von eingängigen, sehnsuchtsvoll-düsteren Melodien und Texten in elektronischer Umsetzung mit der ausdrucksstarken Stimme des Sängers Alexander Veljanov. Trotz tanzbarer Rhythmen erschien das Stimmungsbild dieser neuen Richtung insgesamt wesentlich näher an Gothic und Wave als an bis dato bekannten EBM-Varianten. Der Begriff ‚Dark Wave' drängte sich auf und setzte sich durch. Dark Wave wird den elektronischen Ausprägungen zugerechnet und wurde in diesem Bereich gleichberechtigt gehört zu den Sparten New Wave, New Romantic, Synthie Pop, EBM, Electro und Anfängen des elektronischen Industrial. Daneben fanden aber genauso auch musikalisch andersartig angelegte Varianten wie Mittelaltermusik, Neoklassik, Heavenly Voices, Avantgarde und Avantgarde Industrial ihr Publikum. Diese deutlich erkennbare Diversifikation innerhalb des Spektrums ‚schwarzer Musik' ist so schon früh und ohne eine bewusste Planung eingetreten, schlicht bedingt durch künstlerischen Output und individuelle Hörvorlieben. In den 90er-Jahren herrschte Aufbruchstimmung. In vielen Städten wurde die Angebotspalette breiter, die Szene wuchs und ihre Infrastruktur entwickelte sich im normalen Kreislauf von Angebot und Nachfrage. Die Vergrößerung der Szene bemerkten außerhalb des mehr oder minder geschlossenen Underground-Kreises bald sowohl die Medien als auch die großen Plattenfirmen, die sich darum bemühten, nach und nach die bestverkäuflichsten Acts vertraglich unter ihre Fittiche zu nehmen. So folgte der Wachstumsphase der frühen 1990er – auch in musikalischer Hinsicht – ein Umbruch der Szene in den Jahren 1993/94. Bruno Kramm beschreibt die Entwicklung treffend:

> „In der Zeit, als die Szene künstlich aufgeblasen wurde, war der Zulauf von jungen Leuten besonders hoch. Wir [die schwarze Szene, Anm. d. Verf.] fanden jetzt auch in der Teenie-Presse bis hinunter zur „Bravo" statt (...) Infolge der raschen Verjüngung kam es zu einer stärkeren Differenzierung und Abgrenzung. (...) Die Älteren kannten noch die Zeit, als (...) es noch viel schwerer war, sein Gothic-Dasein in Job und Schule auszuleben. Natürlich war das albern, (...) doch plötzlich gab es einen gewissen Riß. Musik und Lebensgefühl der ersten Generation unterschieden sich zu denen der zweiten Generation. Die neuen Leute waren gewillt, finanziell weit mehr zu leisten – die Platten der neuen Bands wurden einfach mehr gekauft. Eine typische Band aus dieser Zeit waren *Silke Bischoff* (...) Die Bands der ersten Garde sahen sich plötzlich in einem Karriereknick, weil die alten Fans langsam weniger wurden (...) Einige Bands haben es geschafft, sich bravourös in die neuen Bedingungen einzupassen. *Deine Lakaien* fassten in der Popbranche Fuß, *Project Pitchfork* haben es geschafft, große Teile der Electro-Fraktion hinter sich zu bündeln (...) Der Umbruch in den Jahren 1993/94 war nicht der letzte, es scheint hier einen Drei- bis Vier-Jahres-Rhythmus zu geben."[148]

Zum Beispiel ist seit dem zweiten Drittel der 1990er-Jahre ein deutlicher Zuwachs für elektronische Musikrichtungen zu verzeichnen. Eric Burton von der Promotionagentur ‚Hardbeat Propaganda' schätzt das Verhältnis Gitarre – Elektronik im Jahr 2001 auf 70/30 bis 80/20 Prozent zugunsten der elektronisch erzeugten Varianten. Ein Grund hierfür liegt neben dem Wandel im Publikums-

---

148   S. Matzke/Seeliger 2000, S. 226 f.

geschmack schlicht darin, dass elektronische Projekte wesentlich einfacher und preisgünstiger zu produzieren sind, als Studioaufnahmen mehrköpfiger Gitarrenbands. Außerdem findet sich als letzte innovative Strömung im Bereich düsterer Gitarrenmusik die seit Mitte der 1990er-Jahre erfolgreich vorangetriebene Verbindung von Heavy Metal mit Einflüssen aus dem Gothic Rock (s. Gothic Metal).

4.2 Die Genrebildung und -benennung innerhalb der schwarzen Musik

Beschäftigt man sich im Feld der Musik mit einer speziellen Sparte, ist es zur Orientierung sinnvoll, eine Klassifizierung auf der Basis einer Typenbildung[149] aufzustellen. So sollen Verwandschaftsverhältnisse deutlich gemacht und Licht in den Wald der zahllosen Bezeichnungen innerhalb dieser speziellen Musik der düsteren Klänge gebracht werden. Das heißt keinesfalls, dass dieses ‚in-Schubladen-Stecken' innerhalb der Gothic-Szene gern gesehen ist. Manche Bands und Künstler wehren sich vehement gegen bestimmte Festlegungen, da selbstverständlich die meisten für sich – mehr oder minder berechtigt – in Anspruch nehmen, etwas jeweils Originäres aus unterschiedlichsten Elementen zu erschaffen. Trotzdem ist unbestritten, dass die ähnliche Verwendung von Instrumentierung, Sounds, Songstrukturen, Gesangsgestus, textlicher Inhalte etc. ein Zusammenfassen ähnlich gearteter Musiken durchaus legitimiert. Von den Musikhörern werden die existierenden Kategorien gerne als Einkaufshilfe oder zur Planung der Abendgestaltung in Anspruch genommen. Besonders in den Plattengeschäften sind Orientierungspunkte unumgänglich, genau wie für die Plattenfirmen bzw. Labels und Vertriebe sowie Musikmagazine bzw. Journalisten in diesem Bereich. Für jene ist eine Einordnung von Künstlern in die einzelnen Genres und Subgenres im Regelfall wesentlich wichtiger und auch durchschaubarer als für die Konsumenten. Innerhalb der Gothic-Szene werden so viele musikalisch voneinander zu trennende und auch trennbare Musikvarianten gehört wie in keiner anderen Jugendkultur. Nahezu von Beginn an gibt es vor allem zwei unterschiedliche Ausprägungen: die hauptsächlich gitarrenorientierte Variante einerseits (akustisch und elektronisch verstärkt) und andererseits die überwiegend auf elektronischer Basis produzierte Musik. Daneben haben sich aufgrund von Szeneverbundenheit Genres wie die traditionelle mittelalterliche Musik oder bestimmte Formen von Avantgarde bis Neoklassik in das Spektrum eingereiht. Daher ist es auch im Grunde nicht möglich, einen umfassenden Oberbegriff für die schwarze Musik festzulegen. ‚Gothic' alleine ist wegen des stilprägenden Gothic Rock zu stark mit der gitarrenlastigen Musik belegt. ‚Wave'

---

149 Vgl. Kluge 1999.

kommt als Oberbegriff schon eher in Frage, ist aber enger mit elektronischen Varianten verknüpft. Die pragmatischste Lösung ist demnach, den Oberbegriff ‚Wave-Gothic' zu wählen, alles Elektronische unter ‚Elektronische Genres' zu subsumieren und insgesamt schlicht den Terminus ‚schwarze Musik' zu verwenden. Doch selbst wenn die bestehenden Begriffe verwendet werden, besitzt der Versuch, eine Typologie der schwarzen Musik aufzustellen, einige diffizile Aspekte: Künstlerische Ausdrucksformen unterliegen zum einen ständigem Wandel und permanenter Erneuerung und werden zum anderen sehr subjektiv in Wahrnehmung und Beschreibung erfahren.

In Bezug auf das Ziel einer Typenbildung sind also die herausstechenden Merkmale relevant. Es geht in diesem Rahmen um einen Überblick, nicht um zwingende Vollständigkeit. Benennungen wie ‚Gothic Rock' oder ‚Synthie Pop' sind stehende Begriffe, wie sie in dieser Szene üblich und in Gebrauch sind. Die Gattungen und ihre Subgruppen werden im Folgenden ihrer relativen Verwandtschaft in Bezug auf die musikalischen Charakteristika nach gegliedert und beschrieben. Allerdings gibt es zwei benennbare Genres, die innerhalb ihrer Gruppe vorwiegend durch ihre textlich-inhaltlichen Merkmale bzw. das von ihnen angesprochene Publikum miteinander verbunden sind: ‚Neue Deutsche Todeskunst' und ‚Fetisch-S/M'[150]. Ein augenfälliger Sonderfall bedarf einer Erklärung vorab: Die Bezeichnung Industrial taucht insgesamt in drei unterschiedlichen Sparten auf, nämlich unter ‚Industrial Rock', ‚Elektronischer Industrial' und ‚Avantgarde Industrial'. Grund dafür ist, dass der Begriff im Laufe der Zeit in diesen drei Kontexten Verwendung gefunden hat, welche musikalisch keine gemeinsame Familie darstellen. Gemeinsam ist allen drei genannten Industrial-Formen eine bevorzugte Verwendung von experimentelleren musikalischen Ausdrucksformen, welche sich aber in Instrumentierung und Form unterschiedlich äußern. Unter ‚Weitere Genres' sind Richtungen aufgeführt, die in der Szene rezipiert werden, aber untereinander in keinem direkten musikalischen Zusammenhang stehen. Bei dem Feld ‚Artfremde Musikeinflüsse' wird ein Blick darauf geworfen, welche musikalischen Stilmittel aus anderen populären Genres und welche prominenten Einzelkünstler innerhalb der schwarzen Szene Akzeptanz erfahren. Werden inhaltliche Themenkreise der einzelnen Richtungen aufgezeigt, so ist dies eine kalkulierte Gratwanderung. Es kann lediglich auf der Basis offensichtlicher Themenkomplexe verallgemeinert werden, es ist nicht falsifizierbar, ob es beispielsweise nicht doch eine Mittelalter-Combo gibt, die in traditionell instrumentierten Liedern über Genforschung philosophiert! So ist die folgende

---

150 *Fetisch*: bestimmter Gegenstand oder Sachverhalt, der beim Fetischist sexuelle Stimulierung auslöst; *S/M*: gängige Abkürzung für die sexuellen Neigungen zum Sadismus bzw. Masochismus.

266   4 Die ‚schwarze' Musik

Einordnung der Musikrichtungen keinesfalls dogmatisch zu verstehen, sondern Resultat einer intensiven Auseinandersetzung mit dem Gebiet.

4.2.1 Gothic Rock und harte Gitarre

Gothic Rock entstand in England in den späten 1970er- bzw. frühen 1980er-Jahren und hat seine Wurzeln unbestritten in der Punk-Bewegung der vorangegangenen Jahre. Für die Übergangsphase fand sich die neue Stilrichtung unter dem Begriff ‚Post Punk' wieder, später etablierte sich für diese musikalische Mischung aus Punk, Rock und Elementen aus Psychedelic und Glamrock der Name ‚Gothic Rock'. Durch die in den USA mit kurzer zeitlicher Verzögerung aufkommende und in der Umsetzung leicht unterschiedlich geartete Ausprägung des Gothic Rock unterscheidet man heute in ‚European Gothic Rock' und ‚American Gothic Rock' (firmierte in den USA auch unter ‚Death Rock'). Als Musikinstrumente kommen im Gothic Rock hauptsächlich E-Gitarre, Schlagzeug, E-Bass und Gesang zum Einsatz. Die Verwendung von Synthesizern war in den Anfangstagen selten, wenn doch, dann als Akzentgeber oder in Form eines Drumcomputers (Schlagzeugcomputer, auch ‚Drummachine' genannt). Bei den *Sisters Of Mercy* ersetzte ein Drumcomputer unter dem Namen ‚Doktor Avalanche' gar den Schlagzeuger. Im Gothic Rock dominiert die übliche Songstruktur mit mehreren Strophen und Wiederholung des Refrains. Der meist männliche Gesang tieferer Stimmlage klingt oft verzweifelt und düster, teilweise wird auch hauchend oder schluchzend gesungen. Weiblicher Hauptgesang kommt in der europäischen Ausprägung seltener vor. Ein Sonderfall ist hierbei Siouxsie Sioux mit ihrer ausdrucksstarken Stimme. Häufiger sind hingegen weibliche Backing Vocals (Hintergrundgesang) zu finden. Durch die anfängliche Nähe zum Punk überwiegen Songs mit schnelleren, geraden Rhythmen und kraftvollem Ausdruck – auch Balladen oder Stücke mit eher schleppendem Rhythmus können so durchaus laut und kräftig gespielt werden. Gerne werden zur Kontrastbildung laute Passagen von besonders leisen abgelöst. Daneben arbeitet man mit Hall, Verzerrung und ähnlichen Elementen, wodurch ein pompöser, bombastischer, düsterer Sound entsteht. Die Songthemen innerhalb des Gothic Rock kreisen vorwiegend um Liebe, Liebeskummer, Gefühle, Enttäuschungen, Träume, Einsamkeit, körperliche Schwächen, Tod, Trauer, Depression, Morbidität und düstere Romantik. Politische Statements finden sich eher selten.

Das Stimmungsbild des Gothic Rock kann als düster, finster, manchmal wütend, aber selten wirklich aggressiv charakterisiert werden. Die Musik fungiert als Ausdruck großer Emotionen und eröffnet Möglichkeiten, mit diesen umzugehen. Wut, Verletzbarkeit und Schwächen werden respektiert und sind kein Tabu.

Prägende Vertreter des klassischen Gothic Rock: Siouxsie & The Banshees, Joy Division, Bauhaus, The Cure, Fields of the Nephilim, Sisters Of Mercy. Jüngst erfolgreich: HIM und The 69 Eyes. Wichtige deutsche Bands (teils nicht mehr existent): Love Like Blood, Dreadful Shadows, Catastrophe Ballet, Girls Under Glass; Sanguis Et Cinis (Österreich).

Im American Gothic Rock sind die musikalischen und inhaltlichen Charakteristika im Großen und Ganzen ähnlich dem oben beschriebenen Gothic-Rock, aber es findet sich noch weniger Synthesizer-Einsatz, dafür häufiger weiblicher Gesang (*Gitane Demone, Eva O.* und *Monica Richards*). Die wichtigste Band für diesen Zweig des Gothic Rock ist ohne Zweifel die 1981 in Los Angeles gegründete Formation *Christian Death,* die als eine Art Ursuppe für viele nachfolgende Bands dieser Richtung verstanden werden kann. Maßstäbe setzte 1982 ihr Album „Only Theatre of Pain". Weitere wichtige Vertreter: *Shadow Project, Mephisto Waltz, Faith & The Muse, London After Midnight, Cinema Strange, Switchblade Symphony.*

Gothic Metal und Black Metal: Innerhalb des schwarzen Musikmarkts gibt es im Gitarrenbereich auch Überschneidungen mit dem Bereich Heavy Metal (kurz ‚Metal'). Das von Bands aus speziellen Metal-Richtungen angesprochene Publikum (z.B. Speed-, Trash-Metal) geht selten mit dem Gothic-Publikum Hand in Hand, wobei Ausnahmen auch hier zu finden sind. Beispielsweise wurde beim alteingesessenen ‚Doom Metal' schon früh großer Wert auf Bombast-Elemente gelegt, weshalb die Grenzen zwischen Doom Metal und heutigem Gothic Metal fließend sind. Die Benennung und Entstehung des Genres ‚Gothic Metal' kann auf die britische (ehemals Doom-Metal-) Band *Paradise Lost* zurückgeführt werden, die 1991 ihr zweites Album ‚Gothic' betitelte und mit diesem erstmals einer größeren Hörerschaft die Verbindung von harten Metal- und melodiösen Gothic-Rock-Elementen näher brachte. Hier wurden bereits Hauptmerkmale des Genres offensichtlich: lange, ausdrucksstarke Stücke mit häufigen Tempiwechseln, Synthesizerflächen, orchestrale Einflüsse und der chorische Einsatz von Frauenstimmen. Weitere Charakteristika des Gothic Metal sind der aus dem Heavy Metal bekannte Einsatz von Schlagzeug- und Gitarrensoli, einprägsame Gitarrenriffs und die Verwendung von Keyboards und Synthesizern. Dem überwiegend männlichen Hauptgesang äußerst tiefer Stimmlage werden bevorzugt weibliche Stimmen, ob im Duett, chorisch oder als Backing Vocals, gegenübergestellt. Stimmungsbild im Gothic Metal ist eher das Wechselspiel zwischen düster, bedrohlich auf der einen Seite und betörend, romantisch auf der anderen Seite. Der Anspruch, massiv und schwer (‚heavy') zu bleiben, gilt dabei für beide Extreme. Melodie und Rhythmus sind teils schleppend, aber auch symphonisch bis bombastisch. Da zuerst eher Metal-Acts von Gothic-Elementen beeinflusst waren, ist

Gothic Metal also kein Subgenre des Gothic Rock, sondern eher eines des Heavy Metal. Später gab es allerdings auch den umgekehrten Weg (z.B. *Christian Death* unter Sänger Valor, *Nefilim* als Seitenprojekt von Carl McCoy). Weitere wichtige Gothic-Metal-Vertreter: *Theatre Of Tragedy, The Gathering, Type O Negative, Moonspell, Therion, Anathema, My Dying Bride, EverEve.*

Black Metal ist eine extrem schnelle Musikart und beinhaltet viele, auch rasch aufeinander folgende Brüche im Rhythmus- und Melodiegefüge. In Melodie und Umsetzung finden sich oft Disharmonien und Dissonanzen, die Gitarrenriffs sind aggressiv angelegt. Dieser sehr offensive Eindruck wird unterstützt durch die Art des grellen, fauchenden Gesangs in Verbindung mit so genannten ‚Growls', geknurrten bzw. gebrummten Vocal-Teilen. Dadurch verbreitet Black Metal meist eine dunkel-bedrohliche, dämonische bis nihilistische Atmosphäre. Wichtige Vertreter: *Mayhem, Emperor, Dimmu Borgir, Marduk, Cradle Of Filth, Dornenreich.*

Bevorzugte Themenkomplexe im Gothic Metal und Black Metal sind Fantasy-Motive, Friedhofsromantik, Tod, Krieg und Kampf, Legenden, Mystik, nordische Mythologie, Dämonen, Magie, Okkultismus, Satanismus und Zauberei bzw. Hexerei. Im Gothic Metal überwiegt die düstere Poesie und romantische Verklärung der Themen. Black Metal beschäftigt sich wesentlich stärker mit apokalyptischen Szenarien sowie Aspekten aus Okkultismus und Satanismus.[151]

Industrial Rock: Dieser Begriff umschreibt eine US-amerikanische, harte Rock-Variante und wird im englischsprachigen Raum auch ‚Industrial Metal' genannt. Neben gängigen Instrumenten wie Gitarren, Schlagzeug, Bass und Gesang ist die Verwendung der von Vertretern des ursprünglichen Industrial eingeführten Noise-Elemente charakteristisch. ‚Noise' bedeutet genau das, was seine deutsche Übersetzung nahe legt: Krach und zwar im Sinne von vermeintlich unstrukturierten Geräuschen, erzeugt sowohl durch Instrumente (z.B. Gitarre) als auch auf elektronischem Weg durch Sequenzer und ähnliche Geräte. Wie Wellenbrecher erscheinen diese Wände aus verzerrten Gitarren, lautem (teils schleppend, teils rasantem) Schlagzeug, verzerrten Sounds plus Gesang. Die Spannbreite reicht von höchst energetisch vorgetragener Wut bis zu lethargischer Resignation. Die Besonderheit beim Industrial Rock ist, dass der Einsatz dieser Mittel im Rahmen üblicher (Rock/Pop-)Songstrukturen geschieht. Es handelt sich also streng genommen nicht um Industrial, sondern um besonders brachiale Rockmusik mit

151 Zu einer adäquaten Auseinandersetzung mit den Zusammenhängen zwischen Black Metal und satanischen Kulten, Ritualen und Symboliken sind folgende Veröffentlichungen empfehlenswert: *Lords Of Chaos*, Michael Moynihan/Didrik Søderlind, deutsch bei Prophecy Productions, Zeltingen-Rachtig 2002; der Artikel *Sound Of Chaos* von Lars Brinkmann, SPEX Ausgabe 12/1998; sowie in *Nachtsaiten der Musik*, Daniela Tandecki, Kapitel 4 bis 8, Konrad Adenauer-Stiftung, Sankt Augustin 2000.

dem Einsatz elektronischer Mittel. Im Industrial Rock setzt man sich bevorzugt mit gesellschaftskritischen Inhalten auseinander. Immer wieder ist das amerikanische System Gegenstand kritischer Beurteilung, die Empörung über gesellschaftliche Mißstände, Auswüchse innerhalb der Medienlandschaft, aber auch religiöser Dogmatismus, der Kapitalismus oder Drogen als gesellschaftliches Problem. Das Stimmungsbild im Industrial Rock ist allgemein von Protesthaltung und Rebellion geprägt. Gerade in den USA stellt diese Musik ein vereinigendes Element der Gegenkultur da (man ist ‚dagegen'). Vorreiter des Industrial Rock war ab Ende der 80er-Jahre *Ministry* und *Nine Inch Nails* (unter Mastermind Trent Raznor). Weitere Vertreter: *Spahn Ranch, Godflesh, Fear Factory, KMFDM* (Deutschland), *Stabbing Westward, Gravity Kills, Marilyn Manson* (entdeckt von Trent Raznor), *Godhead.*

Neue Deutsche Härte: 1995 erschien das erste *Rammstein*-Album unter dem Titel „Herzeleid" und markierte den Ausgangspunkt für ein Genre, das von der Musikpresse mit dem Begriff ‚Neue Deutsche Härte' (NDH) betitelt wurde. Insgesamt ist damit eine musikalische Ausprägung bezeichnet, in der zu meist deutschen Texten eine Mixtur aus harten Metal- und Hardcore-Einflüssen und Techno-Elementen ihre Anwendung findet. Grundsätzlich ist es eine betont kraftvolle Form von deutschsprachigem Metal, die mit modernen Möglichkeiten der Musikproduktion arbeitet. Entsprechend beinhaltet die Instrumentierung Gitarren, Bass, Schlagzeug, Gesang sowie den Einsatz von Synthesizern und teilweise Drumcomputern. Synthetisch werden gerne Streicher-Arrangements, Melodie-Schnipsel oder Loops[152] eingebunden und Hintergrundflächen erzeugt. Es dominiert männlicher Gesang. In den Stücken geht es hauptsächlich um Liebe, Eifersucht, Hass, Sex, Tod, Gott, Teufel, Dämonen, die Menschheit und auch Geschichtliches. Die eher knappen, teils banalen Texte scheinen darauf angelegt, besonders viele bedeutungsschwanger konnotierte Worte zu benutzen, diese zu verbinden und dann möglichst häufig zu wiederholen. Charakteristisch ist innerhalb der Aussprache oft das gerollte ‚R' sowie eine starke Betonung jeder einzelnen Silbe, wobei die Melodie in den Hintergrund tritt und so teilweise in Sprechgesang übergangen wird. Getextet wird meist in einfachen Reimschemen. Zum Stimmungsbild ist festzustellen, dass alles auf eine möglichst gewaltige Wirkung ausgerichtet scheint: Vom Einsatz der Instrumente über den Gesangsgestus bis hin zu den Texten wird vornehmlich Stärke demonstriert. Als Antrieb fungieren Leidenschaft und Verlangen wie auch Aggression und Zorn. Es ist eine Musikart, die besonders im Live-Kontext und auf der Tanzfläche ihre Wirkung entfaltet. Generell kommt der Neuen Deutschen Härte eher im Metal-

---

152 Loop (engl.): Schleife; in der Einzahl eine bestimmte kurze, charakteristische Tonabfolge, dazu bestimmt, diese mehrfach hintereinander zu setzen, also zu ‚loopen'

Sektor als in der schwarzen Szene größere Bedeutung zu. Zugerechnete Vertreter, die auch in der Szene Gehör finden, sind: *Rammstein, Oomph!, Richthofen,* (Joachim) *Witt, Atrocity* sowie *Die Schinder* und *Tanzwut,* wobei sich letztere beiden in der Schnittmenge zur elektronisch verstärkten Mittelalter-Musik befinden. Beispiele für weniger in der Szene verbreitete NDH-Bands: *Hassmütz, Megaherz, Kickdown, Kult, Pronther* und *Harmann.*

Es soll nicht unerwähnt bleiben, dass der Neuen Deutschen Härte an einigen Stellen faschistoide bis rechtslastige Tendenzen zugeschrieben werden (Stichwort *Weissglut*). Dieser Eindruck entsteht einerseits durch das teutonenhafte Auftreten und die martialischen Bühnenshows, andererseits durch doppeldeutige Texte oder die riskante Verwendung bestimmter Symboliken oder vorbelasteter ästhetischer Schablonen durch einige Protagonisten. In aller Regel distanzieren sich die Künstler klar von Spekulationen über ihre politische Gesinnung oder erklären ihre Gründe für bestimmte Vorgehensweisen. Wenn dies im Einzelfall unterbleibt oder zu wenig plausibel geschieht, ist eine differenzierte Bewertung nötig.[153]

4.2.2 Elektronische Genres

Die folgenden Genres innerhalb der schwarzen Musik verbindet der dominante Einsatz von elektronischen Gerätschaften, mit denen unter anderem übliche Musikinstrumente nachgeahmt, natürlich erzeugte Klänge bearbeitet als auch völlig neuartige Sounds erzeugt und bearbeitet werden können. Vor allen Dingen letztere Möglichkeit eröffnete Künstlern neue Wege der Umsetzung ihrer musikalischen Ideen. Die größte Vorreiterfunktion auf diesem Weg besitzen unbestritten *Kraftwerk* aus Düsseldorf. Sie sind spätestens seit ihrem 1974er-Album „Autobahn" Ikonen der Elektronik-Musik. Wichtige Gerätschaften bzw. Begriffe im Universum eines Elektronik-Equipments sind Analog-Synthesizer, digitale Synthesizer, Software-Synthesizer, Oszillatoren, Filter, Arpeggiator, Noise-Generator, Workstation, MIDI, Exciter, Harmonizer, Echo und Delay, Kompressoren bzw. Maximizer, Keyboards, Drum-Machines, Groove-Boxes Sampler, Sequenzer bzw. Audio-Sequenzer-Computer-Programme (‚Logic Audio' oder ‚Cubase'). Diese Aufstellung verdeutlicht die unendliche Bandbreite von Möglichkeiten innerhalb der Musikproduktion mit elektronischen Mitteln. Es wird außerdem klar, dass hier nicht mehr zwingend eine vierköpfige Band gebraucht wird, die

---

153 Zu dieser Thematik empfiehlt sich Kapitel 3 aus *Nachtsaiten der Musik,* Daniela Tandecki (s.o.); *Letzte Ausfahrt Germania – Ein Phänomen namens Neue Deutsche Härte,* W.-R. Mühlmann, I.P. Verlag, Berlin 1999 sowie der Artikel *Gelobt sei, was provoziert,* Daniel Bax, taz vom 03.06.2000.

wochenlang ein teures Studio mieten muss, um ein Album fertig zu produzieren, sondern im Prinzip ein einziger kreativer Kopf mit dem richtigen Equipment zu Hause ausreicht.

New Wave wird rückblickend sehr ungenau nahezu alles genannt, was ab Ende der 1970er bis ca. Mitte der 1980er-Jahre vorwiegend in England an Popmusik unter Zuhilfenahme von Synthesizer-Klängen produziert wurde. Im engeren Sinne versteht man unter dem Genre New Wave eine Strömung von zunächst englischen Underground-Musikern, die ab 1976 andere Wege als bekannte Rock- und Disco-Pop-Formationen beschritten, um eindringliche, eingängige Songs zu produzieren. Wichtig war der hinzukommende, aber nicht ausschließliche Einsatz von elektronischen Geräten wie Keyboards und Synthesizern, die mittlerweile zu erschwinglichen Preisen erhältlich waren. So wurde mit Elementen aus Punk, Disco-Pop, Psychedelic und teilweise Rock bzw. Glamrock der neuartige Sound kreiert. Die entstandenen Songs waren in der Komposition komplexer als Punk-Stücke, aber dennoch kraftvoll, in Teilen ‚psychedelic‘ sowie in einigen Varianten extrem poppig und meist sehr tanzbar. Trotz des Undergroundcharakters waren sie somit oft auch chart-tauglich, so dass sich der Erfolg bald einstellte. Der Gesang hat meist eine sehr angenehme Anmutung, es wird ‚schön gesungen‘, selten düster. Viele der Melodien sind einfach strukturiert: Grundmelodien werden häufig wiederholt bzw. innerhalb des Songs nur leicht abgewandelt. Die Texte sind in Verbindung mit prägnanten Refrainzeilen häufig kurz und leicht verständlich. In einigen Lyrics wird durchaus eine kritische Haltung gegenüber dem Staat bzw. der Gesellschaft transportiert, aber im Vergleich zum Punk unterhaltsamer und eher ironisch distanziert. Entertainment ist kein Makel, sondern oft gewollt, was sich auch in Bezug auf das Outfit als Spaß an der Inszenierung äußert. Extrem häufig ist die Liebe Thema der Songs, ob mit oder ohne ‚Happy End‘. Insgesamt wirken besonders die poppigeren New-Wave-Songs gerne oberflächlich, selbstverliebt, etwas naiv und vermitteln Lebensfreude. Trotz der fehlenden Düsternis oder Morbidität werden die Klassiker dieser Zeit in der schwarzen Szene respektiert und besonders auf Parties nach wie vor gerne gehört. Nach 1984/85 wurden viele Künstler von der Musikindustrie als New Wave etikettiert bzw. von Produzentenseite aufgebaut, da der Begriff bei den Plattenkäufern eingebürgert war. New Wave in seiner ursprünglichen Form ist im Grunde mit seinen Protagonisten, die sich anderen Ufern zuwandten, ‚gestorben‘. Wichtige Vertreter: *Tuxedomoon, Fad Gadget , Elvis Costello, XTC, Talk Talk, Level 42, Culture Club, Public Image Ltd. (P.I.L.), The Multicoloured Shades, Martha & The Muffins, Blondie, The Cars, Men At Work.*

New Romantic war ab 1979 eine selbst betitelte Strömung innerhalb des New Wave. Hier kamen verstärkt Synthesizer zum Einsatz, verdrängten aber Gitarre und Bass nicht immer vollständig. Teilweise ist ein Hang zu minimalistischerer Instrumentierung, mehr Sounds mit Effekten wie Hall oder Herzklopfen festzustellen. Der Unterschied lag hauptsächlich im Outfit der Künstler und deren Gesamtanmutung sowie im textlichen Bereich, wo oft stark sexuell konnotierte Formeln eingebracht wurden. Die Genrebezeichnung, übersetzt ‚Neue Romantik', spielt vor allem auf eine ‚moderne' Art des Umgang mit zwischenmenschlichen Gefühlen an. Die Musik verbreitete die passende kühle, tanzbare und trotzdem melancholische Stimmung. Androgyner Schick, Glamour und der richtige Stil spielten eine wichtige Rolle. Das musikalisch recht kurzlebige Phänomen wurde beinahe ausschließlich von englischen Bands und deren Umfeld getragen und hatte trotz der relativ wenigen Protagonisten großen Einfluss auf die entstehende schwarze Szene. Die wichtigsten Vertreter: *Spandau Ballet, Gary Numan, Adam Ant* bzw. *Adam And The Ants, Ultravox, Visage, Human League, A Flock Of Seagulls, Duran Duran.* Bei einigen der Protagonisten ist die Grenze zu Synth Pop bzw. Synthie Pop fließend, da New Romantic – wie beschrieben – vor allem durch die Darstellung und Umsetzung des Lebensstils umklammert wird.

Synthie Pop bzw. Synth Pop, wie er in der Anfangszeit genannt wurde, ist von der Instrumentierung rein synthetischer Natur. Zum Einsatz kommen Synthesizer, Keybords, Drummachines und Sequenzer. Die Geräte werden konventionell benutzt, wie zum Beispiel bei herkömmlichen Disco- bzw. Dance-Produktionen. Es liegen tendenziell eingängige Rhythmen und ‚glatte' Sounds vor ohne provozierende, unangenehme Verzerrungen. Kennzeichnend ist eine sehr gute Tanzbarkeit der Stücke. Die Melodien besitzen oft Ohrwurmcharakter, dazu erklingen einprägsame männliche Stimmen. Als Bandbesetzung reicht meist ein Musiker-Duo. Die Melodien und Texte ähneln einfachen Popsongs, die vorwiegend knappen Textstrophen und Refrains sind leicht zu merken. Synthie-Pop-Stücke sind thematisch emotional und drehen sich um Liebe, Sehnsüchte, besondere Erlebnisse und Lebensumstände; in neueren Produktionen findet sich auch ein verstärktes Interesse an Science-Fiction-Aspekten. Grundsätzlich ist Synthie Pop schlicht eine besonders gefühlvolle und unterhaltsame Art von Tanzmusik und sehr beliebt in der schwarzen Szene. Das Stimmungsbild reicht von freudiger Erregung bis zu melancholischer Reflexion. Die wichtigsten frühen Synthie-Pop-Vertreter kamen beinahe ausschließlich aus Großbritannien: *Depeche Mode, Yazoo* und später *Erasure* (beide gegründet von Vince Clarke), *New Order* (Nachfolgeband von *Joy Division*) oder *Bronski Beat. Human League* und *Japan* sind wichtige Bindeglieder zwischen New Romantic und frühem Synthie Pop.

Aus Deutschland bekannt: *Boytronic, Alphaville, Camouflage*. Auch die Kanadier *Psyche* genießen in der Szene hohen Stellenwert. Die Bedeutung Englands für den Synthie-Pop-Bereich nahm im Laufe der Jahre wieder ab. Seit Anfang bis Mitte der 90er-Jahre kommen die meisten entsprechenden Veröffentlichungen aus Deutschland *(Wolfsheim, De/Vision, Distain!, Beborn Beton, Welle: Erdball, Perfidious Words)*. Außerdem: Schweden *(Children Within, Elegegant Machinery)*, England *(Mesh)*, USA *(Brave New World)*. Das Genre ist nach wie vor sehr lebendig und erneuert sich trotz des enggesteckten Rahmens ständig *(S.P.O.C.K., Melotron)*. Synthie-Pop-Bands wie *Mesh* oder *Beborn Beton* werden auch unter dem Begriff Electro-Pop vermarktet.

Dark Wave: Obwohl dem Begriff auch eine Allgemeinbedeutung für dunkle Musikarten zukommt, liegt sein Ursprung in der Bezeichnung für eine bestimmte musikalische Richtung. Anfang der 90er-Jahre gab es eine neuartige Mischung zwischen Gothic-Rock- und Elektronik-Elementen in Verbindung mit meist sehr tanzbaren Rythmen, die insgesamt mit Dark Wave betitelt wurde: eingängige, düstere Songs mit einer große Nähe zur Elektronik, aber meist getragener im Vergleich zu den harten elektronischen Ausprägungen wie EBM bzw. Electro. Musikalische Merkmale sind die ausgedehnte Instrumentierung von Synthesizer bis Gitarre, oft auch Streicherarrangements und Klavierbegleitung, vielschichtig angelegte Kompositionen, häufiger Wechsel innerhalb der Stücke von Rücknahme des Tempos und Wiederaufbau von Spannung und dadurch insgesamt eine etwas bombastischere Anmutung. Im Gesanglichen sind Duette mit härteren, leicht verzerrten männlichen und charaktervollen weiblichen Stimmen sehr beliebt, ansonsten überwiegt männlicher Gesang in tiefen   Stimmlagen. Das 1991 erschienene Album „Dark Star" von *Deine Lakaien* brachte neue Impulse und war der wichtigste Meilenstein dieses Genres. Im Grunde sind nur wenige Künstler klar hier einzuordnen, da die Grenze zu Electro fließend ist. So gelten zum Beispiel auch *Project Pitchfork* als Dark-Wave-Band, obwohl im Grunde nur deren 1992er-Album „Entities" dem Darke Wave zuzurechnen ist. Bei den Songthemen sind Gefühle, Natur und Umwelt sowie esoterische und religiöse Betrachtungen beliebt. Textlich und musikalisch ergibt sich für Dark Wave ein Stimmungsbild, das sich gezähmt zwischen Härte und Romantik bewegt, sehnsuchtsvoll und melancholisch, Wut kommt kaum aggressiv zum Ausdruck, alles wirkt ausgewogen und reflektiert. Dark Wave scheint in dieser Ausprägung ein rein deutsches Phänomen, fast alle wichtigen Vertreter kommen aus Deutschland: *The Eternal Afflict, Calva Y Nada, Projekt Pitchfork, Deine Lakaien* (frühe bis mittlere Veröffentlichungen), *Die Verbannten Kinder Evas, Illuminate, Silke Bischoff, L'Âme Immortelle* (Österreich), *Impressions Of Winter* (Nähe zur Neoklassik), *Clan Of Xymox* (Niederlande).

Electronic Body Music (EBM): Seinen Ursprung hat dieses Genre Anfang der 80er-Jahre in Deutschland und Belgien. 1981 erschien die erste Maxi „Principles"/„Body To Body" von *Front 242* aus Brüssel. *Front 242* nannten ihren Sound damals ‚Electronic Body Music‘ und haben so unbeabsichtigt den Namen für ein ganzes Genre geprägt. Wichtig und auffällig ist besonders der Einsatz von neuartigen, harten bis aggressiven Rhythmen mit geradem Takt in nahezu allen Stücken. Durch die Dominanz kräftiger Bass-Schläge ist diese Musik bei hoher Lautstärke regelrecht physisch spürbar: ‚Body Music‘. Durchgängig stampfend, um 120 beats per minute (bpm) in Verbindung mit meist einfachen Texten und eingängigen Melodien, wie sie auch im Synthie Pop zu finden sind, besitzen EBM-Stücke eine starke Präsenz und sehr gute Tanzbarkeit. Ausgewählte Samples und Cuts (geschnittene Sound- oder Melodieteile) wurden damals meist noch live geloopt und in die Produktionen eingespielt, genau wie einzelne Effekte jedes Mal aufs Neue manuell erzeugt werden mussten. Bei Live-Auftritten konnte das komplette Equipment so ohne weiteres die Bühne füllen. Die komplette Melodie der Stücke findet sich häufig erst im Refrain-Teil, während der Strophen ertönt die Stimme gerne über purem Rhythmus, der mit Melodieschnipseln oder Soundeffekten angereichert ist. Sehr wichtig beim Spannungsaufbau ist die Wiederholung von jeweils nur sehr leicht veränderten Instrumental-, Rhythmus- oder Text-Passagen, bevor sich die volle Energie wieder entlädt. Dadurch werden die Stücke stark gedehnt, üblich sind Tracklängen von rund 6 bis 8 Minuten. Am ehesten lässt sich der Vokaleinsatz als Sprechgesang bezeichnen: Die Worte und Textzeilen werden deutlich gesprochen oder geschrien. Neben der tiefen, männlichen Hauptstimme, die meist trotz möglicher Echo-Effekte oder leichter Verzerrung gut verständlich ist, kommt oft noch ein so genannter ‚Shouter‘ zum Einsatz. Dieser ist dafür zuständig, unterstützend Textteile nochmals einzuwerfen, diese zu kommentieren oder kurze Aufforderungen und Instruktionen zu geben. Seine Stimme wird üblicherweise stärker verzerrt oder mit einen Vocoder (Gerät zum Transferieren der Stimme in eine andere Stimmlage) bearbeitet. Weibliche Stimmen sind in diesem Genre äußerst selten zu finden. Ausnahme: ältere Produktionen der Britin *Anne Clark*. Das Stimmungsbild in dieser durchweg männlich dominierten Musikrichtung ist durch die künstlichen, kalten, teils minimalen, dunklen Sounds und den treibenden, harten Rhythmus rebellischer Natur. „Dies ist eine Warnung!" wäre eine stimmungserfassende Überschrift. Durch das repetitive Moment wirken viele Stücke hypnotisch. In den Texten geht es mit häufig minimalen Vokabular oft um gesellschaftliche Umstände, Widerstand gegen erzwungene Unterordnung jeglicher Art, Bedrohungen wie zum Beispiel durch die Macht der Medien, bedenkliche Fortschritte in Technik und Wissenschaft oder apokalyptische Science-Fiction-Visionen. Gefühle wie Wut und Hass werden thematisiert; romantische Liebesäußerungen besitzen einen geringeren Stellenwert, eher noch geht es um sexuelle Vorlieben und Anspielungen.

Ähnlich wie Christian Death für den Gothic Rock haben die unterschiedlichen Mitglieder von *Skinny Puppy* durch ihre Kreativität den elektronischen Genres in diesem Bereich wichtige Impulse gegeben und waren in viele Projekte involviert: *Frontline Assembly, Delerium, Synaesthesia, Intermix, Rx, Ohgr, The Tear Garden, Hilt, Doubting Thomas, Download* und *cEevin Key*. Wichtige EBM-Vertreter aus Deutschland: *DAF (Deutsch-Amerikanische Freundschaft), Die Krupps, Invisible Limits/Invincible Spirit, Armaggedon Dildos*. Bei *The Klinik* aus Belgien stand der Performance-Gedanke im Vordergrund, namhafte Engländer im EBM-Reigen: *Nitzer Ebb* und *The Cassandra Complex*. Die frühen Jahre der Electronic Body Music waren nicht nur für weitere elektronische Genres im Bereich schwarze Musik prägend. Viele der heute prominenten Techno-Produzenten wie *Sven Väth, Tanith, Talla XLC* oder auch *Westbam* waren früher dieser Richtung verbunden.

Electro: Der Begriff Electro[154] wird für EBM-ähnliche Musik ab Anfang/Mitte der 1990er-Jahre verwendet und dient so auch als Abgrenzung zu den ‚alten Helden' und Wurzeln. Vor allem durch die Weiterentwicklung der technischen Geräte und die ständig wachsenden Möglichkeiten im Bereich Computertechnologie war es möglich, die Sounds facettenreicher, die Kompositionen komplexer und die Produktionen professioneller zu gestalten. Wie im EBM stehen oft durchgehend treibende Beats im Vordergrund, wobei im Electro abwechslungsreichere Rhythmen eingesetzt werden, zum Beispiel eine absichtliche Verzögerung von Auftakten oder Wechsel der Geschwindigkeit innerhalb eines Stücks. Die Häufigkeit der geraden Hauptschläge ist teilweise mit 120-140 bpm etwas höher als im EBM, allerdings weiterhin durchgängig tanzbar. Der Gesang bzw. die stimmliche Ebene entspricht derjenigen im EBM. Die Grenzen zu anderen elektronischen schwarzen Genres sind fließend: So produzieren auch Synthie-Pop-Bands Songs, die in ihrer Gesamterscheinung ohne weiteres Electro sind, oder Electro-Musiker verschlägt es in Industrial-Gefilde. Durch die Multifunktionalität der heutigen Geräte und Computerprogramme wird häufig keine mehrköpfige Band mehr benötigt. Es finden sich in dieser Richtung überwiegend Musiker-Duos, aber auch Ein-Mann-Projekte (:*Wumpscut*:). Das Stimmungsbild unterscheidet sich prinzipiell nicht von dem für EBM herausgearbeiteten. Auch die bevorzugten Themenkreise ähneln sich, wobei aktuellere Motive einfließen

---

154 Ob Electro oder Elektro geschrieben, soll die vorliegende Richtung nicht verwechselt werden mit dem Electro, der z.B. im HipHop-Umfeld beheimatet ist (Strömung der frühen Achtzigerjahre, in der schleppende HipHop-Beats und elektronische Versatzstücke gemischt wurden, z.B. *Africa Bambaataa*)

wie künstliche Intelligenz, Roboterentwicklung, Genforschung, Molekularbiolo-
gie, Weltraumforschung oder die Vernetzung von Individuen. Frühe, wichtige
Electro-Vertreter sind *Frontline Assembly* und *Lææther Strip* aus Dänemark. Aus
Deutschland: *And One, X Marks The Pedwalk, Mentallo & The Fixer* und *Project Pitchfork, In Strict Confidence, Funker Vogt* sowie die Projekte von Christian Pohl *Seelenkrank, Tumor, Blutengel* und *Terminal Choice*. Ab Ende der
1990er-Jahre*: Ohgr, cEvin Key, VNV Nation, Icon Of Coil, Zeromancer, Neuro-
ticfish, Dkay.com.*

Future Pop: Dieser Genre-Begriff ist relativ neu und wurde erstmals für das
Album „United States Of Mind" der schwedischen Electro-Formation *Covenant*
angewendet. Im Unterschied zu EBM und Electro, wo teilweise noch Gitarren-
klänge zum Einsatz kommen, ist Future Pop sehr technoid angelegt, es überwiegen Track-Strukturen wie im Techno. Die Stücke sind teilweise rein instrumental
gehalten oder besitzen einen sehr geringen Gesangspart mit entsprechend niedri-
gem Wortanteil, z.B. ist der komplette Text von „One World One Sky" von *Covenant*: „One world one sky / We live we die." Future Pop ist Tanzflächen-
Musik, die am besten im Club funktioniert. Klare Sounds, durchgängige Rhythmen um die 140 bpm mit spannungsfördernder, partieller Rücknahme von Beat
oder Soundteilen, Breaks und eingängige Melodien. Genau genommen lassen
sich keine zwingenden Unterschiede zu chartkompatiblem Dance-Techno feststellen, außer dass die mit dem Begriff Future Pop belegten Protagonisten eben
innerhalb der schwarzen Szene zu finden sind und die Grundstimmung der Stücke doch etwas düsterer als in üblichen Techno-Veröffentlichungen anmutet. Das
Stimmungsbild ist geprägt von Harmonie, Trance und Ekstase, das Aggres-
sionspotenzial erscheint sehr niedrig, ‚Party machen' ist ein wichtiger Aspekt.
Namhafte Vertreter sind neben *Covenant, VNV Nation, Apoptygma Berzerk,
Haujobb* oder *Culture Kultür*.

Elektronischer Industrial und Power Electronics: Hier werden Industrial-Klänge
überwiegend synthetisch hergestellt, verfremdet und eingesetzt. Es überwiegen
Trackstrukturen, diesmal allerdings im Gegensatz zum ‚glatten' Future Pop un-
berechenbar, wild, dreckig und meist mit dem wichtigen Noise-Element versehen. Im Elektronischen Industrial hat man es mit krachigen Gebilden bis zu
schwer zugänglichen Soundlandschaften zu tun, die nicht zwingend einen erkennbaren Beat besitzen. Power Electronics ist das entsprechend auf extreme
Rhythmen um die 170-180 bpm und höher angelegte Krach-Pendant. Beide
Spielarten werden unter Zuhilfenahme aller vorhandenen elektronischen Produk-
tionsmöglichkeiten kreiert, zwingen zum Zuhören und bewegen sich zwischen
monotonem Dröhnen und brachialem Lärm. Die Anmutung ist rebellisch, non-

konformistisch bis aggressiv, es wird eine Art Endzeitstimmung vermittelt. Wenn sich zu dieser Musik bewegt wird, kann weniger von Tanzen gesprochen werden – vielmehr lässt man sich von den Geräuschen treiben. Bei Live-Konzerten sind durchdachte Multimedia-Installationen und Performance-Elemente an der Tagesordnung. Vorhandene Gesangsteile, Worte bzw. Wortsamples werden meist stark verzerrt, es gibt auch viele reine Instrumental-Stücke. Die Text- und Wortsample-Inhalte entsprechen in der Hauptsache den für EBM und Electro angeführten. Wichtige Protagonisten des Elektronischen Industrial: *Velvet Acid Christ, Suicide Commando, Dive, Klute, :Wumpscut:, Download* und *Grendel*. Frühe Ausprägungen des Bereichs Power Electronics waren die Projekte *Con-Dom* des Engländers Mike Dando und *Whitehouse* des Schotten William Bennett („Halogen" 1980).[155] Bekannte deutsche Acts aus dem Power-Electronics-Feld sind *P.A.L., Noisex, Xebox, Winterkälte*, aus Belgien *Sonar* sowie aus Spanien bereits seit 1981 experimentell rhythmisch bis elektronisch aktiv *Esplendor Geométrico*. Die Grenze zwischen Elektronischem Industrial und Power Electronics ist fließend, da viele der Künstler in ihren Stücken mal die einen, mal die anderen Merkmale stärker einsetzen.

Dark Ambient und Dark Ritual: Weder Ambient noch Ritual sind speziell in der schwarzen Musik zu Hause oder haben sich nur hier entwickelt, aber es gibt doch gewisse Schnittmengen, die in Bezug auf die Herkunft der Künstler und das vorwiegend angesprochene Publikum gerne mit ‚Dark Ambient' bzw. ‚Dark Ritual' bezeichnet werden. Das Stimmungsbild ist das Entscheidende und äußert sich im Ambient auf eine sehr ruhige, fließende, chillige Art. Im Ritual wird eine Tribal-Atmosphäre erzeugt, also treibendere, etwas beschleunigte Rhythmen, die auf eine hypnotische, schamanenhafte, magische Stimmung abzielen. Sowohl Ambient als auch Ritual sind vorrangig Instrumentalmusik, Vocals finden sich entsprechend selten und wenn, dann eher als sich wiederholende bzw. gesampelte Wörter und einzelne Textzeilen aus unterschiedlichen Sprachen. Im Ritual finden sich teilweise Fantasiesprachen, Schreie, mystische Formeln oder Beschwörungen. Die flächigen Sounds ohne Rhythmusvorgabe im Ambient werden vorrangig elektronisch erzeugt. Im Ritual kommen zusätzlich Naturklänge wie Wasserrauschen oder Vogelzwitschern und wegen der stärkeren Rhythmisierung akustische Percussion-Werkzeuge wie Schlaghölzer, Schellen u.ä. zum Einsatz. Melodisch dominiert der langsame Aufbau von schwebenden Tonfolgen mit minimalen Modulationen. Die Stücke besitzen im Allgemeinen eine Länge von etwa 10 Minuten. Es ist wie eine ‚Musik zum inneren Film' oder lädt im Fall von

---

155 Der *Whitehouse*-Initiator Bennett ist wegen seiner an die Geschmacksgrenzen gehenden Texte, Statements und Performances umstritten, es wird ihm Gewaltverherrlichung, Frauenfeindlichkeit und politische Unkorrektheit vorgeworfen; vgl. Seibert 2000.

Ritual zum tranceartigen Tanzen ein. Einflüsse aus der Weltmusik kommen meist aus dem asiatischen Raum, beispielsweise indonesische und indische Versatzstücke. Wichtige Vertreter Ambient/Dark Ambient: *Vidna Obmana, Steve Roach* und *Robert Rich, ThoSoAa, Les Jumeaux, Sephiroth, Hoedh, Zoomorph, Hostia, Moksha.* Die Grenzen bezüglich der involvierten Künstler sind oft fließend: der Musiker Bill Leeb von *Frontline Assembly* wendet sich beispielsweise mit seinen Projekten *Delerium* und *Synaesthesia* dem Ambient zu und bewegt sich mit *Intermix* in Ritual-Gefilden. Auch die Avantgarde-Industrial-Pinoniere *Coil* finden teilweise in Ambient und Ritual musikalische Ausdrucksformen. Vertreter Ritual/Dark Ritual: *The Hybryds, Ah-Cama-Sotz, Crash Worship, Sixth Comm* (Neofolk-Anklänge), *Mother Destruction* und *No Festival Of Light.* Die Grenzen zu Avantgarde wie Elektronischem Industrial sowie Neofolk sind in diesem Bereich oft fließend.

4.2.3   Weitere Genres

Neben den verschiedenen Richtungen, die bereits vorgestellt wurden, gibt es noch weitere Genre-Typen bzw. Musikströmungen, welche für die schwarze Szene Relevanz besitzen. Die folgenden Stilrichtungen wurden in die Typologie mit Absicht als freistehend integriert, da die Verwandtschaftsverhältnisse zu den bereits genannten Genres nicht restriktiv beschreibbar sind und sich auf eine andere Weise äußern. Die verbindenden Elemente innerhalb dieser Genres liegen vorrangig bei bestimmten Schwerpunkten in Herangehensweise, Inhalt bzw. Ausdruck.

Avantgarde und Avantgarde Industrial: Im Bereich der Musik findet der Ausdruck ‚Avantgarde‘ in unterschiedlichsten Sparten Verwendung, von Avantgarde Jazz bis Avantgarde Techno. Grundsätzlich ist das Merkmal von Avantgarde, auch ‚Freispiel‘ genannt, dass sie ihrer Zeit voraus ist und entsprechend jenseits existierender Genres einen großen Spielraum für Experimente, Projekte, Performances u.ä. bietet. Das Wichtige ist die neue Idee bzw. das Aufheben oder schlicht Ignorieren von bekannten Grenzen und eingefahrenen Mustern, sowohl in musikalischer als auch inhaltlicher Hinsicht. Avantgarde ist so als individuelle Philosophie und Umsetzung kreativen Potenzials zu verstehen. Unter dem Stichwort ‚Avantgarde Industrial‘ ist der ursprüngliche Industrial gemeint, dessen grundsätzliche Philosophie mit der oben beschriebenen Hand in Hand geht. Avantgarde respektive Avantgarde Industrial ist kein ‚Easy Listening‘. Sie fordert ihre Hörer auf musikalischer, (wenn vorhanden) textlicher wie auch medialer Umsetzungs-Ebene (Performancegedanke etc.) und beansprucht, sich mit den

Gedankenwelten der Künstler intensiv auseinander zu setzen. Die vermittelte Atmosphäre ist aufrührerisch, unangepasst, beängstigend, teils aggressiv, im Avantgarde Industrial kommt durch die verwendete Instrumentierung eine große Härte und Kompromisslosigkeit ins Spiel. Es gibt keine Grenzen für den Einsatz und Ausdruck der Stimme, von ‚normalem' Gesang über Schreien, Brüllen, Keifen, Jaulen bis zu fast tonlosem Flüstern ist alles möglich. Oft wird die Stimme gesampelt oder absichtlich verfremdet. Spiellängen oder Aufbau der Stücke sind völlig frei, erkennbare Rhythmen können, müssen aber nicht vorhanden sein, ebenso verhält es sich mit Melodien. Grundsätzlich kann im Bereich Avantgarde alles Instrument sein: ob Metallstücke, Nägel, Steine, Presslufthämmer, Maschinenlärm, Explosionen, selbstgebaute Instrumente aus unterschiedlichsten Materialen und natürlich computergenerierte Sounds jeglicher Couleur etc. Instrumentengleich werden teilweise Samples aus historischen Reden, Filmen, Alltagsgeräusche, Werbebotschaften, Tierstimmen oder Naturgeräusche eingesetzt. All das wird oft verfremdet oder verzerrt und durch präparierte Verstärker oder zufallsgesteuerte Apparaturen geschickt – so ergeben sich insgesamt Klangcollagen hoher Intensität. Die gerade genannten Möglichkeiten in der Instrumentierung werden vor allem im Avantgarde Industrial ausgiebig genutzt. Der Begriff Industrial geht auf den amerikanischen Musiker *Monte Cazazza* zurück, welcher den Slogan „Industrial Music For Industrial People" prägte. Hinter dem Begriff Industrial steckt demnach mehr als ‚nur' das reine Experiment mit dem Sound. Die Wurzeln liegen im England der späten 1970er-Jahre:

> „Das verfallende Industriezeitalter wird nicht aus nostalgischen Gründen beschworen, sondern es wird eine ehemals industrielle Gesellschaft widergespiegelt, die sich in einem tief greifenden Wandel befindet. Industrial versteht sich außerdem als eine Reaktion auf die beginnende Mediatisierung, auf den Einfluss der Medien und ihre Verstrickungen und Abhängigkeiten von der Macht. (...) Die Industrial Culture radikalisiert in Kenntnis künstlerischer Provokationsmechanismen die Ideen des Punks."[156]

Wichtige Avantgarde-Industrial-Vertreter: Coil, Crash Worship, Throbbing Gristle, Cabaret Voltaire, Einstürzende Neubauten, SPK, Chris & Cosey, Test Dept., Psychic TV. Für die schwarze Musikwelt relevante Avantgarde-Künstler sind u.a. Kraftwerk, Can, Diamanda Galás, Christian Wolz, Klaus Nomi, Laibach, Lydia Lunch, Laurie Anderson, The Residents, Tuxedomoon, Carlos Peron und Maria Zerfall In Phase Pervers.

---

156 S. unter http://www.uni-frankfurt.de/fb09/kunstpaed/indexweb/publikationen/industrial.htm; Birgit Richard, *Die Industrial Culture-Szene*, Aufsatz, Frankfurt am Main 2000.

Neofolk: Folk-Arten, die auf traditioneller Volksmusik basieren und ausschließlich auf akustischen Instrumenten gespielt werden, existieren in der angloamerikanischen Ausprägung bereits seit den 1960er-Jahren. In den 1980er-Jahren wurde diese Art des Musikmachens von Bands wie *Death In June* und *Sol Invictus* wiederentdeckt und so ist durch Variation, Veränderung bzw. Hinzufügung neuer Elemente das Genre Neofolk entstanden. Unabdingbar ist hierbei die Verwendung von akustischen Gitarren und Percussionsinstrumenten wie Trommeln, Pauken, Snares, Schlaghölzern, Schellen u.ä., daneben gerne Flöten oder Saiteninstrumente. Es dominieren langsame, gerade Rhythmen bis zum Midtempo; schnelle Stücke sind äußerst selten. Musikalisch finden sich Crossover-Versuche im Bereich Black Metal, z.B. *Empyrium* oder *Haggard*, aber auch verfremdete, elektronische Elemente bei Bands wie *Ordo Equilibrio, Kirlian Camera, Sophia* oder *Sixth Comm.* Im Neofolk-Bereich existieren häufig Überschneidungen mit Industrial und Dark Ritual – ob personell, thematisch, musikalisch oder im Stimmungsbild. Gewöhnlich liegen simple, repetitive Melodien vor, die in ihrer Eingängigkeit Liederbuch-Stücken ähneln. Teilweise werden alte Folk-Klassiker neu interpretiert. Die Vocals stehen meist im Vordergrund, vorrangig ist männlicher Gesang zu hören, aber es gibt auch Sängerinnen (z.B. Andrea „Nebel" Haugen mit ihrem Projekt *Hagalaz Runedance*). Wichtige Vertreter sind z.B.: *Death In June, Current 93, Sol Invictus, Of The Wand & The Moon, Backworld, Forseti, Hekate, Sorrow* oder *Scivias.*

Die Stimmung im Neofolk wirkt durch die charakteristischen Trommeln oft martialisch. Trotzdem liegt sie wesentlich näher an melancholischer Lagerfeuerals an Marschmusik. Klanglich kommt die zelebrierte Nostalgie, der Wunsch nach verlorener Tradition oder das In-Erinnerung-Rufen vergessener Überlieferungen zum Ausdruck. Meist ist die Wirkung meditativ und ruhig, betont düstere Stücke können aber auch beängstigend wirken. Neofolk, also ‚neuer' bzw. ‚verjüngter' Folk, ist in dieser Ausprägung ein schwerpunktmäßig europäisches Phänomen. In die Texte finden häufig traditionelle Themen Eingang wie Brauchtum, Legenden, Sagen, tradierte Balladen-Stoffe aber auch heidnische Themenkreise (Heidentum, Magie, Runen u.ä.).

Interesse an der Vergangenheit und deren Aufbereitung ist zunächst nichts Verwerfliches; schwierig wird es allerdings, wenn bestimmte Epochen unadäquat thematisiert, stilisiert oder gar verherrlicht werden. Zu den umstrittensten Künstlern gehören hierbei Douglas Pearce von *Death in June, Boyd Rice/NON, Kirlian Camera, Fire & Ice, Les Joyaux De La Princesse* oder *Orplid.* Unbestritten wird im engeren wie weiteren Rahmen des Genres Neofolk rechtslastiges bis rechtsextremes Gedankengut geäußert. Oft sind die Textzeilen in ihrer Aussage allerdings sehr vage oder kryptisch angelegt, ebenso wie die verwendeten Symbole.[157]

Mittelaltermusik: Musikalisch erfolgen innerhalb der heute gespielten Mittelaltermusik Rückgriffe auf alte Musik hauptsächlich aus Hoch- und Spätmittelalter sowie der Renaissance. Alle Arten der Musik aus diesen Zeiten werden aufgegriffen. Es finden sich sowohl Interpretationen ‚bekannter‘ mittelalterlicher Motive, wie etwa der ursprünglichen ‚Carmina Burana‘, gregorianischen Chorälen, Messen und Liturgien, aber auch einfache Bänkelweisen oder die Volksmusik der Spielleute. Besonders bei volksnahen Varianten stellt sich das Problem der Überlieferung von Melodien und Harmonieschemen, da die Spielleute im Gegensatz zu den Musikern in Kirchen oder am Königshof oft nicht schreiben konnten. Die Instrumente für diese und andere Varianten der mittelalterlichen Musik werden auch heute noch originalgetreu nachgebaut und verwendet: zum Beispiel Flöten, Schalmeien, Drehleiern, Fiedeln, Krummhörner und Portatative (eine Art tragbare Orgel). Die Melodie-Arten sind analog zu ihren Vorbildern unterschiedlich: einfache Harmonien, häufige Wiederholung von Motiven, aber auch elegische, choralhafte Führungen wie in der Gregorianik. Ebenso verhält es sich mit den Textinhalten: Innerhalb von Messen und an Liturgien angelehnten Varianten sind christliche Inhalte bestimmend; im Minnegesang das Anbeten der Liebsten. Es werden überlieferte Sagen oder Stundenbücher vertont, Balladen und Moritate erzählen von Tragödien und Kriminalfällen. Für eine Beschreibung des Stimmungsbilds ergeben sich entsprechend unterschiedliche ‚Gemütslagen‘: Die Spanne reicht von nostalgisch-romantischer, lyrischer, naiver Anmutung über getragene, meditativ-ruhige Wirkung bis hin zu einer karnevalesken Grundstimmung, die zum Tanz einlädt. Mit Schlachtenlärm u.ä. entsteht häufig auch eine kriegerische Atmosphäre. Manche Musiker lassen sich zwar stark von den mittelalterlichen Klängen inspirieren, verwenden aber zur Umsetzung vornehmlich moderne Instrumente. Außerdem gibt es Crossover-Bands, die Musikstile wie beispielsweise Gothic Rock oder Metal mit Mittelaltermusik mischen: z.B. *Subway to Sally, In Extremo, Letzte Instanz. Tanzwut* ist das elektronisch-harte Nebenprojekt der Spielleute von *Corvus Corax* und elektronische Elemente brachte auch die Gruppe *QNTAL* in die Mittelaltermusik ein. Nahezu in Personalunion zu *QNTAL* gibt es bereits seit 1985 das auf authentischer Instrumentie-

---

157 Zur dieser Thematik empfiehlt sich: „Neofolk zwischen Heidentum und Verteufelung" von Dirk Hoffmann in „Gothic" – Die Szene aus Sicht ihrer Macher, Matzke/Seeliger, Berlin 2000; Ideologie einer Jugendkultur am Beispiel der Gothic- und Darkwave-Szene, Kapitel 3.1.4, Diplomarbeit von Oliver Zimmermann (im Internet unter http://www.angelfire.com/on3/dark-alliance/texte/diplom.htm; der Artikel „Wir sind hier" von Oliver Groß u. Claus Weiland, StudentInnenzeitschrift ‚Diskus‘, 3.00 XII, Frankfurt am Main 2000; sowie in Nachtsaiten der Musik, Daniela Tandecki, Kapitel 3, Konrad Adenauer-Stiftung, Sankt Augustin 2000.

rung basierende Ensemble *Estampie*. Prägende Vertreter mittelalterlicher Musik mit Relevanz für die schwarze Szene: *Dead Can Dance, Freiburger Spielleyt, Sarband* sowie *The Moon Lay Hidden Beneath A Cloud*. Weitere Repräsentanten: *Arcana, Ataraxia, Camerata Mediolanense, Corona Borealis, Corvus Corax, Spilwut, Stille Volk* oder *Sopor Aeternus*.

Neoklassik: Unter diesen Begriff fallen Künstler und Gruppen, die sich bei ihren Kompositionen an traditionellen, orchestralen wie konzertanten Ausprägungen der klassischen E-Musik orientieren und diese in der Regel mithilfe moderner Produktionsmittel erzeugen bzw. nachahmen. Wie schon bei Ambient, Ritual, Avantgarde und Mittelaltermusik sind Musiker und Hörer dieser Richtung nicht zwingend in der schwarzen Szene beheimatet. Außerdem gibt es hier eine große Schnittmenge zum Genre Ambient/Dark Ambient in Bezug auf die weitläufig angelegten Soundlandschaften. Die Melodien sind sinfonischer Natur und basieren häufig auf klassischen Kompositionsmustern. Hierbei findet sich allerdings seltener ein heiteres Menuett oder ein fröhliches Scherzo. Charakter und Form bewegen sich eher in Richtung Ouvertüre, Sinfonie, Sonate, Concerto grosso, Choralkonzert, Wiegenlied, Totenlied, Marsch, Kantate oder Oratorium. Thematisch findet sich Mystisches, Religiöses, individuell Emotionales, aber auch Natur-Impressionen, Traumbilder und romantisch-lyrische Ansprache. Gerne wird auch bereits vorhandene Lyrik zitiert und vertont. Auf der Gesangsebene im Bereich Neoklassik überwiegen weibliche Stimmen. Sehr viele Stücke sind auch rein instrumental. Die vermittelten Stimmungsbilder sind durch ihr Verhältnis zum verwendeten Kompositionsmuster sehr unterschiedlich. Die Anmutung kann also wie in den klassischen Vorlagen von leicht, schwebend und ätherisch über dramatisch, majestätisch, getragen bis hin zu spannungsgeladen und bombastisch reichen. Prägende Vertreter: *Dead Can Dance, In The Nursery, SPK* (mit dem 1986er-Album „Zamia Lehmanni (Songs of Byzantine Flowers)"). Weitere Repräsentanten: *Elend, The Protagonist, WeltenBrand, Penitent* und das verwandte Projekt *Arcane Art, Furvus* und *Ataraxia* aus Italien. Am Beispiel *Ataraxia* lassen sich gut die fließenden Grenzen von Neoklassik zu (Neo-)Mittelaltermusik demonstrieren: das Album „Concerto No. 6" (1996) basiert auf der barocken Kompositionslehre, „Ad Perpetuam Rei Memoriam" (1994) schwelgt in Mittelalter- und Renaissancemusik. Auch bei *Dead Can Dance* sind die Überschneidungen in dieser Hinsicht sehr ausgeprägt.

Heavenly Voices: Engelsstimmen gleich ist die weibliche Stimme hier das Hauptmerkmal. 1994 veröffentlichte das Nürnberger Label „Hyperium" eine Compilation unter dem Titel „Heavenly Voices Part 1", die als genreprägend gilt, da der Begriff fortan für alle möglichen Bands und Künstler in diesem Bereich Verwendung findet, die mit besonders schönen Frauenstimmen arbeiten. Die Stimmlage der meisten Sängerinnen in diesem Feld bewegen sich zwischen Sopran und Mezzosopran. Tiefe Altstimmen sind selten und werden, wenn überhaupt, dann eher als Kontrast zu den hellen Stimmen eingesetzt, genau wie vereinzelt auch männlicher Gesang. Sehr häufig werden Töne und Tonfolgen ohne explizites Aussprechen von Wörtern moduliert gesungen, ob als Tonvariation, summend oder sirenenartig. Insgesamt vermitteln die Heavenly-Voices-Gesänge den Eindruck losgelöster, schwebender, ätherischer Stimmen. Im Gegensatz zum relativ einheitlichen, charakteristischen Gesang ist die instrumentale Umsetzung innerhalb des Genres breit gefächert. Die Stücke gehen je nach Vorliebe der Bands in unterschiedliche Richtungen. Es überwiegen neoklassische, mittelalterliche, folkloristische bzw. Neofolk- und Ritual-Ausprägungen, ab und an finden sich auch Elemente aus Gothic-Rock-Gefilden. Eine prägende Rolle für dieses Genre kommt auch hier dem im Jahr 2000 aufgelösten australischen Duo *Dead Can Dance* und der Stimme von Lisa Gerrard zu. Mitte der 1980er-Jahre beeindruckten die *Swans* mit ihrem Kontrast zwischen dem sphärischen Gesang von Sängerin Jarboe und monoton düsteren Industrial-Rock-Sounds. Schwermütigen Folkrock mit der engelsgleichen Stimme von Julianne Regan boten *All About Eve* – die Fanclub-Mitglieder nannten sich damals bezeichnenderweise ‚Angels'.[158] Betörend für viele auch die Stimme Alison Shaws von *The Cranes* (Gitarre mit musikalischen Experimenten). In etwa der gleichen Zeit machten auch die Gruppe *Bel Canto* erstmals von sich reden: Nordische Folklore vermischt mit zerbrechlich sphärischer Elektronik. Rhythmisch und gitarrenlastig sind *The 3rd And The Mortal*, ausgefeilte mystische Neofolk- und Gothic-Rock-Anklänge kommen von *The Moors* und ein folk-rockiger bis mittelalterlicher Einschlag findet sich bei *Camerata Mediolanense*. Deutsche Heavenly-Voices-Vertreter sind: *Chandeen* (elektronische, sphärische bis poppige Klänge mit zwei Sängerinnen), *The Dust Of Basement* (zwischen EBM und Synthie Pop), *Two Pale Figures* (Synthie Pop plus Flöte und Violine), *Love Is Colder Than Death* (experimentelle Dark-Wave-Sounds), *Mila Mar* und *Fairies Fortune* (europäische Folklore), *Stoa* und *Ophelia's Dream* (neoklassisch) und *Pilori* (Mischung aus Neofolk und Heavenly Voices). Die bevorzugten Themenbereiche überschneiden sich teilweise mit den zum Neofolk genannten im Hinblick auf das Interesse an Legenden, Sagen, Magie sowie Natur und Emotionen. Insgesamt lässt sich trotz des breiten musikalischen und thematischen Spektrums aufgrund des Gesangs ein Stimmungsbild beschreiben: melancholisch, elegisch, ätherisch, vergeistigt, introvertiert, reflektiert, federleicht, gleitend und schwerelos.

---

158 Vgl. Zillo Sound Navigator, S. 7.

Neue Deutsche Todeskunst wird seit Anfang der 90er-Jahre als Oberbegriff für eine Reihe damals neuer Künstler verwendet, in deren vorwiegend deutschen Texten häufig morbide Inhalte Platz fanden. Wie der Begriff entstand, berichtet der ehemalige ‚*Danse Macabre*‘-Labelchef Bruno Kramm:

> „Damals [1991/92, Anm. d. Verf.] wurde der Begriff ‚Neue Deutsche Todeskunst‘ zentral. Ich hatte schon immer Probleme damit. Am Tod ist weder etwas Kunst noch neu noch deutsch. Wir vermuteten zunächst, jemand beim ‚Zillo‘ hätte sich das ausgedacht. Dort wurde energisch dementiert. Irgendwann fiel uns auf, daß mein langjähriger Freund und Mitarbeiter den Begriff mal im Halbsuff anläßlich eines Labelinfos für *Relatives Menschsein* kreiert hatte.“[159]

Ironischerweise bieten gerade *Relatives Menschsein* außer dem Bandnamen recht wenig Merkmale, die sie rückblickend betrachtet unter die *Neue Deutsche Todeskunst* fallen lassen. Allgemein lässt sich sagen, dass innerhalb dieses Genres Aspekte wie Tod, Verfall, Trauer, Schmerz, Nekrophilie, Todessehnsucht, Selbstmord bzw. Freitod-Phantasien, metaphysische Phänomene – die prinzipiell in allen bis hierher aufgeführten Genres thematisch auffindbar sind – einen besonderen Stellenwert besitzen. Viele Metaphern und Anknüpfungspunkte stammen aus der Natur: Zentral ist die Erwähnung bzw. Beschreibung von Vorgängen des Verfaulens, Verhungerns oder Verdorrens. Hier finden sich teilweise Anleihen aus Texten der deutschen Romantik (z.B. Novalis) oder des Expressionismus (z.B. Georg Trakl). Thematisiert wird auch die Überwindung kritischer Situationen sowie Liebe und ihre Verstrickungen. Es liegt eine in ihrer Darstellung reflektierte, ernste bis depressive Grundstimmung vor, unterstützt durch den stark von lyrischen und dramatischen Elementen geprägten Ausdruck, vergleichbar der literarischen Epoche der Romantik. Heute wirken die so formulierten Textzeilen daher oft gekünstelt, übertrieben, pathetisch, oder schwülstig. Man könnte sich darauf einigen, dass das Etikett ‚Neue Deutsche Todeskunst‘ dann Anwendung finden soll, wenn eine deutschsprachige Band bzw. ein Künstler sich hauptsächlich oder überwiegend mit den oben genannten Thematiken beschäftigt, wobei die Art der musikalischen Umsetzung unterschiedlich erfolgen kann. So definiert, berührt die Genrebezeichnung einen relativ überschaubaren Kreis von Künstlern. Wichtige Vertreter waren *Goethes Erben, Das Ich, Lacrimosa* sowie *Sopor Aeternus & The Ensemble Of Shadows, Samsas Traum* und die *Goethes Erben*-Epigonen *Seelenfeuer*. Die Instrumentierung ist von Gruppe zu Gruppe unterschiedlich, allerdings überwiegen die Gitarren-Einflüsse akustischer *(Goethes Erben)* wie verstärkter Natur *(Lacrimosa)* gegenüber elektronisch motivierten Kompositionen *(Das Ich)*. Einen Crossover aus

---

159 S. Matzke/Seeliger 2000, S. 220.

Black Metal, Gothic und Klassik bieten *Samsas Traum*. Daneben finden sich oftmals orchestrale Arrangements, Streicherparts, Trompeten, Hörner, Trommeln, Soundflächen und Chöre mit theatralisch-bombastischer Wirkung und sogar Einflüsse aus der Mittelaltermusik *(Sopor Aeternus)*. Häufig wird das gesprochene Wort dem gesungenen vorgezogen, von eindringlichem Flüstern bis zur Rezitation. Der Zenit dieses Genres wurde bereits Mitte der 90er-Jahre erreicht, danach finden sich wenig neue Impulse, da sich die prägenden Vertreter inzwischen anderen Bereichen zugewandt haben.

Fetisch-S/M: Verbindend sind hier textliche Inhalte, das performancehafte Auftreten der Künstler und allgemein die Musik, die auf entsprechend angelegten Fetisch-S/M-Veranstaltungen zu hören ist. Zu solchen Veranstaltungen finden sich als Liebhaber gewisser sexueller Vorlieben auch Leute aus der Gothic-Szene ein. Vom Kleidungsstil auf sexuelle Vorlieben zu schließen ist jedoch voreilig, da in der Gothic-Szene erotisch konnotierte Kleidung üblich ist und häufig vorkommt. Die Schnittstelle zur Musik findet sich einerseits bei den der schwarzen Szene zurechenbaren Künstlern, die ihre Neigungen vertonen und so öffentlich machen, sowie andererseits auf zahlreichen Parties, die unter Fetisch-S/M-Darkwave-Motto laufen. Es gibt nach wie vor einen großen Unterschied zwischen organisierten, auf die Anbahnung oder Ausübung sexueller Praktiken abzielenden Veranstaltungen der ‚echten‘ Fetisch-S/M-Szene und jenen Parties, die bewusst ein schwarzes Publikum ansprechen. Bei Fetisch-S/M-Parties unter Darkwave-Motto wird verschiedenste Musik aus dem düsteren Bereich aufgelegt, der Schwerpunkt liegt jedoch klar auf den elektronischen Ausprägungen, bevorzugt aus den Genres elektronischer Industrial und Electro. Bestimmte Bands werden auch mit dem Etikett ‚Fetisch-Electro‘ versehen, das sich musikalisch von Electro nicht maßgeblich unterscheidet, sondern entsprechend Fetisch-S/M-orientierte Inhalte transportiert. Die Texte oder Bühnenshows drehen sich überwiegend um sexuelle und erotische Situationsbeschreibungen, Phantasien oder Traumerlebnisse. Die musikalische Umsetzung kann als Hintergrundmusik zu entsprechenden Liebesspielen zum Einsatz kommen und so sexuell aufgeladene Stimmungen unterstützen bzw. unterstreichen. Vorreiter und in dieser Hinsicht bekanntester und konsequentester Vertreter ist *Die Form* aus Frankreich. Musikalisch hat *Die Form* im Lauf der Jahre unterschiedliche elektronische Varianten produziert, von Industrial-Anklängen über Klangcollagen bis hin zu poppigen Synthie-Songs. Weitere electrolastige Vertreter mit Fetisch-S/M-Thematik sind u.a. *Call, Blutengel, Seelenkrank*. Eine der wenigen stärker gitarrenbeeinflussten Bands dieses Spektrums ist *Umbra Et Imago*.

4.2.4 Artfremde Musikeinflüsse

Hier ist zunächst ein Unterschied festzuhalten zwischen Künstlern und Musikrichtungen, welche die Musiker der Gothic-Szene beeinflusst und inspiriert haben, gegenüber denjenigen, die in der Szene auch tatsächlich gehört werden.
Musiker gehen meist wesentlich offener auf artfremde Ausprägungen zu als die
Hörer. Grundsätzlich ist keine genaue Linie aufzeigbar, ab wann und warum ein
Künstler oder ein Song von außerhalb tatsächlich in der schwarzen Szene ‚ankommt'. Anhaltspunkte für eine vorhandene Relevanz sind neben Erfahrungs-
berichten und eigenen Beobachtungen, CD-Besprechungen bzw. Artikel in den
einschlägigen Musikmagazinen (Zillo, Sonic Seducer, Orkus, Gothic, Black
u.a.). Die individuellen Vorlieben der Hörer können natürlich sehr unterschiedlich sein. Geht man nach dem Ausschlussverfahren vor, werden allerdings schon
einige musikalische Varianten klar, die in der Szene eher ‚unerwünscht' sind.
Volks- und Schlagermusik, Mainstream à la *Phil Collins*, Charts-Pop, Hip-Hop,
R'n'B, Soul sowie tanzbare Party-Club-Musik wie House u.ä. spielen keine
Rolle. Chancen, in der Szene in größerem Maße wahrgenommen zu werden,
besitzen hauptsächlich einzelne Musikstücke und einzelne Gruppen und Künstler, die durch ihre Musik, Texte oder ihr Auftreten und äußeres Erscheinungsbild
in die Rezeptionsgewohnheiten der Szene passen, wobei es prinzipiell egal ist,
welcher musikalische Background ihnen zugrunde liegt. Wichtig scheinen bei
diesem ‚schwarzen Raster' musikalisch schräge, ungewöhnliche Kompositionen,
möglichst gerade Rhythmen bzw. bei Club-Hits eine gute Tanzbarkeit, besonders
ausdrucksstarke männliche wie weibliche Stimmen sowie facettenreiche oder
optisch interessante Musikerpersönlichkeiten. Außerdem ist eine rebellische oder
andersartige Haltung beliebt sowie eher tiefgründige Texte. Im Stimmungsbild
der Stücke kommt eine gewisse Melancholie, Düsternis, Ernsthaftigkeit und
Wildheit zum Tragen. Insgesamt scheint also jeweils das Gegenteil von inhalts-
leerer Berieselung erwünscht, damit Musik aus artfremden Bereichen in der
schwarzen Szene Akzeptanz erfährt. Folgende Einzelkünstlern und Gruppen
werden auf Szene-Parties gespielt, treten auf schwarzen Festivals auf oder wer-
den in den Magazinen besprochen: *Aphex Twin, Autechre, Bad Religion, Björk,
Chemical Brothers, Danzig, David Bowie, Echo & The Bunnymen, Faithless,
Garbage, Iggy Pop, Jesus And The Mary Chain, Les Tambours Du Bronx,
Madrugada, Massive Attack, Moloko, New Model Army, Nick Cave* (bzw. *Nick
Cave & The Bad Seeds), Panacea, Philipp Boa & The Voodooclub, PJ Harvey,
Placebo, Portishead, Prodigy, Radiohead, Rosenstolz, Sigur Rós, Smashing
Pumpkins, The Clash, The Cult, The Inchtaboktables, The Pixies, Tori Amos,
Tricky, Underworld, Violent Femmes, Queen Adreena* u.a.

4.3 Abschließende Bemerkung

Was Anfang der 1980er-Jahre noch den Eindruck eines kurzlebigen Trends machte, hat sich über die Jahre hinweg in Deutschland zu einer festen Größe entwickelt. Der wirtschaftliche Bereich (Zeitschriften, Plattenfirmen, Veranstaltungen u.ä.) konnte sich etablieren, die künstlerischen Ausdrucksformen und mit ihnen die Hörgewohnheiten der Konsumenten haben sich weiter entwickelt. So hat sich dieser Nischenmarkt in seiner mittlerweile über 20-jährigen Geschichte in sich gefestigt: Es wird damit und davon gelebt. Unbestritten konnte sich der schwarze Musikmarkt besonders deshalb so breit gefächert entwickeln, weil schon früh gleichberechtigt herkömmliche Instrumente und die elektronischen Möglichkeiten der Musikproduktion feste Bestandteile im szeneakzeptierten Genre-Kanon darstellten. Hinzu kamen weitere Impulse durch die willentlich Grenzen entsagenden Avantgarde-Varianten und die Rezeption von Einflüssen aus der mittelalterlichen bis klassischen Musik. Die gegenseitige Beeinflussung wirkte wie ein ständiger Jungbrunnen, wobei den elektronischen bzw. digitalen Mitteln eine wichtige Rolle als Multiplikator zukam, durch die diese Vielfalt erst möglich geworden ist. Des Weiteren ist musikalisch in den letzten Jahren eine quantitative Verschiebung der Relation zwischen gitarren- und elektronisch orientierter Musik zugunsten der Elektronik zu beobachten. Festzuhalten ist: Wer sich der schwarzen Szene und ihrer Musik verschrieben hat, braucht im Grunde keine anderen Musikgroßrichtungen. Die Spannweite ist extrem groß, wie die über zwanzig oben beschriebenen Genres bzw. wichtigen Subgenres zeigen. Im schwarzen Musikmarkt funktioniert im Grunde alles wie im ‚normalen' Musikgeschäft, nur dass eben hier die düsteren, experimentelleren oder in ihrer inhaltlichen Aussage schwermütigeren bzw. expressiveren Formen bevorzugt werden. Die Regeln, nach denen Geschäfte abgewickelt, Künstler betreut oder Musikmagazine produziert werden, unterscheiden sich nicht wesentlich von jenen im allgemeinen Musikbusiness.

5 Fazit: Religion, Identität, Postmoderne, Gothic

Wie die vorangehenden Analysen zeigen konnten, zeichnet sich die (Sub-)Kultur der Gothics im Vergleich zu anderen Jugendszenen v.a. dadurch aus, dass sie eine Beschäftigung mit (Lebens-)Sinn- und Transzendenzfragen, im weitesten Sinne also eine Auseinandersetzung mit religiösen Fragen (s.u.), explizit in den thematischen Fokus stellt[160]. Sowohl zentrale Überzeugungen und Wertvorstellungen (Kap. 3.2.2) sowie Distinktionsbemühungen (Kap. 3.2.5) als auch typische Handlungspraktiken (Kap. 3.2.4) und stilistisch-ästhetische Inszenierungsformen (Kap. 3.2.3) sind grundsätzlich auf solche Fragen bezogen bzw. an ihnen ausgerichtet. Insbesondere die Analyse der Selbstauskünfte über die in der Szene verbreiteten Glaubensvorstellungen (Kap. 3.2.6) vermag einen Einblick in die spezifische Form der Religiosität, die in der Szene vorherrscht, anzudeuten. Darauf, dass es sich hierbei nicht um festgefügte Formen von Religion, Sektenglaube oder politischer Ideologie i.e.S. (etwa Satanismus) handelt, sondern eben um eine *spezifische (näher zu bestimmende) Disposition zur Auseinandersetzung mit religiösen Fragen und Themen*, soll abschließend durch eine Einbettung in religionssoziologische und modernisierungs-theoretische Arbeiten vertiefend eingegangen werden. Gleichzeitig soll auf der Basis einer Auseinandersetzung mit den spezifischen Formen und Inhalten (dem ‚Wie' und ‚Was') der ‚schwarzen Religiosität' versucht werden zu klären, ob und – wenn ja – auf welche (post-)modernen Entwicklungstendenzen ‚Gothic' als Reaktion gelesen werden könnte, auf welche Fragen es eine Antwort sein könnte und für welche spezifischen Probleme es möglicherweise eine Lösung darstellt.[161]

---

160 Dies stellen auch Hitzler/Bucher/Niederbacher (2001) in ihrer Betrachtung der Gothic-Szene fest (S. 69 ff.).

161 Diese ‚problemorientierte' Sichtweise rekurriert auf die sozialanthropologische Grundannahme, dass soziale Kern-Probleme (etwa Erziehung, Sozialisation, Identitätsbildung und Normenvermittlung, Güterproduktion und -distribution etc.) in dauerhaften Einrichtungen (so genannten Institutionen) einer routinemäßigen Regelung zugeführt werden (vgl. Gehlen 1986, insbes. S. 69 ff., Berger/Luckmann 1969). Erweisen sich diese Regelungen aufgrund sozialen Wandels zusehends als inadäquat, entstehen neue Regelungen (Institutionenwandel), die sich den veränderten Bedingungen anpassen (vgl. auch Helsper 1992, Kap. 8). Insgesamt wird damit einer individualbiographischen Erklärung (u.a. auch aufgrund der äußerst heterogenen Biographien und Erstszenenkontakte) zugunsten einer generationslagenspezifischen (vgl. grundlegend Mannheim 1971) eine Absage erteilt.

Im Zuge des so genannten Säkularisierungsprozesses ist Religion nicht ver-
schwunden, sondern entgrenzt worden, sie hat, wie Hubert Knoblauch treffend
formuliert, „einfach ihre Form [verändert]" (1999b, S. 201). Religiöse Fragen
stehen nach wie vor im Zentrum menschlicher Lebensbewältigung, allerdings
haben sich die institutionellen Lösungen gewandelt: Lebenssinn- und Transzendenzfragen sind in der Moderne nicht länger Hoheitsgebiet der etablierten Religionen und ihrer organisatorischen Verwalter (Amtskirchen). Im Anschluss an
Thomas Luckmanns wegweisenden Begriff der ,*unsichtbaren Religion*' [162] waren
es v.a. Ansätze innerhalb sozialphänomenologischer und wissenssoziologischer
Tradition, die den Begriff der *Diesseitsreligion* [163] als Charakteristikum für den
Zustand der Religion in der Spätmoderne prägten und nach empirischen Korrelaten ,unsichtbarer Religion' ,fahndeten' [164]. Ob das Phänomen ,Gothic' (als
soziales Aggregat!) ein solches ,Fahndungsergebnis' darstellen könnte und inwiefern es in den Kanon (post-)moderner Formen von Religion und Religiosität
einzubetten ist, soll im Folgenden geklärt werden.

Die Formen und Funktionen moderner Religion unterliegen einem ständi-
gen Wandel, so dass es in vielen Fällen Schwierigkeiten bereitet, eine Unterscheidung zu treffen, ob und – wenn ja – warum bestimmte Phänomene als Religion zu begreifen sind. Bevor also das Phänomen ,Gothic' einer religionssoziologischen Verortung unterzogen werden kann, müssen einige klärende
Betrachtungen bezüglich des Religionsbegriffs und der Entwicklungstendenzen
von Religion in der (Post-)Moderne vorangestellt werden.

5.1 Religionsbegriff

Als einflussreicher Ausgangspunkt heutiger religionssoziologischer Positionen
können die Arbeiten von Emile Durkheim, Max Weber und Georg Simmel zur
Funktion der Religion in modernen Gesellschaften gelten. *Emile Durkheim*
(1976 und 1981) verstand Religion als moralisch verpflichtende und daher kollektive Angelegenheit, deren Akzent auf dem *obligatorischen Charakter* der
Glaubensvorstellungen und den daraus resultierenden religiösen Praktiken (Riten) liegt. Durkheims Religionsbegriff beruht auf der grundsätzlichen Unterscheidung von *heiligen/sakralen und profanen Dingen*, die er als Resultat
menschlichen Handelns begreift. Die Differenz zwischen Heiligem und Profa-
nem liegt in der *absoluten Andersartigkeit dieser beiden Welten*, welche für
Durkheim vor allem in den Ge- und Verbotsregeln gegenüber dem Heiligen

---

162   Vgl. Luckmann 1991.
163   Vgl. Honer/Kurt/Reichertz 1999.
164   Vgl. insbes. Knoblauch 1991, 1999b.

seinen Ausdruck findet (vgl. 1981, S. 67). Diese Grundunterscheidung bildet nun den ersten Ansatzpunkt für eine Definition von Religion:

> „Wenn heilige Dinge untereinander Beziehungen der Zu- und Unterordnung haben, so dass sie ein System gewisser Einheit bilden, das aber in keinem anderen System derselben Art einbezogen ist, dann bildet die Summe der Überzeugungen und der entsprechenden Riten eine Religion" (Durkheim 1981, S. 67).

Um Religion in der Folge von Magie unterscheiden zu können, welche in der obigen Definition mit eingeschlossen wäre, erweitert Durkheim seine Religionsdefinition um die Elemente der ‚kollektiven Moral' und der ‚kirchlichen Gemeinschaft':

> „Eine Religion ist ein solidarisches System von Überzeugungen und Praktiken, die sich auf heilige, d.h. abgesonderte und verbotene Dinge, Überzeugungen und Praktiken beziehen, die in einer und derselben moralischen Gemeinschaft, die man Kirche nennt, alle vereinen, die ihr angehören" (ebd. S. 75).

Ausgehend davon, besteht Durkheims funktionalistische Kernthese in der Auffassung, dass Göttlichkeit als „transfigurierte und symbolisch gedachte Gesellschaft" (1976, S. 105) zu begreifen ist, die analog zur Gesellschaft als Kollektiv eine „reichere, komplexere moralische Wirklichkeit besitzt als wir (die einzelnen Individuen oder deren bloße Summe; Anm. d. Verf.)" (ebd.).

Legt Durkheim den Schwerpunkt seiner religionssoziologischen Betrachtungen auf die Erzeugung einer kollektiven Moral, stehen in den religionssoziologischen Untersuchungen *Max Webers* jene Züge im Untersuchungsfokus, die für die Gestaltung der *praktischen Lebensführung* von Relevanz sind. Religiosität versteht er demzufolge als eine spezifisch religiös motivierte Haltung zur Welt, welche idealtypisch zwei grundlegend unterschiedliche Formen annehmen kann: Einmal die *mystische*, die in der Betonung des Gefühls und einer kontemplativen Haltung ihren Ausdruck findet, und zum anderen die *asketische*, welche ihren Hauptakzent auf die innerweltlich-rationale Lebensführung legt.[165] Beide Formen dienen einer kontinuierlichen Selbstvervollkommnung, d.h. einer methodischen Disziplinierung der Lebensführung im Dienste des Heils. Während die asketischen Formen das Heil jedoch durch eine Rationalisierung und Disziplinierung des diesseitigen Lebens[166] und durch die Schaffung bzw. Aufrechterhaltung einer ethisch rationalen Welt- und Gesellschaftsordnung zu erreichen suchen, entziehen sich die mystischen Formen dem diesseitigen Leben und ha-

---

165 Vgl. Weber 1980, erster Halbband, zweiter Teil, Kap. V, § 10.
166 Vgl. auch Webers Betrachtungen der ‚Protestantischen Ethik' (1991).

ben wenig Tendenzen zu gemeinschaftlichem und Ordnungen entwerfendem Handeln. Einen diesseitigen Gemeinschaftsbezug zeigt sich höchstens im „A-kosmismus des mystischen Liebesgefühls" (Weber 1980, S. 333), das in sozialem Handeln aufscheint. „In diesem Sinn kann Mystik, entgegen dem ‚logisch' Deduzierbaren, psychologisch gemeinschaftsbildend wirken" (ebd. S. 334). Insgesamt diagnostiziert Weber eine *Verdiesseitigung der Religion* (v.a. im Protestantismus) im Zuge eines weltgeschichtlichen *Rationalisierungsprozesses* (v.a. im Okzident), der innerreligiös zu einem *Abbau der Magie* und einer *Entzauberung religiöser Heilssuche* führt.[167]

Georg Simmel (1992) verortet Religion in den Grundprozessen der Gesellschaft selbst, indem er die *strukturelle Vergleichbarkeit zwischen Religion und Vergesellschaftungsprozessen* auf mehreren Ebenen betont:

- Auf der *Beziehungsebene* hält Simmel etwa den für zwischenmenschliche Beziehungen konstitutiven Glauben (etwa des Kindes an die Eltern u.ä.) für ‚religioid';
- hinsichtlich der *Idee der Einheit* stellen Gottesvorstellungen religiöse Symbolisierungen sozialer Beziehungsformen dar;
- bezüglich des *Abhängigkeitsverhältnisses* und der *moralischen Beziehung* des Individuums zu seiner Gruppe sieht er Analogien zum Verhältnis des Einzelnen zu seinem Gott.

Simmels *Kernthese* liegt die Vorstellung zugrunde, dass Religion sich erst im Laufe der gesellschaftlichen Entwicklung als selbstständiges Gebiet herauskristallisiert habe[168], jedoch in seinem Ursprung auf *bestimmten sozialen Beziehungsformen* beruht. Diese Herausbildung wiederum macht die Annahme eines *Differenzierungsprozesses* notwendig, in dem sich Religion von religiös konnotierten Sozialbeziehungen zu einem eigenständig ausdifferenzierten Teilsystem entwickelte. Die Funktion der Religion in modernen Gesellschaften besteht Simmel zufolge darin, dass soziale *Einheitsvorstellungen und -ideale*, die in der gesellschaftlichen Praxis fragmentarisch bleiben müssen, durch die Religion *ins Jenseits verlagert* werden, weshalb er Gottesvorstellungen als die Formel oder das Symbol für das gesellschaftliche Problem von Bindung und Freiheit begreift. Der Religion kommt in diesem Modell die *Funktion eines einheitsstiftenden*

---

167   Dies zeigt Weber v.a. am Beispiel des Kalvinismus und seiner Prädestinationslehre, die einer Vereinsamung des Einzelnen aufgrund des Fortfalls jeglichen kirchlich-sakramentalen Heils gleichkommt (vgl. Weber 1991).

168   Was im Übrigen auch Luhmann – ein halbes Jahrhundert später – mit Rekurs auf Simmel konstatiert, indem er die Entstehung von Religion innerhalb gesellschaftlicher Evolution auf den Übergang von segmentären zu stratifizierten Gesellschaften verlegt (1989a).

Ausgleichs zwischen Vergesellschaftungs- und Individuationsprozessen zu. Denn: Die religiös gefärbten sozialen Prozesse bewirken die Orientierung des Individuums an einer höheren, überindividuellen Ordnung, welche das Individuum zugleich als etwas Innerliches und Persönliches empfindet. Religion als Gemeinschaftsidee und -verpflichtung trägt damit sowohl zur personalen Identitätsbildung als auch – umgekehrt – zur Sozialintegration bei.

Alle drei klassischen Positionen – Religion als Kollektivangelegenheit mit Integrationsfunktion (Durkheim), Religion als Reglementierung der Lebensführung und in ihrer Bedeutsamkeit für die Persönlichkeitsbildung (Weber) sowie Religion als Ausgleichsinstanz zwischen Sozialisation und Individuation (Simmel) – finden sich auch in modernen religionssoziologischen Ansätzen wieder, die im Folgenden kurz skizziert werden sollen.

Betrachtet man die *heutige religionssoziologische Theorielandschaft*, so lassen sich wenigstens vier unterschiedliche Positionen ausmachen:

- *Religionsphänomenologische Ansätze i.w.S.*, die Religion als Erlebnis des Heiligen begreifen (Wach 1951, Mensching 1968), d.h. ein eigenes Wesen bzw. eine Substanz der Religion konstatieren, die soziologisch nicht eingeholt werden kann. Die Vorstellung, Religion sei mehr als ein sozial hergestelltes Phänomen, führt zu der grundlegenden Unterscheidung zwischen dem *Wesen der Religion* und ihrer sozialen Erscheinung. Die religiöse Substanz besteht demzufolge *im Erleben des Heiligen* und der transzendente Bezugspunkt von Religion (das Numinose, Gott, das Heilige etc.) wird als existent begriffen, unabhängig von seinen empirischen Realisierungen (Symbolisierungen in Sprache und Handlungen).

- *I.e.S. religionsphänomenologische bzw. wissenssoziologische Ansätze*, die Religion als *heiligen Kosmos* begreifen, setzen nicht beim Erleben, sondern bei der *Erfahrung des Heiligen* an. Erfahren ist dabei als ein durch die gesellschaftliche Wirklichkeit geprägter Prozess zu verstehen (vgl. Berger/Luckmann 1969), womit sich auch die Ausbildung eines Bestandes von *religiösem Wissen und Institutionen als gesellschaftlicher Konstruktionsprozess* rekonstruieren lässt. *Peter L. Berger* führt Religion auf die prinzipielle Notwendigkeit von Institutionen aufgrund des der Gattung Mensch eigenen Instinktmangels und die daraus resultierenden Normensysteme (Nomos) zurück. Die spezifische Bedeutung der Religion ergibt sich aus der Tatsache, dass der *Nomos* im Rahmen von Grenzsituationen (etwa Tod) brüchig wird und einer übergreifenden Einbettung bedarf: „Religion ist das Unterfangen des Menschen, einen heiligen Kosmos zu errichten" (Berger 1973, S. 26). Dieser zwar ebenso sozial konstruierte, jedoch mit der Aura des Unhinterfragbaren ausgestattete Bereich, stellt Berger zufolge den gemeinsamen Bezugspunkt aller spezifischen Religionsformen dar. Hierin besteht die allgemeine religiöse Substanz, nämlich „die Zweiteilung der Wirklichkeit in heilige und profane Sphären" (ebd. S. 27). Dieser ‚heilige Kosmos' überspannt die Gesellschaft wie ein Baldachin und gewährt auf diese Weise Schutz vor Anomie und Sinnentleerung. Die handlungspraktische Umsetzung dieser Aufgabe nimmt Religion über *Rituale* wahr. In ähnlicher Intention versteht *Thomas Luckmann* (1985 und 1991) die religiöse Gedankenwelt als symbolisches Universum, d.h. als ein *verobjektiviertes Sinnsystem*, das sich sowohl auf die Welt des Alltags als auch auf die die Alltagswelt tranzendierende Welt bezieht. Während rein subjektive Erfahrungen auf das Hier und Jetzt beschränkt bleiben, stellen Sinnsysteme Erfahrungen in einen übergreifenden Deutungszusammenhang, transzendieren sie und verleihen ihnen auf diese Weise Sinn. *Diesen Vorgang des Transzendierens der natürlichen menschlichen Erfahrung im Prozess der Personwerdung begreift Luckmann als einen prinzipiell religiösen.* Luckmann (1985) unterscheidet dabei drei Arten von Transzendenz:

- Kleine Transzendenzen: Grenzerfahrungen, die sich auf jene Bereiche beziehen, in denen die Alltagswelt über Verweisungszusammenhänge mittelbar erfahren werden kann (Zeichen).
- Mittlere Transzendenzen: Gefühle, Gedanken und Erfahrungen anderer Menschen können nicht unmittelbar erfahren, sondern nur erschlossen werden (Intersubjektivität, Fremdverstehen).
- Große Transzendenzen: Erfahrungen, die die Welt des Alltags übersteigen und auf eine außeralltägliche Wirklichkeit (etwa Traum, Meditation, Ekstase) verweisen. Da diese Welten grundsätzlich anders strukturiert sind als die Welt des Alltags, können sie nur symbolisch vergegenwärtigt werden.

Auf der Basis einer solchen Bedeutungshierarchie (Alltag – Transzendenz) wird die außeralltägliche Wirklichkeit mit Hilfe alltäglicher Mittel symbolisiert, somit greifbar und ausdrückbar gemacht. Ihren Ausdruck findet dies in einer ausgegrenzten Sinnschicht, dem ‚heiligen Kosmos', welcher die jeweils spezifische, historische Sozialform von Religion repräsentiert.

- Innerhalb handlungstheoretischer Ansätze werden der Religion handlungsorientierende resp. sozialintegrative Funktionen zugeordnet. Parsons (1975) verortet Religion innerhalb seines AGIL-Schemas[169] im Legitimationssystem (L-Bereich), womit er ihr eine ausgleichende Funktion beimisst, nämlich die der „hintergründigen Spannungsbewältigung und Orientierungsstabilisierung des Handelns" (Krech 1999, S. 21). Geertz (1983) siedelt Religion im Spannungsfeld

---

169   Vgl. Parsons 1976; zfs. vgl. Ritsert 1988, Kap. 3 und 6 sowie Willke 1993, S. 81 ff.

von symbolisch repräsentiertem Wissen (belief) und Handeln (action) an. Er definiert Religion als „(1) ein Symbolsystem, das darauf zielt, (2) starke, umfassende und dauerhafte Stimmungen und Motivationen in den Menschen zu schaffen, (3) indem es Vorstellungen einer allgemeinen Seinsordnung formuliert und (4) diese Vorstellungen mit einer solchen Aura von Faktizität umgibt, dass (5) die Stimmungen und Motivationen völlig der Wirklichkeit zu entsprechen scheinen" (Geertz 1983, 48).

- Systemtheoretische Ansätze begreifen Religion als Kontingenzbewältigung (vgl. Luhmann 1977, 1989a und 2000). Da Luhmann Gesellschaft als ausschließlich aus Kommunikation bestehend begreift (vgl. Luhmann 1984), ist der Gegenstand seiner Religionssoziologie ausschließlich religiöse Kommunikation. Auf der Basis der systemtheoretischen Grundunterscheidung von System und Umwelt sowie der Grundthese der funktionalen Differenzierung moderner Gesellschaften wird Religion als ein eigenes Teilsystem mit systemspezifischen Funktionen und Leistungen begriffen. Demnach hat das Teilsystem Religion „für das Gesellschaftssystem die Funktion, die unbestimmbare, weil nach außen (Umwelt) und nach innen (System) hin unabschließbare Welt in eine bestimmbare zu transformieren, in der System und Umwelt in Beziehung stehen können, die auf beiden Seiten Beliebigkeit der Veränderung ausschließen" (Luhmann 1977, 26). Religion thematisiert auf diese Weise Kontingenz und überführt sie gleichzeitig in Sinn. Bestimmungsmerkmal von Religion ist der für das Teilsystem Religion spezifische binäre Code ‚Transzendenz/Immanenz'. Danach bewältigt Religion unbestimmbare Transzendenz, indem sie sie in bestimmbare Immanenz umformt. Religion in der Moderne – so diagnostiziert auch Luhmann – sei in eine Krise geraten, da sie im Zuge des gesellschaftlichen Ausdifferenzierungsprozesses nur noch eines unter vielen gleichberechtigten Teilsystemen darstelle, was zur Folge habe, dass Religion ihren übergreifenden Zuständigkeits- und Erklärungsanspruch in modernen Gesellschaften einbüße (s.u.).

Knoblauch (1999a, S. 114 ff.) resümiert die unterschiedlichen Versuche, Religion begrifflich zu bestimmen, indem er zunächst *funktionale von substanzialen Definitionen* unterscheidet. Während erstere die Frage nach der Bedeutung oder der Wirkung von Religion für gesellschaftliche resp. alltagsweltliche Probleme in den Vordergrund stellen, fragen letztere nach der inhaltlichen Substanz, also konkreten Glaubens-, Gottes- und Transzendenzvorstellungen innerhalb jeweiliger Religionen. Hier können wiederum zwei Varianten differenziert werden: Der *psychologisch* orientierte *substanziale Religionsbegriff* hebt auf die Außerordentlichkeit der religiösen Erfahrung ab bzw. auf den außeralltäglichen Inhalt der Erfahrung. Der *soziologisch substanziale Religionsbegriff* lehnt sich eng an den psychologischen an, da er die Inhalte der als religiös charakterisierten

Erfahrungen als wahr erachtet und sich auf ‚ausgewiesen' religiöse Phänomene (Riten, Dogmen, Kirchen, Sekten etc.) konzentriert. Hinsichtlich des *funktionalen Religionsbegriffs* unterscheidet Knoblauch (1999a) die folgenden Facetten, wobei er betont, dass die meisten funktionalen Ansätze i.d.r. Mischtypen aus verschiedenen Erklärungen sind:

- Psychologische Funktionen:
- kognitiv: Unbekanntes wird geistig greifbar und damit bewältigbar gemacht;
- affektiv: besondere emotionale Zustände können bewältigt und verarbeitet werden;
- pragmatisch: Krisensituationen können bewältigt werden, Mittel und Wege werden bereitgestellt.

- Soziologische Funktionen:
- Integration: Bereitstellung eines gemeinsamen Kerns von Werten;
- Fundierung: (Letzt-)Begründung von Werten für soziale Einheiten (Individuen, Gruppen, Institutionen etc.);
- Legitimation: Rechtfertigung und Absicherung von Herrschaft;
- Kompensation: Durch die Vorstellung von einer ‚anderen Welt' vermag Religion Defiziterfahrungen (etwa mangelndes Prestige u.ä.) im irdischen/ hiesigen Leben auszugleichen.

Der grundlegende Unterschied zwischen substanzialen vs. funktionalen Definitionen besteht darin, dass substanziale Definitionen das Spezifische und Inhaltliche historisch konkreter Religionsformern hervorheben, wohingegen funktionale Definitionen versuchen, universelle Charakteristika religiöser Formen für Individuum und Gesellschaft herauszuarbeiten. Hierbei besteht einerseits die Gefahr, das spezifisch Religiöse derart zu verallgemeinern, dass es schwierig wird, religiöse von nicht-religiösen Phänomenen zu trennen, andererseits lassen sich jedoch auf diese Weise auch ‚unsichtbare' Formen oder funktionale Äquivalente von Religion erkennen und bestimmen.

Da es sich beim Phänomen ‚Gothic' um eine eher periphere Form von Religiosität bzw. um eine diffuse Affinität zu transzendenten Fragen und Themen handelt, muss eine weitere, offenere Definition von Religion zugrunde gelegt werden.

Drei Aspekte einer Arbeitsdefinition von Religion sollen an dieser Stelle hervorgehoben werden:

- Zunächst wird im Folgenden ein weiter, funktional-soziologischer Religionsbegriff zugrunde gelegt: Religion wird begriffen als ein Symbol- und Ritualsystem, das die Differenz zwischen Individuum und Gesellschaft thematisiert und ausgehend davon zwischen Individuations- und Sozialisationsprozessen vermittelt, indem sie Außeralltägliches/Überindividuelles (Transzendenz) und Alltägliches/das einzelne, endliche Individuum (Immanenz) dergestalt aufeinander bezieht, dass Transzendentes ‚veralltäglicht‘ (bewältigt und erklärt) und Immanentes transzendiert (symbolisch überhöht) werden kann. Diese ‚beidseitige Annäherung‘ immanenter und transzendenter Welten durch Symbolsysteme hat dabei den prinzipiellen Effekt, dass Alltagsregeln und -normen eine mehr oder weniger kollektive Verankerung in höheren Werten erfahren und umgekehrt Individuen durch die Verinnerlichung solcher Werte eine persönliche Verpflichtung gegenüber solchen Normen empfinden. Aufgrund dieser Funktionsbestimmung hat Religion sowohl eine zentrale Bedeutung für die Konstitution von Gemeinschaften als auch für die personaler und sozialer Identität[170], die sich im Rahmen solcher Gemeinschaften bilden.

- Funktionale Betrachtungen von Religion treten damit in eine notwendige *Inkongruenz zu religiösen Erfahrungen, Selbstbeschreibungen und Praktiken von Gläubigen.*[171] Sie entfernen sich vom Selbstverständnis religiöser Akteure, da sie nach sozialen Objektivationen, d.h. nach beobachtbaren empirischen Korrelaten von Religion suchen und Fragen nach der Existenz der jeweiligen Inhalte der Glaubenvorstellungen bewusst ausblenden.

- In der obigen Fassung des Religionsbegriffs wurde auf die prinzipielle Funktion der Transzendenzbewältigung, der Legitimation bzw. Letztfundierung und Identitätsbildung eingegangen, wie sie innerhalb religionssoziologischer Betrachtungen üblich ist. In einer solch funktionalen Definition bleiben natürlich Fragen nach der Universalität resp. Partikularität empirisch (soziohistorisch, kulturspezifisch etc.) konkreter Formen von Religion offen, d.h. Fragen nach dem Zustand der Religion in der (Post-)Moderne: Ist Religion nach wie vor für einen großen Teil der Menschen verpflichtend und prägend für die Lebensführung? Wenn ja, um welche Religion(en) handelt es sich dabei und welche Rolle spielen die etablierten Religionen und die Kirchen? Hat sich das Verhältnis der Menschen zur Religion in der (Post-)Moderne grundlegend gewandelt?

Um das Phänomen ‚Gothic‘ unter religionssoziologischen Gesichtspunkten einordnen zu können, sollen im Folgenden Entwicklungstrends skizziert werden, die Aufschluss darüber geben, welchen Stellenwert *Religion heute* beanspruchen kann.

---

170   Vgl. insbes. Hahn 1974 und Gephart/Waldenfels 1999.
171   Vgl. auch MacIntyre 1987.

5.2 Religion unter den Bedingungen der Modernisierung

5.2.1 Basale Dilemmata

- *Institutionalisierungsdilemmata*: Etablierte (Volks-)Religionen sind auf elementare, spontane und außeralltägliche Formen von Interaktion und Gemeinschaft ebenso angewiesen wie auf einen gewissen Grad der Institutionalisierung und formalen Organisation. Dies führt zu einem Grundwiderspruch, der darin besteht, auf der einen Seite religiösen Sinn zu institutionalisieren (also zu verregeln) und auf der anderen Seite so viel Freiraum zu lassen, dass religiöse Kreativität als Quelle notwendiger Neuerung möglich ist. Hieraus lassen sich nach O'Dea (1964) fünf *Institutionalisierungsdilemmata* ableiten:

- *Dilemma der gemischten Motivation*: Zu anfänglich rein religiös motivierten Motivationen treten im Zuge der Institutionalisierung (Ämterstruktur) religionsfremde hinzu (etwa Streben nach Prestige etc.);
- *symbolisches Dilemma*: Religiöse Symbole und Rituale nutzen sich ab und repräsentieren nicht mehr die ursprünglichen Gefühle, sodass der Gleichklang zwischen inneren Empfindungen und äußerem Symbolismus verloren geht;
- *Dilemma der Verwaltungsordnung*: Mit zunehmender Bürokratisierung ergeben sich Kompetenzüberschneidungen sowie unklare Rollen- und Machtverhältnisse;
- *Dilemma der Begrenzung*: Die Verselbstständigung von Kodizes und Regelwerken führt zu Legalismus;
- *Dilemma der Macht*: Die Anpassung an die religionsexterne Umwelt (kulturelle Verhältnisse) geschieht zunehmend weniger aus religionsimmanenten als vielmehr aus (macht-)strategischen Überlegungen heraus. Das damit verfolgte Ziel, die Religion zu festigen, kann zu Scheinreligiosität und unfreiwilliger bzw. strategischer Mitgliedschaft führen.

Solche Dilemmata treten v.a. bei weltablehnenden bzw. -abgewandten Religionen auf (hier wird die Inkommunikabilität ihrer Inhalte (etwa Mystik) oder die besondere Bedeutung bewusstseinsförmiger Erfahrung betont, die sich einer Verreglung prinzipiell entzieht). Institutionalisierungsdilemmata führen letztlich zu Transformationsprozessen (s.u.).

- *Besonderheit religiösen Sinns bzw. religiöser Kommunikation*
Krech (1999) schreibt religiöser Kommunikation folgende Besonderheiten zu:

- tropischer (metaphorischer, allegorischer, symbolischer, gleichnishafter) Charakter: Das Transzendente (das ‚Abwesende'), auf das sich religiöse Kommunikation bezieht, muss mit immanenten Mitteln bezeichnet und artikuliert werden;
- subjektive Erfahrungen von Außeralltäglichem und Andersartigem werden durch den Rekurs auf Bekanntes überhaupt erst kommunizierbar gemacht; Unvertrautes wird dadurch in Vertrautes übersetzt.

Religiöse Kommunikation ist auf diese Weise durch eine widersprüchliche Einheit von „Erweiterung und Einschränkung" (Luhmann 1989a, S. 271 ff.) gekennzeichnet: Einerseits erzeugt der tropische Charakter den Alltag transzendierende Sinnüberschüsse, andererseits muss dieser Vorgang so kanalisiert werden, dass die Inhalte kommunizierbar bleiben, was durch sozial geregelte Divinationspraktiken erfolgt (bestimmte Gegenstände, Orte, Zeiten werden als heilig qualifiziert; Festlegung bestimmter religiöser Metaphern und sprachlicher Symbole, Ausbildung fester Sprachmuster (z.B. Formeln), Mythen, Texten und deren Kanonisierung in Heiligen Schriften (etwa Bibel, Koran, Talmud), rituelle Handlungen und religiöse Ethiken (vgl. Krech 1999, S. 38)). Diese Einschränkungen der Sinnüberschüsse führen Krech zufolge zur Ausbildung von Tradition sowie eines kollektiven Gedächtnisses und stellen erste Formen der Institutionalisierung dar.

5.2.2 Konsequenzen des Modernisierungsprozesses

Die in den Sozialwissenschaften diagnostizierten Modernisierungsschübe, d.h. zunächst der Übergang von einer traditional geprägten, feudalen zu einer modern geprägten, industriellen[172] und daran anschließend der fließende und noch anhaltende Übergang in eine nachindustrielle, spät- oder postmoderne Gesellschaft, die sich durch ein reflexives In-Griff-Nehmen der sich zusehends intensivieren-

---

172 Der Begriff der Moderne deckt sich in solchen Gesellschaftsdiagnosen weitestgehend mit dem der Neuzeit oder Aufklärung (vgl. kritisch hierzu Zima 1997, S. 8ff.). Gemeinsam ist ihnen die Identifizierung und ambivalente Bewertung eines umfassenden Rationalisierungsprozesses, der einerseits Befreiung von (u.a. auch religiöser) Bevormundung bedeutete, andererseits jedoch auch neue Zwanglagen und Probleme (insbes. die bis heute virulente Frage gesellschaftlicher Solidarität) hervorzubringen vermochte (vgl. insbes. die klassischen, den zeitgenössischen Entwicklungen Rechnung tragenden Abhandlungen von Emile Durkheim (1988) [1930] zur sozialen Arbeitsteilung, von Karl Marx (1969) [1872] zur Entstehung des kapitalistischen Systems, von Georg Simmel (1983a) [1896] zu den sozialen Folgen der Geldwirtschaft, von Max Weber (1991) [1905] zur protestantischen Ethik und von Ferdinand Tönnies (1988) [1887] zum Verlust der Gemeinschaft in der modernen Gesellschaft).

den Prozesse der Individualisierung, Pluralisierung und Enttraditionalisierung auszeichnet[173], haben die Form und Funktion von Religion in der heutigen Gesellschaft nachhaltig verändert. Wie diese Veränderungen aussehen bzw. auf welche grundlegenden Entwicklungstrends sie zurückgeführt werden, soll im Folgenden skizziert werden:

- *Säkularisierung: Bedeutungsverlust, Entkirchlichung und Deinstitutionalisierung von Religion*
I.w.S. wird mit Säkularisierung ein epochaler und irreversibler Bedeutungsverlust von Religion im Zuge der Modernisierung[174], i.e.S. ein Relevanzverlust organisierter (v.a. christlicher) Religion bezeichnet. Berger (1973) versteht unter Säkularisierung einen „Prozess, durch den Teile der Gesellschaft und Ausschnitte der Kultur aus der Herrschaft religiöser Institutionen und Symbole entlassen werden" (S. 103). Kritik an der Säkularisierungsthese wurde v.a. hinsichtlich zweier Aspekte laut: Erstens handele es sich eher um einen zyklisch wiederkehrenden Prozess der Auflösung etablierter Religionen mit anschließender Konjunktur und/oder Revitalisierung neuer Religionsformen. Zweitens wurde darauf aufmerksam gemacht, dass zwischen Religiosität und Kirchlichkeit unterschieden werden müsse, da an die Stelle institutionalisierter Formen von Religion diffuse und subjektivierte Formen getreten seien. „Komplementär zur abnehmenden Bedeutung kirchlich verfasster Religion sei es zu einem religiösen Pluralisierungs- und Individualisierungsprozess gekommen" (Krech 1999, S. 62). *Berger* (1980) betont, dass Religion durch Säkularisierung zu einem kirchlichen Sonderbesitz und die kirchlich Religiösen zu einer Minderheit geworden sind, wohingegen sich die Mehrheit Ersatzreligionen zuwendet, über die sie ihr Bedürfnis nach Sinnvermittlung stillen. *Luckmann* (1991) hält die Säkularisierung für einen modernen Mythos, da die Bedeutung religiöser Organisationen zwar zurückgegangen, die Religion selbst jedoch nach wie vor präsent ist, also bloß ihre Form ändert. Andere gesellschaftliche Sphären und Institutionen (etwa die Kunst, die Wissenschaft etc.) erführen zwar eine Säkularisierung, nicht aber die Individuen und ihre Gesellschaften. Die Religion zeige sich nicht länger in ihren ‚gewohnten Gewändern' (kirchliche Institutionen, traditionelle Lehren, althergebrachte Rituale), sie sei als ‚unsichtbare Religion' zu begreifen.

- *Bedeutungsverlust aufgrund funktionaler Differenzierung*
Im Zuge der durch die Modernisierung vorangetriebenen, funktionalen Differenzierung ist Religion zu einem Teilsystem unter anderen geworden, das

---

173 Vgl. hierzu etwa Beck 1986, Beck/Beck-Gernsheim 1994, Giddens 1996, Habermas 1985, Hitzler/Honer 1994.
174 Vgl. zfs. Kippenberg 1998, Fürstenberg 1994.

nicht länger das Deutungsmonopol beanspruchen kann, sondern sich mit Systemlogiken anderer Teilsysteme (etwa Politik, Recht, Wissenschaft, Kunst) abgleichen muss[175]. Luhmann etwa formuliert hierzu: „In ihren Grundlagen aber waren Religion und Gesellschaft nicht zu unterscheiden. Zweifelsfragen waren damit in einer multifunktionalen, funktional redundanten Wirklichkeit (...) aufgehoben. Man konnte von nichtreligiösen zu religiösen Sicherheiten überwechseln und umgekehrt. Das historisch-evolutionäre Geschehen, das wir unter dem Titel ‚Ausdifferenzierung der Religion' behandeln wollen, beendet diese Möglichkeit. Ausdifferenzierung involviert einen Redundanzverzicht. Die Religion sichert heute weder gegen Inflation noch gegen einen unliebsamen Regierungswechsel, weder gegen das Fadwerden einer Liebschaft noch gegen wissenschaftliche Widerlegung der eigenen Theorien. Sie kann nicht für andere Funktionssysteme einspringen" (1989a, S. 259).

- Individualisierung und Privatisierung von Religion
Die auf sozialstruktureller Ebene konstatierte Individualisierung[176] als Korrelat funktionaler Differenzierung lässt sich auch für die Religion feststellen[177]. Zwei ineinander greifende Aspekte spielen dabei eine Rolle: Zunächst ist Religion mehr und mehr zu einer Sache des Einzelnen geworden, da das Individuum aus verschiedenen religiösen Angeboten auswählt und diese individuell kombiniert. „Infolge dieses Prozesses wird Religion zur Sache der subjektiven Überzeugung; sie wird dem Individuum in Form des Glaubens zugerechnet, und der Einzelne hat sie selbst – vor sich und anderen – zu legitimieren" (Krech 1999, S. 67). Damit zusammenhängend verschiebt sich auch der Fokus des religiösen Inhalts: Mehr und mehr wird der Einzelne bzw. das Selbst zentraler Gegenstand religiöser Sinnbildung[178]. Hans-Georg Soeffner begreift den Wandel „von der Religion des Individuums zum Individuum als religiösem Gegenstand" (1994, S. 292) als paradigmatisch für die Entwicklung der Religion in den westlichen Industrieländern. Individualität erhält Wert an sich und avanciert zum Selbstzweck: „Die historische Ausformung einer (...) Erfahrung der Vereinzelung, (...), mündete, (...), in eine normative Wertschätzung der Vereinzelung als ‚Einzigartigkeit'"

---

175 Zur Einordnung der Religion in gesellschaftliche Evolutionsprozesse vgl. Bellah 1964 und Luhmann 1989a.
176 Vgl. exemplarisch Beck 1986, Beck/Beck-Gernsheim 1994, Ferchhoff/Neugebauer 1997, Friedrichs 1998, Hörning/Michailow 1990, Keupp 1994 und 1999, Müller 1992, Willems/Hahn 1999.
177 Vgl. Gabriel 1996, Kaufmann 1989, Wohlrab-Sahr 1995.
178 Festgemacht wird dies u.a. an der Konjunktur asiatischer Religionen, religiös aufgeladener Meditations- und Therapiepraktiken (vgl. Feige 1993, S. 551 f., Hahn/Willems 1993) und religiösen Elementen im so genannten New Age (vgl. Heinrichs 1994, Knoblauch 1989, 1993), wo Fragen nach Selbsterkenntnis, -verwirklichung und -erfahrung im Vordergrund stehen, weshalb Knoblauch (1991) von einer „Sakralisierung des Ich" (S. 31) spricht.

(ebd., S. 295). Von nun an ist jeder Einzelne Spezialist seiner eigenen religiösen Erfahrungen, wobei „diese sowohl an ‚traditionell' vorgeprägten, religiösen Entwürfen als auch an ‚modernen' Selbsterfahrungs- und Authentizitätsmustern orientiert sein können" (ebd.). Die moderne Kultur stellt dem Einzelnen „vergesellschaftete Schablonen zur ‚Selbstfindung'" bereit (ebd.). Er ist nun gezwungen, sowohl seine Identität als auch ein individuelles Wertsystem selbst zu generieren, da einzig das emanzipierte Individuum als gesamtgesellschaftlicher Konsens verblieben ist: „Das ganze, was einheitlich dem Flickenteppich der Weltanschauungen und ‚letzten Bedeutungen' gegenübersteht und letztlich deren *relativ* konfliktfreies Nebeneinander garantiert, ist das vom Kollektiv weitgehend akzeptierte ‚moderne' Konzept vom ‚emanzipierten Individuum'" (Soeffner 1994, S. 296). Deshalb muss zwischen dem Glauben *an* das Individuum und dem Glauben *des* Individuums unterschieden werden (vgl. ebd. S 297). Erstere ist Grundlage moderner Wertvorstellungen, letztere existiert in je individuellen Glaubensvorstellungen.

Mit dieser Individualisierung des Glaubens geht zugleich ein Privatisierungsprozess einher, d.h. eine Verlagerung religiöser Angelegenheiten von der Öffentlichkeit in die Privatheit. Im Rekurs auf Peter L. Berger und Thomas Luckmann fasst Knoblauch den Prozess der *Privatisierung* wie folgt: „Die Religion findet so ihre ethische Basis mehr und mehr in der Privatsphäre, besonders in der Familie und ihren privaten Beziehungsgeflechten (…) zudem wird die Religion immer diesseitiger in ihren Orientierungen (…) Religion wird in ihrer Ausrichtung somit ‚zwischenmenschlich' (‚interpersonal') und ‚innerlich' (‚inward') zugleich, wobei die erstgenannte Eigenschaft sich auf die sozialen Beziehungen in der Privatsphäre bezieht und die Identitätsprobleme in eben dieser Sphäre" (Berger/Luckmann zit. n. Knoblauch 1991, S. 19). Dies führt Knoblauch zufolge zu einer Schrumpfung der Transzendenz (religiöse Inhalte beschränken sich mehr und mehr auf individuelle Probleme), zu einer Subjektivierung und u.U. zur Vereinzelung des Gläubigen sowie dazu, dass Religion nicht mehr kollektiv verpflichtend ist, sondern eine individuelle Wahl erfordert. Dies geht Hand in Hand mit Entwicklungen auf institutioneller Seite, denn spiegelbildlich dazu stellt die Kirche immer weniger Ansprüche an ihre Mitglieder. Kirchenzugehörigkeit übt kaum noch einen Einfluss auf Werte, Einstellungen sowie Lebensführung der Mitglieder aus. Gleichzeitig gelingt es der Kirche sukzessive weniger, die Alltagsprobleme der Menschen aufzugreifen, die sich eben nicht selten – wie oben erörtert – um private Sorgen drehen. Symptom für diese Entwicklung ist – wie mehrfach angesprochen – die Zunahme von auf das Selbst und seinen Körper zielenden Sinnstiftungsgemeinschaften (‚Psychogruppen', Selbsthilfegruppen etc.).

- Pluralisierung von Religion
Angesichts der Pluralität von Werten und Lebensstilen stellt sich die Frage nach der Modernisierungskompatibilität von Religion. Einerseits erweist sich Religion im Rahmen der Individualisierungsthese als modernitätskonform, nämlich in Form eines religiösen Pluralismus. Auf der Basis des durch Emile Durkheim und Thomas Luckmann erweiterten Religionsbegriffs werden im Zuge von Diffundierungsprozessen auch unsichtbare Formen von Religion sowie quasi-religiöse und ‚religioide' Sinnelemente entdeckt, die sich auch in religionsfremden Kontexten finden lassen.[179] „Der Zusammenbruch ihrer (der christlichen Kirchen; Anm. d. Verf.) Hegemonie führte also zu einem Pluralismus der Weltanschauungen" (Knoblauch 1999a, S. 120). Berger (1999) versteht darunter die friedliche Koexistenz unterschiedlicher religiöser und weltanschaulicher Gruppen in einer Gesellschaft.[180] Andererseits sind unter den Bedingungen vertikaler und funktionaler Differenzierungsprozesse die etablierten Religionen dadurch jeweils unterschiedlichen Ansprüchen auf der Mikro-, Meso- und Makroebene ausgesetzt:

- Identitätsbildung und persönliche Krisenbewältigung wird insbesondere auf Interaktions- und Gruppenkonstitutionsebene relevant, wo auch hauptsächlich die Effekte religiöser Pluralisierung und synkretistischer Tendenzen spürbar werden.
- Hinsichtlich institutioneller Sozialformen von Religionen wird eine religiös motivierte Lebensführung durch plurale Lebensstile abgelöst, wobei zivilreligiöse und am Alltag orientierte Rituale eine Zunahme verzeichnen können.
- In organisatorischer Hinsicht (Kirchen) muss weiterhin an einer Festigung der religiösen Semantik festgehalten werden (Abgrenzungsproblem, Problem der Systemerhaltung), was für die Kirchen ein unauflösbares Dilemma bedeutet (s.u.).

Aufgrund dieser Entwicklungen, verschiedenen Ansprüchen auf unterschiedlichen Ebenen gerecht werden zu müssen, sind Kirche und Religion auseinander getreten. Formale religiöse Organisationen haben einen zunehmenden Funktionsverlust zu verzeichnen, diversifizieren sich in verschiedene Sektoren und übernehmen mehr und mehr sekundäre Funktionen. Hubert Knoblauch (1999a) fasst den Zustand, in dem sich die etablierten Religionen angesichts der fortschreitenden Pluralisierung befinden, wie folgt zusammen:

---

179 Etwa in der Popkultur (vgl. Weinstein 1995, Schwarze 1997, Vogt 1999) oder in den Massenmedien (vgl. Keppler 1995, 1999, Reichertz 2000, Thomas 1998).
180 Hinsichtlich religiösen Pluralismus' ließe sich interreligiöser (Existenz mehrerer Religionen) von intrareligiösem (mehrere Auslegungen und separierte Gruppen/Institutionen innerhalb einer Religion) unterscheiden (vgl. Knoblauch 1999a, S. 120).

„Die *modernen Industriegesellschaften* sind dadurch charakterisiert, dass der Gel-
tungsbereich des heiligen Kosmos, der als ‚offizielles Modell der Religion' einst die
gesamte Gesellschaft legitimierte, seinen Einflussbereich auf die anderen institutionellen Bereiche (...) und auf die Lebensführung des Einzelnen verliert. (...). Der
Begriff der *unsichtbaren Religion* weist darauf hin, dass der schrumpfende Gel-
tungsbereich des von spezialisierten Institutionen getragenen offiziellen Modells der
Religionen keineswegs ein religiöses Vakuum hinterlässt. Da Religion ein anthropo-
logisches Merkmal ist, bleiben Menschen religiös, doch nimmt Religion soziale Formen an, die sich nicht mehr in Gestalt traditionell religiös erkennbarer Institutionen
und Vorstellungen ausdrücken müssen. Aufgrund der zunehmenden Pluralisierung
konkurriert der Restbestand (...) des offiziellen Modells der Religionen mit diesen
Ideologien (politischen und weltanschaulichen; Anm. d. Verf.) und mit neuen Formen der Religion auf einem Markt der Weltanschauungen" (S. 126 f.).

Auf subjektiver Ebene bedeutet diese Pluralität eine Relativierung des eigenen
Glaubens und erfordert eine bewusste Entscheidung für eine Glaubenslehre.
Diese Situation erzeugt nach Berger (1980) einen „Zwang zur Häresie", d.h. eine
Tendenz, sich eine eigene, private Religion ‚zusammenzustellen'. Die Pluralisierung der Religion zeigt sich als Kehrseite der oben festgestellten Privati-
sierungstendenzen. Verbindungsglied zwischen Gläubigen und Religion ist eine
beidseitige Orientierung am Markt. Der beständigen Ausdifferenzierung des
religiösen Angebots durch die interne Säkularisierung der Kirchen und die Ausbildung diverser Synkretismen innerhalb sekundärer Institutionen auf gesellschaftlicher Ebene steht eine zunehmende Konsumorientierung der Gläubigen
auf subjektiver Seite gegenüber. „Es entsteht eine *doppelte Autonomie*: Auf der
einen Seite die Autonomie des Individuums, das nurmehr persönliche Ziele verfolgt, auf der anderen Seite die Autonomie der primären Institutionen, die an das
Individuum nur noch formale, subjektiv nur noch wenig einsichtige Anforderungen stellen" (Knoblauch 1991, S. 21 f.).

- Religion in der Kommunikationsgesellschaft
In historischer Perspektive hat sich religiöse Kommunikation durch den Wandel
der Kommunikationstechnologien (von Oralität über Literalität zu Medialität)
nachhaltig verändert.[181] Bedeutete der Übergang von mündlicher zu schriftlicher
religiöser Kommunikation prinzipiell die Kanonisierung und Kodifizierung religiösen Sinns und im Zuge dessen das Auseinandertreten von Laien- und Exper-
tensphären mit asymmetrischen Zugängen zur religiösen Wahrheit, findet sich
insbesondere im Zeitalter der Multimedialität eine Popularisierung[182] tradi-

---

181 Vgl. Tyrell/Krech/Knoblauch 1998.
182 Knoblauch (1999b) versteht unter *populärer Religion* Formen von Religiosität, die einerseits
     dadurch charakterisiert sind, dass sie „ihrem Inhalt nach eine eindeutige Zuordnung zu etablier-

tioneller religiöser Inhalte durch die Adaption populärkultureller Formen und Verbreitungswege, eine Aushöhlung religiöser Kommunikation durch das Suggerieren von Nähe und Gemeinschaft[183], eine vermehrte Verwendung religiöser Semantiken im Rahmen religionsfremder Kontexte sowie eine tendenzielle Substitution etablierter Religionen durch die Medien selbst (Medienreligiosität[184]). Im Zuge solcher Veränderungen religiöser Erscheinungsformen drängt sich die Frage auf, „in welchen Fällen es sich um genuin religiöse Kommunikation handelt, wann man es mit funktionalen Äquivalenten zu tun hat und wann lediglich Versatzstücke religiöser Semantik in einem nicht-religiösen Kontext ‚metaphorisch' verwendet werden. Bei dem zuletzt genannten Fall ist wiederum interessant, warum es zu solcherart ‚Instrumentalisierung' und Zweckentfremdung religiöser Semantik kommt" (Krech 1999, S. 72).

Zusammenfassend können zwei aufeinander aufbauende und fließend ineinander übergehende Modernisierungsschübe als religionsspezifische Entwicklungslogik festgehalten werden, die die Gestalt heutiger Religionsformen prägen:

- *Individualisierung von Religion in der Neuzeit durch Reformation und Aufklärung*
Als entwicklungslogischer Vorläufer heutiger Säkularisierungs-, Pluralisierungs- und Individualisierungstendenzen von Religion kann ein im Übergang von Vormoderne zu Moderne ansetzender Individualisierungsschub gelten, der durch die Aufklärung, die Reformation und – im Zuge dessen – durch ein verändertes Menschen- und Weltbild in Gang gesetzt wurde. Die historischen (jedoch ungewollten) Konsequenzen der Reformation bestehen Soeffner (1994) zufolge vornehmlich darin, dass der Einzelne in seinem Glauben auf sich selbst zurückgeworfen ist (‚Solitärsein') und damit zusammenhängend die heilige Schrift als Garant ewiger Wahrheit durch die Heilserfahrung des Individuums abgelöst wird.[185] Im Rekurs auf Luhmann interpretieren Willems/Willems (1999) die entstehende, neue Form der Individualitätssemantik als Fortführung historisch-religiöser Entwicklungen und Diskurse. In grober Linie kann die Entwicklung eines nachreformatorisch-lutherischen Individualitätstypus (Verinnerlichung von

---

ten oder häretischen religiösen Traditionen erlauben, die sich aber zugleich dadurch auszeichnen, dass sie sich der populärkulturellen Vermittlungsform bedienen" (S. 210).

183 Vgl. Krech 1999, S. 71 sowie Reichertz 1999, Ayaß 1997.

184 D.h., dass Medieninhalte zum Gegenstand religiöser Verehrung werden bzw. religiöse Funktionen übernehmen (vgl. Keppler 1994, 1995, Kersten 1999, Reichertz 2000, Thomas 1998).

185 Ausführlich dazu vgl. Soeffner (1992a), der die nachreformatorische Entwicklung der christlichen Religion als „Weg von der Kollektivität des Glaubens zu einem lutherisch-protestantischen Individualitätstypus" begreift. Vgl. auch Jung 1999, S. 11 ff.

Religion)[186] als Vorläufer des in der (Post-)Moderne hervorgebrachten, nach Selbstverwirklichung suchenden Individuums gelten, das sich statt an jenseitigem an diesseitigem Heil orientiert.

Bereits im Sturm und Drang – so die Autoren – wird auf der Basis religiöser Konzepte die Idee eines selbstbestimmten Individuums entworfen: „Auf das Individuum werden explizit alle Attribute übertragen, die in der religiösen Tradition Gott allein vorbehalten waren: Es ist frei, autonom und schöpferisch. (...). Kunst und Liebe werden als seine (des Individuums; Anm. d. Verf.) Korrespondenzräume konzipiert. Sie sollen nun gestatten, was ehemals allein Projektion der Religion war: die Begegnung mit dem Göttlichen; diese Begegnung bedeutet aber jetzt: Begegnung mit dem eigenen Selbst" (Willems/Willems 1999, S. 347). Das Problem, das eine solche Entwicklung mit sich bringt, „ist die Frage, wie dieses Selbst in Kommunikation überführt, wie es soziale Realität gewinnen soll" (ebd.). Die Lösung dieses Problems besteht in einer sukzessiven Herausbildung von *Institutionen der Selbstthematisierung*[187] – gewissermaßen als Kehrseite sukzessiver Individualisierung von Religion – die bis heute anhält und (post-)moderne Formen von Religion entscheidend prägt. Hier liegen die (religiösen) Wurzeln der die (Post-)Moderne entscheidend prägenden Prozesse zunehmender Selbstbezüglichkeit und Ich-Zentriertheit. Durch den Vorgang der Selbstthematisierung – so die Autoren weiter – erzeuge sich das moderne Individuum selbst: „Das Individuum (...) erhält in dem Prozess, in dem sein ,Inneres' artikuliert und erkannt werden soll, Identität und Orientierung; es wird in einem Wechselspiel von (Selbst-)Beschreibung und (Selbst-) Deutung mit einer Biographie und einem Weltbild ausgestattet" (ebd. S. 348).

- Auflösung der Einheitsreligion und gegenmoderne Suchbewegungen (Resakralisierung und Retribalisierung)

An diesen – gewissermaßen ersten und vornehmlich in der Art und Weise des Bezugs auf Religion wurzelnden – Individualisierungsschub im Übergang von

---

186   Auch Weber (1991) rekonstruiert in seiner Protestantischen Ethik die Entstehung eines neuen Individualitätstypus. So interpretiert er den Protestantismus nicht nur als ideologische Wurzel einer sich neu formierenden Gesellschaftsordnung (Kapitalismus), sondern setzt ihn darüber hinaus von traditionellen Formen der Religion (Katholizismus) dahingehend ab, dass er ihm eine Verdiesseitigung des Heils und eine Rationalisierung religiöser Lebensführung zuschreibt. Subjektive Konsequenzen einer solchen Entwicklung sieht Weber in der zunehmenden Unvermitteltheit der Beziehung des Einzelnen zu Gott sowie in einem gesteigerten Zurückgeworfensein des Einzelnen auf sich selbst.

187   So zeigt etwa Hahn (1982) an der Beichte (vgl. zfs. Knoblauch 1999a, Kap. XI) einen Prozess zunehmender Verinnerlichung und Selbstbeschreibung bzw. -thematisierung auf (vgl. auch Hahn 1987, Hahn/Willems 1993, Bohn/Hahn 1999). Zu Konvergenzen religiöser und therapeutischer Identitätsbildungsprozesse sowie zur Institutionalisierung von Selbstthematisierungsprozessen in Form von Psychotherapie in der Moderne vgl. Willems 1999a.

Vormoderne zu Moderne wird nun ein zweiter, gesamtgesellschaftlicher und durch jenen ersten mitgetragener Individualisierungsprozess angeschlossen[188], der seinerseits religiöse Formen und Bezüge nachhaltig verändert. Wie oben bereits dargestellt (s. Individualisierung, Privatisierung, Pluralisierung) ist der Zustand der etablierten, organisatorisch verfassten Religion in der Moderne gekennzeichnet durch einen zunehmenden Bedeutungsverlust, während sich aufgrund dessen gleichzeitig Formen diffuser Religiosität verbreiten. Und nicht nur das: Im Zuge eines weltgeschichtlichen Rationalisierungsprozesses, dessen ‚Kollateralschäden' unter Stichworten wie ‚Entzauberung der Welt' (Weber 1991), ‚Kolonialisierung der Lebenswelt' (Habermas 1981) oder ‚Dialektik der Aufklärung' (Adorno/Horkheimer 1985) ihren Ausdruck finden, entsteht das Bedürfnis nach ‚Wiederverzauberung' oder Resakralisierung[189] (post-)modernen Lebens.

Im Zentrum solcher Versuche steht nichtsdestotrotz – wie Soeffner es formuliert – das ‚solitäre Ich'. Damit zusammenhängende Sehnsüchte und Suchbewegungen nach (Ur-)Gemeinschaften[190] (oft auch als ‚Retribalisierung' bezeichnet), nach kollektiver Sicherheit und letztbegründenden, universellen Werten (deren Extremformen sich in religiösem und/oder politisch-ideologischem Fundamentalismus/Nationalismus ausdrücken[191]) sind ihrer Tendenz nach ‚rückwärtsgewandt', also ‚entmodernisierend' bzw. gegenmodern und spiegeln symptomatisch das Dilemma wider, das entsteht, wenn versucht wird, in modernisierten, sich auf die Individualität des Einzelnen stützenden Lebenszusammenhängen ‚vormoderne' Ordnungsformen zu restituieren.[192] Der historische Prozess ist irreversibel und alle gegenmodernen Lebens- bzw. Vergemeinschaftungsformen müssen sich aufwändig als abgegrenzte Einheit in einer (post-)modernen Umwelt behaupten. Rückwärtsgerichtete Suchbewegungen (ob *Re*-Sakralisierung, *Re*-Tribalisierung, *Wieder*-Verzauberung etc.) erfordern notwendigerweise reflexive Wahl- und Entscheidungsprozesse und bedürfen deshalb eines aktiven Wiederherstellungs-Prozesses durch den Einzelnen (da der ‚natürliche' Urzustand unwiederbringlich verloren ist bzw. sowieso bloß als Mythos existiert).[193]

---

188 Hitzler (1999) spricht in diesem Zusammenhang von einer ‚anderen' Moderne (S. 360).
189 Das Phänomen der Resakralisierung der modernen Gesellschaft – so zeigt Knoblauch (1999a, S. 171) – wurde bereits Anfang der 1980er Jahre ‚entdeckt'. Allgemein versteht man darunter ein Wiedereindringen religiöser Inhalte in die gesellschaftliche Struktur. Vgl. auch Stark/Bainbridge 1985.
190 Vgl. Soeffner 1997, S, 338 f.
191 Vgl. Soeffner 1997, S. 336 f. Zu Formen religiösen Fundamentalismus' vgl. etwa Riesebrodt 1990.
192 Vgl. dazu Helsper 2000.
193 Die Aporien einer rationalistisch-reflexiven Ingriffnahme und methodischen Herbeiführung irrational-naturwüchsiger ‚Zustände' bzw. Lebenspraktiken sah Mannheim (1980) bereits in der Romantik als Bewegung der Wiederherstellung voraufklärerischer Zustände: „Die Romantik wollte diese irrationalen, verdrängten Lebensmächte retten, indem sie sich ihrer annahm,

Der dadurch entstehende doppelte Widerspruch, nämlich die zunehmende Inkongruenz von gruppen- und individuumsspezifischen Deutungsmustern und Lebensstilen mit gesamtgesellschaftlichen Anforderungen und Funktionszuschreibungen einerseits sowie innerhalb der Suche nach umfassenderen Weltdeutungen auf sich selbst zurückgeworfen zu sein andererseits, lässt sich als paradoxe Grundfigur (post-)moderner Suchbewegungen begreifen. So konstatiert Hitzler zwei bedeutsame Konsequenzen auf System- und Subjektebene: „Sozialaufklärerisch gesehen geht es folglich (...) um die Frage der *Verlässlichkeit*, d.h. wie wir wieder ‚Sicherheit' gewinnen können, im Umgang miteinander. (...) Individualemanzipatorisch gesehen geht es um die Suche nach biographisch hinlänglichen akzeptablen Optionen zur *Wiedervergemeinschaftung* jenseits quasi-natürlicher sozialmoralischer Milieus" (1999, S. 361). Beide Suchbewegungen – Wiedervergemeinschaftung (Retribalisierung) und Wiederverzauberung (Resakralisierung) – können also als Reaktionen auf die Auflösung religiös fundierter Großkollektive (Gesellschaften) begriffen werden. Das bringt mit sich, dass Restituierungsprozesse nicht gesamtgesellschaftlich erfolgen (können), sondern sich gruppenspezifisch ereignen.[194] Der dadurch in Gang gesetzte Wertepluralismus (kulturpessimistisch: Sinnkrise[195]) produziert vielfältige, i.w.S. auf Religion rekurrierende Bewältigungsformen[196], von denen drei abschließend benannt werden sollen, da sie für die vorliegende Studie besonders relevant erscheinen:

- *Posttraditionale Gemeinschaften* lösen postmoderne Dilemmata (‚Sicherheit' bzw. ‚Verlässlichkeit' und ‚Wiedervergemeinschaftung' jenseits sozial-moralischer Milieus und radikal gegenmodernistischer Lösungen) Hitzler (1999) zufolge dadurch auf, dass sie Möglichkeiten der Vergemein-

---

merkte aber nicht, dass sie gerade dadurch, dass sie sich bewusst auf sie richtete, sie gleichfalls rationalisierte. (...). Die Romantik ist also ein Auffangen, Sammeln jener letzten Endes aus dem ‚religiösen Bewusstsein' stammenden Lebenselemente und Lebenshaltungen, die durch den kapitalistisch-rationalen Zug verdrängt wurden, aber sie ist ein Aufraffen und Sammeln und Erfahren dieser Elemente auf der Ebene der Reflexion" (S. 182).

194   Soeffner (1997) bezeichnet das als „Inselbildung", d.h., obwohl neue kollektive Werthaltungen entstanden sind, wird „die Steuerung des alltäglichen Lebens immer stärker durch ‚lokale', gruppen-, gemeinschafts- und/oder ‚Lebensstil'-orientierte ‚Moralen' übernommen" (Soeffner 1997, S. 339 f.). Bestände gemeinsamer Werthaltungen sind auf diese Weise in abstrakte Fernen abgeschoben und „ersetzt durch miteinander konkurrierende lokale, kulturelle/religiöse/ ethnische oder sonst wie limitierte soziale Moralen" (ebd., S. 340).

195   Vgl. Hitzler 1999, S. 359f.

196   Als weitere Formen und Surrogate postmoderner Religiosität können gelten: Volksglauben/Volksfrömmigkeit/Aberglaube, Zivilreligionen (vgl. Kleger/Müller 1986, Schieder 1987), Formen der Sakralisierung des Ich (Psychoanalyse/Selbsthilfegruppen), populare Religion und nicht zuletzt funktionale Äquivalente (etwa Medien, Umweltproblematiken oder Sport) (vgl. zfs. Knoblauch 1991, Abschn. III u. IV und 1999b sowie Hahn/Bergmann/Luckmann 1993).

schaftung unter Bedingung von Individualisierung und Pluralisierung zur Verfügung stellen. Sie sind demzufolge „ein Modus sozialer Aggregation (…), der sich (...) dadurch auszeichnet, dass die *freiwillige Einbindung* des Individuums auf seiner *kontingenten Entscheidung* für eine *temporäre* Mitgliedschaft in einer (in Hinblick auf Erlebnis-Orientierung) vororganisierten sozialen Agglomeration beruht. (…) Kollektive, die aus der Konglomeration solcher Zugehörigkeitsentscheidungen bestehen, bezeichnen wir als *‚posttraditionale Gemeinschaften'* bzw. (…) als *‚Gemeinschaften aus der Vereinzelung'* heraus" (S. 363). Signifikante Merkmale sind, dass das gemeinsame Handeln nicht vorgängigen Geteiltheiten folgt, sondern erst durch kollektives Handeln konstituiert wird. Hieraus folgt ein äußerst labiles Wir-Bewusstsein. „Gleichwohl versprechen unter den gegebenen Umständen auch derlei *posttraditionale* Gemeinschaften (…) aufgrund ihrer symbolisch-rituellen Verfasstheit eine wenigstens *relative* Sicherheit und Fraglosigkeit" (ebd. S. 364 f.). Aus Subjektperspektive ‚antworten' posttraditionale Gemeinschaften auf die Frage der Verbindung von Individual- und Kollektivitätsorientierungen: „Attraktiv sind für den Existenzbastler deshalb wahrscheinlich weniger solche Sinnangebote, die mit dem Anspruch einhergehen, verlässlich zu antworten, als vielmehr solche Vergemeinschaftungsoptionen, die er als mit dieser – seiner – symptomatischen existenziellen Situation kompatibel erfährt" (ebd. S. 365).

- *Religionsbricolage*: Religionen als letztbegründende bzw. -erklärende, ganze Gesellschaften kollektiv verpflichtende und damit integrierende Deutungssysteme haben ausgedient. An die Stelle der konfessionellen und umfassend verpflichtenden Eingebundenheit in eine Religionsgemeinschaft ist religiöser Synkretismus[197] bzw. Religionsbricolage[198] getreten: „Generell scheint es so, dass in der öffentlichen Weltauslegung (…) eine Reihe von ursprünglich im religiösen Kontext entstandenen Deutungsmustern eine Rolle spielt, die aber von der konfessionellen, ja überhaupt religiösen Bin-

---

197 Vgl. Bochinger 1994.
198 Der Begriff ‚Bricolage' wird in Anlehnung an Claude Lévi-Strauss' Studien primitiver Gesellschaften (vgl. 1973; S. 29 ff.) in den modernen Kulturwissenschaften als Bezeichnung für soziale Praktiken verwendet, in denen heterogenes Material in konkretistischer Weise aufeinander bezogen wird, um Homologien zwischen Welt/Natur und Gesellschaft/sozialer Ordnung herzustellen. Zum prominenten Erklärungsmuster avancierte der Bricolage-Begriff in der Jugend(sub)kulturforschung der 1970er Jahre. So begreift Dick Hebdige subkulturellen Stil als eine eigenmächtige und provokative Dekontextualisierung und Neu-Zusammenstellung (Bricolage) kultureller Artefakte mit dem Ziel, eine ‚neue' (Teil-)Kultur mit den ‚Gegenständen' und auf dem Boden der ‚alten' zu errichten. Hiermit einher gehen Prozesse der Umdeutung bzw. -wertung ‚offizieller' Definitionen und damit symbolischer Auseinandersetzungen zwischen Teil- und Bezugskultur (vgl. Clarke et al. 1979, Hebdige 1979, zfs. Baacke/Ferchhoff 1993, Brake 1981, Turner 1990).

---

dung gelöst erscheinen und als bloße Versatzstücke fungieren" (Hahn/ Bergmann/Luckmann 1993, S. 13). Dahinter steht das Bedürfnis nach religioiden Deutungsmustern: „Oft sind es nicht die Antworten, die von der kirchlich-christlichen Tradition geerbt wurden, sondern die Fragen, nicht die Lösungen, sondern die Problemdefinitionen, nicht die Sinnstiftungen selbst, sondern das Bedürfnis nach ihnen" (ebd.). Die auf die Vermehrung des religiösen Deutungsangebots zurückgreifenden Synkretismen und Bricolage-Praktiken können allerdings unterschiedliche Formen annehmen. Helsper (2000) unterscheidet zusammenfassend zwischen so genanntem ‚Container-, Ergänzungs-, okkasionellem und Als-Ob-Synkretismus' (vgl. S. 305). Die unterschiedlichen Formen variieren jeweils hinsichtlich Kohärenz und Funktion der ‚zusammengebastelten' Individual- bzw. Gruppenreligion (s.u.).

- *Okkult-Thrill und Erlebnisorientierung*: Mit der Bricolage religiöser Sinnelemente geht die ‚Instrumentalisierung' religiöser Versatzstücke zu Erlebnis- und Selbsterfahrungszwecken einher. So sind okkulte Praktiken unter Jugendlichen Helsper (1992) zufolge zunächst weniger ein Ausfluss der Suche nach Gemeinschaft: „Der jugendliche Alltag der ‚postmodernen Moderne' steht eher unter anderen Vorzeichen: Zum einen der Sinn-Bricolage, einer mit der pluralen Inkonsistenz rechnenden Montage von – auch religiösen – Sinnelementen zum einen, und zum anderen der Suche nach Thrills und Erlebnisintensität" (S. 355). So zeigt die Beschäftigung mit dem Übersinnlichen Züge der Suche nach Selbsterfahrung und intensivem Erleben (vgl. ebd. S. 356).[199]

5.3 Gothic – Spielräume düster konnotierter Transzendenz

Vor diesem Hintergrund lässt sich das Phänomen ‚Gothic' zunächst als symptomatischer Ausdruck postmoderner Religiosität bzw. als eine mögliche Reaktion auf Modernisierungsdilemmata begreifen. Im Folgenden wird zu klären sein, welche spezifischen Ausprägungen es von anderen Formen (post-) moderner Religiosität unterscheidet (Kap. 5.3.1) bzw. welche – positiv gewendet – typischen Merkmale das Phänomen ‚Gothic' kennzeichnen und worin die spezifischen ‚Leistungen' dieser ‚Lösung' bestehen (Kap. 5.3.2).

---

199 Vgl. auch Feige 1993, S. 552 ff.

5.3.1 Unterschiede zu anderen Formen (post-)moderner Religiosität

- In ihrem Bezug auf Religion weist die Gothic-Szene weder Strukturen formaler Organisationen (Kirche) noch geschlossen-exklusiver, zentralistisch organisierter Gruppen (Sekten im Sinne von Denominationen) auf. Typische Merkmale formaler Organisation (Zielgerichtetheit und Funktionsprimat, formale Mitgliedschaft, funktional differenzierte und hierarchische Strukturierung der Handlungsabläufe, Ausbildung einer Bürokratie mit festen Rollenträgern)[200] fehlen ebenso wie eine kanonisierte Lehre, eine institutionalisierte Vermittlung des Glaubens (Liturgie), die Durchführung von Amtshandlungen von dazu ausgebildeten Rollenträgern (Sakramente spenden sowie feststehende Rituale und Divinationspraktiken (vgl. Krech 1999, S. 38))[201]. Hinsichtlich des Grades der Institutionalisierung wäre ‚Gothic' demzufolge als diffuse im Gegensatz zu organisierter Religion (nach einer klassischen Unterscheidung von Yinger (1970)) sowie als ‚Kult' im Gegensatz zu Kirchen und Denominationen (nach einer klassischen Unterscheidung von Becker (1932)) zu begreifen.

- Den geringen Grad an Organisation hat die Szene mit *religiösen Gruppen* (vgl. Krech 1999, S. 51 ff.) und den so genannten *(neuen) religiösen Bewegungen*[202] gemeinsam. Im Unterschied zu Sekten und Denominationen, die sich i.d.R. auf die christliche Tradition beziehen, weiten diese Formen von Religiosität ihre Sinnangebote auf verschiedenste Weltanschauungen[203] aus. Krech (1999) zufolge soll von religiösen Gruppen die Rede sein, „wenn sich Personen zusammenschließen, wiederholt und dauerhaft zusammenkommen, um religiös zu kommunizieren und gemeinsam Handlungen zu praktizieren, die überwiegend religiöser Art (Rituale, Meditationen etc.), jedenfalls aber durch religiöse Vorstellungen veranlasst sind und dadurch ein Zusammengehörigkeitsgefühl entwickeln. Ein wesentlicher Zweck ist die religiöse Vergemeinschaftung" (S. 51 f.). Eine neue religiöse Bewegung lässt sich dagegen definieren als „entweder ein Netzwerk von informellen Beziehungen zwischen Individuen, Gruppen und/oder Organisationen oder ein ‚mobilisierender kollektiver Akteur'. Sie konstituiert sich durch eine kollektive Identität nach innen (inklusive des Verständnisses als einer religiösen Protestbewegung) und eine Abgrenzung nach außen (inklusive

---

200 Luhmann (1975) begreift Organisationen neben Interaktion und Gesellschaft als einen spezifischen Typus sozialer Systeme, der sich anhand der Strukturmerkmale ‚Programm', ‚Kommunikationswege' und ‚Personal' beschreiben lässt (vgl. auch Luhmann 1976).
201 Zu verschiedenen Organisationsformen gegenwärtiger Religiosität vgl. Knoblauch 1999a, S. 146 ff.
202 Vgl. Krech 1999, S. 56f., Knoblauch 1999a, S. 165 ff., Barker 1993; Feige 1993, S. 550.
203 Zu solchen Weltanschauungsgemeinschaften zählen etwa die Anthroposophie, die Theosophie etc.

312 5 Fazit: Religion, Identität, Postmoderne, Gothic

der Definition eines gemeinsamen Gegners). Sie verfolgt mit einer gewissen Kontinuität auf der Grundlage hoher religiös-symbolischer Integration und geringer Rollenspezifikation mittels variabler Organisations- und Aktionsformen das Ziel, auf der Grundlage einer (neu gewonnen oder reaktivierten traditionellen) religiösen Überzeugung einschneidenden sozialen und kulturellen Wandel herbeizuführen, zu verhindern oder rückgängig zu machen. Eine religiöse Bewegung konstituiert ein eigenes sozialmoralisches Milieu, das ihren Trägern einen mehr oder weniger verbindlichen Lebensstil vorgibt" (ebd. S. 57).

Im Gegensatz zu *religiösen Gruppen* und *neuen religiösen Bewegungen* steht das Thema Religion/Weltanschauung in der Gothic-Szene nicht alleinherrschend im thematischen Fokus. Zwar kann von einer starken Beschäftigung mit religiösen und/oder weltanschaulichen Themen gesprochen werden, was jedoch einerseits auf alle Themen und Vorstellungen, die sich mit der Sinnsuche im menschlichen Leben i.w.S. auseinandersetzen, ausgeweitet wird, und andererseits existieren weder ein einheitlich-konsistentes Weltbild und damit verbundene dogmatische Lehren noch Utopien[204] einer Weltveränderung oder -verbesserung, die aus einem solchen Weltbild resultieren würden. Thematischer Fokus der Gothic-Szene sind zunächst der eigene Stil und die Musik und erst in zweiter Linie eine – dann jedoch stilistisch überformte – Tiefsinnigkeit und ein Interesse an Themenbereichen, die sich mit dem Problem des Menschseins und der damit zusammenhängenden Frage nach dem Lebenssinn befassen (das kann jedoch so unterschiedliche Bereiche wie Psychologie/Soziologie, Esoterik (z.B. Astrologie oder Tarotkarten), Mystik, Mythologie, Naturreligionen, christliche und andere Weltreligionen, Hexen- und Zauberkulte, Therapieformen etc. einschließen). Die Szene der Gothics hat darüber hinaus weder ein erklärtes Ziel oder einen erklärten Gegner, noch etabliert sie ein eigenes sozialmoralisches Milieu oder gibt ihren Mitgliedern einen verbindlichen Lebensstil vor. Auch Ideen von religiöser Führerschaft und Gehorsam der Mitglieder sind ihr völlig fremd. Eher ist sie als eine lose Interessensgemeinschaft zu begreifen, deren Zugehörigkeit zunächst über stilistische, weniger über ideologische oder moralische Kriterien hergestellt wird. Der Stil hat zwar dabei die Funktion, auf eine bestimmte Dispositivität (s.u.) zu verweisen. Bei näherem Hinsehen entpuppt sich dieses vermeintlich Bestimmte jedoch als ein diffuser Spielraum, in dem jeder/jede Platz hat, der/die bereit ist, sich mit transzendenten und u.U. tabuisierten Themen (Lebenssinn, Tod etc.) weitergehend und z.T. in abweichender Form zu beschäftigen und diese Neigung für andere sichtbar zu stilisieren (durch Kleidung und lebensstilistische Zeichen). Oft spielt es keine Rolle, welche konkrete Einstellung die einzelnen Szenemitglieder zu einem Thema haben, ob sie an etwas Bestimmtes glauben oder nicht, in

---

204 Zu utopistischen Gesellschaftsentwürfen im Rahmen religiöser Vorstellungen vgl. Lück 1994.

welchem Ausmaß sie ihr Leben und ihren Alltag danach ausrichten, sondern vielmehr, dass sie sich überhaupt damit befassen und eine möglichst originelle, abseitige und individuelle Sicht und ‚authentisch' daran geknüpfte Ausdrucksformen entwickeln. Mit den ‚neuen religiösen Bewegungen' teilt die Gothic-Szene allerdings deren eklektizistisches Prinzip: Religiöse Inhalte sind dann das Resultat einer (Re-)Kombination von Elementen aus verschiedenen Glaubenssystemen[205], so etwa das Ergebnis interreligiöser Synthesen (s.u.).

- Die größten Ähnlichkeiten weist die Gothic-Szene mit so genannten *populären Formen von Religion* auf. Knoblauch (1999b) versteht darunter die „Form von Religion, die sowohl die Ausdrucksformen wie die medialen und ökonomischen Verbreitungsmedien der populären Kultur verwendet" (S. 203). Im Unterschied dazu versteht es die Gothic-Szene jedoch sowohl sozialstrukturell/organisatorisch (s.o.) als auch semantisch/ideologisch (s.u.) eine Engführung zu bewirken, was zur Folge hat, dass auf der Basis eines bestimmten religiösen Sinns eine Gemeinschaft entsteht bzw. umgekehrt die Bestimmtheit religiösen Sinns in einer solchen Gemeinschaft erzeugt wird. So sind die von Knoblauch angeführten Beispiele entweder organisatorisch diffuser (Papstbesuche) oder semantisch stärker auf Religion/Weltanschauung bezogen (Electronic Church).[206]

- Im Gegensatz zu *funktionalen Äquivalenten von Religion*[207] weist die Kultur der Gothics einen direkten Bezug zu religiösem Sinn auf, ist also – obwohl sie als Jugendkultur großen Wert auf Musik und Stil legt – betont traditionalistisch-gegenmodern orientiert (s.u.).

5.3.2 Konvergenzen mit Theoriebruchstücken – gleichzeitig eine Bestimmung typischer Merkmale des Phänomens ‚Gothic'

- Im Gegensatz zu straff organisierten Religionsgemeinschaften, Bewegungen und Gruppen einerseits und losen, mehr oder weniger sporadischen und ideosynkratisch-beliebigen Bezugnahmen auf Religion bzw. ihre Ersetzung durch funktionale Äquivalente im (post-)modernen Alltag (s.o.) andererseits, nimmt

---

205 Vgl. Eiben/Viehöver 1993.

206 Symptomatisch dafür, dass das Phänomen ‚Gothic' aus zusammenfassenden Darstellungen von ‚Jugend und Religion' i.d.R. herausfällt, ist auch die Typologie von Feige (1993), der zwischen Sekten, neuen religiösen Bewegungen und privatem Okkultismus unterscheidet. Deutlich wird hieran, dass die Gothic-Szene einen besonderen Mischtyp darstellt, der – religionssoziologisch betrachtet – einen diffus organisierten Rahmen für populärkulturell verpackte okkulte Phänomene zur Verfügung stellt.

207 Etwa Popkultur, TV (s.o.).

Gothic eine ‚Zwitterstellung' ein: Auf der Ebene der Sinnkonstitution ist Gothic eindeutig an religiösen Weltdeutungsmustern i.w.S. (s.o. die funktionale Definition von Religion) orientiert, ohne jedoch eine kollektiv verpflichtende ‚Lehre' zu entwickeln (s.o.). Auf der anderen Seite jedoch sind die Bezugnahmen auch nicht völlig beliebig, sonst könnte Gothic keine in irgendeiner Form zusammenhängende soziale Einheit bilden bzw. als Bezugspunkt für eine solche fungieren. Wie in Kap. 3.2.2 aufgezeigt, existieren kongruente Überzeugungen und Wertvorstellungen, die jedoch weniger konkret Inhaltliches festlegen als vielmehr Inhalt selbst zur einheitsstiftenden Kategorie erheben. Auch andere zentrale Fixpunkte gemeinsamer Orientierung eröffnen eher Spielräume (etwa: Atmosphäre, Kosmos, Lebensgefühl, Stimmigkeit) als dass sie konkretisierten, welche Werte für die Szene konstitutiv sind bzw. gar verbindlich festlegten, welchen prinzipiellen Regeln der Einzelne in der Gruppe/Szene zu folgen hat. Die werthaltige Kategorie des Inhalts (gleichzeitig auch ‚Kampfmetapher' in Distinktionsprozessen, s. Kap. 3.2.5) – so lässt sich schließen – steht synonymisch für ‚Religion' bzw. für alle kulturellen Hervorbringungen, die sich auf ‚mittlere und v.a. große Transzendenzen' beziehen lassen (u.a. etwa auch Psychologie (Intersubjektivität), Psychoanalyse (Träume, Unterbewusstes), Esoterik (Übersinnliches, Metaphysisches) etc.).

Da Religion die kulturell überlieferte prototypische Form der Prozessierung transzendenter Fragen darstellt, steht sie zunächst in ihrer rein formalen Funktion, nämlich Angebote für die Vermittlung von Transzendenz und Immanenz zur Verfügung zu stellen, in der Szene im Vordergrund. Einheitsstiftend ist also zunächst die Tatsache, dass man sich überhaupt mit Religion und Lebenssinnfragen auseinandersetzt (hier spielen normativ aufgeladene Leitdifferenzen wie ‚oberflächlich vs. tiefsinnig', ‚kritisch vs. verblendet' etc. (s. v.a. Kap. 3.2.5) eine zentrale, gemeinschaftsstiftende Rolle) und dass dies in offener, nicht verpflichtender Weise geschieht. Inhaltlich eng geführt wird die Bezugnahme auf Religion allerdings durch die spezifische Symbolpolitik der Szene, die – grob gesprochen – oppositionell-gegenkulturelle Tendenzen vornehmlich in ästhetisch-stilistischer Art und Weise zum Ausdruck bringt.[208] So kann die eigentümliche Verquickung traditioneller, religiös aufgeladener Symbole (etwa das christliche Kreuz) bzw. Sinnfragmente epochaler Deutungssysteme (etwa die Betonung des subjektiven Gefühlserlebnisses der Romantik) mit tabuisierten, gesellschaftlich verpönten oder angstbesetzten Sinnbereichen andererseits (etwa Pornographie/Fetischis-mus/Perversion, Tod/töten/sterben, Satanismus/Okkultismus/Opferritualismus, als gefährlich und destruktiv geltende Kulte (etwa Voodoo, Hexenzauber und sonstige magisch-okkulte Praktiken naturreligiöser

---

208 In diesem Sinn also zunächst klassisch jugendkulturell im Sinne einer ‚sprachlosen Opposition' (Baacke 1968).

oder heidnischer Glaubensrichtungen) etc.) als das durchgehende Merkmal des Phänomens ‚Gothic', das Kohärenz auf Szeneebene schafft, begriffen werden. Kurz: Dass sich die Szene trotz ihrer betonten Offenheit und Wertschätzung der Individualität jedes Einzelnen als Einheit verstehen kann, ist sichergestellt durch die Spezifität ihrer Symbolpolitik, die Ausdruck der Aufeinanderbezogenheit von grundlegender Andersartigkeit und Tiefsinnigkeit ist (die Interviewten redeten häufig von einer ‚schwarzen Welt', vom ‚Eintauchen in einen schwarzen Kosmos', von der ‚Dunkelseite' etc.). Beides ist in der Szene insofern aufeinander bezogen, als dass sich beide Merkmale wechselseitig bedingen und verstärken: So wird die Fähigkeit, sich mit der Gesellschaft kritisch auseinander zu setzen bzw. nachzudenken und sich etwas bewusst zu machen (Tiefsinnigkeit) als Voraussetzung begriffen, eine alternative Perspektive auf die eigene Rolle in der Welt zu entwickeln und – resultierend daraus – sich von vorgegebenen und traditionellen Deutungsmustern und Lebensstilen abzusetzen (Andersartigkeit). Eine solche Haltung zur Welt und zum Leben befähigt in der Folge wiederum zu exklusiven Wahrnehmungen und Erlebnissen (Tiefsinnigkeit) usw. Entscheidend und hoch geschätzt in der Szene sind demzufolge nicht festgefügte, ‚stimmige' oder quasi-dogmatische Deutungssysteme und Ideologien, sondern vielmehr konsistente und ‚authentische' Lebenswege, die die intensive und zweifelnde Suche eines Einzelnen jenseits des gesellschaftlichen ‚Mainstreams' zu dokumentieren vermögen.[209]

Hieran wird deutlich, dass sich die schwarze Szene in einer oft der Postmoderne zugeschriebenen Paradoxie bewegt[210], die häufig mit der widersprüchlichen Formulierung ‚Gemeinschaft von Individualisten'[211] benannt wird. Ver-

---

209   Hier sind einerseits Analogien zu Künstler- und Geniebiographien zu nennen, die in den Interviews zur Veranschaulichung der Distinktivität der Szene herangezogen werden, andererseits aber auch die enorm häufige Betonung der Bedeutsamkeit individuell-reflektierter Weltdeutungen (vgl. insbes. 3.2.2).

210   Luhmann (1989b) zeigt in seinen Untersuchungen zu Gesellschaftsstruktur und Semantik, dass der moderne Individualitätsbegriff im Übergang von segmentären bzw. stratifizierten zu funktional-differenzierten Gesellschaften das Individuum extrasozietal definiert wird, d.h., „dass man seine Individualität nun nicht mehr der sozialen Inklusion, sondern der sozialen Exklusion verdankt" (ebd. S. 159). Das moderne Individuum ist nun gezwungen, sich selbstreflexiv zu konstituieren, d.h. v.a. sich mittels Selbstbeschreibung von der Gesellschaft zu unterscheiden. Die Paradoxie besteht darin, dass Individuum-Sein nur gesellschaftlich möglich ist, gerade die Verschiedenheit von dieser aber nun als Kriterium für den Grad von Individualität gilt. Luhmann formuliert: „Gerade der Ausschluss des Individuums aus dem Sozialsystem Gesellschaft ermöglicht dann seinen Wiedereintritt als Wert in die Ideologie. Nun erst kann von der gesellschaftlichen Kommunikation verlangt werden, dass sie sich an der Unterscheidung von Individuum und Gesellschaft orientiert. Und umgekehrt kann dann kein wirkliches Individuum sich durch diese Differenz angesprochen fühlen" (ebd. S. 159). Oder kurz: „Individuum-Sein wird zur Pflicht" (ebd. S. 251).

211   Oder wie Soeffner es formuliert: „Massen von Unikaten" (1997, S. 338).

schiedenheit als Einheitsprinzip zu etablieren, erzeugt das Problem, in der Verschiedenheit etwas Einheitsstiftendes zu finden, was diese wiederum nicht zerstört. Diese Aufgabe übernehmen inhaltlich nicht konkretisierbare Rahmenset-
zungen (etwa die Kategorie ‚Inhalt‘ oder wie es einer der Interviewten formuliert: ‚Oberflächlichkeit ist ein Tabu‘), die jeweils individuell ausagiert werden
(etwa über Selbstverwirklichungs- und -thematisierungs-prozesse). Auf diese
Weise ist ein einheitlicher Rahmen geschaffen, der über den Stil (s.u.) angezeigt
wird und der der individuellen Füllung anheim gestellt ist. Auf organisatorischer
Ebene ist Gothic damit eine posttraditionale Gemeinschaft (s.o.), die durch lokale Freundeskreise getragen wird, die die Struktur quasi-religiöser Gruppen
annehmen können. Vor dem Hintergrund der klassischen Institutionalisierungsdilemmata etablierter Religionen (s.o.) verzichten informelle, gemeinschaftlich
konstituierte Gruppen auf Verregelung und Anbindung an große etablierte Organisationen und verlagern den Schwerpunkt auf die spontane, außeralltägliche,
in Kleingruppenform gelebte Religiosität.

- Formen von Religiosität in der Gothic-Szene sind untrennbar verbunden mit
einer umfassenden *Ästhetisierung, stilistischen Überformung, popmusikalischem
Ausdruck* und einer daraus resultierenden *Symbolpolitik*. In diesem Sinne wäre
Gothic also gerade keine ‚unsichtbare‘ (i.S.v. beobachtbar), sondern eher eine
höchst sichtbare, geradezu hyperpräsente (i.S.v. augenfällig, evident) Form von
Religiosität. Dies bedeutet *zunächst*, dass eine Verlagerung von Inhalten (z.B.
bestimmte Glaubenssätze und -lehren, Maximen) auf die Oberfläche bzw. den
Stil stattfindet: Als kollektiv einheitlich (uniform) – und damit gemeinschaftsstiftend – erweist sich zunächst also nicht der *spezifische* Inhalt, sondern die
Form bzw. der Stil, der prinzipiell damit als Super-Zeichen[212] fungiert und darauf verweist, dass die Szene und ihre Mitglieder sich mit ‚Inhalten‘ (verstanden
als normative Kategorie) beschäftigen. Die Verschiebung der religiösen ‚Botschaft‘ auf gegenkulturelle Objektivationen, kurz: auf den subkulturellen Stil der
Szene (der sich wie gezeigt v.a. in Kleidung und Musik offenbart) erzeugt eine
enorme Polysemie[213] und damit einen Spielraum für mannigfache Phantasien
und Identifikationen rund um das mehr oder weniger ‚*düster konnotierte Transzendente*‘.[214] Die in den Interviews häufig bemühten Metaphern der ‚Atmosphä-

---

212 Hierunter versteht die Textsemiotik eine ‚integrale Struktur‘ innerhalb derer die Einzelteile
     rezipiert und interpretiert werden.
213 Anders als in traditionellen Religionen existieren keine *festgeschriebenen* Symbolsysteme, Rituale
     und Zeremonien, sondern lediglich Interessen und Affinitäten im Zuge der Beschäftigung mit
     transzendenten Fragen, mit i.w.S. okkulten Symbolen und Ritualen zu experimentieren.
214 Hierauf verweisen Kennzeichnungen wie okkult, satanistisch, mystisch, mysteriös, übersinn-
     lich, spirituell, magisch, kultisch, märchenhaft etc. Der Unterschied zur Religion ist fließend.
     Durkheim (1981) sieht religiöse wie magische Vorstellungen als Deutungssysteme, die sich auf

re' und des ‚Kosmos' sind ein Versuch, diese Gemeinsamkeiten als diffusen, auf das Gefühlserleben bezogenen Zusammenhang zu umschreiben.[215] Auch der Rekurs auf die Farbe Schwarz als Versinnbildlichung der Gemeinsamkeiten in der Szene lässt (bewusst) zu viel offen, als dass dadurch eine Konkretisierung zu erzielen wäre. Konnotationen[216] wie Festlichkeit, Trauer, Macht, Allumfassendheit u.ä. konstituieren einen Möglichkeitsspielraum, der grob gesprochen darin besteht, sich im Rahmen einer jugendkulturellen Szene in mehr oder weniger abweichender Form mit eben jenem ‚düster konnotierten Transzendenten' zu befassen.[217] Letztlich bleibt es jedoch jedem/jeder selbst überlassen, sich eine Weltauffassung ‚zuzulegen', die den offen interpretierbaren Kriterien der Andersartigkeit, Tiefsinnigkeit und des ‚Schwarz-Seins' entspricht.

- Der Bezug auf Religion in der Gothic-Szene unterliegt einer *Verlagerung auf die ‚Individuumsseite'* und entspricht damit oben skizzierten Individualisierungstendenzen. Die ‚Kollektivitätsseite', deren Funktion als Legitimation, Gesellschaftsintegration, Wertsicherheit und Letztbegründung beschrieben wurde (vgl. oben die Definition von Religion), wird gewissermaßen ‚abgeschnitten',

---

die Welt der ‚heiligen Dinge' beziehen. Der Hauptunterschied besteht v.a. darin, dass Religionssysteme ‚entwickelter' sind und infolgedessen Gesellschaften moralisch zu integrieren vermögen. Marcel Mauss (1989) weitet diese Differenz aus, indem er zeigt, dass der magische Ritus – im Gegensatz zum religiösen – nicht nur nicht auf Pflichterfüllung gegenüber einer verehrten Gottheit angelegt ist (Opfermotiv), sondern als Versuch der zweckhaften Beeinflussung (Behexungsmotiv) auch immer ‚gegenkulturelle' Züge trägt: „Diese verschiedenen Zeichen drücken in Wirklichkeit nur die Irreligiosität des magischen Ritus aus, er ist anti-religiös und man will, dass er es ist. (...) Notwendigkeit, aber nicht moralische Verpflichtung macht sich geltend, wenn auf den Medizinmann, den Besitzer des Fetisches oder des Geistes, den Heilpraktiker oder den Magier zurückgegriffen wird" (S. 57). In der Gothic-Kultur spielt diese der Magie traditionell zugewiesene verbotene ‚Nischenrolle' eine ebenso große Bedeutung wie der Umstand ihrer Unabhängigkeit von moralisch verpflichtenden Deutungssystemen und die damit einhergehende Möglichkeit individueller und fakultativer (im Gegensatz zu obligatorischer) Ausgestaltung und ‚Anwendung'.

215 Was im Übrigen zunächst für lokale, lebensweltliche Gemeinschaften (vgl. den Begriff des ‚konjunktiven Erfahrungsraums' bei Bohnsack (1997b) bzw. den des ‚jugendkulturellen Aktionismus' (Bohnsack/Nohl 2001)) und des Weiteren auch für Jugend(sub)kulturen typisch zu sein scheint. Der subkulturelle Stil wird demnach als symbolisch stimmiges (‚homologes') Verhältnis zwischen Werten, Lebensstil, Ausdrucksformen (Musik, Kleidung) und subjektiven Erfahrungen begriffen (vgl. Willis 1981).

216 Zur kulturgeschichtlichen Ausdeutung vgl. zfs. Helsper 1992, S. 248 ff.

217 Hieraus lässt sich ablesen, dass die Form des Synkretismus in der Gothic-Szene einen Mischtyp darstellt: Einerseits besteht Offenheit bezüglich der Themen und Anschlussfähigkeit hinsichtlich individueller Lebenslagen, andererseits existiert ein diffuser Sinnhorizont, der unbestimmte in bestimmte Kontingenz umwandelt: Zugelassen ist dann zwar ,vieles', aber eben nicht ‚alles'. Der stilistisch überformte Bezug auf ‚düster Transzendentes' verweist die Gothic-Szene – wie oben erwähnt – in einen gesellschaftlichen Raum, der zwischen neuen religiösen Bewegungen und privatem Okkultismus (vgl. zu dieser Typologie Feige 1993) anzusiedeln ist.

die Leistung für das Subjekt jedoch in einer postmodernen Umwelt (in einer wie Soeffner es formuliert ‚Gesellschaft ohne Baldachin‘[218]) zu konservieren versucht.[219] Die Zentrierung von Sinnfragen auf das Individuum führt – wie oben skizziert – zu Prozessen der Selbstthematisierung, einer reflexiven Grundhaltung und Biographisierung. Religion übernimmt dann in der Biographie keine lebensgeschichtlich-ordnende bzw. kontrollierende (in Gestalt religiöser Rituale, verpflichtender Regeln und Maximen etc.), sondern reflexive und Biographie konstituierende Funktionen (vgl. Wohlrab-Sahr 1995, 9ff.). Dies tritt insbesondere bei Konversionsphänomenen[220] radikal zu Tage.

- Gleichzeitigkeit von *Weltabgewandtheit/-oppositionalität und Weltzugewandtheit/-integration*[221]: Während erstere Institutionalisierungs-probleme entwickeln, handelt es sich bei letzteren bloß um eine Form der Überhöhung des Alltags (vgl. Krech 1999, 35f.). Bei den Überzeugungen der Gothics scheint beides eine Rolle zu spielen bzw. sich zu etwas Neuem zu kombinieren: In den Interviews wird regelmäßig beides betont, nämlich, dass man sich mit seinem Gothic-Sein auf einer ‚anderen Ebene‘, ‚in einer anderen Welt‘ bewege, nichtsdestotrotz aber nach Alltagsintegration strebe bzw. alltägliche Grenzen und Regeln soweit beachte, dass man keine größeren Schwierigkeiten bekomme (das hieße konkret bspw. seinen Beruf zu verlieren). Da es sich bei den Gothics um eine Szene und keine nach Institutionalisierung strebende Religion handelt, ist dieser Spagat möglich: Die Szene braucht nur einen geringen Grad an Institutionalisierung, um lebensfähig zu sein, was es ihren Mitgliedern ermöglicht, sich auf der einen Seite extrem weltabgewandt und desintegrativ zu geben, auf der anderen Seite jedoch gleichzeitig ein weltzugewandtes und in die ‚Normalgesellschaft‘ integriertes Leben zu führen. Diese widersprüchliche Lebensgestaltung scheint möglich, weil keine der beiden Seiten (Gesellschaft vs. religioide Szene) ausschließliche Ansprüche an das Individuum stellt (wie das etwa für totalitäre Gesellschaften oder Sekten typisch wäre).

- *Sinn/ Bedeutung der ‚schwarzen‘ Ästhetik und Symbolik, insbesondere der Todesmetaphorik:* Die „Stilbildung in Jugendkulturen wird (üblicherweise; Anm. d. Verf.) als magische oder imaginäre Lösung realer Widersprüche im Reproduktionsprozess begriffen" (Helsper 1992, S. 316), d.h., dass etwa die Skins durch ihr martialisches Auftreten (Stilisierung von maskuliner Arbeiterkultur und Un-

---

218   Vgl. Soeffner 2000a.
219   Was im Übrigen mit den Vorschlägen von Unternehmungsberatungen konvergiert, die diese an die sich in einer Dauerkrise befindlichen Amtskirchen herantragen (vgl. Hitzler 1999).
220   Vgl. Knoblauch/Krech/Wohlrab-Sahr 1998.
221   Diese Idealtypen unterschied bereits Max Weber.

terschicht) und ihre Gewaltneigung (Demonstration von Stärke und Macht) einen verlorenen bzw. angestrebten Zustand (Eingebundenheit in ein funktionierendes sozialmoralisches Milieu von Arbeiterkultur, gesellschaftliche Anerkennung, Prestige) über den Stil in imaginärer Form wiederherstellen. Das ‚magische‘ der Lösung besteht darin, dass reale sozialstrukturelle Widersprüche bzw. soziale Deprivationen symbolisch-rituell[222] bearbeitet werden, d.h., dass durch Stilpraktiken auf etwas verwiesen wird und damit etwas ‚hergestellt‘ wird, was real keinen Bestand (mehr) hat.[223] „Das Imaginäre der Grufti-Szene [wäre] der Tod" (ebd. S. 316), so Helsper. Denn: Das, auf was der Stil der Szene verweist, ist die Todesthematik und die bezieht sich Helsper zufolge auf biographisch Reales: „Nun ist diese Stilisierung des Todes bei den Grufties durchaus bezogen auf ein Reales, auf die Verluste, die Trennung und den Mangel ihrer Lebensgeschichte" (ebd. S. 316). Die Stilisierung und Symbolisierung des Todes hat ihre Wurzeln also in real erfahrenen, lebensgeschichtlichen Mängeln, die dadurch allerdings nicht zu beheben sind. Der Widerspruch, der dadurch bearbeitet wird, „ist der zwischen einem lebensgeschichtlich (...) erzeugten ‚Todestrieb‘ (…) und dem Wunsch zu leben" (ebd. S. 316). Insofern wird die durch lebensgeschichtliche Traumata erzeugte Todesneigung zwar symbolisch zum Ausdruck gebracht (im Stil), jedoch nie real vollzogen, denn das widerspräche dem Ideal der Szene, nämlich das Leben als einzigartiges Individuum „in Form eines heroischen Ausharrens in der ‚Fremde‘" (ebd. S. 317) zu meistern. Das Vorhandensein eines solchen Widerspruchs bzw. einer solchen Spannung führt Helsper zufolge zur Verarbeitung durch Symbolausdruck: „Der symbolisch stilisierte, der ‚imaginäre Tod‘ der schwarzen Jugendkultur, ist genau die ‚imaginäre‘ Lösung dieses Widerspruchs (…). Die Spannung hat zu einer Ausdrucksform gefunden, die das Leben möglich macht und in der Spannung von Lebenswunsch und Todesnähe eine Artikulation des Widerspruchs ermöglicht" (ebd. S. 317).

Der in der Szene allgegenwärtige stilistische Verweis auf den Tod lässt sich jedoch unseres Erachtens nicht auf reale Erlebnisse in Individualbiographien zurückführen und ist auch deshalb nicht als Ausdruck ‚persönlicher Miseren‘ misszuverstehen. Den Aussagen unserer Interviewten und unseren direkten teilnehmenden Beobachtungen folgend, lässt sich die Todesmetaphorik eher als ein spezifischer Ausdruck und eine spezifische Bewältigungsform einer generationslagenbedingten Unzufriedenheit und Enttäuschung lesen, die sich prinzipiell

---

222 Nicht magisch wäre Widerstand dann, wenn er in Versuchen bestünde, die herrschende Ordnung faktisch zu ändern, d.h. Mittel zu ergreifen, die nicht auf die symbolische Verkehrung sozialer Prestigehierarchien (wie etwa bei dem Mods, die sich des Kleidungscodes der Oberschicht-Jugendlichen bzw. der Geschäftswelt bemächtigten, um diesen zu ‚entweihen‘ (vgl. Hebdige 1998, S. 397)), sondern auf reale Veränderungen (legale Mittel: etwa politisches Engagement; illegale Mittel: ‚ziviler Ungehorsam‘/‚Terrorismus‘) setzen.

223 Grundlegend wird diese These in: Cohen 1979 (s.a. Clarke 1979a und b) entfaltet.

aus oben besprochenen Entwicklungstendenzen ergibt. Das hieße, die schwarze Szene zunächst als funktional äquivalent mit anderen postmodernen Suchbewegungen (s.o.) zu begreifen, sie also nicht als ‚Gemeinschaft der Einsamen' oder ‚einsamen Kinder' (ebd. S. 239), sondern eher als ‚Gemeinschaft der Unzufriedenen und Enttäuschten' bzw. als von der Gesellschaft und deren Sinnangeboten und Lebensformen ernüchterte Heranwachsende zu verstehen. Dass zur Bearbeitung dieser Enttäuschung gerade diese Form (Todesmetaphorik) gewählt wird, lässt sich u.E. also nicht konsistent individualbiographisch erklären. Vielmehr repräsentiert die schwarze Szene ein – zumindest in den 1990er Jahren – präexistentes Sinnangebot, typische Probleme, Widersprüche und Zumutungen (post-)modernen Lebens zu bearbeiten, und dies kann individuell auf unterschiedlichen Ansatzpunkten beruhen und sehr unterschiedliche Schwerpunktsetzungen hervorbringen. Das Gemeinsame sind u.E. also nicht strukturell ähnliche Versagungen in den je individuellen Lebensgeschichten, sondern eine Dispositivität, strukturell verwandte Lebenslagen ähnlich zu bearbeiten. Diese ‚Neigung' oder Motivation, sich der schwarzen Szene zugehörig zu fühlen, hat also u.E. keinen defizitären, rein ‚therapeutischen' Charakter[224] (vgl. ebd. S. 256), sondern ist Ausdruck einer spezifischen Protest- und Kritikhaltung gegenüber der Gesellschaft. Auf der Basis unseres empirischen Materials lassen sich folgende typische *(Bewältigungs-)Formen und Motivationen resp. Funktionen* unterscheiden:

- *Formen*
- Mode
- Koketterie
- Provokation
- symbolischer Widerstand
- Ausdruck eines alternativen Lebensgefühls;

- *Motivationen/Funktionen*
- Distinktion, Selbstverortung und Identitätsbildung
- Gemeinschaftssuche, Selbstvergewisserung
- Sinnsuche, Kontingenzbewältigung
- Alltagstranszendenz
- Konfrontation des eigenen Daseins mit existenziellen Fragen, Selbstverwirklichung
- Entgrenzung des eigenen Daseins

---

224 Das Konzept der Therapie impliziert strukturlogisch notwendigerweise pathologische Züge und daraus resultierend eine nicht ohne fremde Hilfe (Therapeut) wiederherstellbare Autonomie der Lebenspraxis (vgl. Oevermann 1996).

- Konstitution einer eigenen ‚Parallel-Welt' als Rückzugs- und Erholungsraum
- Konstitution, Aufrechterhaltung und Stärkung einer alternativen Weltsicht.

Insgesamt muss deshalb die Helspersche Erklärung einer aus lebensgeschichtlichen Enttäuschungen ableitbaren Todesnähe, die durch symbolische Verlagerung bearbeitet wird und auf diese Weise „das Leben möglich macht" bzw. „die reale Notwendigkeit des Todes suspendiert" (ebd. S. 317), dahingehend modifiziert werden, dass die Todessymbolik als Versinnbildlichung eines radikalisierten Anspruchs auf Selbstverwirklichung, Autonomie und Rückzug durch Konfrontation mit den existenziellsten Grundlagen menschlichen Daseins zu verstehen ist.[225] Kurz: Todessymbolik und gegenkulturell aufgeladene Religionsbricolage sind als in extremer Form nach außen getragene und stilisierte Ablehnung gesellschaftlich konventionalisierter Lebensbewältigungsmuster zu begreifen. Hieraus resultiert ein *ambivalentes Verhältnis von Stärke und Schwäche bzw. von Selbstwert- resp. Minderwertigkeitsgefühlen*, das für das Selbstverständnis der Szene konstitutiv ist und auf deren *paradoxen Selbstentwurf* verweist: Stärke wird durch ‚Schwäche-Zulassen' gezeigt, d.h. durch ‚erdulden', ‚ertragen', ‚erleiden'. Helsper (1992) verdeutlicht dies an der Einstellung zum Selbstmord: „Allerdings verbirgt sich gerade in diesem empfindsamen, gefühlsbetonten, leidenden und ‚schwachen' Selbst eine besondere Form der Stärke: Die bedrohlichen, angstauslösenden Gefühle (…) sollen nicht abgewehrt oder vermieden, sondern zugelassen und ausgelebt werden (…). Ein zentraler Wert der Szene ist somit nicht der vollzogene Suizid (…), sondern die Auseinandersetzung und Konfrontation mit Leid, Verlust und Tod" (ebd. S. 280). Ohne der Helsperschen Argumentation – nämlich die Angst auslösenden Gefühle auf die einzelbiographischen Erlebnisse zurückzuführen – im Ganzen folgen zu müssen, resultiert das Selbstwertgefühl der Szenemitglieder tatsächlich in hohem Maße aus dem Umstand, dass sie sich selbst als Personen sehen, die sich mit ‚Tabuthemen' konfrontieren, sich von der Gesellschaft nicht ,(ver-)blenden' lassen, sich ein kritisches Bewusstsein erarbeitet haben, sich mit ‚großen Themen' auseinandersetzen, sich in authentischer Weise auf die Suche nach dem Lebenssinn begeben haben (ohne verkürzten ‚Erklärungen' und ‚Angeboten' der Gesellschaft aufzusitzen), brisante Themen nicht verdrängen usw. (vgl. die Selbstauskünfte der Szeneexperten in Kap. 3.2).

---

225 Zu stammeskulturellen und modernen Todesvorstellungen und -ritualen sowie insbesondere zur Verdrängung des Todes in industriellen Gesellschaften vgl. Feldmann 1997, Hahn 2000, Helsper 1992, S. 299 ff., Nigel 2000. Zu wissenschaftlichen Zugängen zum Phänomen der Todesnähe vgl. Knoblauch/Soeffner 2000.

Die in solchen Selbstauskünften sich manifestierenden Alltagtheorien und Deutungsmuster lassen folgende Figur/Konstruktion erkennen: Schwäche und Fatalismus (damit einhergehend auch Gewaltlosigkeit) im ‚profanen‘ Alltag sind Voraussetzung für Stärke und Herausgehobensein in einer über dem Alltag angesiedelten, gewissermaßen ‚heiligen‘ Sphäre. Die auf Dauer gestellte Krise, die aus der beständigen Konfrontation mit der Endlichkeit des Lebens[226] bzw. aus dem Anspruch, sich alternative Formen der Bewährung anzueignen, resultiert, findet ihren symbolischen Ausdruck in der Todesmetaphorik. Diese muss demzufolge als Zeichen von Stärke und Willenskraft gelesen werden, einer Stärke jedoch, die sich gesellschaftlich konventionalisierten Bemessungskriterien entzieht. Das Selbstwertgefühl der Szene resultiert aus einer imaginierten bzw. sich selbst zugeschrieben Sonderstellung, die im Wesentlichen auf der Vorstellung fußt, zu einer ‚erkennenden‘ Elite zu gehören. Diese Erkenntnis besteht vornehmlich darin, sich dem, auf was es im Leben ankommt, angenähert zu haben – oder, umgekehrt, oberflächliche Lebenssinn-Schablonen erfolgreich ‚durchschaut‘ und abgewiesen zu haben. Die Bedingung der Möglichkeit dieser Erkenntnis fußt dabei ganz wesentlich auf der kontinuierlichen Konfrontation und Auseinandersetzung mit der existenziellsten Frage aller Fragen im Zusammenhang mit menschlichem Dasein, nämlich der Frage nach dem Lebenssinn angesichts der Endlichkeit des Lebens.

Diese Tatsache vor Augen, scheinen alle anderen Fragen sekundär und irrelevant. Die Bereitschaft, sich gesellschaftlichen ‚Schutzvorkehrungen‘ zu ent-

---

226 Oevermann (1995) entwickelt in seinem Strukturmodell von Religiosität einen Dreischritt: 1. Die Ableitung des *Bewährungsproblems* als „des grundsätzlich gegebenen Bewusstseins von der Endlichkeit der Praxis, (…) radikalisiert in der Antizipation des Todes“ (S. 63) 2. Das daraus resultierende Erfordernis eines *Bewährungsmythos*, der „die berühmten drei Fragen (…) verbindlich und unverwechselbar für eine konkrete Lebenspraxis beantwortet“ (S. 64), was im Übrigen gerade auch für säkularisierte Kulturen gilt („a-religiöse (..) Kulturen stellen an die Stelle solcher Mythen auf eine diesseitige Autonomie bezogene Ethiken, z.B. Leistungsethiken“ (S. 65)) 3. „Der Mythos bedarf, damit er diese Kraft der glaubwürdigen ‚Beruhigung‘ des Lebens in der Bewährungsdynamik (…) ausüben kann, einer *suggestiven Evidenz*, [gesichert] durch eine *vergemeinschaftende Gefolgschaft*“ (S. 65). Ausgehend von diesem Modell entsteht die Spezifik des Lebensentwurfs der Gothic-Szene an der Stelle der ‚Beruhigung‘ der Bewährungsproblematik bzw. der Art und Weise, wie sie diese aushaltbar macht. U.E. besteht der Bewährungs-Mythos in der Szene in einer Inszenierung von Dauerreflexion der Endlichkeits- und Sinnproblematik menschlichen Daseins und der damit einhergehenden Weigerung, bestehende religiöse Mythen (etwa die christliche Religion) und/oder säkularisierte Surrogate (etwa die okzidentale Leistungsethik) zu adaptieren. In diesem Sinne lässt sich von einem bewussten und reflexiven Offenhalten des Bewährungsproblems (einer auf Dauer gestellten Krise) sprechen, was in der Szene zum Gestus stilisiert wurde und deshalb seinerseits der je individuell-konkreten Füllung bedarf. Nichtsdestotrotz kommt der Stilisierung als ‚Todgeweihte‘ zunächst eine Evidenz erzeugende und gemeinschaftsstiftende Funktion zu, die – nach innen wie außen – deutlich machen (soll), dass sich die Szene in ständiger ‚Beunruhigung‘ befindet.

ziehen, das daraus resultierende Gefühl des Herausgehobenseins aus profanen Alltagsfragen und Routinen sowie die damit einhergehende, selbstgewählte Schutzlosigkeit, das Gefühl des Verlorenseins ‚in dieser Welt' verobjektivieren sich im Gothic-Stil. Es lässt sich sagen, dass der Stil der Szene ein ‚schwarzes Lebensgefühl' nach innen (Gemeinschaft) sowie nach außen (Distinktion) zum Ausdruck bringt, das dadurch artikulierbar, prozessierbar, verhandelbar und vermittelbar wird. In diesem durch den Szene-Stil dauerhaft ‚zur Sprache gebrachten' Lebensgefühl resultiert das Selbstverständnis und Selbstwertgefühl der Szene.

- Widersprüchliches Verhältnis postmoderner und gegenmoderner Tendenzen: Die Gothic-Kultur zeigt sowohl rückwärtsgewandte, nostalgische, romantisierende, anti-modernistische als auch typisch postmoderne Züge. Der im Stil und in den Interessen sich manifestierende Rekurs auf Geschichte (v.a. das Mittelalter, Mystik) und die historische Epoche der Romantik[227] verklärt – grob gesprochen – historische Zeiten, in der das Individuum entweder noch nicht ‚entdeckt' (Mittelalter) war oder aber gerade als Reaktion auf die einsetzende Individualisierung und Industrialisierung als Einheit ‚wiederentdeckt' (Roman-

---

227 Die Romantik ist als historische Epoche zu begreifen, die sich gegen das rationalistisch-mechanistische Weltbild der Aufklärung wandte, in philosophischer Hinsicht insbesondere gegen das Kantische System, das die Zergliederung und Unterordnung alles Einzelnen unter allgemeine und notwendige Gesetze nahe legte. Die in den 1790er Jahren anzusiedelnde, romantische Bewegung wurde zunächst durch Dichter, Künstler und – in der Selbstdeutung der Romantik – ‚genialische' Menschen getragen (etwa: Schiller, Novalis) sowie all denjenigen, die auf dem Boden alter dogmatischer Metaphysik und überlieferten Kirchenglaubens gegen die Aufklärung und eines an naturwissenschaftlichen Erkenntnisprinzipien orientierten Weltbildes argumentierten. Im Gegensatz zu diesen literarischen bzw. ‚rückwärtsgewandten' Strömungen der Romantik versuchte sich die i.e.S. philosophische Romantik mit den Einsichten Kants in konstruktiver Weise auseinander zu setzen. In den philosophischen Ansätzen der so genannten Glaubensphilosophen (J. G. Hamann (1730-1788), F. H. Jacobi (1743-1819), J. G. Herder (1744-1803)) und den Vertretern des deutschen Idealismus (hier v.a.: J. G. Fichte (1762-1814), D. E. Schleimacher (1768-1834), F. W. J. Schelling (1775-1854)) spielen die Gedankenkomplexe eines schöpferischen Ich, das sich vorbildlich in der Kunst ausdrückt, einer ganzheitlichen, historisch spezifischen Welt sowie einer teleologischen Geschichtsentwicklung, die entzweite Entitäten (Subjekt – Objekt, Mensch – Natur) zur Wiederversöhnung gelangen lassen soll, eine zentrale Rolle (vgl. zfs. Störig 1992, S. 442 ff.). Für Mannheim (1980) ist es „die soziologische Bedeutung der Romantik, dass sie als erlebnismäßige Reaktion gegen das aufklärerische Denken (...) die früheren, im Versinken begriffenen Lebenshaltungen und Inhalte aufgriff, bewusst herausarbeitete und dem rationalistischen Denkstil entgegensetzte. (...) Die gemeinschaftsgebundenen Erlebnisse werden in verschiedenen Formen gegen die Vergesellschaftungserscheinungen (...), die Familie gegen den Vertrag, die Gefühlsgewissheit gegen die Rationalität, die innere Erfahrung gegen die mechanistische ausgespielt" (S. 181). Zum Zusammenhang von Rationalismus, Empfindsamkeit und Sturm und Drang vgl. auch kritisch Willems 1999b.

tik) wurde.[228] In beiden Fällen kollidiert die Idee eines in überindividuellen Ordnungssystemen (Gemeinschaft, Natur, Gott, Schicksal) aufgehenden und aufgehobenen Subjekts ('holistisches Weltbild') sowohl mit der sozialstrukturellen Realität ('fragmentierte Welt' bzw. funktional differenzierte Gesellschaft[229]) als auch mit der regulativen Idee eines aufgeklärten, selbstbestimmten und individualistischen Subjekts in der Moderne. In den Deutungsmustern der Gothics prallen zwei widersprüchliche Werthaltungen aufeinander: die Ideologie der Individualität als einheitsstiftende Idee[230] in der Moderne einerseits sowie der Mythos eines einheitlich-naturwüchsigen, schicksalsbestimmten Lebens andererseits. Dies deckt sich mit der Vermischung von aufklärerisch-intellektualistischen bzw. populärwissenschaftlichen und romantisch-schwärmerischen Aspekten in den Aussagen der von uns Interviewten ebenso wie mit dem Oszillieren zwischen Ritualismus und Antiritualismus.[231] Der Widerspruch zwischen individualistisch-emanzipatorischen Bestrebungen einerseits (d.h. bspw. das Befürworten eines extremen (Werte-)Pluralismus, Forderungen nach Toleranz für abweichende Lebensstile etc.) und der Suche nach starker Gemeinschaft sowie 'göttlicher Führung' andererseits, also die Diskrepanz zwischen Selbstverwirklichung und Kollektivitätsorientierung, wie sie für die Moderne typisch ist[232], tritt in der Gothic-Szene radikalisiert zu Tage, da beide Pole (Individuum und Gemeinschaft) romantisch verklärt werden. Die daraus resultierende, starke und Paradoxien erzeugende Orientierung an beiden Polen muss als konstitutives Merkmal der Szene begriffen werden und ist verantwortlich dafür, dass

---

228 Zum historischen Wandel der Individualitätssemantik vgl. Luhmann 1989b.
229 Funktional differenzierte Gesellschaften bringen es mit sich, dass psychische Systeme immer nur teilweise an sozialen Teilsystemen partizipieren können, d.h. nie vollständig in einem System aufgehen können bzw. sich nie dem gleichzeitigen Zugriff verschiedener Ansprüche durch unterschiedliche soziale Teilsysteme entziehen können. Hieraus ableitbar sind die Prozesse der sozialen Arbeitsteilung und Rollendifferenzierung (vgl. Luhmann 1995b).
230 Vgl. Soeffner 1994, Luhmann 1989b.
231 Vgl. Douglas 1986, Soeffner 1992b.
232 Selbstverwirklichung auf der Grundlage reflexiver, selbstthematisierender Begleitung der eigenen Lebensvollzüge ist auch innerhalb individualisierter Sozialstrukturen immer nur in Bezug auf ein Kollektiv möglich. Sie besteht strukturlogisch darin, dass der Einzelne das Gefühl hat, eine befriedigende Vermittlung zwischen eigenen und kollektiven Ansprüchen hergestellt zu haben. Das 'Neue' bzw. 'Moderne' daran ist, dass das Individuum semantisch nun außerhalb der Gesellschaft gedacht wird, gegen deren Ansprüche es sich zu erwehren hat, um Individualität herzustellen und aufrecht zu erhalten. „Die Wunschliste der Individualität: Selbstbestimmung, Autonomie, Emanzipation, Selbstverwirklichung (...) wird den Individuen so vorgelegt, als ob seien deren eigene, deren innerste Hoffnung enthielte. Geht man vom sozialstrukturellen Wandel aus, sieht man dagegen, dass das Individuum sich immer schon in einer Position findet, in der es Individuum zu sein hat. Die Notwendigkeit der Selbstbestimmung fällt dem Einzelnen als Korrelat einer gesellschaftlichen Entwicklung zu" (Luhmann 1995a, S. 132).

1. eine starke, exklusive Gemeinschaft zustande kommt, die sich gegen die als Zumutungen empfundenen Ansprüche der ‚Normalgesellschaft' wehrt oder zumindest verweigert (in diesem Sinne also eine Sub- oder Teilkultur ist) und

2. innerhalb dieser gegenkulturellen Gemeinschaft die regulative Idee der Individualität weiterhin derart stark vertreten ist[233], dass die Ausbildung konkreter kollektiver Verpflichtungsmuster überraschend gering bleibt.

Ihren Ausdruck findet diese spannungsvolle Konstruktion zum einen in einem ‚übertrieben wirkenden' und semiotisch überdeterminierten Stilgebaren als optisch-ästhetischem Zugangscode sowie zum anderen in der Etablierung inhaltsarmer bzw. abstrakter Sinnhorizonte (s.o.), die Spielraum für individuelle Ausgestaltung lassen. Beides führt zu einer ‚überspannten' Orientierung am Mythos der Authentizität (vgl. Kap. 3.2.5).[234] Denn radikalisierte stilistische Überformung (Körperinszenierung, Beobachtbares, Äußeres) auf der einen und enorme Ansprüche bezüglich der Echtheit psychischen Erlebens (Innerlichkeit, Lebensgefühl, nicht Beobachtbares) auf der anderen Seite dergestalt aufeinander zu beziehen, dass äußere Merkmale für innere Qualitäten bürgen, provoziert immer wieder die Frage nach der Kongruenz beider Ebenen. Dies führt innerszenisch dazu, dass sich das Konzept der Authentizität als eines konsistenten Verhältnisses äußerer und innerer Aspekte in ständiger Aushandlung befindet (also ‚Dauerthema' ist) und auch dazu, dass sich solche Aushandlungsresultate in pejorativen Stereotypen bzw. Negativfolien sedimentieren (etwa ‚Poser', ‚Möchte-Gern', ‚Bravo-Gruftie', Mode-Gruftie' etc.), die die Ausbeutung des Authentizitätskonzeptes sozial zu sanktionieren versuchen (vgl. auch Kap. 3.2.5).

Zusammenfassend lässt sich festhalten, dass sich im Phänomen Gothic diverse Entwicklungslinien vereinen, die in modernisierungstheoretischer und religionssoziologischer Hinsicht konstatiert werden. Die spezifische Art und Weise dieser ‚Vereinigung', die Brüche und Paradoxien wurden oben unter Rekurs auf das Datenmaterial (vgl. Kap. 3) ausgeführt. Gothic lässt sich zusammengefasst begreifen als ein flexibler und nicht verpflichtender, synkretistisch-patchwork-

---

233   So wurden i.d.R. die Folgen extremerer Formen gegen- bzw. subkultureller Gemeinschaftsbildung in einer ‚Entindividualisierung' bzw. Deindividuation (vgl. zu diesem Begriff Thomas 1992, S. 209 ff.) und Uniformierung der Mitglieder gesehen. Insbesondere innerhalb devianter Gemeinschaften ließ sich ein enormer Konformitäts- und Gruppendruck nachweisen (vgl. klassisch etwa Trasher 1927 und Whyte 1943 sowie Sutherland 1968, zfs. und kritisch Bordua 1974).

234   Die normative Orientierung an Authentizität resp. Natürlichkeit entsteht durch das Auseinandertreten von personaler und sozialer Identität im Zuge der Moderne und dem daran geknüpften Bewusstsein, dass Verhaltensaspekte mehr oder weniger ‚echt' sein können. „Dass daraufhin angestrengte Bemühungen um ‚Natürlichkeit' aufkommen und dass ‚Authentizität' vor Augen geführt werden muss, bezeugt nur die entstandene Diskrepanz" (Luhmann 1995c, S. 151).

artiger, stilistisch-ästhetisch überformter, damit auf die individuelle Kreativität
und Originalität setzender, stark individualisierter/privatisierter und moderat
gegenkultureller resp. ‚spielerisch-häretischer' Rekurs auf traditionelle Glau-
bens- und Ideologiesysteme mit dem Ziel, sich auf der Basis dieser Glaubens-
und Religions-Bricolage von der ‚Normalgesellschaft' in kontrollierbaren Grenzen abzuheben (Distinktion; Weltdistanzierung). Man möchte seinen Alltag
transzendieren, d.h. auf Übersinnliches ausweiten resp. sich damit beschäftigen
(Sinnsuche, Kontingenzbewältigung) bis hin zu rein erlebniszentrierten Praktiken (‚Okkult-Thrill'), um dadurch eine bereichsspezifische Gemeinschaft (Wiedervergemeinschaftung) resp. einen eigenen ‚Kosmos' zu schaffen (Kosmisie-
rung, Privatisierung), der Rückzugspunkt und Ausgleich für die Zumutungen und
Anforderungen einer modernisierten, entzauberten und fragmentierten Welt
bietet (Resakralisierung, Wiederverzauberung), ohne jedoch verpflichtenden
oder utopisch-protestlerischen Charakter anzunehmen. Inhaltliche Sinnschlie-
ßung wird mit dem Rekurs auf düster konnotierte Transzendenz erreicht.

Literaturverzeichnis

Adorno, Theodor W./ Horkheimer, Max (1985): Dialektik der Aufklärung. Frankfurt.

Androutsopoulos, Jannis K. (2000): Textsorte Flyer. In: Adamzik, K. (Hg.): Textsorte. Opladen. S. 175-213.

Atkinson, P./ Hammersley, M. (1994): Ethnography and participant observation. In: Denzin, N. K./ Lincoln, Y. S. (Hgg.): Handbook of qualitative research. Thousand Oaks, CA.

Ayaß, Ruth (1997): Das Wort zum Sonntag. Fallstudie einer kirchlichen Sendereihe. Stuttgart.

Baacke, Dieter (1968): Beat – Die sprachlose Opposition. München.

Baacke, Dieter (1993): Jugend und Jugendkulturen. Darstellung und Deutung. Weinheim.

Baacke, Dieter (1998): Die Welt der Musik und Jugend. Eine Einleitung. In: Ders. (Hg.): Handbuch Jugend und Musik. Opladen. S. 9-26.

Baacke, Dieter/ Ferchhoff, Wilfried (1993): Jugend und Kultur. In: Krüger, H.-H. (Hg.): Handbuch der Jugendforschung. Opladen. S. 403-445.

Bär, Simone (1993): Zusammenhang zwischen Neigung zur Magie/ Okkultismus und schizotypischen Persönlichkeitszügen/ psychischen Problemen bei Schülern. Tübingen: Dissertation.

Barker, Eileen (1993): Neue religiöse Bewegungen. Religiöser Pluralismus in der westlichen Welt. In: Bergmann, J./ Hahn, A./ Luckmann, T. (Hgg.): Kultur und Religion. Opladen. S. 231-248.

Barthes, Roland (1985): Die Sprache der Mode. Frankfurt.

Baumann, Max Peter (Hg.) (2000): Gothic, Metal, Rap, and Rave – Youth Culture and Its Educational Dimensions. In: The world of Music, vol. 42 (1). Berlin.

Beck, Ulrich (1986): Risikogesellschaft. Frankfurt.

Beck, Ulrich/ Beck-Gernsheim, Elisabeth (Hgg.) (1994): Riskante Freiheiten. Individualisierung in modernen Gesellschaften. Frankfurt.

Becker, Howard S. (1932): The development and interaction of the ecclesia, the sect, the denomination, and the cult. In: von Wiese, L. (Hg.): Systematic Sociology. New York.

Bellah, Robert N. (1964): Religious Evolution. In: American Sociological Review, 29, S. 358-374.

Benninghaus, Hans (1991): Einführung in die sozialwissenschaftliche Datenanalyse. München/Wien.

Berger, Peter L. (1973): Zur Dialektik von Religion und Gesellschaft. Elemente einer soziologischen Theorie. Frankfurt.

Berger, Peter L. (1980): Zwang zur Häresie. Frankfurt.

Berger, Peter L. (1999): Sehnsucht nach Sinn: Glauben in einer Zeit der Leichtgläubigkeit. Gütersloh.

Berger, Peter L./ Luckmann, Thomas (1969): Die gesellschaftliche Konstruktion der Wirklichkeit. Eine Theorie der Wissenssoziologie. Frankfurt.

Bergmann, Jörg (1985): Flüchtigkeit und methodische Fixierung sozialer Wirklichkeit. In: Bonß, W./ Hartmann, H. (Hgg.): Entzauberte Wissenschaft. Soziale Welt, Sonderband 3. Göttingen. S. 299-320.

Bergmann, Jörg R. (2000a): Ethnomethodologie. In: Flick, U./ von Kardoff, E./ Steinke, I. (Hgg.): Qualitative Forschung. Ein Handbuch. Reinbek. S. 118-135.

Bergmann, Jörg R. (2000b): Konversationsanalyse. In: Flick, U./ von Kardoff, E./ Steinke, I. (Hgg.): Qualitative Forschung. Ein Handbuch. Reinbek. S. 524-537.

Bischofberger, Otto/ Finger, Joachim/ Müller, Joachim/ Schmid, Georg (Hgg.) (1992): Okkultismus. Begegnung mit dem eigenen Schatten. Freiburg/Schweiz.

Bochinger, Christoph (1994): Synkretismus. In: Dunde, S. R. (Hg.): Wörterbuch der Religionssoziologie. Gütersloh. S. 320-328.

Boge-Erli, Nortrud (1999): Satans rote Augen – im Bann der schwarzen Sekten. München.

Böhm, Andreas (2000): Theoretisches Codieren: Textanalyse in der Grounded Theory. In: Flick, U./ von Kardoff, E./ Steinke, I. (Hgg.): Qualitative Forschung. Reinbek. S. 475-485.

Bohn, Cornelia/ Hahn, Alois (1999): Selbstbeschreibung und Selbstthematisierung. In: Willems, H./ Hahn, A. (Hgg.): Identität und Moderne. Frankfurt. S. 33-61.

Bohnsack, Ralf (1993): Rekonstruktive Sozialforschung. Einführung in Methodologie und Praxis qualitativer Sozialforschung. Opladen.

Bohnsack, Ralf (1997a): Dokumentarische Methode. In: Hitzler, R./ Honer, A. (Hgg.): Sozialwissenschaftliche Hermeneutik. Opladen. S. 191-212.

Bohnsack, Ralf (1997b): Adoleszenz, Aktionismus und die Emergenz von Milieus. Eine Ethnographie von Hooligangruppen und Rockbands. In: Zeitschrift für Sozialisationsforschung und Erziehungssoziologie, 1, S. 3-18.

Bohnsack, Ralf/ Nohl, Arndt-Michael (2001): Jugendkulturen und Aktionismus. Eine rekonstruktive empirische Analyse am Beispiel des Breakdance. In: Zinnecker, J./ Merkens, H. (Hgg.): Jahrbuch Jugendforschung. Bd. 1. Opladen. S. 17-37.

Bohnsack, Ralf et al. (1995): Die Suche nach Gemeinsamkeit und Gewalt in der Gruppe. Hooligans, Musikgruppen und andere Jugendliche. Opladen.

Bordua, David. J. (1974): Kritik der soziologischen Interpretation der Bandendelinquenz. In: Lüderssen, K./ Sack, F. (Hgg.): Seminar: Abweichendes Verhalten I. Die selektiven Normen der Gesellschaft. Frankfurt. S. 403-432.

Bourdieu, Pierre (1982): Die feinen Unterschiede. Kritik der gesellschaftlichen Urteilskraft. Frankfurt.

Brake, Mike (1981): Soziologie der jugendlichen Subkulturen. Eine Einführung. Frankfurt/New York.

Bucher, Anton (1994): Ist Okkultismus die neue Jugendreligion? Eine empirische Untersuchung an 650 Jugendlichen. In: Archiv für Religionspsychologie 21. Göttingen. S. 248-266.

Bude, Heinz (2000): Die Kunst der Interpretation. In: Flick, U./ von Kardoff, E./ Steinke, I. (Hgg.): Qualitative Forschung. Ein Handbuch. Reinbek. S. 569-578.

Burgess, Robert G. (1984): In the field. An introduction to field research. London.

Christiansen, Ingolf (1996): Satanismus. In: Arbeitsgemeinschaft Kinder- und Jugend-schutz Hamburg e.V. (Hg.): Satanismus und Ritueller Missbrauch. Aktuelle Ent-wicklungen und Konsequenzen für die Jugendhilfe. Hamburg. S. 7-30.

Christiansen, Ingolf (2000): Satanismus: Faszination des Bösen. Gütersloh.

Cicourel, Aaron V. (1970): Methode und Messung in der Soziologie. Frankfurt.

Clarke, John (1979a): Stil. In: Clarke, J. et. al. (Hgg.): Jugendkultur als Widerstand. Mi-lieus, Rituale, Provokationen. Frankfurt. S. 133-157.

Clarke, John (1979b): Die Skinheads und die magische Rückgewinnung der Gemein-schaft. In: Clarke, J. et al. (Hgg.): Jugendkultur als Widerstand. Milieus, Rituale, Provokationen. Frankfurt. S. 171-175.

Clarke, John et al. (Hgg.) (1979): Jugendkultur als Widerstand. Frankfurt.

Cohen, Phil (1979): Territorial- und Diskursregeln bei der Bildung von „Peer-Groups" unter Arbeiterjugendlichen. In: Clarke, J. et. al. (Hgg.): Jugendkultur als Wider-stand. Milieus, Rituale, Provokationen. Frankfurt. S. 238-266.

De Saussure, Ferdinand (1967): Grundfragen der allgemeinen Sprachwissenschaft. Ber-lin/New York.

Denzin, Norman K. (1989): The research act. Englewood Cliffs, N.J.

Deppermann, Arnulf/ Spranz-Fogasy, Thomas (2001): Teilnehmende Beobachtung in der Gesprächsanalyse. In: Brinker, K. et al. (Hgg.): Text- und Gesprächslinguistik/ Lin-guistics of Text and Conversation. 2. Halbband. Berlin/New York. S. 1007-1013.

Deutscher Bundestag (1998): Endbericht der Enquete-Kommission „Sogenannte Sekten und Psychogruppen". Bonn.

Diederichsen, Diedrich./ Hebdige, Dick./ Marx, Olaph-Dante (Hgg.) (1983): Schocker. Stile und Moden der Subkultur. München.

Diekmann, Andreas (1995): Empirische Sozialforschung. Grundlagen, Methoden, An-wendungen. Reinbek.

Dittmann, Arvid (2001): „Die im Lichte sieht man, die im Dunkeln nicht...". In: Farin, Klaus/ Neubauer, Hendrik (Hgg.): Artificial Tribes. Berlin. S. 129-149.

Dorn, Margit (1995): Plakat. In: Faulstich, W. (Hg.): Grundwissen Medien. München. S. 261-274.

Douglas, Mary (1986): Ritual, Tabu und Körpersymbolik. Sozialanthropologische Studien in Industriegesellschaft und Stammeskultur. Frankfurt.

Durkheim, Emile (1976): Bestimmung der moralischen Tatsache. In: Ders.: Soziologie und Philosophie. Frankfurt. S. 84-117.

Durkheim, Emile (1981): Die elementaren Formen des religiösen Lebens. Frankfurt.

Durkheim, Emile (1988): Über soziale Arbeitsteilung. Studie über die Organisation höhe-rer Gesellschaften. Frankfurt.

Dvorak, Josef (1989): Satanismus. Geschichte und Gegenwart. Frankfurt.

Dvorak, Josef (2000): Satanismus. Schwarze Rituale, Teufelswahn und Exorzismus. Geschichte und Gegenwart. München.

Eberle, Thomas S. (1997): Ethnomethodologische Konversationsanalyse. In: Hitzler, R./ Honer, A. (Hgg.): Sozialwissenschaftliche Hermeneutik. Opladen. S. 245-280.

Eckert, Roland/ Reis, Christa/ Wetzstein, Thomas A. (2000): „Ich will halt anders sein wie die anderen". Abgrenzung, Gewalt und Kreativität bei Gruppen Jugendlicher am Ende der neunziger Jahre. Opladen.

Eco, Umberto (1972): Einführung in die Semiotik. München.

Eiben, Jürgen/ Viehöver, Willy (1993): Religion und soziale Bewegungen. Zur Diskussion des Konzepts der „Neuen Religiösen Bewegungen" In: Forschungsjournal Neue Soziale Bewegungen, 3-4, S. 51-75.

Elias, Norbert (1976): Über den Prozess der Zivilisation. Soziogenetische und psychogenetische Untersuchungen. 2 Bde. Frankfurt.

Farin, Klaus (1999): Die Gothics. Interviews, Fotographien. Bad Tölz.

Farin, Klaus (2001): generation kick.de. Jugendsubkulturen heute. München.

Faulstich, Werner (1995a): Blatt/ Flugschrift. In: Ders. (Hg.): Grundwissen Medien. München. S. 103-107.

Faulstich, Werner (1995b): Zeitschrift. In: Faulstich, W. (Hg.): Grundwissen Medien. München. S. 355-361.

Feige, Andreas (1993): Jugend und Religion. In: Krüger, H.-H. (Hg.): Handbuch der Jugendforschung. Opladen. S. 543-558.

Feldmann, Klaus (1997): Sterben und Tod. Sozialwissenschaftliche Theorien und Forschungsergebnisse. Opladen.

Ferchhoff, Wilfried (1990): Jugendkulturen im 20. Jahrhundert: Von den sozialmilieuspezifischen Jugendsubkulturen zu den individualitätsbezogenen Jugendkulturen. Frankfurt.

Ferchhoff, Wilfried/ Neugebauer, Georg (1996): Jugendkulturelle Stile und Moden zwischen Selbstinszenierung, Stilzwang und (Konsum-)Vereinnahmung. In: Mansel, J./ Klocke, A. (Hgg.): Die Jugend von heute; Selbstanspruch, Stigma und Wirklichkeit. Weinheim/München. S. 32-52.

Ferchhoff, Wilfried/ Neugebauer, Georg (1997): Patchwork-Jugend. Eine Einführung in postmoderne Sichtweisen. Opladen.

Flick, Uwe (1995): Qualitative Forschung. Theorie, Methoden, Anwendung in Psychologie und Sozialwissenschaft. Reinbek.

Flick, Uwe (2000): Triangulation in der qualitativen Forschung. In: Flick, U./ von Kardoff, E./ Steinke, I. (Hgg.): Qualitative Forschung. Ein Handbuch. Reinbek. S. 309-319.

Freund, René (1995): Braune Magie? Okkultismus, New Age und Nationalsozialismus. Wien.

Friebertshäuser, Barbara (1997): Interviewtechniken – ein Überblick. In: Friebertshäuser, B./ Prengel, A. (Hgg.): Handbuch Qualitative Forschungsmethoden in der Erziehungswissenschaft. Weinheim/München. S. 371-395.

Friedrichs, Jürgen (Hg.) (1998): Die Individualisierungsthese. Opladen.

Früh, Werner (1998): Inhaltsanalyse. Theorie und Praxis. Konstanz.

Fürstenberg, Friedrich (1994): Säkularisierung. In: Dunde, S. R. (Hg.): Wörterbuch der Religionssoziologie. Gütersloh. S. 279-287.

Gabriel, Karl (Hg.) (1996): Religiöse Individualisierung oder Säkularisierung. Biographie und Gruppe als Bezugspunkte moderner Religiosität. Gütersloh.

Garfinkel, Harold (1967): Studies in ethnomethodology. Englewood Cliffs, N.J.

Garfinkel, Harold/ Sacks, Harvey (1976): Über formale Strukturen praktischer Handlungen. In: Weingarten, E./ Sack, F./ Schenkein, J. (Hgg.): Ethnomethodologie. Frankfurt. S. 130-176.

Garz, Detlef (1994): Die Welt als Text. Theorie, Kritik und Praxis der objektiven Hermeneutik. Frankfurt.

Geertz, Cliford (1983): Dichte Beschreibung. Beiträge zum Verstehen kultureller Systeme. Frankfurt.

Gehlen, Arnold (1986): Anthropologische und sozialpsychologische Untersuchungen.
Reinbek.

Gephart, Werner/ Waldenfels, Hans (1999): Religion und Identität. Im Horizont des Pluralismus. Frankfurt.

Giddens, Anthony (1984): Interpretative Soziologie. Eine kritische Einführung. Frankfurt.

Giddens, Athony (1995): Die Konstitution der Gesellschaft. Grundzüge einer Theorie der
Strukturierung. Frankfurt/New York.

Giddens, Anthony (1996): Konsequenzen der Moderne. Frankfurt.

Girtler, Roland (1991): Forschung in Subkulturen. In: Flick, U. et al. (Hgg.): Handbuch
qualitative Sozialforschung. Weinheim/Basel. S. 385-390.

Girtler, Roland (2001): Methoden der Feldforschung. Wien/Köln/Weimar.

Glaser, Barney G./ Strauss, Anselm L. (1967): The discovery of Grounded Theory. Chicago.

Goffman, Erving (1969): Wir alle spielen Theater. Die Selbstdarstellung im Alltag. München.

Goffman, Erving (1971): Interaktionsrituale. Über Verhalten in direkter Kommunikation.
Frankfurt.

Goffman, Erving (1972): Asyle. Über die soziale Situation psychiatrischer Patienten und
anderer Insassen. Frankfurt.

Goffman, Erving (1974): Das Individuum im öffentlichen Austausch. Mikrostudien zur
öffentlichen Ordnung. Frankfurt.

Goffman, Erving (1977): Rahmen-Analyse. Ein Versuch über die Organisation von All-
tagserfahrungen. Frankfurt.

Goffman, Erving (1981): Strategische Interaktion. München.

Grandt, Guido/ Grandt, Michael (1996): Schwarzbuch Satanismus. München.

Grandt, Guido/ Grandt, Michael (2000): Satanismus. Die unterschätzte Gefahr. Düsseldorf.

Haack, Annette/ Haack, Friedrich-Wilhelm (1989): Jugendspiritismus und -satanismus.
München.

Habermas, Jürgen (1981): Theorie des kommunikativen Handelns. 2 Bände. Frankfurt.

Habermas, Jürgen (1982): Zur Logik in den Sozialwissenschaften. Frankfurt.

Habermas, Jürgen (1985): Die neue Unübersichtlichkeit. Frankfurt.

Hahn, Alois (1974): Religion und der Verlust der Sinngebung. Identitätsprobleme in der
modernen Gesellschaft. Frankfurt/New York.

Hahn, Alois (1982): Zur Soziologie der Beichte und anderer Formen institutionalisierter
Bekenntnisse: Selbstthematisierung und Zivilisationsprozess. In: KZfSS, 37, S. 407-
434.

Hahn, Alois (1987): Identität und Selbstthematisierung. In: Hahn, A./ Kapp, V. (Hgg.):
Bekenntnis und Geständnis. Frankfurt. S. 9-24.

Hahn, Alois (1993): Handschrift und Tätowierung. In: Gumbrecht, H. U./ Pfeiffer, K. L.
(Hgg.): Schrift. München. S. 201-217.

Hahn, Alois (2000): Tod, Sterben, Jenseits- und Höllenvorstellungen in soziologischer Perspektive. In: Ders.: Konstruktionen des Selbst, der Welt und der Geschichte. Frankfurt. S. 119-196.

Hahn, Alois/ Willems, Herbert (1993): Schuld und Bekenntnis in Beichte und Therapie. In: Bergmann, J./ Hahn, A./ Luckmann, T. (Hgg.): Religion und Kultur. Sonderheft 33 Zeitschrift für Soziologie und Sozialpsychologie. Opladen. S. 309-330.

Hahn, Alois/ Bergmann, Jörg/ Luckmann, Thomas (1993): Die Kulturbedeutung der Religion in der Gegenwart der westlichen Gesellschaften. In: Dies. (Hgg.): Religion und Kultur. Sonderheft 33. Zeitschrift für Soziologie und Sozialpsychologie. Opladen. S. 7-15.

Hammersley, M./ Atkinson, P. (1983): Ethnography – Principles in practice. London.

Hansel, Burkhard (1995): Okkultismus im Jugendalter. Ergebnisse einer empirischen Untersuchung. Frankfurt: Unveröffentlichte Diplomarbeit.

Hansel, Burkhard (1996): Okkulte Praktiken als Teil der Alltagskultur. In: Forschung Frankfurt, 1/1996, S. 40-45.

Hansen, Klaus P. (1995): Kultur und Kulturwissenschaft. Eine Einführung. Tübingen/Basel.

Harper, Douglas (2000): Fotographien als sozialwissenschaftliche Daten. In: Flick, U./ von Kardoff, E./ Steinke, I. (Hgg.): Qualitative Forschung. Ein Handbuch. Reinbek. S. 402-415.

Hebdige, Dick (1979): Subculture. The meaning of style. London.

Hebdige, Dick (1998): Stil als absichtliche Kommunikation. In: Kemper, P./ Langhoff, Th./ Sonnenschein, U. (Hgg.): „but I like it". Jugendkultur und Popmusik. Stuttgart. S. 392-419.

Heimbrock, Hans-Günter/ Streib, Heinz (Hgg.) (1994): Magie. Katastrophenreligion und Kritik des Glaubens. Kampen.

Heinrichs, Johannes (1994): New Age. In: Dunde, S. R. (Hg.): Wörterbuch der Religionssoziologie. Gütersloh. S. 215-223.

Helsper, Werner (1992): Okkultismus – Die neue Jugendreligion? Die Symbolik des Todes und des Bösen in der Jugendkultur. Opladen.

Helsper, Werner (2000): Jugend und Religion. In: Sander, U./ Vollbrecht, R. (Hgg.): Jugend im 20 Jahrhundert: Sichtweisen – Orientierungen – Risiken. Neuwied/Berlin. S. 279-314.

Hepp, Andreas (1999): Cultural Studies und Medienanalyse. Eine Einführung. Opladen.

Heritage, John (1984): Garfinkel and Ethnomethodology. Cambridge.

Hermanns, Harry (1991): Narratives Interview. In: Flick, U. et al. (Hgg.): Handbuch qualitative Sozialforschung. München. S. 182-185.

Hickethier, Knut (1996): Film- und Fernsehanalyse. Stuttgart/Weimar.

Hildenbrand, Bruno (2000): Anselm Strauss. In: Flick, U./ von Kardoff, E./ Steinke, I. (Hgg.): Qualitative Forschung. Ein Handbuch. Reinbek. S. 32-42.

Hirschhauer, Stefan/ Amann, Klaus (1997): Die Befremdung der eigenen Kultur. Ein Programm. In: Hirschhauer, S./ Amann, K. (Hgg.): Die Befremdung der eigenen Kultur. Zur ethnographischen Herausforderung soziologischer Empirie. Frankfurt. S. 7-52.

Hitzler, Ronald (1994): Sinnbasteln. In: Mörth, I./ Fröhlich, G. (Hgg.): Das symbolische Kapital der Lebensstile. Frankfurt/New York. S. 75-92.

Hitzler, Ronald (1997): Das Problem, sich verständlich zu machen. In: Willems, H./ Jurga, M. (Hgg.): Inszenierungsgesellschaft. Ein einführendes Handbuch. Opladen. S. 93-106.

Hitzler, Ronald (1999): Individualisierung des Glaubens. Zur religiösen Dimension der Bastelexistenz. In: Honer, A./ Kurt, R. und Reichertz, J. (Hgg.): Diesseitsreligion. Zur Deutung der Bedeutung moderner Kultur. Konstanz. S. 351-368.

Hitzler, Ronald/ Honer, Anne (1994): Bastelexistenz. Über subjektive Konsequenzen der Individualisierung. In: Beck, U./ Beck-Gernsheim, E. (Hgg.): Riskante Freiheiten. Individualisierung in modernen Gesellschaften. Frankfurt. S. 307-315.

Hitzler, Ronald/ Honer, Anne (Hgg.) (1997): Sozialwissenschaftliche Hermeneutik. Eine Einführung. Opladen.

Hitzler, Ronald/ Pfadenhauer, Michaela (Hgg.) (2001): Techno-Soziologie. Erkundungen einer Jugendkultur. Opladen.

Hitzler, Ronald/ Bucher, Thomas/ Niederbacher, Arne (2001): Leben in Szenen. Formen jugendlicher Vergemeinschaftung heute. Opladen.

Hitzler, Ronald/ Reichertz, Jo/ Schröer, Norbert (Hgg.) (1999): Hermeneutische Wissenssoziologie. Standpunkte zur Theorie der Interpretation. Konstanz.

Hoffmann-Riem, Christa (1980): Die Sozialforschung einer interpretativen Soziologie. Der Datengewinn. In: KZfSS, 32, S. 339-372.

Höhn, Michael (1996): Sympathie für den Teufel, kritischer Ratgeber. Köln.

Holert, Tom/ Terkessidis, Mark (Hgg.) (1996): Mainstream der Minderheiten. Pop in der Kontrollgesellschaft. Berlin.

Honer, Anne (1994): Einige Probleme lebensweltlicher Ethnographie. Zur Methodologie und Methodik einer interpretativen Sozialforschung. In: Schröer, N. (Hg.): Interpretative Sozialforschung. Opladen. S. 85-106.

Honer, Anne (1995): Das Perspektivenproblem in der Sozialforschung. Bemerkungen zur lebensweltlichen Ethnographie. In: Jung, T./ Müller-Doohm, S. (Hgg.): „Wirklichkeit" im Deutungsprozess. Frankfurt. S. 241-257.

Honer, Anne (2000): Lebensweltanalyse in der Ethnographie. In: Flick, U./ von Kardoff, E./ Steinke, I. (Hgg.): Qualitative Forschung. Ein Handbuch. Reinbek. S. 194-204.

Honer, Anne/ Kurt, Ronald/ Reichertz, Jo (Hgg.) (1999): Diesseitsreligion. Zur Deutung der Bedeutung moderner Kultur. Konstanz.

Honer, Anne/ Kurt, Ronald/ Reichertz, Jo (1999): Vorwort. In: Honer, A./ Kurt, R./ Reichertz, J. (Hgg.): Diesseitsreligion. Zur Deutung der Bedeutung moderner Kultur. Konstanz. S. 11-15.

Hopf, Christel (2000): Qualitative Interviews. In: Flick, U./ von Kardoff, E./ Steinke, I. (Hgg.): Qualitative Forschung. Ein Handbuch. Reinbek. S. 349-359.

Hörning, Karl H./ Michailow, Matthias (1990): Lebensstil als Vergesellschaftungsform. In: Berger, P.A./ Hradil, S. (Hgg.): Lebenslagen, Lebensläufe, Lebensstile. Soziale Welt, Sonderband 7. Göttingen. S. 501-521.

Hügli, Anton/ Lübke, Poul (Hgg.) (1997): Philosophie im 20. Jahrhundert. Reinbek.

Hunfeld, Frauke/ Dreger, Thomas (1993): Jugend-Okkultismus. München.

Huxley, Aldous (1987): Schöne neue Welt. Ein Roman der Zukunft. Frankfurt.

Introvigne, Massimo/ Türk, Eckhard (1995): Satanismus. Zwischen Sensation und Wirklichkeit. Freiburg.

Jerrentrup, Ansgar (2000): Gothic and Dark Music. Forms and Background. In: The world of Music, Band 42(1). Berlin. S. 25-50.

Jorgensen, Danny L. (1989): Participant observation. A methodology for the human science. Newbury Park, CA.

Jugendwerk der Deutschen Shell (Hg.) (1992): Jugend '92. Die neuen Länder. Rückblick und Perspektiven. Band 3. Opladen.

Jung, Thomas (1999): Geschichte der modernen Kulturtheorie. Darmstadt.

Kallmeyer, Werner (1995): Ethnographie städtischen Lebens. Zur Einführung in die Stadtteilbeschreibungen. In: Ders. (Hg.): Kommunikation in der Stadt. Bd. 2: Ethnographien von Mannheimer Stadtteilen. Berlin. S. 1-41.

Katholische Sozialethische Arbeitsstelle e.V. (Hg.) (2000): Jugend-Okkultismus. Hamm.

Kaufmann, Franz-Xaver (1989): Religion und Modernität. Sozialwissenschaftliche Perspektiven. Tübingen.

Keppler, Angela (1994): Wirklicher als die Wirklichkeit? Das neue Prinzip der Fernsehunterhaltung. Frankfurt.

Keppler, Angela (1995): Die Kommunion des Dabeiseins. Formen des Sakralen in der Fernsehunterhaltung. In: Rundfunk und Fernsehen, 3, S. 301-311.

Keppler, Angela (1999): Mediale Erfahrung, Kunsterfahrung, religiöse Erfahrung. Über den Ort von Kunst und Religion in der Mediengesellschaft. In: Honer, A./ Kurt, R./ Reichertz, J. (Hgg.): Diesseitsreligion. Zur Deutung der Bedeutung moderner Kultur. Konstanz. S. 183-199.

Kersten, Joachim (1999): Heiligkeit und Alltag: Soziologische Beobachtungen am Rande einer Kronprinzenhochzeit. In: Honer, A./ Kurt, R./ Reichertz, J. (Hgg.): Diesseitsreligion. Zur Deutung der Bedeutung moderner Kultur. Konstanz. S. 247-261.

Keupp, Heiner (1994): Ambivalenzen postmoderner Identität. In: Beck, U./ Beck-Gernsheim, E. (Hgg.): Riskante Freiheiten. Individualisierung in modernen Gesellschaften. Frankfurt. S. 336-352.

Keupp, Heiner et al. (1999): Identitätskonstruktionen. Das Patchwork der Identitäten in der Spätmoderne. Reinbek.

Kippenberg, Hans G. (1998): Religionssoziologie. In: Theologische Realenzyklopädie, Bd. 29. Berlin/New York. S. 20-33.

Kleger, Heinz/ Müller, Alois (1986): Religion des Bürgers. Zivilreligion in Amerika und Europa. München.

Klein, Gabriele (1999): Electronic Vibration. Pop – Kultur – Theorie. Hamburg.

Kluge, Susann (1999): Empirisch begründete Typenbildung. Zur Konstruktion von Typen und Typologien in der qualitativen Sozialforschung. Opladen.

Knoblauch, Hubert (1989): Das unsichtbare Zeitalter. „New Age", privatisierte Religion und kultisches Milieu. In: KZfSS, 3, S. 504-525.

Knoblauch, Hubert (1991): Die Verflüchtigung der Religion ins Religiöse. Vorwort zu T. Luckmann, Die unsichtbare Religion. Frankfurt. S. 7-41.

Knoblauch, Hubert (1993): „Neues Paradigma" oder „Neues Zeitalter"? Fritjof Capras moralische Unternehmung und die „New-Age-Bewegung". In: Bergmann, J./ Hahn, A./ Luckmann, T. (Hgg.): Kultur und Religion. Opladen. S. 249-270.

Knoblauch, Hubert (1999a): Religionssoziologie. Berlin/New York.

Knoblauch, Hubert (1999b): Populäre Religion. Markt, Medien und die Popularisierung von Religion. In: Honer, A./ Kurt, R./ Reichertz, J. (Hgg.): Diesseitsreligion. Zur Deutung der Bedeutung moderner Kultur. Konstanz. S. 201-222.

Knoblauch, Hubert/ Soeffner, Hans-Georg (Hgg.) (2000): Todesnähe. Interdisziplinäre Zugänge zu einem außergewöhnlichen Phänomen. Konstanz.

Knoblauch, Hubert,/ Krech, Volkhard/ Wohlrab-Sahr, Monika (Hgg.) (1998): Religiöse Konversion. Systematische und fallorientierte Studien in soziologischer Perspektive. Konstanz.

Koch, Gertrud (1996): FilmMusikVideo. Zu einer Theorie medialer Transgression. In: Frauen und Film, 58/59, S. 3-23.

Kraimer, Klaus (Hg.) (2000): Die Fallrekonstruktion. Sinnverstehen in der sozialwissenschaftlichen Forschung. Frankfurt.

Krech, Volkhard (1999): Religionssoziologie. Bielefeld.

Kreutz, Henrik (1974): Soziologie der Jugend. München.

Kuhnle, Volkmar (1999): Gothic-Lexikon. Berlin.

Lamnek, Siegfried (1995): Qualitative Sozialforschung. Bd. 1 und 2. Weinheim.

Lévi-Strauss, Claude (1973): Das wilde Denken. Frankfurt.

Lück, Hartmut (1994): Utopie/ Endzeitvorstellungen. In: Dunde, S. R. (Hg.): Wörterbuch der Religionssoziologie. Gütersloh. S. 339-344.

Luckmann, Thomas (1985): Über die Funktion der Religion. In: Koslowski, P. (Hg.): Die religiöse Dimension der Gesellschaft. Tübingen. S. 26-41.

Luckmann, Thomas (1991): Die unsichtbare Religion. Frankfurt.

Lüders, Christian (2000): Beobachten im Feld und Ethnographie. In: Flick, U./ von Kardoff, E./ Steinke, I. (Hgg.): Qualitative Forschung. Ein Handbuch. Reinbek. S. 384-402.

Lüders, Christian/ Reichertz, Jo (1986): Wissenschaftliche Praxis ist, wenn alles funktioniert und keiner weiß warum. Bemerkungen zur Entwicklung qualitativer Sozialforschung. In: Sozialwissenschaftliche Rundschau, 12, S. 90-102.

Lueger, Manfred (2000): Grundlagen qualitativer Feldforschung. Wien.

Luhmann, Niklas (1975): Interaktion, Organisation, Gesellschaft. In Ders.: Soziologische Aufklärung. Frankfurt. S. 9-20.

Luhmann, Niklas (1976): Funktionen und Folgen formaler Organisation. Berlin.

Luhmann, Niklas (1977): Funktion der Religion. Frankfurt.

Luhmann, Niklas (1984): Soziale Systeme. Grundriss einer allgemeinen Theorie. Frankfurt.

Luhmann, Niklas (1989a): Die Ausdifferenzierung der Religion. In: Ders.: Gesellschaftsstruktur und Semantik. Studien zur Wissenssoziologie der modernen Gesellschaft. Bd. 3. Frankfurt. S. 259-357.

Luhmann, Niklas (1989b): Individuum, Individualität, Individualismus. In: Ders.: Gesellschaftsstruktur und Semantik. Studien zur Wissenssoziologie der modernen Gesellschaft. Bd. 3. Frankfurt. S. 149-258.

Luhmann, Niklas (1995a): Die gesellschaftliche Differenzierung und das Individuum. In: Ders.: Soziologische Aufklärung. Bd. 6: Die Soziologie und der Mensch. Opladen. S. 125-141.

Luhmann, Niklas (1995b): Inklusion und Exklusion. In: Ders.: Soziologische Aufklärung. Bd. 6: Die Soziologie und der Mensch. Opladen. S. 237-264.

Luhmann, Niklas (1995c): Die Form „Person". In: Ders.: Soziologische Aufklärung. Bd. 6: Die Soziologie und der Mensch. Opladen. S. 142-154.

Luhmann, Niklas (2000): Die Religion der Gesellschaft. Frankfurt.

MacIntyre, Alasdair (1987): Lässt sich das Verstehen von Religion mit religiösem Glauben vereinbaren? In: Kippenberg, H.G./ Luchesi, B. (Hgg.): Magie. Die sozialwissenschaftliche Kontroverse über das Verstehen fremden Denkens. Frankfurt. S. 52-72.

Mannheim, Karl (1971): Das Problem der Generationen. In: von Friedeburg, L. (Hg.): Jugend in der modernen Gesellschaft. Köln/Berlin. S. 23-48.

Mannheim, Karl (1980): Strukturen des Denkens. Darmstadt.

Marx, Karl (1969): Die sogenannte ursprüngliche Akkumulation. In: Karl Marx/ Engels, Friedrich: Werke, Bd. 23. Berlin. S. 741-791.

Matzke, Peter/ Seeliger, Tobias (Hgg.) (2000): Gothic! Die Szene in Deutschland aus der Sicht ihrer Macher. Berlin.

Mauss, Marcel (1989): Soziologie und Anthropologie 1. Theorie der Magie. Soziale Morphologie. Frankfurt.

Mayring, Philipp (1983): Qualitative Inhaltsanalyse. Grundlagen und Techniken. Weinheim/Basel.

Mensching, Gustav (1968): Soziologie der Religion. Bonn.

Meuser, Michael/ Nagel, Ulrike (1991): ExpertInneninterviews – vielfach erprobt, wenig bedacht. Ein Beitrag zur qualitativen Methodendiskussion. In: Garz, D./ Kraimer, K. (Hgg.): Qualitativ-empirische Sozialforschung. Opladen. S. 441-471.

Meuser, Michael/ Nagel, Ulrike (1997): Das ExpertInneninterview – Wissenssoziologische Voraussetzungen und methodische Durchführung. In: Friebertshäuser, B./ Prengel, A. (Hgg.): Handbuch Qualitative Forschungsmethoden in der Erziehungswissenschaft. Weinheim/München. S. 481-491.

Mikos, Lothar (2003): Bad music oder die Lust am Trash – Differenzästhetik in der popkulturellen Praxis. In: Neumann-Braun, K./ Schmidt, A./ Mai, M. (Hgg.): Popvisionen – Links in die Zukunft. Frankfurt.

Ministerium für Kultur, Jugend, Familie und Frauen (Rheinland-Pfalz) (Hg.) (1997): Okkultpraktiken & Satanismus bei Jugendlichen. Motive, Probleme, Hilfen. Fachtagung am 19. März 1996. Mainz.

Mischo, Johannes (1991): Okkultismus bei Jugendlichen. Ergebnisse einer empirischen Untersuchung. Mainz.

Mishler, E. G. (1986): The analysis of interview-narratives. In: Sarbin, T. R. (Hg.): Narrative Psychology. New York. S. 233-255.

Mörth, Ingo/ Fröhlich, Gerhard (Hgg.) (1994): Das symbolische Kapital der Lebensstile. Frankfurt/New York.

Muggleton, David (2000): Inside Subculture. The postmodern meaning of style. Oxford/New York.

Rausch, Ulrich (1998): Geister, die ich rief. Okkultismus an der Jahrtausendwende. Frankfurt.

Müller, Hans-Peter (1992): Sozialstruktur und Lebensstile. Der neuere theoretische Diskurs über soziale Ungleichheit. Frankfurt.

Müller, Ulrich (1989a): Ergebnisse einer Umfrage unter bayerischen Schülern und Schülerinnen zu Okkultismus und Spiritismus. Regensburg.

Müller, Ulrich (1989b): Das Leben und Wirken des „Satanisten T.". Eine Dokumentation. Regensburg.

Müller-Doohm, Stefan (1995): Visuelles Verstehen. Konzepte kultursoziologischer Bildhermeneutik. In: Jung, T./ Müller-Doohm, S. (Hgg.): „Wirklichkeit" im Deutungsprozess. Frankfurt. S. 438-457.

Müller-Doohm, Stefan (1997): Bildinterpretation als struktural-hermeneutische Symbolanalyse. In: Hitzler, R./ Honer, A. (Hgg.): Sozialwissenschaftliche Hermeneutik. Opladen. S. 81-108.

Neumann-Braun, Klaus/ Deppermann, Arnulf (1998): Ethnographie der Kommunikationskulturen Jugendlicher. Zur Gegenstandskonzeption und Methodik der Untersuchung von Kommunikationsprozessen in Peer-Groups Jugendlicher. In: Zeitschrift für Soziologie, 27, 4, S. 239-255.

Neumann-Braun, Klaus/ Deppermann, Arnulf/ Schmidt, Axel (2002): Identitätswettbewerbe und unernste Konflikte: Interaktionspraktiken in Peer-Groups. In: Merkens, H./ Zinnecker, J. (Hgg.): Jahrbuch Jugend. Bd. 2. Opladen. S. 241-264.

Neumann-Braun, Klaus/ Richard, Birgit/ Schmidt, Axel (2003): Gothics – die magische Verzauberung des Alltags. In: Richard, B./Drühl, S. (Hgg.): Kunstforum, Bd. 164: Das Magische II. Zur Repräsentation okkulter Phänomene und Emanationen des Bösen. Roßdorf. S. 106-123.

Nigel, Barley (2000): Tanz ums Grab. Stuttgart.

O'Dea, Thomas F. (1964): Die fünf Dilemmas der Institutionalisierung der Religion. In: Fürstenberg, F. (Hg.): Religionssoziologie. Neuwied/Berlin. S. 207-213.

Oevermann, Ulrich (1995): Ein Modell der Struktur von Religiosität. Zugleich ein Strukturmodell von Lebenspraxis und von sozialer Zeit. In: Wohlrab-Sahr, M. (Hg.): Biographie und Religion: zwischen Ritual und Selbstsuche. Frankfurt/New York. S. 27-102.

Oevermann, Ulrich (1996): Theoretische Skizze einer revidierten Theorie professionalisierten Handelns. In: Combe, A./ Helsper, W. (Hgg.): Pädagogische Professionalität. Untersuchungen zum Typus pädagogischen Handelns. Frankfurt. S. 70-182.

Oevermann, Ulrich et al. (1979): Die Methodologie einer „objektiven Hermeneutik" und ihre allgemeine forschungslogische Bedeutung in den Sozialwissenschaften. In: Soeffner, H-G. (Hg.): Interpretative Verfahren in den Sozial- und Textwissenschaften. Stuttgart. S. 352-434.

Parsons, Talcott (1975): Gesellschaften. Evolutionäre und komparative Perspektiven. Frankfurt.

Parsons, Talcott (1976): Zur Theorie sozialer Systeme. Hrsg. und eingeleitet von Stefan Jensen. Opladen.

Patzelt, Werner (1987): Grundlagen der Ethnomethodologie. Theorie, Empirie und politikwissenschaftlicher Nutzen einer Soziologie des Alltags. München.

Prim, Rolf/ Heribert, Tilmann (1973): Grundlagen einer kritisch-rationalen Sozialwissenschaft. Studienbuch zur Wissenschaftstheorie. Heidelberg.

Rausch, Ulrich (1998): Geister, die ich rief. Okkultismus an der Jahrtausendwende. Frankfurt.

Rausch, Ulrich/ Türk, Eckhard (1991): Geister-Glaube. Arbeitshilfe zu Fragen des Okkultismus. Düsseldorf.

Reichertz, Jo (1988): Verstehende Soziologie ohne Subjekt? Die objektive Hermeneutik als Metaphysik der Strukturen. In: KZfSS, 1, S. 207-222.

Reichertz, Jo (1999): RTL-Bibelclips: Christliche Verkündigung als Werbespot. In: Honer, A./ Kurt, R. und Reichertz, J. (Hgg.): Diesseitsreligion. Zur Deutung der Bedeutung moderner Kultur. Konstanz. S. 223-246.

Reichertz, Jo (2000): Die frohe Botschaft des Fernsehens. Kulturwissenschaftliche Untersuchung medialer Diesseitsreligion. Konstanz.

Richard, Birgit (1995): Todesbilder. Kunst, Subkultur, Medien. München.

Richard, Birgit (1997): Schwarze Netze. Die Gruftie- und Gothic Punk-Szene. In: SPoKK (Hg.): Kursbuch JugendKultur. Mannheim.

Richard, Birgit (1998): Die oberflächlichen Hüllen des Selbst. Mode als ästhetisch-medialer Komplex. In: Dies. (Hg.): Kunstforum international. Die oberflächlichen Hüllen des Selbst. Köln. S. 48-95.

Richard, Birgit/ Krüger, Heinz-Hermann (1995): Vom „Zitterkäfer" (Rock'n Roll) zum „Hamster im Laufrädchen" (Techno). In: Ferchhoff, W./ Sander, U./ Vollbrecht, R. (Hgg.): Jugendkulturen – Fazination und Ambivalenz. Einblicke in jugendliche Lebenswelten. Festschrift für Dieter Baacke zum 60. Geburtstag. Weinheim/München. S. 93-110.

Riesebrodt, Martin (1990): Fundamentalismus als patriarchalische Protestbewegung. Amerikanische Protestanten (1910-1928) und iranische Schiiten (1961-1979) im Vergleich. Tübingen.

Ritsert, Jürgen (1988): Gesellschaft. Einführung in den Grundbegriff der Soziologie. Frankfurt/New York.

Ritsert, Jürgen (1996): Einführung in die Logik der Sozialwissenschaften. Münster.

Ruppert, Hans-Jürgen (1998): Satanismus. Zwischen Religion und Kriminalität. EZW-Texte 140. Berlin.

Sacks, Harvey (1992): Lectures on conversation. Vol. 1. Oxford.

Schieder, Rolf (1987): Civil Religion. Die religiöse Dimension der politischen Kultur. Gütersloh.

Schmidt, Axel/ Neumann-Braun, Klaus (i. Dr.): Keine Musik ohne Szene!? Ethnographische Perspektiven auf die Teilhabe „Allgemein Jugendkulturell Orientierter Jugendlicher" (AJOs) an Popmusik. In: Neumann-Braun, K./ Schmidt, A./ May, M. (Hgg.): Popvisionen. Links in die Zukunft. Frankfurt.

Schmidt, Christiane (1997): „Am Material": Auswertungstechniken für Leitfadeninterviews. In: Friebertshäuser, B./ Prengel, A. (Hgg.): Handbuch Qualitative Forschungsmethoden in der Erziehungswissenschaft. Weinheim/München. S. 544-568.

Schmidt, Christiane (2000): Analyse von Leitfadeninterviews. In: Flick, U./ von Kardoff, E./ Steinke, I. (Hgg.): Qualitative Forschung. Ein Handbuch. S. 447-455.

Schmidt, Doris/ Janalik, Heinz (2000): Grufties. Jugendkultur in Schwarz. Baltmannsweiler.

Schmidt, Doris/ Janalik, Heinz (2001): Grufties. Schwarze Mode der Grufties. Baltmannsweiler.

Schmidt, Joachim (1992): Satanismus. Mythos und Wirklichkeit. Marburg.

Schmidt, Walter et al. (1987): Zwischen Evangelium, Okkultismus und Esoterik. Freiburg.

Schröer, Norbert (1997): Wissenssoziologische Hermeneutik. In: Hitzler, R./ Honer, A. (Hgg.): Sozialwissenschaftliche Hermeneutik. Opladen. S. 109-129.

Schröer, Norbert (Hg.) (1994): Interpretative Sozialforschung. Auf dem Weg zu einer hermeneutischen Wissenssoziologie. Opladen.

Schulze, Gerhard (1995): Die Erlebnisgesellschaft. Kultursoziologie der Gegenwart. Frankfurt/New York.

Schulze-Krüdener, Jörgen/ Vogelgesang, Waldemar (2001): Kulturelle Praxisformen Jugendlicher. Die Eigengestaltung jugendlicher Lebenswelten zwischen Tradition und (Post-)Moderne – eine ethnographische Annäherung. In: Zinnecker, J./ Merkens, H. (Hgg.): Jahrbuch Jugendforschung. Bd. 1. Opladen. S. 39-73.

Schütz, Alfred (1972): Der gut informierte Bürger. In: Ders.: Gesammelte Aufsätze. Bd. 2. Den Haag. S. 85-101.

Schütz, Alfred/ Luckmann, Thomas (1979): Strukturen der Lebenswelt. Bd. 1. Frankfurt.

Schütz, Alfred/ Luckmann, Thomas (1984): Strukturen der Lebenswelt. Bd. 2. Frankfurt.

Schütze, Fritz (1973): Grundlagentheoretische Voraussetzungen methodisch kontrollierten Fremdverstehens. In: AG Bielefelder Soziologen (Hg.): Alltagswissen, Interaktion und gesellschaftliche Wirklichkeit. Bd. 2. Reinbek. S. 433-495.

Schütze, Fritz (1983): Biographieforschung und narratives Interview. In: Neue Praxis, 3, S. 283-293.

Schwarze, Bernd (1997): Die Religion der Rock- und Pop-Musik. Interpretationen und Analysen. Stuttgart.

Seibert, Thomas (2000): Industrial Music for Industrial People. In: Black, 20, S. 51.

Simmel, Georg (1983a): Das Geld in der modernen Kultur. In: Ders.: Schriften zur Soziologie. Frankfurt. S. 78-94.

Simmel, Georg (1983b): Zur Psychologie der Mode. Soziologische Studien. In: Ders.: Schriften zur Soziologie. Frankfurt. S. 131-139.

Simmel, Georg (1983c): Zur Psychologie des Schmuckes. In: Ders.: Schriften zur Soziologie. Frankfurt. S. 159-166.

Simmel, Georg (1992): Zur Soziologie der Religion. In: Ders.: Aufsätze und Abhandlungen 1894-1900. Frankfurt. S. 266-286.

Soeffner, Hans-Georg (1989a): Auslegung des Alltags – Der Alltag der Auslegung. Zur wissenssoziologischen Konzeption einer sozialwissenschaftlichen Hermeneutik. Frankfurt.

Soeffner, Hans-Georg (1989b): Emblematische und symbolische Formen der Orientierung. In: Ders.: Auslegung des Alltags – Alltag der Auslegung. Frankfurt. S. 158-184.

Soeffner, Hans-Georg (1992): Die Ordnung der Rituale. Die Auslegung des Alltags 2. Frankfurt.

Soeffner, Hans-Georg (1992a): Luther – der Weg von der Kollektivität des Glaubens zu einem lutherisch-protestantischen Individualitätstypus. In: Ders.: Die Ordnung der Rituale. Die Auslegung des Alltags 2. Frankfurt. S. 20-75.

Soeffner, Hans-Georg (1992b): Stil und Stilisierung. Punk oder die Überhöhung des Alltags. In: Ders.: Die Ordnung der Rituale. Die Auslegung des Alltags 2. Frankfurt. S. 76-101.

Soeffner, Hans-Georg (1994): Das „Ebenbild" in der Bilderwelt – Religiosität und die Religionen. In: Sprondel, Walter M. (Hg.): Die Objektivität der Ordnungen und ihre kommunikative Konstruktion. Frankfurt. S. 291-317.

Soeffner, Hans-Georg (1997): „Auf dem Rücken eines Tigers". Über die Hoffnung, Kollektivrituale als Ordnungsmächte in interkulturellen Gesellschaften kultivierten zu können In: Heitmeyer, W. (Hg.): Bundesrepublik Deutschland: Auf dem Weg von der Konsens- zur Konfliktgesellschaft. Was hält die Gesellschaft zusammen? Bd. 2. Frankfurt. S. 334-359.

Soeffner, Hans-Georg (2000a): Gesellschaft ohne Baldachin. Über die Labilität von Ordnungskonstruktionen. Weilerswist.

Soeffner, Hans-Georg (2000b): Sozialwissenschaftliche Hermeneutik. In: Flick, U./ von Kardoff, E./ Steinke, I. (Hgg.): Qualitative Forschung. Ein Handbuch. Reinbek. S. 164-175.

Sontag, Susan (1967): Notes on „Camp". In: Dies. (Hg.): Against interpretation. New York. S. 275-292.

Spradley, J. P. (1980): Participant observation. New York.

Stark, Rodney/ Bainbridge, William S. (1985): The future of religion. Secularization, Revival and Cult Formation. Berkley, CA.

Stock, Manfred/ Mühlberg, Philipp (1990): Die Szene von Innen. Skinheads, Grufties, Heavy Metal, Punks. Berlin.

Störig, Hans Joachim (1992): Kleine Weltgeschichte der Philosophie. Frankfurt.

Strauss, Anselm L. (1994): Grundlagen qualitativer Sozialforschung. München.

Streib, Heinz (1995): Entzauberung der Okkultfaszination. Magisches Denken und Handeln in der Adoleszenz als Herausforderung an die Praktische Theologie. Kampen.

Streib, Heinz (1996): Schritte der Entzauberung – Fallanalyse eines okkultfaszinierten Jugendlichen. In: Forschung Frankfurt, 1/1996, S. 46-52.

Strobel, Ricarda (1995): Heft/ Heftchen. In: Faulstich, W. (Hg.): Grundwissen Medien. München. S. 219-234.

Sutherland, Edwin H. (1968): Die Theorie der differentiellen Kontakte. In: Sack, F./ König, R. (Hgg.): Kriminalsoziologie. Frankfurt. S. 395ff.

Thomas, Alexander (1992): Grundriss der Sozialpsychologie. Bd. 2: Individuum, Gruppe, Gesellschaft. Göttingen.

Thomas, Günter (1998): Medien – Ritual – Religion. Zur religiösen Funktion des Fernsehens. Frankfurt.

Titscher, Stefan et al. (1998): Methoden der Textanalyse. Leitfaden und Überblick. Opladen.

Tönnies, Ferdinand (1988): Gemeinschaft und Gesellschaft. Grundbegriffe der reinen Soziologie. Darmstadt.

Trasher, Frederick M. (1927): The Gang. A Study of 1313 Gangs in Chicago. Chicago.

Türk, Eckhard (1997): Satanismus heute. Ein- und Überblick zu einer subkulturellen Realität. In: Theologisch-praktische Quartalschrift 145, 1, S. 14-25.

Turner, Graeme (1990): British Cultural Studies. An introduction. London/New York.

Tyrell, Hartmann/ Krech, Volker/ Knoblauch, Hubert (Hgg.) (1998): Religion als Kommunikation. Würzburg.

Vogelgesang, Waldemar (1994): Jugend- und Medienkulturen. Ein Beitrag zur Ethnographie medienvermittelter Jugendwelten. In: KZfSS, 46, 3, 464-491.

Vogelgesang, Waldemar (1996): Jugendmedien und Jugendszenen. In: Rundfunk und Fernsehen, 3, S. 346-364.

Vogelgesang, Waldemar (1998): Inszenierungsrituale von jugendlichen Black-Metal-Fans. In: Willems, H./ Jurga, M. (Hgg.): Inszenierungsgesellschaft. Opladen. S. 163-176.

Vogelgesang, Waldemar (1999): Stilvolles Medienhandeln in Jugendszenen. In: Hepp, A./ Winter, R. (Hgg.): Kultur-Medien-Macht. Cultural Studies und Medienanalyse. Opladen. S. 275-285.

Vogt, Ludgera (1999): „Wunder gibt es immer wieder" – Zur Wiederverzauberung der Welt in der deutschen Unterhaltungskultur – Das Guildo-Horn-Phänomen. In: Honer, A./ Kurt, R./ Reichertz, J. (Hgg.): Diesseitsreligion. Zur Deutung der Bedeutung moderner Kultur. Konstanz. S. 305-321.

Vollbrecht, Ralf (1995): Die Bedeutung von Stil. Jugendkulturen und Jugendszenen im Licht der neueren Lebensstildiskussionen. In: Ferchhoff, W./ Sander, U./ Vollbrecht, R. (Hgg.): Jugendkulturen – Faszination und Ambivalenz. Weinheim/München. S. 23-37.

Von Lucadou, Walter (1995): Psyche und Chaos. Theorien der Parapsychologie. Frankfurt.

Voullième, Helmut (1995): ,get your kicks'. Rockmusik als Medium jugendlicher Lebenswelten. In: Ferchhoff, W./ Sander, U./ Vollbrecht, R. (Hgg.): Jugendkulturen – Faszination und Ambivalenz. Weinheim/München. S. 110-119.

Wach, Joachim (1951): Religionssoziologie. Tübingen.

Watzlawick, Paul/ Beavin, Janet H,/ Jackson, Don H. (1969): Menschliche Kommunikation. Formen, Störungen, Paradoxien. Göttingen/Toronto/Seattle.

Weber, Max (1980): Wirtschaft und Gesellschaft. Grundriss der verstehenden Soziologie. Tübingen.

Weber, Max (1988): Die „Objektivität" sozialwissenschaftlicher und sozialpolitischer Erkenntnis. In: Ders.: Gesammelte Aufsätze zur Wissenschaftslehre. Tübingen. S. 146-214.

Weber, Max (1991): Die protestantische Ethik. Hrsg. von Johannes Winckelmann. Gütersloh.

Weinfeld, Jean (2000): HipHop – Licht und Schatten einer Jugendbewegung. In: Roland, R./ Rucht, D. (Hgg.): Jugendkulturen, Politik und Protest. Vom Widerstand zum Kommerz? Opladen. S. 253-262.

Weinstein, Deena (1995): Rock Music: secularisation and its cancellation. In: International Sociology, 10, S. 185-195.

Weisfeld, Michael (2001): Schwarze Szene, braun gefärbt. In: Psychologie Heute, Februar, S. 48-59.

Wenisch, Bernhard (1988): Satanismus. Schwarze Messen – Dämonenglaube – Hexenkulte. Mainz.

Wernet, Andreas (2000): Einführung in die Interpretationstechnik der objektiven Hermeneutik. Opladen.

Whyte, William Foote (1943): Street Corner Society. The social structure of an italian slum. Chicago.

Wicke, Peter (2001): Von Mozart zu Madonna. Eine Kulturgeschichte der Popmusik. Frankfurt.

Wiesendanger, Harald (1995): In Teufels Küche. Jugendokkultismus: Gründe, Folgen, Hilfen. Frankfurt.

Willems, Herbert (1997): Habitus und Rahmen. Frankfurt.

Willems, Herbert (1998): Inszenierungsgesellschaft? Zum Theater als Modell, zur Theatralität von Praxis. In: Willems, H./ Jurga, M. (Hgg.): Inszenierungsgesellschaft. Ein einführendes Handbuch. Opladen. S. 23-80.

Willems, Herbert (1999a): Institutionelle Selbstthematisierungen und Identitätsbildungen im Modernisierungsprozess. In: Willems, H./ Hahn, A. (Hgg.): Identität und Moderne. Frankfurt. S. 62-101.

Willems, Herbert (2000): Erving Goffmans Forschungsstil. In: Flick, U./ von Kardoff, E./ Steinke, I. (Hgg.): Qualitative Forschung. Ein Handbuch. Reinbek. S. 42-51.

Willems, Herbert/ Hahn, Alois (1999): Einleitung: Modernisierung, soziale Differenzierung und Identitätsbildung. In: Dies. (Hgg.): Identität und Moderne. Frankfurt. S. 9-29.

Willems, Marianne (1999b): Vom ‚bloßen Menschen' zum ‚einzigartigen Menschen'. Zur Entwicklung der Individualitätssemantik in Rationalismus, Empfindsamkeit und Sturm und Drang. In: Willems, H./ Hahn, A. (Hgg.): Identität und Moderne. Frankfurt. S. 62-101.

Willems, Marianne/ Willems, Herbert (1999): Religion und Identität. Zum Wandel semantischer Strukturen der Selbstthematisierung im Modernisierungsprozess. In: Honer, A./ Kurt, R./ Reichertz, J. (Hgg.): Diesseitsreligion. Zur Deutung der Bedeutung moderner Kultur. Konstanz. S. 325-350.

Willis, Paul (1981): „Profane Culture". Rocker, Hippies: Subversive Stile der Jugendkultur. Frankfurt.

Willis, Paul (1991): Jugend-Stile. Zur Ästhetik der gemeinsamen Kultur. Hamburg/Berlin.

Willke, Helmut (1993): Systemtheorie. Eine Einführung in Grundprobleme der Theorie sozialer Systeme. Stuttgart/Jena.

Wilson, Thomas P. (1973): Theorie der Interaktion und Modelle soziologischer Erklärung. In: AG Bielefelder Soziologen (Hg.): Alltagswissen, Interaktion und gesellschaftliche Wirklichkeit. Reinbek. S. 54-79.

Winter, Rainer (2000): Cultural Studies. In: Flick, U./ von Kardoff, E./ Steinke, I. (Hgg.): Qualitative Forschung. Ein Handbuch. Reinbek. S. 204-212.

Witzel, Andreas (1982): Verfahren der qualitativen Sozialforschung. Überblick und Alternativen. Frankfurt/New York.

Wohlrab-Sahr, Monika (Hg.) (1995): Biographie und Religion. Zwischen Ritual und Selbstsuche. Frankfurt/New York.

Wolff, Stephan (2000): Wege ins Feld und ihre Varianten. In: Flick, U./ von Kardoff, E./ Steinke, I. (Hgg.): Qualitative Forschung. Ein Handbuch. Reinbek. S. 334-349.

Yinger, John Milton (1970): The scientific study of religion. New York.

Zima, Peter V. (1997): Moderne – Postmoderne. Gesellschaft, Philosophie, Literatur. Tübingen/Basel.

Zimmerman, Don H./ Pollner, Melvin (1976): Die Alltagswelt als Phänomen. In: Weingarten, E./ Sack, F./ Schenkein, J. (Hgg.): Ethnomethodologie. Frankfurt. S. 64-104.

Zimmermann, Oliver (2000): Ideologie einer Jugendkultur am Beispiel der Gothic- und Darkwave-Szene. Berlin: Unveröffentlichte Diplomarbeit.

Zinnecker, Jürgen (1982): Die Gesellschaft der Altersgleichen. In: Jugendwerk der Deutschen Shell (Hg.): Jugend '81. Bd. 1. Opladen. S. 422-673.

Zinser, Hartmut (1993): Jugendokkultismus in Ost und West. Vier quantitative Untersuchungen 1989-1991. Ergebnisse – Tabellen – Analysen. München.

Theorie

Dirk Baecker (Hrsg.)
**Schlüsselwerke
der Systemtheorie**
2005. 352 S. Geb. EUR 24,90
ISBN 978-3-531-14084-1

Ralf Dahrendorf
Homo Sociologicus
Ein Versuch zur Geschichte,
Bedeutung und Kritik der Kategorie
der sozialen Rolle
16. Aufl. 2006. 126 S. Br. EUR 14,90
ISBN 978-3-531-31122-7

Shmuel N. Eisenstadt
**Die großen Revolutionen und
die Kulturen der Moderne**
2006. 250 S. Br. EUR 34,90
ISBN 978-3-531-14993-6

Shmuel N. Eisenstadt
Theorie und Moderne
Soziologische Essays
2006. 607 S. Geb. EUR 49,90
ISBN 978-3-531-14565-5

Rainer Greshoff / Uwe Schimank (Hrsg.)
**Integrative Sozialtheorie?
Esser – Luhmann – Weber**
2006. 582 S. Geb. EUR 39,90
ISBN 978-3-531-14354-5

Axel Honneth /
Institut für Sozialforschung (Hrsg.)
**Schlüsseltexte der
Kritischen Theorie**
2006. 414 S. Geb. EUR 29,90
ISBN 978-3-531-14108-4

Niklas Luhmann
Beobachtungen der Moderne
2. Aufl. 2006. 220 S. Br. EUR 24,90
ISBN 978-3-531-32263-6

Uwe Schimank
**Differenzierung und Integration
der modernen Gesellschaft**
Beiträge zur akteurzentrierten
Differenzierungstheorie 1
2005. 297 S. Br. EUR 27,90
ISBN 978-3-531-14683-6

Uwe Schimank
**Teilsystemische Autonomie
und politische Gesellschafts-
steuerung**
Beiträge zur akteurzentrierten
Differenzierungstheorie 2
2006. 307 S. Br. EUR 29,90
ISBN 978-3-531-14684-3

Erhältlich im Buchhandel oder beim Verlag.
Änderungen vorbehalten. Stand: Juli 2007.

www.vs-verlag.de

VS VERLAG FÜR SOZIALWISSENSCHAFTEN

Abraham-Lincoln-Straße 46
65189 Wiesbaden
Tel. 0611.7878 - 722
Fax 0611.7878 - 400

Neu im Programm Soziologie